# UNA TEOLOGÍA DEL AMOR

# UNA
# Teología
## DEL
# Amor

## La Dinámica del Wesleyanismo

*Mildred Bangs Wynkoop*

***Casa Nazarena de Publicaciones***
Lenexa, Kansas, E.U.A.

UNA TEOLOGÍA DEL AMOR
978-1-56344-751-8
Copyright © 2012

Producido y distribuido por
Casa Nazarena de Publicaciones
www.cnpeditorial.com

Traductor: Sergio Franco

Comité Editorial: Wilfredo Canales Farfán, Linda Stargel y Juan R. Vázquez Pla

El "Prefacio de la Edición en Español" fue traducido por Juan R. Vázquez Pla.

Título original:
  *A Theology of Love*
  Por Mildred Bangs Wynkoop
  Copyright © 1972
  Publicado por Beacon Hill Press of Kansas City,
  una división de Nazarene Publishing House.

  Esta edición ha sido publicada por acuerdo
  con la Casa Nazarena de Publicaciones.

DIGITAL PRINTING

# Índice

# Prefacio de la Edición en Español

En los próximos párrafos tengo la tarea de proporcionar algún contexto y perspectiva sobre la importancia del presente libro para la iglesia cristiana de hoy, y sobre todo para esa parte de la iglesia de Cristo que se identifica con la tradición wesleyana de santidad. Hacerlo objetivamente me es una tarea difícil debido a la profunda influencia que este libro ha tenido en mi teología, en mi comprensión de la santidad cristiana, y en mi entendimiento de lo que significa ser wesleyano. De hecho, me sería difícil identificar otro libro, excepto por supuesto la Biblia, que haya tenido tan profunda influencia sobre mi desarrollo teológico. Incluso he llegado a entender mi trabajo (y sé que otros sienten lo mismo) como un intento de edificar sobre el trabajo iniciado en este libro.

Como muchos otros de mi generación, fui introducido por primera vez al libro de Mildred Bangs Wynkoop, *Una teología del amor,* siendo estudiante de divinidad en el Seminario Teológico Nazareno, al principio de la década de 1990. En aquel momento, el libro me parecía un recuento bastante sencillo y no controversial de la teología wesleyana de santidad, y encontré que nutría mi fe y mi visión teológica en un momento crucial en mi desarrollo como aspirante al ministerio y a teólogo. Tanto es así que me parecía que el libro simplemente reforzaba la perspectiva de la tradición wesleyana de santidad, y la doctrina de la santidad cristiana que mis profesores me enseñaban en el Seminario.

No fue hasta entrar en mis estudios de doctorado en teología, varios años más tarde, que llegué a apreciar el verdadero significado de este libro. Lo que descubrí fue que la teología de Wynkoop no era algo que se podía dar simplemente por sentado, que marcaba una clara y muy disputada desviación de la teología que había prevalecido en el movimiento de santidad desde finales del siglo XIX, y que la resonancia profunda entre su teología y la de algunos de mis profesores de seminario se debía en parte a su profunda influencia sobre ellos. No es que ella estaba sola en alejar la teología de santidad de su énfasis del siglo XIX en la erradicación del pecado (pensado como sustancia), y acercarla a un modelo 'dinámico-relacional' del pecado y de la santificación. Hubo otros, incluyendo algunos de mis profesores de seminario —William Greathouse, Rob Staples, Paul Bassett, Alex Deasley y otros— que contribuyeron a esa revolución teológica. Pero ninguno es tan influyente como Wynkoop. Por esta razón, el finado teólogo metodista e historiador de la iglesia Thomas Langford ha sugerido que la importancia de Wynkoop en el movimiento de santidad del siglo XX únicamente le sigue a la de H. Orton Wiley.[1] Por supuesto que sólo el tiempo dirá, pero creo que es probable que historiadores posteriores encuentren que la influencia de Wynkoop habrá eclipsado la de Wiley, su mentor, cuya influencia en su trabajo sin embargo es significativa.[2]

El que tan elevada afirmación pudiera hacerse sobre Wynkoop, se debe a muchos factores. El principal de ellos es que, durante muchos años, fue profesora de teología en un número de instituciones de santidad en los Estados Unidos, y en Taiwán y Japón (donde también sirvió como rectora de una universidad), culminando por ser teóloga residente del Nazarene Theological Seminary durante varios años en la década de 1970. Muchos teólogos, historiadores y líderes en el movimiento wesleyano de santidad de la actualidad estudiaron con ella, y han llevado su influencia a sus propias enseñanzas, escritos y ministerios.

También es importante la medida en que Wynkoop extrajo del pensamiento wesleyano tradicional y de los recursos contemporáneos —tanto filosóficos como científicos—, integrándolos de manera creativa. Se preocupó mucho por superar lo que ella llamó la 'brecha de credibilidad' entre la representación del movimiento de santidad de la santificación, y la realidad vivida mucho más compleja de los cristianos. Como dice ella en las primeras páginas de su libro, "De todas las brechas de credibilidad en la vida contemporánea, ninguna es más real y grave que la que existe entre la doctrina cristiana, y particularmente wesleyana, y la vida cotidiana" (p. 45). Esta fue, de hecho, la preocupación permanente de su trabajo: encontrar una manera de "explicar la doctrina cristiana y la vida cristiana dentro del mismo sistema, sin que una subestimara la integridad de la otra" (p. 21). Entonces, lo que es significativo es el recurso del que ella echó mano al abordar este problema aparentemente 'moderno': Juan Wesley. En gran medida inspirados en la obra del gran historiador metodista Albert C. Outler, los teólogos y los historiadores de santidad de las décadas de 1960 y 1970 estaban redescubriendo el pensamiento de Juan Wesley, y encontraban que Wesley había sido malinterpretado y falseado en varios aspectos importantes por teólogos de santidad de finales del siglo XIX y principios del siglo XX. Aunque hay muchos que sin duda criticarían la interpretación y apropiación que Wynkoop hace de Wesley, poco se disputa el poder y la influencia de su rearticulación de una distintiva teología wesleyana para toda una generación de teólogos y pastores para quienes la brecha de credibilidad que ella identificó se había convertido en un problema muy real.[3] De hecho, es difícil ahora para muchos de nosotros leer a Wesley, el gran hombre de Dios y el progenitor de la tradición de santidad, sin verlo a través del lente de apropiación de Wynkoop.[4]

Al fin de cuentas, su mayor influencia en la tradición de santidad ha llegado sin duda por medio de este libro, y por causa de él. El libro es la culminación de su trabajo de vida, un verdadero *magnum opus*. Desarrollado durante muchos años, y finalmente publicado en 1972, *Una teología del amor* permanece en circulación hoy, y aparece a menudo como libro de texto en las listas de lecturas requeridas para la preparación ministerial en su propia denominación (Iglesia del Nazareno). Richard S. Taylor, uno de sus colegas, y uno de sus primordiales críticos, por ser él uno de los principales representantes de la 'vieja guardia' de la teología de santidad, incluso citó este libro como una de las razones primarias para lo que él veía como la desaparición del movimiento de santidad.[5] La crítica de ella fue, y sigue siendo hoy, la más estridente de la comprensión de la santificación que tenía la teología del movimiento de santidad del siglo XIX, y de la potente recuperación de la teología de Juan Wesley para el movimiento de santidad de hoy.

Aunque es difícil disputar la importancia de *Una teología del amor* para el desarrollo de la teología wesleyana de santidad, el valor de su legado no ha dejado de disputarse, lo cual es el caso con todas las obras teológicas importantes. Si bien el wesleyanismo dinámico-relacional de Wynkoop se ha convertido en el modelo prevalente acogido por los círculos académicos del movimiento de santidad, todavía hay muchos que, como Taylor, creen que la teología de ella en última instancia ha socavado la creencia en la entera santificación como una clara y decisiva 'segunda' obra de gracia en la vida del creyente, y, por tanto, consideran *Una teología del amor* un libro en extremo problemático. Hay, por supuesto, muchos que estarían de acuerdo con Taylor acerca del papel que *Una teología del amor* ha desempeñado en ese sentido, pero a diferencia de Taylor, lo ven como una contribución positiva a la teología de la santidad. También hay quienes, correctamente creo, ven su uso de las categorías dinámico-relacionales como una contribución al interés posterior en el proceso, y en un teísmo abierto, dentro de los círculos teológicos wesleyanos de santidad. De nuevo, cómo uno evalúe ese aspecto de su legado depende de cómo uno se sienta acerca de estos desarrollos particulares —aquellos que se inclinen al proceso y a la teología abierta, verán el legado de Wynkoop de una manera positiva, aunque no así aquellos que los encuentren problemáticos.

En última instancia, no importa cómo uno lea a Wynkoop o piense de su legado, la suya es una voz teológica con la que deberá enfrentarse la iglesia wesleyana de santidad del siglo XXI. Por lo tanto, es con gran alegría que este libro finalmente se hace disponible en español. En realidad, es una traducción que debió haberse hecho hacía mucho tiempo, especialmente considerando el enorme crecimiento del movimiento wesleyano de santidad en el mundo de habla hispana en las últimas décadas. Nuestra esperanza es que la publicación de *Una teología del amor* en español, no sólo inspire la traducción de otros clásicos wesleyanos de santidad que han estado previamente disponibles únicamente para los lectores de habla inglesa, sino que también inspire más contribuciones teológicas a la tradición wesleyana de santidad desde el mundo de habla hispana. De hecho, es totalmente posible que el próximo Wiley o Wynkoop venga de la creciente iglesia latinoamericana, pero para que eso suceda, enfrascarse con libros como este será algo necesario.

La traducción de *Una teología del amor* al español ha demostrado ser una empresa de gran envergadura, y un considerable número de personas han hecho contribuciones significativas para que eso suceda. Con todo y las capacidades y genialidad teológicas que la Dra. Wynkoop poseía, su escrito resulta a veces abstracto y muy complejo, y hay lugares donde el significado de su prosa inglesa crea desafíos importantes para los traductores más diestros. El más profundo agradecimiento, por lo tanto, debe expresarse a numerosas personas por el éxito logrado en la producción de una versión legible en español de este texto. En específico, estamos agradecidos por el trabajo del traductor, Sergio Franco. Gracias también a David Hayse y a Scott Stargel, de Publicaciones Globales de la Iglesia del Nazareno, por caminar la segunda milla a fin de proporcionar toda la asistencia posible para que este proyecto se concluyera. Gracias de igual manera a Linda Stargel, Wilfredo Canales y Juan R. Vázquez Pla por su asistencia editorial; y a Jennifer Rogers, por sus destrezas gerenciales, y quien se aseguró de que el proyecto recibiera la atención adecuada en cada paso del proceso editorial y de producción. Por último, gracias les damos al Centro Wesleyano y a Point Loma Press de Point Loma Nazarene University por proveer los fondos para la mayoría del trabajo.

Mark H. Mann, PhD
Point Loma Nazarene University
Mayo de 2012

## *Notas Bibliográficas*

1    Langford no lo dice explícitamente, pero esa es la conclusión natural que uno puede derivar del hecho de que, en su capítulo sobre "Teología de la santidad", en *Practice Divinity: Theology in the Wesleyan Tradition* (Nashville: Abingdon, 1993), los únicos teólogos que estudia de cerca son Wiley y Wynkoop. Ver especialmente las págs. 143–154.

2    Wynkoop estudió teología con Wiley como estudiante de bachillerato en Northwest Nazarene College, y luego lo siguió cuando él se convirtió en rector de Pasadena College en 1933.

3    El teólogo nazareno Sam Powell ha declarado que ella "prácticamente salvó la teología de santidad del gueto intelectual en el que ésta se había situado a sí misma". Powell me lo planteó así en un correo electrónico.

4    Esto se ve reforzado por el hecho de que, dos de sus ex alumnos, Randy L. Maddox y Michael Lodahl, están entre los más destacados intérpretes teológicos contemporáneos de Wesley. Ambos la identifican como teniendo una influencia formativa en el trabajo de ellos.

5    Richard S. Taylor, "Why the Holiness Movement Died", *God's Revivalist* (marzo de 1999), 1-16. Mis gracias a Rodney Reed por traer esto a mi atención.

# Prefacio

Una palabra muy vieja está de moda hoy; es el término del día. Es la palabra AMOR. Se ha vuelto casi un grito de batalla, protegida del sacrilegio del análisis, merced a una ambigüedad mística y emocional que no le cede el paso al estudio racional. Es, esta palabra, un término trillado pero mágico que conquista la atención de todos nosotros que vivimos atrapados en un mundo tecnológico que casi se ha deshecho completamente de toda compasión. Para todos los miembros de una sociedad programada manejada por autómatas que también están programados, la idea del amor tiene un atractivo especial porque los seres humanos no pueden ser totalmente programados, cuando menos hasta que los ingenieros genéticos lleguen al fin aterrador de su trabajo. Pero el amor está ligado con ideas que lo relacionan con su significado tradicional, ideas que no son esenciales al amor, pero que a menudo se confunden con él. La ambigüedad sacrosanta del amor hace que toda exploración analítica de su contenido sea considerada sinónima a un rechazo del amor; quien pretende hacer tal análisis debe ser un "enemigo del pueblo".

Hay una palabra que acompaña al amor y que compite con él por la atención de la gente, y es, significado, o "el significado de la palabra significado". El significado se nos ha escapado y escurrido entre los dedos dejando un vacío que nos angustia. Pensamos que tal vez el amor puede regresarle el significado a la vida. Sin ambos, la vida se ha tornado monótona, y nuestra frustración casi se ha vuelto un cinismo tácito. De modo que echamos mano de lo que generalmente se acepta como amor, esperanzados de que traiga en su seno el significado que tanto nos falta.

Pero amor es una palabra evasiva, y significado es una burbuja de jabón. Amor puede significarlo todo, o nada. Ha perdido sus anclas, y ahora equivale a "lo que yo quiero", que es el concepto más engañoso y el tirano más déspota. El lenguaje griego tiene un número de palabras para denotar diversas relaciones sociales, para las cuales nuestro idioma meramente tiene una sola: amor. Y la clase de significado que el corazón humano anhela no puede ser hallada al final de cada uno de los arco iris convidadores del "amor".

El tema de este libro es el amor. Puesto que es un libro religioso, el concepto del amor que presentamos incluirá su significado religioso, pero sin limitarse a él. Nuestro estudio explorará los diversos significados que nuestro idioma castellano incluye en esa sola palabra, amor. Le daremos constante atención al cinismo contemporáneo en cuanto a la dimensión religiosa del amor. Amor es una "palabra vacía", que ha sido dejada hueca y carente de su promesa de cumplimiento por esas mismas personas que la han traicionado al no cumplir sus promesas. El mundo afirma que la Iglesia no ha demostrado la clase de amor que profesa. Tal vez sea cierto. Pero, desgraciadamente, ese no es un problema nuevo.

La Inglaterra del siglo XVIII era toda una edición condensada del mundo cínico de hoy. Había consentido en aprisionar el amor en formas "bajas" no redimidas por las relaciones "más altas" del amor. La sociedad inglesa glorificó un estilo de vida vulgar, cruel y soez, que se extendía desde el palacio real hasta el nivel más bajo de su día. En tal estilo la vida humana tenía poco valor y ningún significado. Es muy significativo que en esa mismísima edad de promiscuidad sin frenos, llamada amor, hiciera su aparición Juan Wesley, el moderno "apóstol del amor". Wesley predicó la santidad, el valor espiritual más alto posible, en términos del amor, y lo hizo a pesar de estar rodeado de las connotaciones más bajas posibles del amor.

Wesley equiparó a la santidad con el amor. Pero el antídoto del amor santo, al contrarrestar a su enfermizo tocayo, desplegó un poder sanador moral que nos atrajo a la fuente de los conceptos de Wesley: la Biblia. ¿Hay forma alguna de concebir el amor que lo rescate de su exilio moral y que al mismo tiempo lo haga un guía útil que nos ayude a librar a la "santidad" de su insignificancia de torre de marfil? Por raro que parezca, esto es exactamente lo que los escritores del Nuevo Testamento hicieron con esa palabra, que ha sido hecha portadora del significado de santidad. Es la palabra *agape*, que no pertenece en forma alguna a la categoría común del amor social, pero que ha sido alterada para expresar un concepto que incluye el significado más profundo o esencial y que "santifica" toda clase de amor sin degradarlo o rechazarlo. *Agape* ha sufrido un daño casi irreparable al ser traducido en "amor", sin la purificación concomitante de la exégesis cuidadosa.

En esta obra nos ha ayudado mucho el trabajo de dos pensadores que han escrito exposiciones modernas sobre el amor. Ambos han hecho contribuciones definitivas al asunto, si bien parten de presuposiciones diametralmente opuestas. Anders Nygren, en su obra *Agape and Eros* [Ágape y eros], hace la distinción clara y debida entre *agape* y el amor humano social, al cual él identifica con *eros* (que no es, dígase de paso, una antítesis bíblica correcta). Sin embargo, la profunda intuición de Nygren hace imposible que una erudición seria deje de considerar el contraste entre *agape* y *eros*. Ya sea que "amor" se use o no para referirse al *agape*, la diferencia de cualidad siempre debe aclararse.

Una obra más reciente, de la pluma de Daniel Day Williams, intitulada *The Spirit and Forms of Love* [El espíritu y las formas del amor], nos da lo que, en mi opinión, es una aproximación más bíblica al *agape*. Nygren, de acuerdo a Williams, ha fijado *agape* y *eros* en oposición irreconciliable. Los dos jamás se encuentran. Trabajando desde una presuposición metafísica muy diferente, Williams encuentra posible y más bíblico relacionar *agape* y *eros*, y hasta unirlos, sin que ninguno de los dos pierda su carácter específico. La "teología del proceso" hace una corrección muy necesaria a los dualismos del pasado. Después de considerar el asunto muy cuidadosamente, opino que aunque el fundamento metafísico del pensamiento del proceso no es la única solución a los problemas teológicos, sus intuiciones son inescapables en una teología bíblica. El énfasis dinámico en relación a Dios, el ser humano, el amor, la gracia, la naturaleza, y la salvación y relaciones interpersonales está en el meollo de la fe cristiana.

La manera en que Juan Wesley entendió el amor puede ser sostenida sólo por una "metafísica" subyacente que sea dinámica en naturaleza. Empero, su posición teológica no se derivaba de un punto de vista filosófico. Más bien, las intuiciones religiosas y bíblicas de Wesley conducen a una metafísica que, se cree, se presenta muy atractiva a la luz de la nueva comprensión que la persona moderna tiene de la naturaleza y brinda una base para el significado cristiano que todos los seres humanos buscan, sea que estén al tanto o no de lo que buscan.

Todas estas consideraciones están en la mente de la autora al abordar este estudio. La aproximación "creativa" que intento está profundamente arraigada en más experiencias de contacto con mentes eruditas que las que me ha sido posible detallar aquí. La inspiración "inmediata" es Juan Wesley, y el interés que nos consume es la teología bíblica. Wesley siempre nos conduce a la Biblia. La colección de 14 tomos de las obras de Juan Wesley (*Works* [*Obras*]) nos da la fuente principal de sus ideas. La documentación más sencilla ha sido usada. Los estudios bíblicos son preliminares a una erudición correcta más que la erudición misma. Los provincialismos de un biblicismo antiguo han oscurecido los significados más obvios de los pasajes bíblicos. Este es el oscurantismo que hemos tratado de corregir.

De entre todas las personas cuya ayuda y apoyo debo ahora reconocer y agradecer menciono a mi esposo, quien frecuente e intensamente me ha exhortado a continuar en los años de estudio y angustia espiritual e intelectual necesaria para que este proyecto viera la luz. Sin ese apoyo esto no hubiera sido posible.

—La autora

# EN CUANTO AL USO
# DE LOS ESCRITOS DE WESLEY
# EN ESTA OBRA

Debido al considerable número de referencias a los escritos de Juan Wesley en esta obra, hemos utilizado un sistema para identificar a cada uno, evitando una referencia completa, lo que habría añadido una cantidad innecesaria de líneas. Hemos usado cuatro fuentes principales de citas, las que aparecen a continuación con la clave correspondiente:

*The Works of the Rev. John Wesley [Las Obras del Rev. Juan Wesley]* (Kansas City, Missouri: Nazarene Publishing House, s.f.; y Grand Rapids, Michigan: Zondervan Publishing House, 1958), 14 tomos. Clave: *Works* [Obras].

*Sermones de Wesley* (Kansas City, Missouri: Casa Nazarena de Publicaciones, s.f.), 2 tomos. [Los números de páginas en las referencias bibliográficas corresponden a los de *Wesley's Standard Sermons,* editado por Edward H. Sugden (Londres: The Epworth Press, 1921), 2 tomos.] Clave: *Sermons* [Sermones].

*The Letters of the Rev. John Wesley [Las Cartas del Rev. Juan Wesley],* John Telford, ed. (Londres: The Epworth Press, 1931), 8 tomos. Clave: *Letters* [Cartas].

*Explanatory Notes upon the New Testament [Notas Explicativas sobre el Nuevo Testamento]* (Nueva York: Eaton and Mains, s.f.). Clave: *Notes* [Notas].

*El amor elimina la aspereza de la santidad.*

*El amor elimina la incredibilidad de la perfección.*

*El amor elimina el antinomianismo de la fe.*

*El amor elimina el moralismo de la obediencia.*

*El amor elimina el gnosticismo de la purificación.*

*El amor elimina la abstracción de la verdad.*

*El amor inyecta lo personal en la verdad.*

*El amor inyecta lo ético en la santidad.*

*El amor inyecta el proceso en la vida.*

*El amor inyecta urgencia en "el momento decisivo" o "crisis".*

*El amor inyecta seriedad al pecado.*

*El amor inyecta compañerismo a la perfección.*

—M. B. W.

# CAPÍTULO 1

# La Clave

## *(o, más sencillamente, la introducción)*

La pregunta que ocasiona la escritura de este libro es muy sencilla: ¿Hay un principio de interpretación, una hermenéutica, que pueda explicar *la doctrina cristiana* y la *vida cristiana* en el mismo sistema, sin que ninguno de los dos menoscabe la integridad del otro? O sea, ¿pueden encontrarse significativamente la teología y la verdadera existencia humana? Por supuesto, esta no es una pregunta sencilla. Al momento que uno hace tal pregunta, hay una verdadera explosión de otras preguntas. Lo cual es muy útil.

El estudio de este tema principió con una plétora de preguntas y problemas intelectuales suscitados por la aparente ambigüedad entre teoría y vida, en mi propia mente y en la de otros. El proceso dolorosamente lento de trazar cada uno de esos problemas hasta su fuente ha sido dinámico y muy satisfactorio.

Muchos de esos problemas nosotros mismos los creamos; por ejemplo, se hacen preguntas que se suscitan por una de estas dos causas: (1) un concepto rígido de la naturaleza de la realidad, y (2) el intento de imponer un concepto rígido de la realidad sobre la personalidad humana, tan dinámica como es. Hacer una taxonomía de tales preguntas no es tan difícil como corregir sus matrices de pensamiento porque las raíces que no sospechamos de esas preguntas frecuentemente están protegidas por temores emotivos e irracionales.

Un curso jamás olvidado de filosofía en la universidad me condujo a ese "país misterioso" de las premisas y presuposiciones básicas que yacen escondidas, al grado que ni siquiera las sospechamos, pero que pueden ser descubiertas, y que explican la manera en que pensamos, y las conclusiones que estamos dispuestos a considerar como verdad. La mayor sorpresa para mí, en ese curso, fue la aserción de que no todas las personas edifican su razonamiento sobre las mismas verdades "patentemente evidentes". Yo era la última en sospechar la presencia de tales prejuicios que frecuentemente son decisivos; lo que es más, era muy cándida en cuanto a qué prejuicios pudiera encontrar una vez que empezara a buscarlos. Fue una empresa que me trastornó, pero muy útil. Una búsqueda, y el descubrimiento de la teoría controladora de la crítica en cualquier área de pensamiento humano, y de diferencias de opinión y de posición, abren las puertas a una comprensión tan profunda como yo jamás creí que fuese posible. Se volvió, para mí, una de las claves para resolver problemas que hasta entonces habían resistido testarudamente todo intento de solución.

Este libro es el resultado de tratar de investigar por qué nuestros problemas religiosos y teológicos son problemas. Hay modos de pensamiento que están en el fondo de muchas preguntas, y que hacen imposible contestar la manera en que tales preguntas son hechas porque nacen de errores categóricos, y de presuposiciones no analizadas que son antitéticas a la razón y a la fe cristiana. Todas ellas demandan ser expuestas, si no corregidas.

Es la meditada opinión de la autora que Juan Wesley ha aportado una sana y utilizable aproximación a la teología que es digna de consideración al buscar soluciones a los problemas que emanan del síndrome teología-vida. La "hermenéutica" de Wesley era "amor a Dios y al ser humano". Este tema corre de principio a fin en sus obras. Al menos, cuando Wesley identifica y define cada doctrina de la fe cristiana, el significado básico que invariablemente resulta es "amor". El pensamiento de Wesley es como una gran rotonda con arcos de entrada a todo su derredor. Cualquiera de los arcos que uno escoja para entrar conduce al salón central del amor, desde donde uno puede mirar hacia la cúpula y contemplar el firmamento infinito y acogedor. El amor no tiene límite. La corriente de amor que fluye de regreso a través de cada doctrina, en la predicación y en la vida, sirve para ligar todas las doctrinas juntas en una arquitectura dinámica, y para demostrar la estatura y la integridad teológicas de Juan Wesley.

Esta aproximación, de "teología estilo rotonda", circular en vez de "escalonada", causa sin embargo un problema para el análisis teológico de Wesley. La teología debe tener una forma sistemática. Cada elemento debe ser claramente distinguido de todos los demás elementos y doctrinas. Cada uno debería seguir lógicamente del anterior, y conducir con cierta naturalidad hacia el siguiente. Pero en Wesley es imposible encontrar tal orden o nitidez, sencillamente porque no está allí. Las doctrinas de Wesley no pueden ser separadas tan radicalmente entre sí, ni de todo el asunto que es el amor. No son "abstractas". Este "problema" se volverá obvio durante nuestro estudio, en el cual frecuentemente será aparente una duplicación de asunto y de cita, que es inevitable. Casi en cada pasaje de Wesley que es suficientemente largo como para completar el punto que él está presentando (y es injusto hacer menos), Wesley toca o se refiere a casi todas las demás doctrinas principales. Los términos teológicos están entrelazados tan íntimamente que el tocar uno es tocarlos todos. Casi cualquier pasaje importante puede ilustrar a casi cualquier doctrina principal.

Pero que nadie imagine, por otro lado, que el énfasis que Wesley le da al amor cancela toda definición. Ninguna doctrina cristiana es neutralizada por el amor, ni su línea precisa de identidad borrada en punto alguno por él. Cualquier concepto del amor que tendía a causar una erosión de integridad intelectual (o racional) no encontraba mucha acogida en el pensamiento de Wesley. Cierto que para él, las doctrinas cristianas "cobraban vida" en la experiencia humana, pero esto dista mucho de decir que él esté de acuerdo con disolución alguna de la doctrina en una neblina mística.

Ni tampoco creía Wesley que el amor cancelaba toda controversia, ni diluía todas esas tensiones creativas en las relaciones sociales humanas, fuesen religiosas, domésticas, eclesiásticas, o de otro tipo. El amor, para el reformador inglés, no era algo suave y tolerante que tapaba a la personalidad humana, por explosiva que ésta fuese. El amor, o la santidad, que es como él lo interpretó, no era el fin de reacciones humanas sanas y hasta intensas, sino más bien el proceso de disciplinarlas. El amor cristiano forma una atmósfera en la que todos los conflictos creativos no sólo pueden existir sino aun madurar y ser cabalmente utilizados sin producir la más mínima rasgadura en la tela de la unidad cristiana.

El "amor" de Wesley pertenecería exactamente a lo mismo que es el amor de Dios, porque allí es donde él captó la idea. Da lugar a la libertad y al logro. Se "enfrenta" valiente a cualquier enemigo que intenta destruirlo. Encuentra su aplomo en el sano "toma y da" de las personas que tienen relación, y hasta se nutre en ello. La solución teológica que nuestro estudio busca, no será, por lo tanto, la solución diseñada para poner punto final a toda manera de pensar y a cualquier diferencia de opinión y debate, sino, todo lo contrario, nuestra solución intenta estimular un "diálogo" animado que servirá para fortalecernos donde seamos débiles, y guiarnos a encontrar la salida de algunas de las confusiones que estorban el servicio cristiano óptimo.

Se ha escogido, específicamente, a Juan Wesley como el "catalizador" para un estudio de los cimientos de la doctrina cristiana por las siguientes razones. Primera, el concepto que Wesley desarrolló del amor es un catalizador más completo que cualquier otro que yo conozca; o sea que cuando ambas, la teología y la vida, son consideradas juntas, el amor, tal como Wesley lo concibió, resuelve más problemas teológicos y religiosos que cualquier otro concepto. La segunda razón sigue a la primera, y es que el amor como la verdad central le da más sentido al evangelio que el que se deriva de las aproximaciones de otros aspectos de la teología. El amor es el mensaje del evangelio. El amor cristiano, revelado por Dios en Cristo, es la corrección del amor limitado, egoísta, selectivo y pervertido del ser humano. Se yergue contra cualquier concepto humano de amor proyectado en una teoría de la naturaleza de Dios y de sus tratos con la humanidad.

Es precisamente este amor ilimitado, imparcial, indestructible lo que necesitaba "ser revelado" puesto que lo mejor en el amor humano ha sido limitado. La naturaleza misma del pecado es esa perversión del amor que hace que éste mismo sea el objeto de su propia dedicación. ¿Pudiera ser que el dogma de la elección particular, tal como la entienden algunas escuelas teológicas, sea nada menos que la proyección del defectuoso amor humano en la naturaleza misma de Dios? El evangelio no nació en la filosofía humana sino en el corazón de Dios revelado en Cristo. Esto es lo que Wesley declaró.

Una tercera razón es el énfasis en la relación profundamente moral, personal y espiritual entre Dios y el ser humano que tal concepto del amor hace posible. Esto está en marcado contraste con cualquier "manipulación de objetos" legal, mecánica, automática o matemática que tan fácilmente se vuelve un substituto de las realidades personales y espirituales del evangelio.

Una cuarta razón es la libertad saludable del provincialismo teológico de que Wesley disfruta. No todos sus seguidores han sido igualmente discretos. Un exclusivismo estrecho en la iglesia es gnóstico en espíritu y se deriva de raíces muy antiguas. Eternamente debemos estar en guardia contra cualquier provincialismo teológico y religioso. James Stewart escribió lo siguiente: "El problema con la herejía [respecto al problema de los colosenses] tal como Pablo lo veía, era su terrible provincialismo".[1] El amor, tal como es revelado en Cristo, se yergue en el polo opuesto del pecado tan viejo como la raza —*El Pecado*— el yo contra Dios y contra cualquiera que pudiera amenazar la autonomía del yo o intentara invadir sus "derechos". Wesley no era provinciano en su concepto del evangelio, ni en su comprensión de éste. Para él, el amor era la solución divina al problema de las divisiones.

Wesley era "hombre de un Libro", tal como él mismo afirmó, y sobre ese libro edificó su fe. Él no se consideraba sujeto a cualquier concepto que no pudiera encontrarse claramente postulado en la Palabra de Dios. Por esta razón, el wesleyanismo es, o debería ser, una teología bíblica. En armonía con tal ideal, este libro contiene varios estudios bíblicos un poco largos. La decisión de cuáles de las diversas doctrinas examinadas en este libro habían de ser estudiadas bíblicamente se hizo sobre la base de la naturaleza de la pregunta controladora. Dondequiera que se suscitan los más grandes problemas en la tensión entre la doctrina y la vida, allí se hicieron los estudios más profundos.

En estos casos se prestó atención hasta a las referencias más remotamente pertinentes a las palabras específicas que se estaban estudiando, a fin de evitar la sospecha de que se había hecho una selección arbitraria de pasajes con el fin de llegar a cierta conclusión preconcebida. Las conclusiones deben emanar después de estudiar todo el cuadro. La teología bíblica se arraiga en la Biblia toda, no en algunas porciones escogidas de ella. Estos estudios no son pesados ni eruditos, sino observaciones contextuales obvias que frecuentemente son pasadas por alto en compilaciones al estilo de "textos de prueba". Sin un fundamento como éste, la teología bíblica ni siquiera puede comenzar. Creemos que una erudición verdadera y cuidadosa no resultará antitética a lo que hemos concluido en estos estudios.

Juan Wesley fue un teólogo, como esperamos demostrar. Trabajó a partir de un "sistema" que, en su manera de pensar, no era básicamente diferente de la doctrina cristiana tradicional. El añadió una dimensión espiritual que puso a la teología en una nueva estructura —de relación y experiencia personal. Esta "adición" alteró el equilibrio de las doctrinas y causó una configuración diferente, pero en realidad no alteró el sistema. Todo su ministerio fue una explicación de la configuración alterada. El amor, la esencia de la nueva perspectiva, servía como un factor unificador en la teología y una aplicación humanizadora a la vida. La estructura de la teología, en las manos de Wesley, fue hecha para que cupiera en posibilidades humanas. Esto no destruye la teología, pero sí le hace preguntas penetrantes.

En el corazón de la contribución de Wesley estaba la restauración de la santificación a la teología como un elemento viable, claramente distinguido de la justificación, pero integral a ella. Lutero había corregido la confusión que los católicos habían hecho de ambas, error que colocaba la santificación antes de la justificación (la cual entonces se debía alcanzar por las obras). Lutero corrigió tal error al declarar que la justificación era por la fe, no por las obras. Pero Lutero perdió el significado de la santificación en esta corrección al confundirla con las obras. La fe por la cual la justificación se volvía una realidad fue limitada por la preocupación de Lutero de mantener a la fe libre de la sospecha de cualquier mérito humano.

Wesley vio que la justificación y la santificación eran dos aspectos de una misma verdad, no separados por el tiempo y la experiencia sino en relación. Todo lo que él veía que la santificación era como una vitalidad dinámica, tenía sus raíces en la obra de Cristo —la expiación— la cual justificaba, o reconciliaba, a todos los seres humanos potencialmente con Dios. La apropiación de la gracia divina del perdón por cada individuo, por la fe, era el principio de la santificación. Wesley presuponía la justificación en cada "etapa subsecuente del camino".

Así que la justificación es, entonces, la gracia preveniente protegida del universalismo, no mediante un decreto selectivo de Dios (lo cual para Wesley sería una ofensa al amor universal de Dios), sino "por la fe", la cual la gracia hace posible, pero no *inevitable* a todos los seres humanos.

Sería un error suponer que Wesley consideraba la justificación y la santificación meramente como valores matemáticos que son distintos sólo en la medida de cantidad, o sea que uno primero es justificado, y luego puede "añadir" la santificación. Al declarar que la santificación, tanto como la justificación, es por la fe, Wesley aduce un concepto de fe que va más allá de Lutero. Uno no cree para *justificación*, y luego, después, cree para *santificación*, sino que principia a confiar *en Cristo* (una relación personal), por la cual se apropia de la gracia de Dios y principia la vida de santidad. Su nueva relación con Dios descansa en la justificación y resulta en la novedad de vida que la fe inicia. En esta nueva vida hay puntos básicos de crisis o "momentos decisivos" que son integrales a la experiencia moral. Sólo un concepto claro, pleno y adecuado de la justificación puede permitir un concepto bíblico de santificación. Este libro principia en este punto, y procede sobre la base de ese aserto.

## *Nota Bibliográfica*

1   "A First Century Heresy", artículo publicado en el *Scottish Journal of Theology*, noviembre de 1970.

# CAPÍTULO 2

# Hacia una Teología del Amor

La tesis de este libro es que el amor es la dinámica del wesleyanismo. En cuanto uno hace cualquier investigación que merezca tal nombre de los escritos de Juan Wesley, se da inmediata cuenta de la elevada importancia que el amor ocupa en su teología y en su predicación. Cualquiera que sea la puerta por la que uno entre a su pensamiento: la santidad, la santificación, la perfección, la purificación, la fe, el ser humano, Dios, la salvación, o cualquier otra, verá que no sólo cada una de ellas empieza a fluir con las demás y a entremezclarse con las demás, sino también que el todo de ellas es canalizado inevitablemente hacia el amor. En vez de decir que Wesley representa una teología de santidad, sería más fiel a su énfasis principal llamarla una teología del amor. Nos permitimos sugerir aquí como una tesis que debe ser explorada, investigada y defendida, que el wesleyanismo (ese segmento de la iglesia que deriva su posición de Wesley), en sus momentos más auténticos interpreta la teología cristiana en términos del amor. No es "auténtica" cuando no logra hacerlo.

La contribución teológica y religiosa de Juan Wesley a la iglesia no fue un dogma nuevo, sino una vitalidad espiritual y verdadera inyectada en la cristiandad tradicional y ortodoxa. Esta vitalidad es el amor, y el amor, por su misma naturaleza, es dinámico.

El amor es tan céntrico en el mensaje total de Juan Wesley que lo mejor que podemos hacer en este punto es sencillamente incluir uno de sus pasajes más claros y enfáticos sobre el tema:

> Es bueno que estéis completamente al corriente de esto; lo que hace al cielo ser un cielo es el amor. Nada hay más noble en la religión; no hay, en efecto, otra cosa; si buscáis otra cosa aparte del amor, estáis buscando lejos del blanco; estáis desviándoos del Camino Real. Y cuando preguntareis a otros, "¿Habéis recibido esta u otra bendición?", si queréis decir algo que no sea más amor, estáis equivocados; estáis desviándolos del camino, poniéndolos sobre una senda falsa. Estableced pues en vuestros corazones esta verdad, que desde el momento que Dios os ha salvado de todo pecado, no debéis procurar obtener otra cosa, sino más de ese amor

descrito en el capítulo trece de la Primera Carta a los Corintios. No podéis subir más alto, hasta que seáis llevados al seno de Abraham. (*Works* [Obras], XI, "Plain Account" ["Una clara explicación"], p. 430)

Hay algunos conceptos preliminares que deben expresarse para explicar la tesis de que el amor es la clave teológica para entender el pensamiento de Wesley. Cuando postulamos que el amor es la dinámica del wesleyanismo, hemos dicho por implicación algo acerca de la santidad que es el énfasis específico que Wesley representa y defiende. Ese algo es que la santidad es dinámica, y que el carácter de la santidad es el amor. El problema con que nos topamos es cuando menos doble: (1) ¿Es el amor un concepto suficientemente fuerte para hacerle justicia a la santidad? ¿Acaso la prioridad del amor no le roba al amor de su carácter y poder únicos? Y, (2) ¿es correcto *relacionar* los términos *santidad* y *amor* tan estrechamente que los haga aparecer como si fueran lo mismo, aunque en efecto no se diga tal cosa?

La respuesta también es doble. Cualquiera que sea lo que uno opina que es la relación teológica correcta entre la santidad y el amor, en un estudio de Wesley debemos referirnos a él, para indagar lo que él enseñó. Es un hecho obvio que Wesley efectivamente, no sólo *relacionó* ambos términos, y los conceptos representados por ellos, sino que los hizo que *significaran lo mismo*. No son, para Wesley, dos aspectos concomitantes de la gracia sino una unidad deslumbradora de la verdad. En segundo lugar, algo de la relación entre estos dos términos principia a salir a la superficie cuando se ve que el concepto "dinámico", al ser aplicado a estos términos, los pone en una estructura de pensamiento en la que se encuentra una pertinencia viviente. Esa estructura es una "relación personal". La yuxtaposición de los términos *santidad* y *amor*, juntos con "relación personal", le dan un significado a cada término, al mismo tiempo que los une. Esto los transforma, de términos meramente abstractos en conceptos dinámicamente bíblicos.

Ahora hay cuatro conceptos básicos: *santidad*, *relación personal*, *dinámico* y *amor*. Es en el punto en que estos cuatro conceptos se cruzan y relacionan entre sí, semánticamente, que un principio de interpretación puede empezar a ser desarrollado.

## UN GLOSARIO EXISTENCIAL

1. "Santidad", tal como se usa en este estudio, refleja la ambigüedad que uno frecuentemente encuentra cuando se usa este término. Es necesario distinguir tres niveles de significado antes de que esta palabra pueda ser usada con exactitud.

a. *Santidad* como un nombre, una palabra abstracta, no puede ser identifica-da o hecha sinónima de ninguna otra palabra, sea ésta amor, perfección, consa-gración, purificación o cualquiera otra. Tiene un significado estable asegurado por cientos de años de historia. Como tal, es inviolable.

b. Cuando el término *santidad* es puesto en un contexto teológico, adquiere el mismo color de cualquier sistema de teología en el que aparece. Tiene que re-lacionarse con todos los demás términos que son parte del sistema, y tiene que estar en armonía con éste. La santidad católica es muy diferente de la santidad calvinista. Pero todavía es un término abstracto en el sentido de ser parte de una estructura de ideas.

c. Hay que reconocer una tercera categoría. Cuando *santidad* se vuelve un término *religioso* con un significado existencial, entonces tiene que rendir su au-tonomía a todo el complejo de las relaciones de vida. No es violado por *amor* y *perfección* sino más bien le añade o enriquece al otro término, y las cortantes ba-rreras semánticas que protegen a cada uno se disuelven, dejando una realidad espiritual que ningún libro de teología o diccionario puede manejar.

Por no distinguir entre estas tres categorías en el uso de la palabra, el purista (filósofo) puede llamar al realista (el wesleyano) cualquiera de las dos cosas, o un ignorantón teológico ("todos saben que nadie puede vivir de acuerdo a la norma de santidad"), o deshonesto ("cambia el significado de la santidad de acuerdo a como le acomode o convenga"). La *santidad*, es menester repetirlo, es un tér-mino religioso.

En esta declaración preliminar hay otra pregunta que amerita ser considerada en este punto. ¿Son amor y santidad sinónimos en el pensamiento de Wesley? ¿Debe la teología, o no debe, considerarlas sinónimas?

Esta no es una pregunta sencilla; empero, debemos discutir algo de su com-plejidad. La razón por la que queremos sondear la pregunta antes de darle a Wesley la oportunidad de explicar su concepto de amor y de santidad es que, aparentemente, él no tuvo presente esta pregunta específica. Si forzamos una contestación a una pregunta que él realmente nunca intentó contestar, es posible que interpretemos erróneamente al reformador inglés. Por otro lado, si nuestra pregunta es clara, tal vez nosotros podamos interpretar lo que Wesley dice, en tal manera que nos indique la respuesta que buscamos.

*Santidad* y *amor* son dos palabras diferentes para dos conceptos o realidades diferentes. En el área de las definiciones formales cada una es distinta de la otra. No pueden ser intercambiadas, en ningún contexto. Pero esto es en el área de las palabras como palabras. En el área del significado existencial algo de su relación sale a la superficie. Pero sería inexacto decir que están "relacionadas". Decir que la santidad y el amor no son idénticos pero que están relacionados implicaría que están *asociados* en experiencia, pero no conectados *vital* y *esencialmente* en la vida. Diría que cada uno de los dos tiene autonomía aparte del otro. En una manera parecida a la relación que hay entre una casa y un hogar, una persona y un abogado, una institución y una escuela, la santidad y el amor también pueden parecerse o ser la misma cosa. Pero se vuelve muy obvio que los segundos elementos de esos pares representan una categoría de pensamiento diferente de los de la primera. Describen una clase de carácter, o uso, o actividad, de la primera o primeros. Lo podríamos llamar la "dinámica" de los primeros elementos.

Cuando la santidad y el amor son puestos juntos, la analogía de los dos lados de una moneda se apegaría más a la realidad. Ninguno de los dos lados puede ser ambos lados al mismo tiempo. Los lados no son iguales, pero el lado anverso es tan esencial para su existencia como la cara de la moneda. El amor es el carácter interior esencial de la santidad, y la santidad no existe aparte del amor. Así de estrechamente unidas están, y en cierto sentido se puede decir que ambas son lo mismo. Cuando menos Wesley constantemente definió la santidad, como la perfección tanto como el amor.

2. En esta analogía un énfasis importante es implícito. Si el amor es el carácter, lo que fluye, la comunicación de la santidad y lo que le da existencia a ello, y el amor es una cualidad de una persona y nunca un "algo", se ha dicho algo acerca de la santidad que Wesley nunca perdió de vista, que es, que la santidad tiene que ver con *personas en relaciones*.

3. Una aproximación apegada a la realidad es la de "la relación personal". Es dentro de la dimensión personal de la realidad que la revelación como la demostración de Dios acerca de Sí mismo se da y recibe, que la comunicación tiene significado, que la racionalidad y la moralidad son descubiertas, que el individuo y la sociedad cobran significado, que la santidad y el pecado tienen una definición. La naturaleza inanimada es una herramienta de la revelación, pero sólo las personas pueden manipular la herramienta para hacerla que revele, o porte, o comunique significado alguno. Dios se comunica a Sí mismo a seres personales parecidos a Él, y los únicos objetos de su amor redentor son personas.

4. Lo dinámico, entonces, caracteriza la relación de personas. La misma libertad moral que es esencial a la idea de persona, en contraste a la que ve a los seres humanos como meras entidades que han de ser manipuladas, habla de la cualidad dinámica de la esencia de ser persona.

La dinámica de la relación personal es el amor. El amor es una cualidad de interacción entre personas. *El amor puede existir sólo en un ambiente de libertad*. No puede ser forzado. La libertad es el ingrediente más fundamental del amor. Cuando se habla del amor, se presupone la libertad y que hay personas involucradas. El amor describe la clase de interacción que existe entre personas. El amor puede ligar personas en un compañerismo, o puede hacer un corto circuito alrededor de sí mismo y rechazar a otras personas. En cualquiera de los dos casos, es la relación entre personas lo que tratamos.

El amor, entonces, define positiva o negativamente la santidad, o el pecado. El amor, siendo dinámico y libre, incluye o excluye a otros en su búsqueda de logro o cumplimiento. Cuando el objeto del amor, aquello en lo que el ser entero se centra, es Dios, se ha descrito la santidad. Cuando, en este proceso, el amor se centra en el yo, Dios es excluido y el pecado ha sido descrito. La santidad y el pecado son evaluaciones de cualidad que tienen que ver con la clase de relación que el ser sostiene con Dios. Tienen significado en el sitio mismo de la relación personal, no en ninguno otro.

## LA DINÁMICA DEL AMOR

Teniendo presentes estas distinciones, ya estamos en condiciones de discutir lo céntrico del amor en el pensamiento de Wesley y en la doctrina auténtica de santidad. *El amor caracteriza la santidad tal como nos la presentan los escritores del Nuevo Testamento.* El cuerpo de pensamiento que sugiere una declaración como ésa, procede más o menos así:

1. *"De tal manera amó Dios al mundo* que dio a su Hijo unigénito".

2. *El propósito de Jesús* para su venida, vida y muerte fue "santificar al pueblo" (Heb 13:12); "Cristo amó a la iglesia, y se entregó a sí mismo por ella, para santificarla, habiéndola purificado" (Ef 5:25-26ss).

3. El cumplimiento de todo lo que Dios demanda de los seres humanos, de acuerdo al Señor Jesucristo, es *un amor total a Dios y al prójimo* en la misma medida en la que uno se ama a sí mismo (Mc 12:28 ss).

4. Cuando Pablo bosqueja la estructura ética de la vida cristiana, él culmina su argumento con el mismo mandato. El Apóstol declaró que los mandamientos se resumen "…en esta sentencia: Amarás a tu prójimo como a ti mismo. El amor no hace mal al prójimo; así que el cumplimiento de la ley es el amor" (Ro 13:9-10).

5. La prueba de que tenemos la debida relación con Dios es el amor. "Y su mandamiento es que creamos en su Hijo Jesucristo, y que nos amemos unos a otros como él nos mandó. Los que obedecen sus mandamientos, viven en él y él vive en ellos. Y en esto sabemos que él vive en nosotros, por el Espíritu que nos ha dado" (1 Jn 3:23-24, DHH).

Tal como se ha advertido, uno no necesita mucho tiempo, al leer a Wesley, para descubrir que el amor es el tema de todo su ministerio, de su manera de pensar, de su interpretación de la teología, de las acciones hacia la humanidad, y en general, de todo lo que él dijo o hizo. El amor es su hermenéutica. Si alguien hiciera un compendio de todas las discusiones o alusiones de Wesley al amor, su obra sería casi tan grande como todas las obras combinadas de Wesley. Podría resumirse con esa expresión de él que encontramos con tanta frecuencia en sus escritos: "La religión no es nada más ni menos que el amor puro a Dios y al ser humano". ¿Por qué, entonces, escribir los 14 tomos de sus obras básicas, y veintenas de tomos sobre asuntos misceláneos? Todo esto es un comentario, una elaboración, una exégesis del amor, puesto que el amor es un diamante de muchas facetas, y afecta cada posible aspecto de la vida y de las relaciones humanas.

Si uno está comprometido con una teología wesleyana, debe darse cuenta de que está comprometido con una teología del amor. Este fue el concepto del cristianismo —lo céntrico del amor— al que Wesley se comprometió. El creía que era bíblico, y se dedicó a sí mismo a "la santidad" porque creyó que era bíblica, y que la Biblia la caracterizaba como el amor. Sólo este eslabón entre Wesley y nosotros sería una base legítima para una teología "bíblica" que pudiera ser llamada wesleyana. Wesley es aceptado como un mentor seguro sólo porque él captó la verdad céntrica del evangelio tan bien, y desarrolló sus implicaciones en la teología y en la vida tan satisfactoriamente.

Sería irresponsable escoger entre las enseñanzas de Wesley sólo aquellas que se consideren necesarias para defender alguna característica doctrina "distintiva", y luego llamarla wesleyana, sin haber hecho la decisión sobre la base de un principio que le hiciera justicia a las propias intenciones de Wesley. Es un error designar la teología que uno tiene como wesleyana, e indicar con eso una teología de santidad que limita el significado a algún concepto de la santidad que sea menor que el amor, como Wesley lo concibió. El amor define más la teología de Wesley que cualquier metodología de la dimensión de la experiencia que se le atribuya a Wesley. Este es el tema de este libro.

## IMPLICACIONES DE UNA TEOLOGÍA DE AMOR

Cuando el wesleyanismo es encontrado y comprendido como una teología del amor, algunos conceptos significativos empiezan a salir a la superficie.

1. *El amor es más profundo que el concepto popular que de él se tiene.* El amor, en el sentido bíblico, y tal como Wesley lo comprendía, es una corrección profunda del concepto popular y moderno del amor. Es menester distinguirlo de esas connotaciones que lo presentan como algo romántico, suave, erótico, paternalista, permisivo o emotivo. El amor incluye todo aspecto de una relación humana, pero también estructura estas relaciones en una manera muy diferente a lo que hace con ellas el pensamiento moderno.

2. *El amor nos implica en la ética.* Puesto que la santidad es caracterizada por el amor, tiene que estar éticamente estructurada. Esto difiere vastamente de un "moralismo", y no debe ser confundido con tal perspectiva superficial. La "teología de santidad" ha tenido la tendencia a deslizarse hacia esa superficialidad que es una negación del significado original bíblico, verdaderamente ético, de la santidad. El amor impide que la santidad se vuelva moralismo. La santidad es éticamente pertinente y el amor yace en su corazón. La religión bíblica tiene consecuencias éticas.

3. *El amor es algo eminentemente personal.* La medida cabal de su significado se limita a "personas", y hasta cierto punto y en gran parte define a la "persona". El amor demanda el concepto de lo dinámico en la esencia de ser persona. Es su fuerza interior, su alcance, su atmósfera, su cohesión social. Es compañerismo, relación y sociabilidad. Es la comunión mutua y sin obstáculos de espíritus que sobresale de entre todas las demás satisfacciones, como la suprema de ellas y el logro o cumplimiento máximo. Cuando San Juan declaró: "Dios es amor", se estaba diciendo algo acerca de la naturaleza de Dios y la naturaleza del ser humano que empieza a aclarar el sentido de la palabra "personal".

4. *El amor es "felicidad"* (en el sentido que Wesley le daba a esta palabra). La felicidad no es un cosquilleo de las emociones, sino una armonía de todo el ser. La santidad no es la glorificación de la condición de alguien que no esté ajustado a la realidad, una neurosis, como sus críticos suelen decir. Al contrario, la santidad es salud, vitalidad, plenitud; el fin de la falta de armonía, de estar tensos y cortantes, y de ese sentimiento de estar desquiciado. El amor se dirige derecho al corazón de las relaciones personales y demanda un suelo correcto para el compañerismo. Inmisericorde, pero terapéuticamente, discierne entre los móviles y dirige una realineación de actitudes y relaciones. Se yergue en juicio en contra de cualquier actitud o acto que en un despliegue erróneo de autoridad, pudiera por sí mismo, destruir el compañerismo. No es suave, sino que discierne severamente. No es ciego, sino que se mantiene agudamente alerta a cualquier cosa que pueda dañar el compañerismo. No es amorfo, desconectado de la ley, sino todo lo contrario, es la misma estructura interior de la ley moral, el conservador de la integridad moral.

5. *El amor nunca es superficial.* Siempre trata con los asuntos principales. Separa los puntos centrales de los que están en la periferia, guiado por su celo de crear y preservar la relación verdadera. Se yergue en vigilancia de la autoestima, no sea que ésta inadvertidamente se deslice hacia el egoísmo. En igual forma, impide que la integridad personal sea inundada por un excesivo interés en los derechos personales de uno.

6. *El amor acera el alma*. Friedrich Nietzsche pensaba que el amor era la "moralidad del esclavo", y que la gente débil y sin valor alguno sencillamente justificaba y glorificaba su debilidad llamándola amor. A pesar de la nauseabunda enseñanza de Nietzsche, una enseñanza que muchos años después empujó al mundo a una guerra espantosa, una lectura tranquila de las obras de ese filósofo revela una trágica y profunda comprensión errónea de la ética cristiana del amor. ¿Dónde la aprendió? Lo mencionamos aquí meramente porque cuando partimos del concepto "popular" del amor y lo insertamos en la fe cristiana, el resultado es que la misma reacción devastadora de Nietzsche se perpetúa. El amor cristiano no es algo débil, sin espina dorsal o fuerza de carácter. Todo lo contrario, precisamente es el valor y la estabilidad de "Los Terribles Mansos". El escritor Lord Alfred Tennyson pone en la boca del noble Sir Gaeahad la declaración: "Tengo la fuerza de diez porque mi corazón es puro".

7. *El amor es creador*. La creación en medio de las tensiones y conflictos de la vida es la esencia de la clase de amor de la que Wesley, y la Biblia, hablan. El amor que necesita paz para crecer no es amor bíblico. El amor que existe en la relación mutua entre personas debe ser de tal calibre que no sólo salga airoso del conflicto entre personas libres y conscientes, sino que hasta se deleita en tal intercambio. El amor no elimina esa clase de encuentro creador, sino que descubre las dimensiones más profundas de la realidad personal en él. Parece que Wesley entendió esto, y los consejos que da en su voluminosa correspondencia que tenemos a nuestra disposición, nos hacen pensar tal cosa. Descubrimientos sanos de las profundidades de la realidad ocurren cuando hay personas en conflicto.

El amor no reduce la vida a una placidez tediosa y monótona. Todo lo contrario, el amor nos impele hacia lo desconocido, lo peligroso, hacia todas las tumultuosas experiencias humanas a nuestro derredor. Un hogar donde no hay diferencias de opinión es, o algo inexistente, una tumba, no un verdadero hogar, o es el resultado de la dominación de una persona. Los hogares más felices y vibrantes son aquellos en los que cada miembro de la familia es una personalidad irreprimiblemente libre, creadora, exuberante, pero que al mismo tiempo respeta a todos los demás, por muy diferentes que sean sus ideas de las de ellos. La comunidad cristiana que da testimonio del amor de Dios no corta la aguda arista de la individualidad, sino que demuestra la insondable buena voluntad que define el amor cristiano.

8. *El amor alcanza a otros*. Destruye la indiferencia, el aislamiento, el orgullo que mata el compañerismo, la parcialidad, la frialdad, el exclusivismo. Hay que confesar que hay una tendencia entre los cristianos a interpretar la santidad como una separación de la sociedad, de los asuntos cívicos, de personas "malas", o "bajas", y de todo lo que sea secular. Es cierto que hay un elemento de

separación en la santidad; pero en el otro lado de la santidad, y saturándola hasta su médula, está el amor. La santidad es la identidad propia; el amor es perdernos a nosotros mismos en otros. La santidad es estar completos; el amor es compartir esa plenitud. Ni la santidad es cristiana sin el amor, ni el amor es cristiano sin la santidad. Son lógicamente distintos, pero en efecto son sólo una cosa en la vida. Lo que los deforma a ambos es el tratar de dividirlos. El amor sin la santidad se desintegra en sentimentalismo. Se ha perdido la integridad personal. Pero la santidad sin amor ya no es santidad. A pesar de su etiqueta, exhibe severidad, la tendencia a juzgar, un espíritu crítico, y toda su capacidad de discriminar o discernir termina en un espíritu divisivo y que se fija en nimiedades.

9. *El amor es orientado sicológicamente.* O sea que cuando se habla de amor, a lo que se alude es la acción y la reacción de la vida consciente de seres humanos. Tiene que ser visto a través de los impulsos, el razonamiento, los prejuicios, las costumbres, la cultura, la inteligencia, las características mentales, la herencia, la disposición, la salud, la personalidad, las tensiones y ajustes del ser humano, y en sus reacciones con los demás. Es en el gozo, en el sufrimiento, en la tensión, en el dolor, en el poder, en la frustración, en las diferentes modalidades de conducta y de temperamento —en éstos y en todos los demás aspectos que tienen que ver con este algo complejo que llamamos la vida— aquí es donde el amor debe ser visto. Es en este punto práctico e inescapable donde la teología debe hablar significativamente, o, si no lo hace, callar. Es aquí donde los seres humanos viven y experimentan la gracia de Dios, o donde la rechazan. Estos puntos pueden ser controversiales, pero notemos que Wesley no se negó a participar en tal clase de controversia.

En una carta especialmente bella y larga, Wesley contestó la pregunta: ¿Quién es un cristiano? ¿Cómo es el verdadero y auténtico cristianismo, y cómo sabe uno que es de Dios? Wesley cita varias evidencias, y se explaya considerablemente en el amor. A continuación citamos una parte de lo que dice:

> Sobre todo, recordando que Dios es amor, él [el cristiano] se conforma a esa imagen. Está lleno de amor a su prójimo, de amor universal, que no se confina a una secta o a un partido, ni limitado a los que están de acuerdo con él en cuanto a sus opiniones o formas externas de adorar a Dios, o a los que son sus aliados por razón de familia, o por estar cerca de él. Ni tampoco ama sólo a los que le aman a él, o los que le son muy queridos por una relación larga e íntima. Más bien, su amor se parece al amor de Aquel cuya misericordia se derrama sobre todas sus obras. Se eleva por encima de todos esos lazos leves, e incluye a prójimos y a extraños, amigos y enemigos; sí, no sólo los buenos y los amables, sino también se extiende hacia los obstinados, los perversos, y los ingratos...
>
> Su amor hacia éstos, y hacia toda la humanidad, es en sí mismo generoso y desinteresado, pues no emana de alguna ventaja contemplada para sí mismo, ni de algún deseo de lucro o de alabanza, y ni siquiera del

placer de amar. Esta es la hija, no el padre, de su afecto. Por experiencia el cristiano sabe que el amor social, si significa el amor a nuestro prójimo, es absolutamente diferente del amor a uno mismo, aun la clase más permisible —tan diferente como diferentes son los objetos a que apuntan. Y sin embargo es seguro que, si están bajo las debidas regulaciones, cada uno le dará fuerza adicional al otro al grado que estarán mezclados para nunca ser divididos.

Este amor universal y desinteresado produce toda clase de afectos correctos. Tiene el fruto de la gentileza, la ternura, la dulzura, la humanidad, la cortesía y la afabilidad. Hace que un cristiano se regocije en las virtudes de todos, y que experimente una parte de su felicidad, al mismo tiempo que se conduele con sus dolores, y es compasivo de sus flaquezas. Este amor resulta en modestia, condescendencia, prudencia, así como tranquilidad y estabilidad de temperamento. Es el padre de la generosidad, de la sinceridad y de la veracidad; carece de envidia y de sospecha. Engendra el candor, y la disposición a creer y a esperar todo lo que es bueno y amigable de todo ser humano, y una paciencia invencible, que nunca se rinde ante el mal, sino que vence con el bien al mal...

Este es el retrato llano y escueto de un cristiano. Pero no tengáis prejuicio contra él por su nombre. Perdonad sus opiniones particulares, y esas maneras que él tiene de adorar a Dios, y que vosotros juzgáis supersticiosas. Estas son circunstancias de pequeña importancia y no penetran un velo de amor para lograr ver la substancia: su santidad, su felicidad y su temperamento.

¿Puede la razón tranquila concebir un carácter más amable o más deseable? (*Letters* [Cartas], II, 376-80)

El amor es tan céntrico para la fe cristiana que en cuanto uno lo toca se encuentra embrollado con cada elemento de la doctrina y la vida cristianas. Como iremos viendo, la discusión que Wesley hizo de cada segmento de la verdad cristiana lo guio rápidamente al amor. "Dios es amor". Cada aspecto de la propiciación es una expresión de amor; la santidad es amor; el significado de "religión" es amor. La perfección cristiana es perfección de amor. Cada paso de Dios hacia el ser humano, y la respuesta de éste, paso tras paso, es algún aspecto de amor. La fe obra por el amor. La ética es la expresión que fluye del amor. Decir que la santidad cristiana es nuestra *raison d'etre* (razón de ser) es decir que estamos comprometidos con todo lo que el amor es, y eso es decir mucho. Es imposible extraer de Wesley una doctrina de santidad, y suponer que podemos descartar el amor y hacerlo impunemente. La perfección cristiana, separada de la aorta de todo lo que el amor es, se vuelve algo estéril, frío, muerto e increíble. (En el capítulo que trata con "la imagen de Dios", se presenta una elaboración más detallada de la posición de Wesley en cuanto al amor).

# EL AMOR Y EL COMPAÑERISMO

Hay una dimensión más del problema del amor y la santidad en su sentido religioso. Se dice que la evidencia de amor/santidad es el compañerismo, y que el compañerismo es la evidencia de estar en posesión de la gracia cristiana, y la evidencia al mundo de que la religión cristiana es verdadera. Esto es fácil de decir, pero no es fácil vivir así, a menos que entendamos correctamente el significado de compañerismo. Para ello la palabra clave es *amor*. Dado que el término es usado en tan diferentes maneras, es prudente tratar de eliminar las ambigüedades, y también tratar de aplicar el significado correcto en cada situación.

El idioma griego no se limita a una sola palabra para expresar las diversas relaciones (amorosas) de la vida, como es el caso de nuestro idioma que tiene que agrupar casi todas esas experiencias como algún aspecto de amor, y con esa palabra. Hay cuando menos cuatro palabras griegas: *eros, storge, filia* y *agape* que son traducidas en "amor". Todas ellas, menos *eros*, se encuentran cuando menos en una forma derivada, en el Nuevo Testamento. Pero en un estudio del amor no podemos omitir *eros*, puesto que contribuye a la comprensión del rico significado del amor. Si bien la palabra misma no aparece en el Nuevo Testamento, su significado está ampliamente representado.

*Eros*, dice el erudito William Barclay, es amor en el nivel físico o en el nivel más elemental.[1] Es usado para denotar la atracción sexual, así como para hacer alusión a pasiones tales como el patriotismo intenso y fanático. Es el tipo más instintivo y "natural" de atracción y de emoción. No debe ser considerado como pecaminoso, sino como una respuesta enteramente normal a la vida.

*Storge* se refiere al afecto familiar. Es usado unas pocas veces en el Nuevo Testamento. La palabra denota esa lealtad personal intensa y devoción mutua que existe entre los miembros de una estructura social del tipo familiar. Frecuentemente se traduce como "amor fraternal".

*Filia* es una amistad personal y cálida, un afecto profundo entre dos, y algunas veces más, personas. Los casos en que el término es usado en el Nuevo Testamento incluyen el amor del Padre para el Hijo (Jn 5:20), la devoción de la amistad a Jesús (1 Co 16:22), el amor de Jesús para Lázaro (Jn 11), y la mutua amistad entre Jesús y "el discípulo amado" (Jn 20:2). Hay que notar que Jesús no requería que el amor de un cristiano para su enemigo se basara en esta relación. Esta fue la íntima devoción personal que Pedro violó cuando negó que conociera al Señor. Cuando Jesús le hizo el interrogatorio después en cuanto a su amor por Él, esto fue a lo que aludía la pregunta, una clase de dedicación cálida, verdadera y personal a otra persona.

Todos estos son afectos "naturales" de la humanidad. Describen una respuesta profunda y emotiva de corazón, de una persona a otra. Esta clase de amor requiere poco o ningún esfuerzo para amar a alguien en estas formas. Estas son fuerzas sociales cohesivas sin las cuales la humanidad no existiría como sociedad. Definen la característica de estar completo, mental, sicológica y espiritualmente.

Pero en *agape* encontramos una dimensión completamente diferente del amor. Esta es una cualidad personal más que una clase diferente del amor. *Agape* es un principio de acuerdo al cual uno ordena la vida, o un principio que ordena la vida. Del *agape* derivan su carácter todas las relaciones de la vida. No es una nueva capacidad que se nos ha impartido o "inyectado" sino una orientación personal que primero va en dirección de Dios, y luego, por necesidad, va en dirección de las otras personas y asuntos de la vida. Lo llamamos "amor cristiano", y efectivamente es único en su plenitud en Cristo. En primer lugar, no es una emoción, sino una regla de conducta deliberada por la cual todas las relaciones que tenemos con otras personas son conservadas en equilibrio por la orientación igualmente deliberada que hemos aceptado hacia Dios y su propio autorrespeto, en el sentido correcto, amor propio.

Nuestra primera introducción a esta clase de amor en el Nuevo Testamento ocurre en ese difícil pasaje de Mateo 5:48, que reza: "Sed... perfectos, como vuestro Padre que está en los cielos es perfecto". Tendemos a razonar que esta clase de perfección debe pertenecer a otra vida puesto que, como solemos decir: "¿Quién puede ser tan perfecto como Dios?" Pero una lectura más cuidadosa del contexto muestra que el amor *agape* se revela en la "paternidad" de Dios, y no en la absoluta perfección de Dios. La vieja ley protegía la justicia mediante el principio de retribución de "ojo por ojo". Lo cual era un gran avance del principio del dominio del más fuerte. La ley moral decía que uno debía amar a su prójimo. Los judíos lo sabían perfectamente. Pero ahora Jesús eleva la "ley" a su cenit, al pedirnos que amemos a nuestros enemigos. Por no haber tenido presentes las distinciones del amor, muchas personas sinceras han retrocedido ante lo que para ellos era un ideal imposible. Pero Jesús no nos dejó con un idealismo vacío. La norma de ese amor es la manera en la que el Padre celestial envía todas las ventajas de la lluvia y del sol, y de los otros elementos necesarios sobre todos los seres humanos, buenos y malos, agradecidos e ingratos, obedientes y desobedientes. Y esta es la mejor definición del *agape* que pueda encontrarse: buena voluntad imparcial.

Así que el amor que llamamos amor cristiano no es un substituto de otros amores, o de otras clases de amor, ni es una adición a esos amores, sino que es una cualidad de toda la persona en tanto está centrada en Cristo. La orientación hacia uno mismo, que deforma, y que daña todas las demás relaciones porque las usa para su ventaja personal (frecuentemente en las formas más sutiles y perversas), es sanada por la presencia permanente del Espíritu Santo. En esta relación todas las demás relaciones de la vida son ennoblecidas y embellecidas, y hechas santas.

Puesto que *agape* es un molde para todas las relaciones, la tarea de impartirle un carácter cristiano a *eros* y a *storge* y a *filia* se vuelve posible, por difícil que sea. Es posible porque está en el área de la orientación y la integridad morales. Es difícil porque es en esta área moral donde el carácter se forja por la perseverancia del esfuerzo diligente. Si el amor *agape* fuese automático en la vida cristiana, no habría necesidad de las exhortaciones bíblicas a aumentar y crecer en este amor.

De modo que no se nos ha dejado con un término abstracto. *Agape* no puede ser definido pero puede ser demostrado. Es esta la demostración que Dios nos da en Cristo. Pablo escribe en Romanos 5 que "siendo aún pecadores, Cristo murió por nosotros" (v. 8). Dios ha tomado la iniciativa, y esa iniciativa es el meollo del asunto relativo al amor. "Dios estaba en Cristo reconciliando consigo al mundo" (2 Co 5:19). Este no es un amor selectivo sino que incluye a todos los humanos, o de otra manera no sería amor (Jn 3:16). Nosotros sabemos de ese amor selectivo que se derrama sobre unos cuantos favoritos, y que no tiene lugar alguno para el que está fuera del grupo. Esto es *filia*. Cuando arbitrariamente nosotros proyectamos nuestro amor tipo *filia* sobre el significado del amor de Dios en Cristo, y decidimos que Él limita su amor por una razón u otra a ciertas personas selectas, excluyendo a las demás, estamos desplegando el más burdo y peligroso antropomorfismo.

Esta fue precisamente la clase de exclusión que Cristo vino a denunciar. Dios *no* es parcial. Esta es la justicia de Dios que Pablo defiende en Romanos, y de la que los seres humanos carecen, lo cual es una evidencia de su pecado. El amor *agape* es la dimensión divina del amor que Él quiere restaurarles a todos los humanos. Esto es la santidad. Y cuando la santidad se vuelve una parte de la experiencia del ser humano, él también debe abrir las puertas de su corazón a todos los humanos. El concepto de la "predestinación particular" impugna la santidad de Dios.

Dios en Cristo nos dice lo que es este amor: es el perdón. El perdón es aceptar todas las *heridas* que nos haya infligido un "enemigo" (aun cuando éste sea alguno de nuestros amigos), sin demandar reparación. Todo el costo entonces es pagado por la persona que ofrece el perdón. Perdonar es aceptar a quien nos ha dado el golpe, o quien ha cometido la injusticia con nosotros, tal como si nunca hubiera transgredido contra nosotros. La reconciliación le cuesta al reconciliador más que lo que jamás le puede costar a la persona a quien se ofrece la reconciliación. Es una confrontación agresiva de una situación en la que hay barreras mutuas que separan a las personas. Es la creación deliberada de una atmósfera en la que resulta imposible que el transgresor sea humillado. Levanta al "pecador", lo ayuda a ponerse de pie y luego lo trata como una persona que merece ser amada. Tal vez cierta persona trace un círculo que me deje fuera, "pero el Amor y yo tuvimos el ingenio para vencer: trazamos un círculo que la incluyó". Jesús estaba enunciando un principio sicológico correcto cuando afirmó que el perdón que Dios nos da lleva una condición que no depende en la disposición de Él ni en algún decreto divino, sino en que estemos dispuestos a ofrecer nuestro perdón a los que nos hayan tratado mal.

Puesto que el *agape* y el compañerismo están relacionados tan íntimamente, hay que decir algo sobre ello. Abundantes comprensiones erróneas en cuanto a la condición del compañerismo han causado mucha desesperación. ¿Debe el compañerismo basado en la atracción mutua ser la credencial de la comunidad cristiana? El compañerismo cristiano principia en nuestra relación con Dios. No debe haber ninguna barrera moral y personal que impida o disminuya su presencia. En esta comunión sin obstáculos (1 Jn 1:7) hay limpieza. Pero esta misma comunión sin barreras con otros, sea reciprocada o no, es el compañerismo de los de la familia de Dios. Las barreras profundamente arraigadas en nuestro propio ser son las barreras al compañerismo cristiano. El compañerismo de buena voluntad, y de libertad de cualquier espíritu vengativo o de intrigas siniestras en una comunidad de personas cuyas inclinaciones, ideales, metas y tendencias culturales chocan mutuamente, es ese "algo" que sorprende y atrae a los que lo contemplan. Y esta no es una atmósfera fácil de crear y mantener. Mantener una comunicación abierta es el camino a la comunión, y esto es el fundamento del compañerismo cristiano.

## AGAPE Y PECADO

Pero hay algo más que es necesario decir acerca del amor antes de entrar más de lleno en el asunto en un capítulo posterior (El Pecado y la Santidad).

Si bien *agape* es el término usado para caracterizar el amor divino y la relación debida del cristiano con Dios, consigo y con otros, una verdad trastornadora principia a amenazar a toda esta estructura de pensamiento. Encontramos algunos pasajes en el Nuevo Testamento en los cuales *agape* es usado en un sentido definitivamente peyorativo, o menguado. "Demas me ha desamparado, amando [*agapésas*] este mundo" (2 Ti 4:10). San Juan postula un absoluto inequívoco: "No améis al mundo... Si alguno ama (*agapá*) al mundo, el amor (*agápe*) del Padre no está en él" (1 Jn 2:15). Esto no nos dice que haya algo malo en el mundo, sino que es una indicación de que cuando cualquier cosa toma el lugar que le pertenece a Dios, o cuando Él es quitado de su debido sitio, "El

Pecado" ha sido cometido. Lo que le pertenece solamente a Dios ha sido dado a otro. Y la palabra que se usa para decirlo es *agape*.

Hay algunos corolarios interesantes que resultan de todo lo que se ha dicho acerca de *agape,* conforme encontramos estos usos sumamente derogatorios del término. ¿Es posible que tengamos aquí el absoluto meollo de la distinción entre la santidad y eso fundamental que es el pecado? El hacer un dios de cualquier otra cosa excepto el Dios verdadero es la desintegración moral final. Esa dedicación, tener ese centro, esa autodádiva total que, cuando "le apunta" a Dios (la expresión de Wesley), trae la santidad y la plenitud y el compañerismo con Dios, puede ser prostituida. La dedicación resultante al yo y al mundo se vuelve el verdadero significado de "anti-Cristo". Es *el Pecado* en el significado más profundo del pecado. "No tendrás otros dioses delante de mí" define la distinción irreconciliable entre qué es lo que resulta en santidad y lo que resulta en pecado. El resumen que Jesús hizo del Decálogo: "Amarás (*agapéseis*) al Señor tu Dios con todo tu corazón, y con toda tu alma, y con toda tu mente", expresa en forma positiva exactamente lo que el Decálogo dice negativamente. Estas son las advertencias más serias y estrictas contra la idolatría que jamás hayan sido pronunciadas; son sencillas pero poderosas. La idolatría es, en primer lugar, asunto del corazón, y la idolatría es el pecado final porque la función religiosa de toda la persona es orientada contra Dios, quien es el único fin verdadero del ser humano, y depositada en un dios falso. Es el trueque de *La Verdad por la Mentira* (Ro 1:25).

Para que el individuo sea una persona humana tiene que tener un dueño. Él es hecho de esta manera. Y puesto que es una criatura responsable, *él tiene que escoger a su dueño.* En esto yace su libertad. Nadie puede hacer coerción sobre la mente de otra persona sin destruir esta mente. Hasta alguien encadenado "disfruta" de la libertad para decidir sus propios pensamientos y sus lealtades. El ser humano es un siervo. En esto yace su gloria. Se *encuentra* a sí mismo al servir. Esta es la paradoja de la existencia racional. Pero el problema con los seres humanos emana cuando ellos rechazan al Único ser que es suficientemente grande para ser fidedigno y para brindar autorrealización; o sea, suficientemente grande para ser un Amo digno: Dios, en Cristo. No se trata de que el ser humano sencillamente escoja no servir a Dios, sino de que se separa a sí mismo de la posibilidad de encontrar aquello que sólo Dios puede proveer. Él debe servir a alguien o a algo, así que *hace, forja* un amo a quien servir. Ocupa él mismo el trono, poniendo su propio ego en lugar de Dios. Trueca su propio ser débil, limitado, falible e imperfecto por el poder y la gloria de un Dios ilimitado. Se priva de su realización a cambio de la fantasía de la libertad.

También debe observarse que, en el Nuevo Testamento, *agape* no se presenta como un substituto de otras formas de amor. Ninguna relación humana y cohesión social —sea que se trate de *eros, storge, filia,* o cualquiera otra —es mala. Ni se nos dice que el *agape* sea superior a otros amores. El amor a Dios no está en conflicto con las diversas relaciones humanas a las que llamamos amor. Lo que es más, hay indicaciones muy fuertes en dirección de que cuando el *agape* está orientado correctamente, todas las demás relaciones son mejoradas, y encuentran la realización que se intentó para cada una de ellas. El *agape* orientado, fijo en Dios, trae todas las relaciones de la vida a un estado creador y de armonía. Pero cuando el *agape* es depositado en el yo, deforma todas las relaciones humanas y las sume en el caos. ¿No es esto el corazón del magnífico pasaje de Pablo en 1 Corintios 13?

El significado de la santificación, tal como lo entendieron Wesley y sus seguidores, puede ser explicado en base a la reorientación del *agape* del ser humano, mediante la cual los dioses antagonistas seccionales que hacen pedazos al corazón humano por ser amores opuestos son purificados por la presencia del Espíritu Santo. Esto sucede conforme Cristo es hecho el Señor absoluto de todo: el corazón, la mente, el alma y las fuerzas.

¿No sería mejor decir que los amores sociales y esta "orientación" fundamental de la vida deberían ser distinguidos claramente? *Eros, storge* y *filia* pueden ser dirigidos sólo en una forma muy limitada. Pero el *agape* es una orientación profunda del alma la que, cuando es vista tal cual es bajo el ministerio y la iluminación del Espíritu Santo, debe ser deliberadamente enderezada —*al ser fijada en Dios*; si la persona no lo hace pierde la gracia de Dios. Las transacciones en este nivel profundo de la personalidad son decisivas finalmente.

En defensa de esta presentación ofrecemos la observación de que en cualquier discusión seria sobre el amor cristiano en la literatura teológica, el amor *agape* siempre es presentado como una clase diferente de amor. La diferencia es analizada y presentada en forma muy parecida a como se ha hecho en este estudio. Pero al usar la misma palabra —amor— la diferencia no se explica. El traducir *agape* mediante la sencilla palabra "amor", es robarle de cierta unicidad que se disipa al asociar *agape* con el término amor. Es necesaria otra palabra para preservar el significado bíblico. Tal vez *agape* sería un buen término, sin confundir nunca el uno por el otro.

En este libro no hemos implementado tal sugerencia, en parte porque no se ha explorado la implicación cabal de tal idea, y en parte porque al estudiar a Wesley debemos hacerlo usando los términos antiguos. Pero hay que añadir que el uso que Wesley hace del término amor le hace más justicia a *agape* que a cualquiera de las connotaciones populares de amor. Por ende, en el tratamiento de tales asuntos como el amor cristiano, el amor divino, el amor perfecto, y otros de tal naturaleza, procedemos sobre la base de las intuiciones expresadas en este capítulo.

## *Nota Bibliográfica*

1   William Barclay, en su obra *More New Testament Words*.

# $\mathcal{C}$ APÍTULO 3

# La Brecha de Credibilidad

Nuestro problema es una brecha de credibilidad. La gente no cree lo que decimos. Hay diferencia entre nuestras palabras y nuestra actuación. De todas las áreas de la vida moderna en las que esta brecha de credibilidad existe, ninguna es más real y seria que la que da lugar a la "brecha" entre la doctrina cristiana, particularmente wesleyana, y la vida cotidiana humana. Tal vez los absolutos de la teología de santidad satisfagan la mente, pero la imperfección del ser humano parece negar todo lo que la perfección de la doctrina cristiana afirma. Parece que procedemos de un mundo diferente de pensamiento cuando predicamos la doctrina, que cuando predicamos sermones "prácticos". El sermón práctico le "quita el aguijón" a la presentación doctrinal. Esto ha creado un dualismo vasto y trastornador entre idea y vida, entre testimonio y práctica. Tal dualismo auspicia o una confundida falta de honradez (en pro de la lealtad), o un desaliento apabullante. El resultado final es un rechazo del mensaje cristiano, considerándolo inverosímil, no creíble y hasta rayando en falso.

Esto no es un problema nuevo en la historia del mundo. Dios lo ha confrontado cada vez que ha hecho contacto con la humanidad. Su propia santidad llenó de terror a aquellos cuyo pecado había creado un abismo insalvable entre ellos. El método de Dios para acortar esa brecha fue mediante el "Verbo" viviente, que los humanos podían experimentar, en la persona de Jesús. "Dios estaba en Cristo reconciliando consigo al mundo" (2 Co 5:19). La persona de Jesús fue la respuesta de Dios a la brecha más grande de credibilidad. "Y aquel Verbo fue hecho carne y habitó entre nosotros (y vimos su gloria)" (Jn 1:14). Para Juan, la encarnación fue la verdad convincente del evangelio.

Pero Jesús también se enfrentó a una "brecha de credibilidad". ¿Cómo podía Él comunicarse redentoramente con seres humanos alejados y sospechosos? Antes de salir de este mundo Él oró pidiendo que la brecha fuese acortada por seres humanos falibles y excesivamente llenos de faltas y limitaciones. No oró pidiendo que fuesen librados del mundo, o que se retiraran a una comunidad protectora, afín a sus deseos de escapar de estar expuestos al mal. No, Jesús oró pidiendo que fuesen guardados del mal a fin de que el mundo creyera que Dios lo había enviado a Él, y que Dios los amaba *a ellos* (Jn 17). En esta misma vena, San Pablo afirma que se nos han dado el ministerio, y la palabra de reconciliación (2 Co 5:18-19). La propiciación objetiva (o sea "no tomándoles en cuenta a los hombres sus pecados") constituye y sigue siendo una brecha de credibilidad hasta que los seres humanos oigan la palabra viviente de reconciliación de labios de personas como ellos mismos, personas que hayan sido reconciliadas.

W. E. Sangster, reflexivamente, dice algo sobre este particular:

> Una de las maneras más obvias por las que un maestro puede preservar su mensaje en este mundo es plasmando sus ideas en un libro. Pero Jesús no escribió ningún libro... Mientras más medito en el asunto, más feliz estoy de que Jesús no escribió libro alguno.[1]

Sangster opinaba que el libro se habría vuelto un fetiche, y se habría prestado a la bibliolatría. Jesús no escribió un credo porque ninguna combinación de palabras humanas podía encerrar toda la verdad viviente. Los credos emanan de la vida; no la pueden crear. Dice Sangster: "Jesús escogió a los apóstoles para que estuvieran con Él, a fin de que vieran la vida que Él vivía, y luego la vivieran ellos mismos. Era la única manera... Lo que ellos tenían era una manera de vivir".[2]

En una ponencia leída en una conferencia teológica, el doctor Paul T. Culbertson hace alusión al problema de esta brecha que es un desafío a nuestra erudición más profunda, y a nuestra posesión de la gracia. Dijo: "Una de las maneras más fructíferas y más atrevidas de presentar la posición arminiana-wesleyana de la santificación personal es la que se hace mediante relaciones personales".[3]

Esta aproximación apunta en dos direcciones: (1) de regreso a las declaraciones teológicas, que son necesariamente abstractas y difíciles, y las que, cuando son declaradas sólo con los labios, ocasionan las brechas; y (2) hacia adelante, a la solución que parece ser el camino bíblico, o sea, la dimensión personal. El Verbo debe siempre hacerse carne y habitar entre los hombres. Así que un interés en la terminología (o en las palabras) no es erróneo. *El "Verbo Eterno" es Dios en Cristo comunicándose con los seres humanos.* Si el ser humano ha de tomar la tarea asignada y continua de la reconciliación, todo lo que está involucrado en las palabras, semántica y existencialmente, le es importante.

## EL PROBLEMA DE LAS PALABRAS

Juan Wesley estuvo preocupado por el problema de la brecha de credibilidad, ocasionado parcialmente por el problema de las palabras. Los comentarios que

Wesley hace en el prefacio de sus *Sermones* merecen nuestra consideración, no sólo como una introducción al estudio del ser humano, sino como una expresión de la perspectiva en la que se basa toda la colección de sermones.

> Las personas que seriamente escudriñen [estos sermones], verán, por lo tanto, de la manera más clara, lo que significan estas doctrinas que como esenciales a la verdadera religión, profeso y enseño.
>
> Perfectamente sé que no presento el asunto como algunos lo esperan, pues nada hay aquí con vestido esmerado, elegante o retórico. Si hubiese deseado o intentado escribir de tal manera, mi tiempo no me lo habría permitido. Más a la verdad, he escrito como deseaba, de la misma manera en que generalmente hablo: *ad populum*: a la gran mayoría de la familia humana, *a aquellos que ni gustan ni entienden del arte de hablar, pero que, a pesar de esto, son jueces competentes de las verdades necesarias para la presente y futura felicidad.* Menciono esto, a fin de *ahorrar al lector curioso el trabajo de buscar aquí lo que ciertamente no encontrará.*
>
> Habiéndome propuesto enseñar verdades claras a gente sencilla, me he abstenido intencionalmente de entrar en especulaciones elevadas y filosóficas; de todo raciocinio intrincado y confuso; y hasta donde ha sido posible, de toda ostentación de sabiduría, a no ser cuando he tenido que citar las Sagradas Escrituras en las lenguas originales. He procurado evitar el uso de palabras de difícil inteligencia, las que no se usan en la conversación diaria; y especialmente en los términos técnicos tan frecuentes en las obras de teología; esos modos de hablar tan fáciles y conocidos para las personas instruidas, pero que en oídos de otras personas se convierten en una lengua extraña. Y sin embargo, no estoy muy seguro de no usarlos algunas veces, sin saberlo; pues es tan natural cuando uno comprende el sentido de una palabra, figurarse que a todo el mundo le pasa lo mismo...
> (*Sermons* [Sermones], V, 1ss)

## UNA PALABRA ACERCA DE LAS PALABRAS

Por importante que sea la definición de palabras, es su connotación lo que las hace refulgir como una llama o verse como una tumba. Las palabras pueden revelar vida, o esconder huesos secos. Paul Rees nos ha dado un pensamiento trastornador:

> Si somos auténticamente cristianos, nada que sea auténticamente humano está más allá del palio de nuestro interés. Decid, si queréis, que la "mundanalidad santa" sin la cruz transformadora de Cristo es sencillamente "mundana". Pero no os detengáis allí. Estad también dispuestos a decir que las frases correctas, ortodoxas acerca de la cruz de Cristo que no resulten en una "mundanalidad santa" no son ni "santas" ni "mundanas". Son *una forma de escapismo* (cursivas son nuestras).[4]

Tenemos la convicción de que en la vida de algunos de nosotros, las "palabras santas" tal vez se hayan vuelto un escape de pensamiento y de acción: se han convertido en substitutos de una libertad cristiana vital, y de esa clase de agresión santa que pertenecen en la vida llena del Espíritu, y en el mensaje de "santidad".

Pero este "escape" es una reacción a un área en la que hemos tenido comprensiones equivocadas. La connotación hebrea de "Palabra" como algo personal (en naturaleza, acción, revelación y comunicación) debe, en la tradición wesleyana, prevalecer siempre sobre los conceptos más estáticos, formales y abstractos. Pero lo personal no siempre sobresale así, y por ende resultan serios conceptos erróneos. Para el hebreo, su "palabra" era una proyección casi física de su persona. Su palabra era personal. Era frugal con sus palabras, para que no sucediera que sus palabras lo traicionaran.

Nuestro interés en la terminología es un interés en las comunicaciones, que en este caso significa comunicar la dinámica de la vida cristiana. Podemos abordar nuestra tarea desde la perspectiva de una presuposición helenista, abstracta, o desde un punto de vista hebreo, personal. Uno está básicamente involucrado en la importante palabra de teología; la otra, con la palabra vital de comunicación y reconciliación. La primera tratará básicamente de preservar "la Fe" mediante las palabras del credo; la segunda, se atañe más con el Verbo viviente de la vida. La fuente de la brecha de credibilidad puede suscitarse en algún grado en la ambigüedad entre la terminología considerada como palabras *acerca de la fe*, y las palabras como *fe encarnada* en seres humanos vivientes. Nuestra tarea es salvar esta brecha, preservando ambos credo y significado, palabra y vida. Esta declaración no intenta ser un ataque contra la teología y los credos cristianos, sino más bien un desafío a vestir palabras con vida.

Las grandes palabras cristianas de nuestra fe *pueden* volverse defensas como el velo de Moisés, que era una cubierta para esconder la gloria perecedera de su rostro otrora brillante (2 Co 3). En un artículo publicado en la revista *Christianity Today* [*Cristianismo Hoy*], J. Wesley Ingles nos recuerda que las grandes palabras cristianas no son sino un motivo de mofa para nuestros tiempos cínicos porque frecuentemente han sido pronunciadas por labios al mismo tiempo que eran traicionadas por manos y pies. Esas palabras deben encarnar otra vez en la experiencia viviente y diaria de cristianos profundamente involucrados en la vida, por labios y manos que se mueven en armonía. Ingles escribe:

> Cada palabra abstracta es hueca hasta que nosotros la llenamos con vida. Honor, gloria, sacrificio, lealtad, amor, gozo, paz, valor y perseverancia, fe y fidelidad, democracia y fraternidad, justicia y misericordia, ¿qué son todas ellas? Palabras. Palabras abstractas. Palabras huecas, hasta que nosotros las llenemos con acciones, con vida, y por ende, con significado. [...]
>
> Las grandes palabras de la fe cristiana: gracia, perdón, redención, fe, esperanza y amor, todas ellas son palabras huecas hasta que nosotros vaciamos nuestra experiencia cristiana en ellas.[5]

Sí, las grandes palabras son huecas; y sin embargo, si estuvieran llenas de vida podrían sacudir el mundo otra vez como lo han hecho en el pasado, no como sonidos desencarnados, por correctos que sean, sino como una vida derramada y penetrando hasta el corazón del mundo.

La santidad bíblica significa mucho más que bordar la teología con las palabras correctas, aun cuando sean palabras bíblicas. Significa conservar juntos, en una vida vibrante y cotidiana, asuntos tan diversos como la vida y la doctrina, la crisis y el proceso, lo absoluto y lo relativo, lo divino y lo humano, lo espiritual y lo natural, el individuo y la sociedad, la separación del mundo y la participación plena en él, la proclamación y la reconciliación (y éstos son sólo unos cuantos), sin perder la vitalidad esencial de ninguno de los dos. Bien dijo Gerhard Ebeling: "El ser humano en este mundo suyo, es el ser humano histórico, atrapado con el mundo en cambio constante... a quien es menester dirigirnos y confrontar como el que ahora está en el mundo".[6]

El ser humano moderno no puede "oír" la palabra desencarnada, meros sonidos cuya connotación no ha sido formada para él mediante el contacto con ejemplos vivientes de su verdadero significado. La teología de santidad debe encarnarse en la historia en un grado en que la teología calvinista jamás lo necesita. La peculiaridad de la teología wesleyana es su énfasis en la santidad como una experiencia personal. Como se ha expresado en otra ocasión: "La santidad jamás puede ser meramente aceptada en forma intelectual, como una filosofía de vida. Se gangrena aparte del flujo constante de sangre que brota de lo más profundo del corazón".[7]

El wesleyanismo está clavado en un problema. Su carácter absolutamente esencial, peculiar, y que le identifica es la gracia de Dios actualizada en la vida. No se puede echar para atrás en esto, y seguir siendo lo que testifica ser. No puede protegerse a sí mismo mediante defensas verbales elaboradas. La profunda declaración de Jesús: "El que procure salvar su vida, la perderá", se aplica a este punto con urgencia compulsiva. Cuando esta teología se retira de la "historia", enroscándose en sí misma en un aislamiento autoprotector, se vuelve solamente una bella y vacía caparazón cuya misma belleza la condena.

De modo que el wesleyanismo debe enfrentarse a la debilidad humana, la falta de madurez, las ignorancias, las pequeñeces y los fracasos de los seres humanos. Puesto que el calvinismo divorcia el absoluto de la verdad divina y la relatividad de seres humanos pecaminosos, está a salvo de no ser pertinente o de volver a declarar su posición. El elemento humano jamás puede manchar la perfección de esa clase de teología como lo puede hacer en el caso del wesleyanismo. La relatividad de la humanidad le impone al wesleyanismo la tarea perennemente dinámica de reinterpretación. Y la interpretación demanda que el intérprete esté íntimamente involucrado y que comprenda, con un conocimiento íntimo de Dios y de los seres humanos. Es una teología en experiencia. Allí yacen su poder latente y su riesgo perpetuo.

> El sermón debe ser interpretación porque la palabra de la Santa Escritura es histórica, porque la proclamación es un proceso histórico, y porque el ser humano a quien se dirige la proclamación es histórico juntamente con su mundo... Cada vez que la historicidad no es tomada seriamente, hay también el fracaso de no considerar realmente con seriedad el texto de las Escrituras, o la persona para quien ese texto debe ser interpretado.[8]

El wesleyanismo es caracterizado, o debe serlo, por la dimensión personal, o consciencia religiosa. En esta perspectiva, la religión no es una mera opinión, o la ortodoxia dogmática, o el ritual y las buenas obras; es amor a Dios y al ser humano. Su autenticidad descansa en la vida consciente del Espíritu Santo que mora en la persona humana. Aquí precisamente yace el riesgo, no sólo de que esta teología se deslice hacia los peligros de la derecha o de la izquierda, sino también de que la vitalidad residente del Espíritu de Dios pueda arrojar a los seres humanos hacia dimensiones nuevas y no convencionales de contacto cristiano, y que las formas que estructuran la organización y el idioma tal vez no sean suficientemente flexibles para acomodar su propia vida.

El wesleyanismo, o una teología basada en la metodología de Juan Wesley, debe aceptar el hecho que está saturado de riesgos. Puede reclinarse en un dogmatismo seguro en el lado derecho, y esto es fatal para el wesleyanismo, o puede escoger una postura enteramente a la izquierda, que se disipará y se perderá en los pantanos y en el lodazal de pensamiento indisciplinado, del fanatismo y del individualismo sin restricción.

El wesleyanismo no es una nueva teología propuesta por Wesley. Él fue sumamente vehemente en cuanto a la estabilidad histórica de su fe. No debe ser una secta hoy, o sea, una posición que ofrezca un segmento de la verdad en lugar de toda ella. Wesley huyó de tales provincialismos. Cuando uno sigue el verdadero camino de Wesley, una profunda humildad acompaña a un espíritu que genuinamente está listo para ser enseñado. Wesley se movió con este espíritu. ¿Quién podría resistir la atracción de la siguiente plegaria?

> Pero alguien podría decir: Yo mismo he equivocado el camino, aunque creo que es mi deber enseñar el camino a otros. Es probable que muchos razonen así, y es posible que yo mismo lo haya hecho. Pero confío que, en cada caso en que así haya errado, mi mente haya estado susceptible a la convicción. Sinceramente deseo estar mejor informado. Le digo a Dios y al hombre: "¡Lo que yo no sé, enséñame tú!"
>
> ¿Estás persuadido de que ves más claramente que yo? No es improbable que así sea. Entonces trátame como tú desearías ser tratado en igualdad de circunstancias. Indícame un camino mejor que el que yo he conocido. Muéstrame qué es mejor, la sencilla evidencia de las Escrituras.

Y si persisto en el sendero al cual estoy acostumbrado y el que por ende no estoy muy dispuesto a abandonar, sigue trabajando conmigo; tómame de la mano, y condúceme tan rápidamente como pueda seguirte. Pero no te enojes si te ruego que no me azotes para hacerme que acelere mi paso, pues no puedo sino caminar incierta y lentamente; si me azotas ni siquiera eso podré hacer. Permíteme que te pida que no me designes con palabras duras a fin de traerme al camino debido... Por amor de Dios, de ser posible, no nos provoquemos a la ira... pues, ¡cuánto mejor es el amor, aun a pesar de muchas opiniones equivocadas, que la misma verdad, sin amor!

Podemos morir sin el conocimiento de muchas verdades, y sin embargo ser llevados al seno de Abraham, pero si morimos sin amor, ¿de qué nos valdrá el conocimiento? ¡Que el Dios de amor jamás permita que intentemos tal cosa! Que Él nos prepare para el conocimiento de toda la verdad, al llenar nuestros corazones con todo su amor, y con todo el gozo y toda la paz al creer. (*Works* [Obras], V, pp. 5-6)

Al amparo de esta sombra podemos llegar a estar seguros. A pesar de los riesgos, y tal vez por ellos, este libro fue concebido. El peligro es que, por un lado, los que están a la derecha no entiendan el propósito del estudio, y decidan que la presentación, que dista de ser la presentación teológica tradicional, es una negación "de la fe". Por otro lado, los que están a la izquierda tal vez razonen que este libro no presenta derroteros verdaderamente nuevos, y que es demasiado tradicional para ser útil. La esperanza es que este libro pueda indicar el camino hacia un puente entre el centro conservador y la creciente periferia. Necesitamos ambos.

## LA BRECHA SEMÁNTICA DE CREDIBILIDAD

La brecha de credibilidad necesita ser claramente definida si el puente requerido ha de encontrar un buen cimiento en cada lado del gran golfo. Las preguntas suscitadas y expresadas en este punto probablemente sean significativas sólo en esos círculos que hemos llamado provincianos. O sea que, mientras más estrecho sea el provincialismo, más grandes parecen ser los problemas. La justificación para considerarlos aquí es que representan un exterior de comprensiones erróneas generalizadas en niveles más profundos, que en su mayoría se expresan en otras maneras, pero que en realidad brotan de las mismas raíces. Estas preguntas serán abordadas como una plataforma hacia problemas más significativos que se discuten en este libro.

## LAS PREGUNTAS

Los wesleyanos hablan de una segunda obra de gracia, o de una segunda crisis o bendición en la vida cristiana. ¿Cuál es el significado de dos momentos especiales entre los muchos momentos especiales en la vida? ¿Por qué dos, y no uno o tres o cien? ¿Cómo se reconoce uno del otro, y cómo distinguimos el primero del segundo? Si un cristiano pierde una "bendición", ¿cuál pierde, y qué le sucede a la otra, y cómo podría uno saber cuándo ha recuperado lo que había perdido? ¿Detiene Dios cierta medida de la gracia cuando concede la primera experiencia, medida que otorga al dar la segunda experiencia? ¿O resuelve Él sólo una parte del problema del pecado en cada "obra de gracia"?

¿Es uno completamente salvo cuando es regenerado, o es sólo parcialmente salvo? Si Dios no nos salva completamente, ¿no podría hacerlo si quisiera hacerlo? Y si pudiera hacerlo, ¿por qué no lo hace mediante el nuevo nacimiento? Si uno es completamente salvo en el nuevo nacimiento, ¿por qué tiene que experimentar otro momento especial para prepararlo para el cielo? Y, lo que está en el fondo de todo esto, ¿por qué tienen que ser una experiencia *de crisis*? ¿Por qué hay una designación matemática en referencia a ellas? ¿Qué es crisis? ¿Qué es proceso? ¿Qué relación hay entre ambos? ¿Qué es la perfección? ¿Y la purificación? ¿Y el amor? ¿Y la fe? ¿Y la santificación?

## LA FUENTE DE LA BRECHA

Hay tres problemas centrales y relacionados que resultan y se expresan en cuando menos tres errores teológicos. Estos a su vez reflejan y exageran los errores. O sea que ciertas posiciones imponen problemas lógicos:

1. Hay una tendencia a hacer una distinción demasiado aguda entre la justificación y la santificación al considerarlas totalmente discretas y sin relación entre sí. Mientras que el calvinismo declara que la gracia común y la gracia de salvación son de diferentes clases, el wesleyanismo tiende a considerar la justificación como una clase de gracia que no tiene una continuidad esencial con la "gracia santificadora", algo así como una nueva infusión.

2. Se pone demasiada confianza en las "experiencias de crisis" para resolver todos los problemas humanos. Los medios (las crisis) se vuelven el fin (la perfección). Un "hiper-supernaturalismo" que no es analítico resulta en algo que es casi una creencia en magia espiritual.

3. Como resultado de esto, hay una negligencia casi completa de comprensión de la relación entre los problemas de la vida cotidiana con la experiencia de gracia. La definición muy precisa de la exposición teológica se relaciona muy inadecuadamente con la falibilidad de la existencia humana. Parece que la aplicación práctica crece en un árbol, y la afirmación teológica crece en otro.

Después de revisar la aproximación general de Wesley a la teología y a la vida, y de notar los elementos que integran su "hermenéutica", es difícil ver cómo problemas particulares se suscitan entre los que hoy edifican énfasis teológicos basados en las tradiciones wesleyanas. Si bien es cierto que Wesley confrontó algunos de estos problemas en su día, pudo resolverlos al referirse constantemente a los principios que fueron la estructura de su pensamiento. Fue, en realidad, el hecho de estas confrontaciones y la polémica de Wesley lo que nos da las normas más claras para la solución de la clase de problemas que la "teología de santidad" suscita. Los principios de Wesley tal vez no hayan sido enunciados completamente, pero quien los reconozca verá que explican todo su punto de vista teológico y religioso.

Los problemas se remontan a por lo menos tres maneras relacionadas de pensar. Estas yacen en el corazón de los "wesleyanismos" que se han apartado de Wesley. Las tres maneras están relacionadas en una secuencia lógica.

1. La "manera" fundamental es una tendencia latente hacia los conceptos griegos más que hacia los hebreos. El lenguaje griego ha sido herramienta indispensable en la literatura bíblica y en el desarrollo teológico. El lenguaje emana de la experiencia y las interpretaciones de un pueblo, así que el significado en un lenguaje es un elemento inextirpable en su estructura. Estamos profundamente endeudados con la cultura griega por su contribución a la comunicación cristiana. Pero se ha adherido al lenguaje más de que lo que intentaron los escritores del Nuevo Testamento. No toda la ontología de la filosofía griega corresponde a la teología cristiana. Aquí nos referimos particularmente al dualismo pagano en la cosmología, la cual, cada vez que modifica a la teología cristiana, causa problemas.

Para los griegos, especialmente para Platón, el ser humano es una combinación de un alma divina y un cuerpo perverso. Toda la materia es mala, de modo que contamina todo lo que toca. La naturaleza humana es mala. Esto origina la errónea perspectiva soteriológica, enteramente contraria al pensamiento bíblico, de que la salvación consiste en un escape de este cuerpo y de este mundo. La muerte, entonces, es un salvador. Algunos errores corolarios resultantes son: una separación de la vida, insensibilidad a los problemas sociales, rechazo de la naturaleza y su belleza, y del gozo humano y de la experiencia familiar plena, y muchas otras aberraciones que serán mencionadas en el curso del desarrollo de este libro.

El concepto hebreo-cristiano es completamente diferente. El ser humano es una unidad, no una unión de partes. El pecado es una enfermedad de todo el ser, no sólo de su cuerpo, o de su naturaleza humana. La salvación es la redención de todo la persona, al levantar todo su ser hacia la órbita de la gracia. El cuerpo no es "el portador del pecado"; todo lo contrario, el cuerpo es bueno esencialmente. El pecado no es una substancia sino una rebelión.

2. También derivado de lo anterior está el concepto de la realidad y de la salvación como una substancia, en contraste con el concepto religioso de ambas, que las considera relaciones. Como una consecuencia lógica del dualismo de la filosofía platónica, el pecado es interpretado genéticamente —como un mal inherente en la carne y propagado como el cuerpo humano es propagado. Se le da gran importancia a la substancia del alma. El pecado está en esa substancia, y es sub-racional, esencial a la humanidad y real. Si se concede que el pecado puede ser removido, la manera griega de pensar demandaría una verdadera operación para literalmente quitar algo. Entonces el debate en cuanto al pecado de la humanidad, y la libertad de ese pecado, es conducido en una estructura de pensamiento ajeno a la Biblia.

Esto representa una contradicción directa con la interpretación hebreo-cristiana. En el pensamiento hebreo, el pecado es siempre una "disfunción" religiosa. Es una relación errónea con Dios. Es la rebelión de parte de seres humanos responsables. Es un alejamiento, una separación, un desorden moral.

San Agustín, el gran padre cristiano de la iglesia, enseñó dos teorías del pecado. Una de ellas presenta al pecado como concupiscencia, y esto ha causado que una gran parte de la iglesia acepte la idea de que el pecado, no sólo es genéticamente propagado, sino que incluye el acto de la procreación como parte intrínseca del pecado —inevitable, desde luego, pero de todos modos pecado. En otras ocasiones Agustín definió el pecado como amor pervertido, que es el concepto sobre el cual Wesley edifica su teología de gracia.

3. Lo inadecuado —y hasta peligroso— de las posiciones arriba mencionadas, es descrito en el siguiente paso lógico. Es el contraste entre la interpretación "mágica" y la interpretación moral de la salvación. Esto significa que una mutación sub-racional y sicológica define la purificación del pecado. El problema aquí yace en que los humanos llegan a esperar una alteración de substancia del alma, en la salvación que ocurre debajo del nivel de la vida racional el cual, sin involucrar a la persona, cambia las reacciones impulsivas del ser. Por ejemplo, se nos dice que la ira y el orgullo y todo el resto del equipo emotivo humano y normal son removidos, de modo que la responsabilidad de disciplinar y canalizar correctamente esas emociones es considerada como una supresión que niega lo que Dios debe hacer.

La interpretación moral recalca la participación cabal del ser en cada paso de la gracia, fortaleciendo en vez de debilitar la integridad moral y aceptando la responsabilidad de poner en orden todos los impulsos y poderes humanos alrededor de un amor central y controlador. Nada humano es despreciado o rechazado, sino que es puesto al servicio de un nuevo amo.

Estas tres presuposiciones: (1) el concepto griego en oposición al concepto hebreo del ser humano; (2) el concepto del pecado como una substancia en vez de como una relación, y (3) el concepto mágico en contraste con el concepto moral de la salvación, forman un "wesleyanismo" muy diferente (si el término puede ser usado) al que Wesley mismo enseñó.

Una interpretación materialista del yo, del pecado, de la santidad, y hasta del Espíritu Santo, les priva a los seres humanos de una base para la comprensión de todos los aspectos de la redención como una relación moral con Dios y con los seres humanos. Cuando estos asuntos espirituales son reducidos al nivel de la substancia, todo el edificio de la santidad sufre una claudicación fatal. El peligro es que el lenguaje de la Biblia, tan completa y sanamente espiritual y sicológico, puede ser endurecido por las demandas justas de la teología hasta llegar a ser categorías impersonales que se someten a manipulaciones no morales, y hasta mágicas.

La tricotomía ontológica, un avivamiento reciente de pensamiento gnóstico en algunos círculos cristianos, socava un concepto de la unidad de la personalidad, que es tan básico en el pensamiento hebreo. No levanta barrera alguna contra una tácita despersonalización del ser; lo que es más, la sugiere y la estimula. Si el ser humano es sólo la suma de un número de entidades, o partes, es sencillamente un agregado de seres, una personalidad fragmentada, una mente doblada; no un ser responsable, válido y centralizado. Cualquier concepto pluralista de la personalidad destruye el fundamento de la santidad bíblica que es caracterizada por el amor, y la cual es una cualidad completamente personal, y que en efecto sólo puede ser experimentada por una persona unificada, o integrada.

Siempre ha sido un postulado profundamente arraigado en el wesleyanismo que la Biblia tiene algo que decir acerca de las relaciones morales de los seres humanos, y no acerca de las áreas sub-racionales, no personales del ser. El pecado es básicamente la acción del ser al separarse de Dios, no en una distancia que pueda medirse, sino en disimilitud moral y en separación espiritual. La santidad es moral hasta la médula: es amor a Dios y al prójimo, que son cualidades del ser en relación a las personas de Dios y de los seres humanos.

Afirmar que la santidad y el pecado son relaciones personales, y no "cosas" que puedan ser contadas y pesadas, frecuentemente suena como una traición de la doctrina de santidad, y algunos hasta lo consideran una herejía. Cuando las mismas palabras de la Biblia que emanan de las situaciones más vitales y vivenciales son interpretadas en tal manera que les roba la vida, una transvaloración del evangelio resulta alarmante y peligrosa. El hecho de que la exégesis bíblica se vuelva víctima de esta transvaloración es una tragedia espiritual.

La tendencia hacia la despersonalización del mensaje cristiano permite una evaluación de valores espirituales mediante mediciones cuantitativas que destruyen totalmente el valor. Las cualidades se pierden cuando el intento se hace para añadir o restarles. La característica de la cantidad es que es medida por unidades más pequeñas. Computamos cantidades al añadir o al restar, y al compararlas con otras unidades matemáticas de peso y de tiempo.

Pero la peculiaridad de los valores de calidad es que son medidos de acuerdo a la perfección más alta. Las cosas impersonales son contadas; la excelencia personal es comparada con lo mejor que pueda ser concebido. Un matrimonio perfecto no es la suma total del número de regalos y de besos, sino la medida del amor perfecto, de la lealtad y la devoción perfectas. El juzgar la experiencia religiosa personal mediante las normas o medidas erróneas es deformar el significado de la religión. Cuando el progreso espiritual se calcula en términos matemáticos, se confrontan la última tensión, la última frustración y la última ambigüedad entre la teología, la Biblia y la sicología. Pero está muy claro que tal tensión y tal ambigüedad no se encuentran en la Biblia. Una preocupación por encontrar cierto número de obras de gracia en la Biblia cegará al investigador y le impedirá ver el imperativo moral que es lo único que puede hacer que "obras de gracia" sean significativas.

Las presuposiciones que son básicas a este estudio son, entonces, los segundos de cada par de conceptos, o sea, el concepto hebreo del ser humano, el concepto del pecado y de la santidad que las ve como relaciones, y el concepto moral de la salvación. Creemos que esto es el cimiento sobre el que se levanta la enseñanza de Wesley. Y estas presuposiciones disuelven muchos de los problemas lógicos que emanan en la tensión entre la teología y la vida.

Anticipando un poco el punto de vista de Wesley respecto a esos asuntos, podemos decir aquí que él creía que es sólo mediante el poder de Cristo reposando en nosotros de momento en momento que "somos capacitados para continuar en la vida espiritual, y sin la cual, a pesar de nuestra santidad presente, seríamos diablos al siguiente momento".[9]

El 16 de noviembre de 1789, Wesley le escribió lo siguiente a la señora Pawson, acerca de la perfección cristiana:

> Usted hace bien en insistir en que los que ya disfrutan de ella no pueden, en ninguna manera, dejar de seguir adelante. A menos que sigan velando y orando, y aspirando a niveles más altos de santidad, no puedo concebir no sólo cómo han de seguir adelante sino cómo pueden conservar lo que ya han recibido. (*Letters* [Cartas], VIII, 184)

# CONCLUSIÓN

Si la santidad es amor a Dios y a los seres humanos de todo corazón, debe ser estructurada moralmente, y ser tan dinámica como la vida, y tan pertinente a nuestras personalidades y situaciones constantemente cambiantes, como la sangre que constantemente es renovada en nuestro cuerpo. La santidad es la vida sana de Dios derramada, por necesidad moral, en las vidas de los que nos rodean, medida por nuestro interés correcto en nosotros mismos. Wesley dijo que él no sabía de ninguna santidad que no fuese santidad social, y nosotros tampoco la conocemos.

## *Notas Bibliográficas*

1   W. E. Sangster, *Why Jesus Never Wrote a Book* (Londres: Epworth Press, 1952), p. 12.

2   *Ibid.*, p. 16.

3   "Dynamics of Personal Sanctification", Nazarene Theology Conference, Overland Park, Kansas, diciembre 4 al 6 de 1969.

4   Paul S. Rees, *Don't Sleep Through the Revolution*, (Waco, Texas: Word Books, 1969), p. 21.

5   "Hollow Words", 27 de octubre de 1958.

6   Gerhard Ebeling, *The Problem of Historicity* (Filadelfia: Fortress Press, 1967), p. 21.

7   Véase *Preacher's Magazine*, octubre de 1958.

8   Gerhard Ebeling, *Ibid.*, pp. 26, 28.

9   *Wesley's Standard Sermons*, edición de Sugden, II, 393.

# CAPÍTULO 4

# ¿Qué Es el Wesleyanismo?

El darle a un sistema teológico el nombre de una persona reduce la pertinencia de esa manera particular de pensar teológicamente a un segmento limitado de la población. Cualquier nombre así, o título definitivo, origina y perpetúa un provincialismo: por ejemplo, wesleyanismo, luteranismo, calvinismo, y hasta el catolicismo (a pesar de las implicaciones universales del término), y particularmente, catolicismo romano. Todas estas etiquetas están diseñadas para distinguir la teología de cierta persona de la otra teología, y para defender tal distinción. Son cercas para proteger las ovejas en vez de corredores hacia la pastura en que puedan alimentarse.

Con pleno reconocimiento de la desventaja involucrada, y sin suponer en ninguna manera que sea finalmente posible trascender completamente el condicionamiento histórico, nuestra intención es hacer un "autoestudio" de la tradición teológica en la que encontramos nuestra más grande satisfacción. ¿Hay en el wesleyanismo una perspectiva bíblica suficientemente amplia como para postular que es una teología bíblica o cristiana, que puede hacer afirmaciones positivas tan sabiamente que no se ubica en un rincón sin salida al hacerlas, debido a su lógica o cimientos indebidos?

La teología, desde luego, por la naturaleza misma de su tarea, define, organiza, relega y afirma. El que una teología intente ser teología cristiana le impone límites muy definitivos. Lo cual es fácil de entender. Pero el asunto entonces es si es posible separar las afirmaciones cristianas más esenciales de aquellas que, por muy queridas que hayan sido en diversas tradiciones, dividen mucho e invitan poco.

Juan Wesley hubiera sido el último en permitir que su nombre fuese usado para definir un sistema de teología. Sin duda alguna, Lutero y Calvino y otros de igual calibre hubieran razonado igual que Wesley. Por lo tanto, al usar la designación "wesleyanismo", estamos haciendo concesiones sólo por la necesidad de identificar una cierta manera de pensar, y para lograr brevedad y comprensión común en nuestra comunicación.

Nuestro interés personal en el wesleyanismo de Wesley se aumenta al considerar su "espíritu católico", su tolerancia con los que pertenecían a otras comuniones y que recalcaban diferentes aspectos de la fe. Esto no representaba una claudicación teológica de parte de Wesley, sino una capacidad rara de separar los elementos esenciales de la fe cristiana de los que no son esenciales.

> Todo ser humano por necesidad cree que cada opinión particular que él tiene es correcta (puesto que creer que la opinión que uno tiene no es veraz equivale a no creerla); empero ningún ser humano puede estar seguro de que todas sus opiniones son todas correctas. No, cualquier ser humano pensante está seguro de que no lo son... "El ser ignorante de muchas cosas, y el cometer errores en algunas, es la condición inevitable de la humanidad". Este, por lo tanto, si es sensible, es su propio caso. Él sabe que en lo general está equivocado; aunque en qué áreas en particular está equivocado él no lo sabe, y tal vez no lo pueda saber...

> Todo ser humano sabio, por lo tanto, les permitirá a otros la misma libertad de pensar que él quisiera que le concedieran a él, y no pedirá o insistirá en que acepten su punto de vista. Condesciende con los que difieren de él, y sólo le hace a esa persona a quien se quiere unir con lazos de amor una sola pregunta: "¿Está tu corazón bien con el mío, como el mío está con el tuyo?"...

> Pero, ¿qué implica verdaderamente esa pregunta? Lo primero que implica es esto: ¿Está mi corazón bien con Dios?... ¿Te constriñe el amor de Dios a servirle con temor?... ¿Está tu corazón bien hacia tu hermano?... ¿Muestras tu amor mediante tus obras?... Entonces, "tu corazón está bien con el mío, como el mío está con el tuyo".

> "De ser así, dame tu mano". Con esto no quiero decir: "Piensa como yo pienso". No tienes que hacerlo y ni lo espero ni lo deseo. Tampoco quiero decir: "Comparto tu opinión". No puedo hacerlo: tal cosa no depende de mi decisión; no puedo pensar lo que me plazca, exactamente tal como no puedo ver u oír lo que me plazca. Quédate tú con tu opinión, y yo con la mía; y eso tan firmemente como siempre. Tú ni siquiera tienes que tratar de unirte a mi lado, o de persuadirme a que me una al tuyo. No deseo disputar sobre estos puntos, ni siquiera escuchar o decir una sola palabra sobre ellos. Dejemos todas las opiniones solas, en un lado y en el otro. Solamente "dame tu mano".

> No quiero decir: "Acepta mi liturgia o manera de adorar a Dios", ni "yo aceptaré la tuya". Esto tampoco depende de tu decisión o de la mía. Ambos debemos actuar, como cada uno está persuadido cabalmente que debe hacerlo. Aférrate tú a la forma de gobierno que te parezca más aceptable a los cánones bíblicos y apostólicos. Si tú crees que los presbiterianos o los independientes son mejores, conserva tu opinión y actúa de acuerdo a ella. Yo creo que los infantes deben ser bautizados, y que esto puede ser hecho ya sea por aspersión o por inmersión. Si tú estás persuadido de lo opuesto, conserva tu persuasión, y síguela. A mí me parece que las oraciones escritas rinden un excelente propósito, particularmente en

una congregación grande. Si a ti te parece que la oración extemporánea es mejor, procede de acuerdo a tu opinión. Mi razonamiento es este, que yo no debo impedir el agua con la que algunas personas han de ser bautizadas; y que debo comer el pan y beber el vino como un memorial de mi Maestro que murió por mí; sin embargo, si tú no estás convencido de esto, actúa de acuerdo a la luz que tengas. No tengo el deseo de disputar contigo ni siquiera un momento acerca de ninguno de los asuntos anteriores. Haz a un lado todos esos puntos menores. No permitas que salgan a la superficie. Si tu corazón es como mi corazón, si amas a Dios y a la humanidad, no pido más: "Dame tu mano". (*Works* [Obras], V, 494-99)

## LA APROXIMACIÓN DE WESLEY

La tesis de este estudio es que la teología cristiana emanó de la participación personal en la gracia salvadora de Dios, y que su dinámica es perpetuada por una recuperación de la relación personal que le impartió su vida y su forma iniciales. Aparte de esta dinámica personal, o separada de ella, la teología se atrofia y se convierte en algo quebradizo, frágil y estancado, y es incapaz de conservar su habilidad de contener las verdades vitales para las cuales fue diseñada; y, no pudiendo preservarlas, mucho menos puede presentarlas persuasivamente.

La "teología de santidad" en particular (y me parece que ésta debe ser un *énfasis*, en vez de una manera diferente de pensamiento cristiano), está más obligada a reconocer esta dimensión personal de la experiencia cristiana que otras teologías con énfasis diferentes. Es precisamente la dimensión personal lo que distingue la santidad de lo abstracto en la teología. Conserva viva a la teología.

La contribución principal de Juan Wesley al pensamiento cristiano fue el concepto y la experiencia de la participación personal de la gracia, que la teología reformada parecía haber perdido. Wesley también habría rechazado nuestra proposición contemporánea de que las personas son salvas en principio, pero en realidad no. Lo que le preocupaba a él era "la realidad", con toda la necesidad de reconocerla, y de explicar lo falible del ser humano. En ese afán, Wesley está dispuesto a renunciar a toda la nitidez de absolutos teológicos y filosóficos, a cambio de la tarea eternamente inconclusa de relacionar la gracia de Dios a las imperfecciones del ser humano, sin perder lo absoluto de la gracia o la estructura moral de la humanidad. Su tarea fue cerrar la brecha entre la teología en su forma filosófica, y la religión como una experiencia práctica.

En una carta al señor Law, fechada el 6 de enero de 1756, Wesley expresó algo de su actitud, aunque la carta trataba primordialmente con otros asuntos.

> En un tiempo en que yo estaba en gran peligro de no valorizar suficientemente "la ley y el testimonio", usted hizo esta observación importante: "Ya veo dónde yace su error. Usted desearía tener una religión filosófica; pero no puede haber tal cosa. La religión es lo más sencillo y simple en

todo el mundo. Es sencillamente que le amamos a Él porque Él nos amó primero. En el grado en que usted le añada filosofía a la religión, en ese grado la arruina". Esta observación de usted nunca la he olvidado desde entonces, y confío en Dios para no olvidarla jamás. (*Works* [Obras], IX, 466)

No podemos decir que todas las ramas del wesleyanismo han sido siempre así de cautelosas, ni que han captado el factor específico al que Wesley se adhería: la religión como una participación personal en la gracia de Dios.

## APROXIMACIÓN A WESLEY

Se han hecho muchos estudios excelentes y definitivos de la posición teológica de Wesley. Sería una presunción el añadir a ellos. También, hay varias obras literarias, de tipo devocional, pero bien saturadas o apoyadas con los comentarios de Wesley sobre la vida espiritual. La influencia de Wesley en las áreas social y política de la vida ha sido bien documentada. El metodismo reconoce su deuda con Wesley en diversas maneras, por la organización, el credo, sus instituciones, sociedades, literatura, los libros que publica; éstas no son sino unas cuantas de las maneras en las que Wesley ha dejado su marca en el mundo religioso. El énfasis que Wesley le dio a la santificación ha causado el nacimiento de varios movimientos religiosos, cada uno de los cuales usa el nombre de Wesley como una identificación teológica específica. Algunos de estos movimientos entienden el énfasis de Wesley sobre "la perfección cristiana" como el punto focal de toda la teología. Otros tienden a aislar la enseñanza de Wesley sobre "la entera santificación", o "segunda bendición" del resto de su teología, prestándose de esta manera al desarrollo de diversas formas de provincialismo. Todo esto está preservado en una abundante y creciente literatura.

La tarea específica de este capítulo es encontrar un punto más profundo desde las enseñanzas de Wesley, que pueda servir para interpretar toda la aproximación de Wesley, y por el cual se haga posible un juicio legítimo en relación al uso que Wesley hace de términos que tienen que ver con la soteriología. Sin esto, es fácil hacer que Wesley (como san Pablo, o Agustín, o Lutero, o Arminio, o cualquier otro pensador para quien la verdad es mayor que la lógica) se contradiga a sí mismo. Tratamos de entender a Wesley a la luz de su intención, tal como él nos exhorta a hacer cuando leemos los escritos de Pablo: "No debemos interpretar las palabras del Apóstol en tal manera que se contradiga a sí mismo".[1] Esa cortesía se requiere por parte de cualquier lector honesto.

Wesley hubiera apreciado mucho lo que dijo un paisano suyo de tiempos recientes, C. S. Lewis, quien escribió mordazmente sobre el particular en uno de sus ensayos, "Sobre las críticas":

Hay muchas personas que empiezan pensando que ya saben lo que uno va a decir, y sinceramente creen que han leído lo que esperaban leer. Pero, por una razón u otra... usted se encontrará una y otra vez criticado y elogiado por haber dicho lo que nunca dijo, y por no haber dicho lo que sí dijo.[2]

En una carta a la condesa Huntingdon fechada el 19 de junio de 1771, Wesley expresó su preocupación sobre este particular (aunque el tema que estaba comentando era su posición en cuanto a la fe y la santidad):

He continuado declarando esto por más de 30 años, y Dios ha continuado confirmando la palabra de su gracia. Pero durante ese tiempo casi todo el mundo religioso se ha alineado en fila contra mí, y entre el resto de ellos, muchos de mis propios hijos, siguiendo el ejemplo de uno de mis hijos mayores, el señor Whitefield. Su grito generalmente ha sido: "No es ortodoxo en su fe; ¡predica otro evangelio!" Yo contesto diciendo que, sea que el evangelio que yo predico es el que ellos predican o no, es lo mismo que he predicado por más de 30 años. Esto podría ser discernido fácilmente leyendo lo que he publicado durante todo ese tiempo; lo demostraré en el caso de tres sermones, el de *La Salvación por la Fe*, publicado en 1738; el de *El Señor, Nuestra Justicia*, publicado hace unos cuantos años, y el que prediqué en el funeral del señor Whitefield, publicado hace apenas unos cuantos meses (*Works* [Obras], V, 7-16, 234-36; VI, 167-82). Pero alguien afirma: "Sí, ¡pero usted publicó 10 líneas en agosto que contradicen todos sus demás escritos!" No esté tan seguro de esto. ¡Es probable que yo entienda lo que quiero decir cuando menos tan bien como usted! Y ese significado yo lo he declarado una vez más en el último sermón mencionado. De acuerdo *a eso*, interprete usted esas 10 líneas y las entenderá mejor; aunque yo creo que cualquiera podría ver, aun sin la ayuda de tal sermón, que esas susodichas líneas no se refieren a la condición para obtener, sino para continuar gozando del favor de Dios. Pero sea que el sentimiento contenido en esas líneas esté bien o esté mal... el evangelio que ahora predico es confirmado por Dios, mediante nuevos testigos en cada lugar; y tal vez más que nunca en este reino durante los últimos tres meses. Ahora declaro, basado en un hecho innegable y refulgente: Dios no puede dar testimonio de una mentira. (*Letters* [Cartas], V, 259)

Hay unas cuantas observaciones que pueden y deben hacerse acerca de Juan Wesley que nos podrían ayudar a interpretarlo correctamente, y a no meramente leer "inyectando" en el pensamiento del inglés ciertas opiniones prejuiciadas que nos sacarían del camino. Algunas exhortaciones en este particular proceden del mismo Wesley. Él estaba dolorosamente al tanto de crítica injusta y de acusaciones infundadas en contra de él. Dado que nosotros estamos buscando un "wesleyanismo" tan genuino como sea posible, procuraremos bosquejar sus principales énfasis, idiosincrasias, rasgos de carácter y percepciones teológicas.

A continuación presentamos tres agrupaciones de formas de pensar caracte-rísticas de Wesley, que incluyen desde las más obvias hasta algunas que frecuen-temente no son tomadas en consideración.

## A. Wesley: Un Hombre entre los Hombres

### 1. La semántica de Wesley: palabras llanas

Arriesgándonos a que se diga que estamos quedándonos demasiado en este punto, nos parece sabio señalar lo que creemos que ha sido una de las razones de la desfiguración del pensamiento de Wesley. Es una exposición inadecuada del amplio campo de las obras de Wesley, a lo que se aúna la decisión selectiva de sus obras para defender cierta posición. Esto fue un problema para Wesley du-rante su vida, y continúa causando interpretaciones erróneas de él en nuestro día.

Juan Wesley llenó una necesidad importante de sus sociedades al compilar un himnario. En su prefacio a la edición amplificada aparecen dos comentarios interesantes e instructivos; uno tiene que ver con el lenguaje de los himnos y el otro con su contenido teológico. Ambos son muy útiles para nuestra compren-sión de Wesley. He aquí ambos comentarios:

> 1. En estos himnos no hay rimas frívolas ni poemas burdamente "par-chados"; nada se ha añadido para "parchar" la rima; no hay endebles re-llenos. No hay nada aquí ampuloso o vanamente altisonante por un lado, ni bajo o rastrero por el otro. No hay aquí frases trilladas o que sólo sean claras para personas de cierto grupo religioso; no hay en esta colección palabras sin significado. Los que nos acusan de esto no saben lo que di-cen. Nosotros hablamos con sentido común, sea que nos entiendan o no, tanto en verso como en prosa, y usamos las palabras sólo en su significado lato y conocido. Permítaseme decir que aquí yacen al mismo tiempo la pureza, la fuerza y la elegancia del idioma inglés; usamos también, al mismo tiempo, la máxima sencillez y llaneza, que se adapta a cada perso-na, cualquiera que sea su capacidad.
>
> 2. Esta es la clase de libro-himnario que usted tiene en sus manos. No es tan grande como para ser engorroso o caro; pero es suficientemente grande para incluir tal variedad de himnos que los que lo usen no se can-sarán pronto de él. Es suficientemente grande para contener todas las verdades importantes de nuestra santísima religión, sea especulativa o práctica; para ilustrarlas, y para justificarlas tanto por las Escrituras como por la razón. Y esto es hecho en orden regular. Los himnos no han sido agrupados descuidadamente, sino que han sido arreglados con esmero, debajo de encabezados apropiados, y en conformidad con la experiencia de cristianos genuinos. Así que este libro es, en efecto, un pequeño cuer-po de divinidad experimental y práctica.[3]

De modo que será necesario aceptar lo que Wesley dice en el significado lato de sus palabras, tal como las dice. Empero, esta sencillez, o característica de hablar directamente, no significa, ni en manera alguna equivale a, superficialidad, o razonamiento "simplista". Se ha supuesto, erróneamente, que el pensamiento de Wesley es tan sencillo como su lenguaje, y se ha llegado a la conclusión de que no puede desafiar a mentes eruditas. En realidad, lo que Wesley demanda es, no sólo un entendimiento de su significado, sino también tener presente este significado constantemente, a fin de que las propias interpretaciones del lector no hagan una intrusión sobre las intenciones de Wesley. En el mismo prefacio él añade:

> Muchos caballeros nos han hecho el honor a mi hermano y a mí (aunque sin nombrarnos) de reimprimir muchos de nuestros himnos. Ahora bien, están en libertad de hacerlo, siempre y cuando los impriman tal como son. Pero quiero que no los arreglen, pues realmente no son capaces de hacerlo. Ninguno de ellos es capaz de enmendar el sentido o el verso. Por lo tanto, les pido uno de estos dos favores; o los dejan tal como están, y los usan así, para bien o para mal; o que añadan el original verdadero al margen, o al pie de la página, con el fin de que nosotros ya no seamos responsables por las tonterías o por las rimas frívolas de otros seres humanos.[4]

Algo de esta actitud concienzuda en lo que toca a este punto sale a relucir en el prefacio de Wesley a su obra intitulada *Notes on the New Testament* [Notas sobre el Nuevo testamento]. Escribe:

> Pero mi propia conciencia me exonera de haber usado erróneamente, a sabiendas, un solo pasaje de la Escritura, o de haber escrito una sola línea con el propósito de inflamar los corazones de cristianos unos contra otros. No permita Dios que yo haga jamás las palabras del Jesús misericordioso y amoroso un vehículo para transmitir tal veneno. ¡Pluguiese a Dios que los nombres de todos los partidos, y todas las frases y formas no bíblicas, que han dividido al mundo cristiano, fuesen olvidadas, y que estuviéramos de acuerdo en sentarnos, como discípulos humildes y amorosos, a los pies de quien es Señor de todos nosotros, para oír su palabra, para beber de su espíritu, y para que su vida fuese transcrita en la nuestra! (*Notes* [Notas], párrafo 9, p. 5)

Para descubrir la intención de Wesley, es de primordial importancia aceptar lo que dice en el pleno sentido de sus palabras. Él nunca oscurece a sabiendas el significado *detrás* de las palabras. Él intenta o desea ser aceptado a la luz de lo que dice. Especialmente pide que no se le atribuya un doble significado a lo que él dice. Su lenguaje es la puerta sin adornos hacia conceptos que son dignos del mejor nivel de discusiones contemporáneas, y en efecto lo anticipa. La verdad es que Wesley podría ocupar su lugar entre los más eruditos de nuestro día, y mantener su posición.

## 2. El espíritu inquisitivo de Wesley

Así que la llave para captar el pensamiento de Wesley incluye su uso directo de palabras, la necesidad de evaluar correctamente su polémica, y un aprecio por la relatividad cultural que dirigió o causó su lenguaje "sencillo"; pero hay algo más: tenemos que considerar *la riqueza constantemente creciente de su pensamiento y sus palabras*, mediante su continua exploración del mundo a su derredor. Wesley estaba bien informado acerca de los clásicos griegos y hebreos, así como sobre el pensamiento contemporáneo a él relacionado con la filosofía, la literatura, la historia, la ciencia, la política, los problemas sociales, la medicina y los viajes. Demostró un interés en la sicología desde antes que ésta naciera formalmente en tiempos modernos, y ello debido a lo que su espíritu observador y sensible vio mientras trataba de nutrir a sus convertidos en la vida espiritual. En una edad de intenso despertar humano, Wesley se encontraba como en casa, y con frecuencia lo demostraba aventurándose en nuevas áreas de necesidad humana y social, muy por delante de otros. Su exploración de la medicina nos brinda una puerta muy representativa de su pensamiento y de su perspectiva teológica, y debe tenerse presente al examinar su doctrina.

En su obra intitulada *John Wesley Among the Physicians* [Juan Wesley entre los médicos], el escritor Wesley Hill dice:

> Wesley abrió dispensarios en Londres, Bristol y New Castle, en los que dio atención a pacientes, con miras a dar una diagnosis y tratamiento. Uno de sus escritos médicos mejor conocidos y más usados es *Primitive Physick* [Tratamiento Primitivo], y en sí sería suficiente razón para darle a Wesley el título de médico. El libro contiene tal grupo de reglas para la buena salud que podría ser estudiado y practicado en cualquier época; y en efecto esa obra aparece como un libro de consulta y referencia en las minutas de la Sociedad Real de Medicina de Inglaterra, tomo 13, 1920. [...]
>
> La razón en particular por la cual Wesley aceptó los deberes de un doctor fue que, como resultado de su predicación, las vidas de miles de personas habían sido cambiadas a tal grado que, al lado del renacimiento espiritual, había un deseo de normas mentales y físicas más altas.[5]

Wesley puso sus manos en muchos asuntos que no eran siempre considerados correctos para un clérigo. Cyril J. Squire ha hecho una lista de algunos de los logros de Wesley, y los ha incluido en la obra *Lythograph of Wesley* [Litografía de Wesley], que se vende ahora en la Nueva Capilla, en Bristol, Inglaterra. Entre ellos están los siguientes datos de interés:

- Cabalgó más de 350,000 kilómetros y predicó más de 45,000 sermones.
- En 1748 fundó una escuela para niños en Kingswood, Bristol, y escribió libros de texto.
- Publicó 233 libros originales sobre muchos diversos temas.

- Compiló una biblioteca cristiana.
- Escribió una historia de Inglaterra, en cuatro tomos.
- Escribió un libro sobre pájaros, animales e insectos.
- Escribió un libro de medicina.
- Estableció un dispensario médico gratuito.
- Adaptó una máquina eléctrica para tratamiento médico, y con ella curó a más de mil personas.
- Estableció talleres de costura, y telares para los pobres.
- Recibió 40,000 libras esterlinas por concepto de regalías de sus libros, pero las donó íntegramente.
- Los historiadores acreditan a Juan Wesley con haber salvado a Inglaterra de la ruina moral y espiritual.
- Un hombre así merecería ser oído en el siglo XVIII, y merece ser oído en el presente siglo.

### 3. Las preocupaciones sociales de Wesley

Wesley explicó la razón por la que dedicaba parte de su escaso tiempo al ejercicio de la medicina, en una carta que le escribió a Vincent Perronet, en 1748, en la que el reformador inglés bosqueja su concepto y la historia del metodismo.

> Desde entonces hemos tenido mucha razón para alabar a Dios por su bendición continua sobre esta tarea. Muchas vidas han sido salvadas, muchas enfermedades sanadas, mucho dolor y necesidad ha sido prevenido o remediado. Muchos corazones tristes han sido alegrados, y los visitantes han recibido de Aquel a quien sirven una recompensa presente por todo su trabajo. (*Letters* [Cartas], II, 306)

La decisión de Wesley de ayudar a mitigar los problemas físicos de los seres humanos se vuelve un comentario importante sobre el concepto que él tenía de la relación de lo espiritual a lo físico, y la responsabilidad que a él le tocaba de ello.

> Pero yo todavía estaba adolorido por los muchos pobres que estaban enfermos; gastaban tanto, y con tan poco provecho. Al principio resolví intentar que recibieran tratamiento en el hospital, pensando que así tendrían más beneficios. Cuando hicimos la prueba, encontramos que en efecto gastaban menos, pero los beneficios eran tan limitados como antes. Entonces les pregunté a varios doctores qué hacer tocante a estas personas; pero esto tampoco nos dio resultados. Vi a los pobres acabándose por sus sufrimientos, y varias familias arruinadas, y sin remedio.
>
> Al fin pensé en un recurso desesperado pero que tal vez lograra resultados. "Me prepararé para darles atención médica yo mismo". Durante 26 ó 27 años he usado mis horas libres para estudiar anatomía y física, si bien antes nunca las había estudiado formalmente, excepto unos cuantos meses antes de mi viaje a América, en cuya ocasión me imaginé que

> podría ser de ayuda a los que no tenían un doctor regular entre ellos. Me
> apliqué a esto una vez más. Busqué la ayuda de un boticario y de un ciru-
> jano con experiencia; resolví al mismo tiempo que no tomaría los casos
> más difíciles, sino que los dejaría a los doctores que los pacientes escogie-
> ran.
>
> Les di aviso de esto a las sociedades, diciéndoles que todos los que tu-
> vieran enfermedades crónicas (pues no me atrevía a examinar casos agu-
> dos), vinieran, si querían, a verme, y que yo les daría el mejor consejo
> posible y las mejores medicinas que yo tuviera. (*Letters* [Cartas], II, 308-
> 10)

En esta misma carta Wesley explica las provisiones que él había hecho para
"las viudas débiles, de edad avanzada"; las reunió en una casa "en la que se les
proveería de lo que necesitaban para su cuerpo, para sufragar lo cual yo separo
primero las contribuciones semanales de las bandas, y después todo lo que se re-
coja en la Santa Cena". Wesley también estaba preocupado por "la abundancia
de niños" que, puesto que sus padres no podían pagar la colegiatura, eran "como
asnos del monte" y aprendían "toda clase de vicios" en las calles. A estos niños
Wesley los albergó en su propia casa para que aprendieran las bases de la educación. La falta de dinero para llevar adelante los negocios causada por las altas ta-
sas de interés en Inglaterra sacudió a Wesley y lo hizo "ir de un extremo de la
ciudad al otro" exhortando "a los que tenían los bienes de este mundo a que
ayudaran a sus hermanos necesitados". El resultado de ello fue que un servicio
de préstamos muy razonables fue ensanchado, gracias al cual "250 personas recibieron ayuda en el espacio de un año". (*Letters* [Cartas], II, 310)

> Durante un período de cinco meses se les dio medicinas a más de 500
> personas. A algunas de ellas yo nunca las había visto antes; pero no me
> preocupaba si eran (miembros) de la Sociedad o no. Durante ese tiempo,
> 71 de esas personas, que tomaron regularmente sus medicinas y que si-
> guieron la dieta que se les había prescrito (lo que tres de cada cuatro no
> querían hacer), quedaron enteramente curadas de diversas enfermedades
> que se habían considerado incurables. El costo total de las medicinas du-
> rante este tiempo fue de 40 libras. Seguimos haciéndolo desde entonces, y
> gracias a la bendición de Dios, con más y más éxito. (*Letters* [Cartas], II,
> 306-08)

Dotado pues con una personalidad dinámica tal, y con una mente no convencional (o al menos dispuesta a aprender), siempre dispuesta a alcanzar un
grado más alto de agudeza y eficiencia, sería un gran error ubicar a Wesley en
cierta categoría, y adjudicarle cierta etiqueta convencional. Ni tampoco sería correcto que algún "wesleyanismo" tratara de comprimir el concepto de Wesley de
la santificación en un estrecho provincialismo, especialmente con sesgos norte-
americanos. Tal vez Wesley haya sido un *homo unius libri*, en cierto sentido, pero ese Libro fue el punto focal de toda la amplia creación de Dios así como la

clave para entender al ser humano en toda su humanidad. El Libro no le restringió; más bien lo libró de sus restricciones. La doctrina de la salvación de Wesley no es una excepción de sus intereses católicos.

### 4. Wesley, un hombre de su tiempo

Wesley fue también un hombre de su día, que habló el lenguaje de su día, y que fue cautivo de la estructura cultural de su nación y de su generación, lo que incluía el haber sido cautivado por el significado de su iglesia con su historia, ritual y religión. Wesley fue un anglicano desde la punta de sus cabellos hasta la planta de sus pies. La iglesia había sido su "madre" y su mentor. Wesley llevaba las marcas de los prejuicios, creencias y limitaciones mentales de la Inglaterra del siglo XVIII. Si bien él trascendió los "ideales" morales de Inglaterra, hay que considerar cabalmente el condicionamiento histórico esencial del ser humano, al tratar de interpretar lo que Wesley dijo.

Wesley creía en los fantasmas. Creía también que los terremotos eran juicios divinos directos contra el pecado, y que el arrepentimiento público podía prevenirlos (*Works* [Obras], VII, 386).

Él no tenía ni la menor simpatía hacia los colonizadores americanos en su deseo de ser independientes, e insistió en controlar las misiones metodistas en los "estados", desde su "oficina" en Inglaterra. Wesley nombró a Francis Asbury obispo de la iglesia en América, posición que Asbury declinó hasta que, mediante el voto de la iglesia americana, se declarara si tal era la voluntad del pueblo metodista.

Wesley era un hombre obstinado, y a veces podía ser testarudo, pero generalmente tenía la grandeza para, al final, aceptar la derrota en cierta discusión o en cierta formulación de política, con más o menos gracia. Uno de los ejemplos más atractivos de esta disposición a aceptar la derrota con generosidad se encuentra en una carta de Wesley a la condesa de Huntingdon, en la que le dice: "Cuando era mucho más joven yo creía que era casi infalible; pero bendito sea Dios que ahora me conozco a mí mismo mejor" (*Letters* [Obras], V, 259).

## B. Wesley como Erudito

### 1. Wesley en la controversia

La controversia fue la atmósfera en la que Wesley vivió, una controversia creada por la clase de mensaje que él declaraba. No es que él creara la controversia, sino que lo que él decía suscitaba preguntas en el mundo de la iglesia establecida en el cual él se movía. Wesley no habló ni escribió en un vacío. En "el toma y da" del ataque y contratataque, uno tiende a exagerar su propia posición.

El que está en medio de la controversia no siempre protege sus argumentos en la retaguardia, para que estén a salvo de cualquier comprensión errónea, y ese descuido, cuando existe, se debe a que el polemista generalmente da por sentado que los que lo oyen o leen conocen toda la situación. Wesley no fue una excepción a esta regla y, al interpretarlo, hay que dar debida atención al momento concreto que se esté considerando.

La presión de la controversia ha caracterizado a mucha, o tal vez gran parte de la literatura teológica en la historia cristiana. Fue precisamente en una atmósfera de controversia que los conceptos teológicos fueron vistos con claridad y las afirmaciones doctrinales fueron forjadas. Esto nos debería persuadir a estar conscientes de dos verdades en el caso de Wesley: (1) Él podía pasar las fronteras de su día. Sus convicciones lo ponían en una categoría aparte de los demás, la de líder. Él tenía convicciones suficientemente significativas como para desafiar a los demás y suscitar controversias dignas. (2) Pero mucho de lo que Wesley dijo era de naturaleza polémica. Generalmente nosotros escuchamos un lado de la conversación, y algunas veces tendemos a formar nuestros juicios acerca de él basándonos en tales diálogos unilaterales, como si éstos representaran su opinión completa y correctamente presentada. Demanda algo de paciencia y de cuidado el darle la vuelta a todo el círculo del debate teológico y, finalmente, encontrar el verdadero centro de su pensamiento. Pero es un esfuerzo que vale la pena.

### 2. El razonamiento "indefinido" de Wesley

De las observaciones anteriores alguien podría llegar a la incómoda conclusión de que *Wesley cambia de parecer* (lo que nos podría llevar a otra conclusión, de que tal cosa es una debilidad). Él no se queda siempre "en el mismo lugar". Esto puede ser un poco trastornador hasta en tanto que una observación un poco más profunda nos revele algunos elementos interesantes. Wesley no tenía miedo a cambiar su posición cuando las circunstancias lo demandaban. En esos casos hasta adoptaba una posición *opuesta*; por ejemplo, partiendo de su convicción de que cuando un cristiano había encontrado la "perfección" jamás podría perderla, Wesley llegó a hacer la conclusión, muy a su pesar, de que tal bendición podía perderse —y volverse a recibir— si bien *no era necesario* jamás perderla, y *era posible* que jamás se recuperaría. Wesley también cambió o alteró su opinión acerca de la importancia relativa, y del elemento temporal, de la crisis sobre el proceso o después del proceso, y así algunas veces vemos a Wesley recalcar el crecimiento y, en otras, el aspecto de crisis de la santificación.

Pero cuando uno cataloga los temas sobre los cuales Wesley se permite el lujo de cambiar (cara a cara ante lo inmutable), se vuelve obvio que Wesley está descubriendo la diferencia entre la "substancia" de la doctrina y la "circunstancia" de ella, una categoría de análisis que él considera de suma importancia. En otras palabras, algunas verdades son firmes, y el estudio bíblico y la experiencia continúan demostrando que son firmes. Son los "fundamentales", como la verdad de que los seres humanos pueden ser salvos de todo pecado en esta vida. El método, el tiempo, la adaptación de ello a la humanidad imperfecta, y una pléyade de otras preguntas sobre las que no tenemos dirección bíblica directa, nos entregan su verdad solamente mediante la experiencia. Tan importantes como estas verdades pueden ser, no son verdades reveladas, sino históricas, y en ese sentido periféricas. Wesley no consideraba que ningún asunto relativo a la fe era indigno de su consideración, o debajo de su nivel para darle importancia. Pero, por otro lado, no cayó en la trampa de confundir la circunstancia con la substancia de la verdad. Si bien Wesley dedicó algo de su tiempo a la discusión de asuntos periféricos, no permitió que se volvieran centrales, divisivos o una distracción de los temas medulares. ¡Cuán sabios seríamos sus seguidores si tratáramos de imitar esta rara cualidad!

Nosotros los que aspiramos a un wesleyanismo más auténtico, deberíamos explorar una y otra vez esas áreas en la teología y la práctica de la santidad que son bíblicamente centrales e inmutables, y evitar esas otras áreas provisionales o experimentales, o que están sujetas a una actitud mental de constante susceptibilidad a nuevos factores. Wesley declaró:

> Una y otra vez he declarado, con toda la sencillez que me ha sido posible, lo que nuestras doctrinas constantes son; cuáles son las únicas que nos distinguen de los paganos, o de los cristianos nominales; no de todos aquellos que adoran a Dios en espíritu y en verdad. Nuestras doctrinas principales que incluyen todas las demás, son tres: la del arrepentimiento, la de la fe y la de la santidad. A la primera de éstas la consideramos, por así decirlo, como el pórtico de la religión; la segunda, la puerta; la tercera, la religión misma. (*Works* [Obras], VIII, 472)

Tal vez la más grande "debilidad" de Wesley haya sido en efecto su mayor fuerza. Nosotros buscamos principios de interpretación derivados de Wesley mismo, principios que nos permitan entenderle hoy. ¿No podría esta exploración principiar notando precisamente la flexibilidad de su mente, arraigada en un correcto sentido de la historia?

Haríamos bien en observar que el pensamiento de Wesley no era un sistema intelectual cerrado, inmutable y estático. Un indicio de su aproximación a la vida y a la religión que le imparte dirección a su peregrinación teológica se puede encontrar en el hecho de su inquisitivo espíritu. Su búsqueda de toda una vida, de la perfección, constituye el secreto del temperamento de Wesley. Esto no ha de ser interpretado como una búsqueda infructuosa, destinada a fracasar, de una ilusión que se nos escapa en cuanto ponemos nuestros ojos en ella. Nada podría estar más lejos de la verdad. Pero él marchó "a la cabeza de la fila" en el movimiento religioso porque nunca descansó en el logro del momento. La naturaleza misma de la vida cristiana es el progreso. La perfección no es un acto estático de "tener", sino una experiencia dinámica de "marchar". El amor no es "perfecto" en el sentido de haber alcanzado su culminación o apogeo, sino en su cualidad como una relación dinámica sujeta a un aumento infinito.

### 3. La aproximación crítica de Wesley

La mayoría de los problemas "difíciles" de Wesley emanaron de las áreas "provinciales" o experimentales. Él manejó esos asuntos con mucho cuidado, pues estaba al tanto del riesgo que había en hablar de ellos. Podía identificar la "pregunta capciosa" cuando se le hacía. En cada caso, él desmembraba la pregunta, exponía las partes, clarificaba ambigüedades, declaraba las objeciones y, finalmente, daba una contestación directa.

Un ejemplo de la insistencia de Wesley en una forma clara de razonar se encuentra en su tratado intitulado *Farther Appeal to Men of Reason and Religion* [Una apelación adicional a hombres de razón y religión]. Se le hizo una pregunta, que contenía varias partes, acerca de la posibilidad de un cambio instantáneo en el nuevo nacimiento. Wesley contesta cada parte; pero cuando llega a la tercera parte, cita la pregunta otra vez, y da una nueva clase de respuesta.

> P. 3. Si esta mejoría es o no un cimiento mejor para nuestro consuelo, y para nuestra seguridad de un nuevo nacimiento evangélico, que aquello que se funda en la doctrina de un cambio repentino e instantáneo.
>
> R. Un mejor cimiento *que aquello*. ¿Qué? ¿A qué substancia se refiere esto? De acuerdo a las reglas de gramática, usted debe querer decir un cimiento mejor que el cimiento que se levanta o que está fundado sobre esta doctrina. En cuanto entienda la pregunta procuraré contestarla. (*Works* [Obras], VIII, 66)

Tal vez sea posible que las divisiones en círculos wesleyanos sean el resultado de nuestro fracaso, al no ser suficientemente circunspectos —y al mismo tiempo suficientemente ligeros. Hemos tenido la tendencia a darle igual valor a cada sermón, cada carta, cada tratado, desde los más remotos hasta los escritos ayer. Una interpretación rígida, mecánica de cualquier asunto racional, proceda de Wesley o de la Biblia o de cualquier otro documento de las humanidades o de la ciencia, resulta en algo grotesco en vez de tener sentido.

### 4. La "visión" de Wesley

Otro factor, por cierto inesperado, en la constitución de Wesley, tiene importancia para este estudio. En un hombre tan conservador fundamentalmente como él, es refrescante encontrar que poseía un *espíritu sumamente independiente*.

En muchas maneras era tradicional, ritualista, dogmático, aristocrático, y en completo control de sí mismo y de otros (si querían que él estuviera contento con ellos). Se dice que Wesley nunca perdió el control de sus emociones. Era frío y enteramente libre de sentimentalismo. Sólo las circunstancias más compulsivas, y los argumentos vehementes de Jorge Whitefield lo persuadieron a predicar en un sitio no consagrado, al aire libre. Pero fue esta "debilidad" (si podemos llamarla así) lo que al final resultó ser su fuerza: su disposición, muy a su pesar en algunos casos, a adaptarse a medios no convencionales para lograr los fines necesitados.

Se le podía haber acusado de ser casuista, pues demostró la habilidad de encontrar una buena razón para violar las tradiciones o costumbres más sagradas. El ejemplo clásico de ello fue cuando, después de ceder a la corriente de la opinión, llevó a cabo su "ilegal" acto de consagrar a Francis Asbury como obispo, haciendo uso de una autoridad que en sentido tradicional no tenía.

Aquí no estamos interesados en lo correcto o incorrecto de tal acción; sólo lo mencionamos para ilustrar el hecho de que Wesley podía introducir novedad a situaciones estables que se habían vuelto obstáculos para cumplir su visión. Estas rupturas con "la ley y el orden" eran traumáticas para una persona como él, cuya respiración, podríamos decir, dependía de observar el protocolo debido. La acusación contra él, la más dolorosa para su sensible alma, era que se había alejado de "La Iglesia" y que se había llevado a sus convertidos lejos de ella. Él lo negó vigorosamente. Conocía la historia de grupos independientes que, por creer que eran superiores a la antigua iglesia, habían empezado a aducir que eran más "santos" que los demás. Los metodistas, dijo Wesley, no eran una secta ni un partido. Eran miembros de la iglesia. Él escribió: "Creo que una razón por la que Dios se ha complacido en alargar tanto mi vida (corría el año 1789) es que yo pueda confirmarlos en su propósito presente, de no separarse de la iglesia" (*Works* [Obras], VIII, 278).

Para clarificar su posición ante "hombres entusiastas" que insistían en que sí *se separaba*, y ante otros "hombres entusiastas" que lo criticaban por no hacerlo, Wesley dijo:

> Me apego a todas las doctrinas de la Iglesia de Inglaterra. Amo su liturgia. Apruebo su plan de disciplina, y tan sólo quisiera que se pusiera en práctica. A sabiendas yo no he variado ninguna norma de la iglesia, *excepto en unos cuantos casos en los que he juzgado que era una necesidad absoluta.* (*Works* [Obras], VIII, 278; las cursivas son nuestras.)

Algunas de esas necesidades fueron: (1) cuando se le negó una iglesia donde predicar, predicó donde pudo; (2) en casos en los que no había una oración adecuada, "oró extemporáneamente"; (3) convocó a reuniones de personas necesitadas para darles "instrucción espiritual"; (4) "fijó las estaciones" de los predicadores durante el año. La razón de todo es sumamente interesante. Wesley enunció dos principios: "Uno, que no me atrevo a separarme de la iglesia, pues creo que sería un pecado que yo hiciera tal cosa; el otro, que creo que sería un pecado no variar en los puntos mencionados". (*Ibid.*)

Wesley quedó atrapado entre dos hechos de la vida racional: la absoluta necesidad que cualquier sociedad humana tiene de un sistema y de estabilidad, y por el otro lado, la necesidad igualmente grande de "visión" y de acción si se ha de lograr el progreso. Probablemente, Wesley hubiera simpatizado con la discusión que Alfred North Whitehead hace de ese particular:

> El principio de la sabiduría es entender que la vida social está fundada en la rutina... La sociedad requiere estabilidad, la visión misma requiere que haya estabilidad, y la estabilidad es el producto de la rutina. Pero la rutina tiene límites, y es para el discernimiento de estos límites y para la provisión de la acción consecuente que la visión es requerida.[6]

Tiene más que importancia pasajera el que Wesley no sólo tuvo "visión" (que fue el término que Whitehead usó para describir al profeta valiente y diferente), sino que también fue un hombre de acción. Y esta cualidad de personalidad salió a la superficie después que Wesley encontró la seguridad del amor de Dios para él personalmente, y su profunda convicción de que tenía la responsabilidad de compartir esa experiencia de seguridad con otros. Wesley no era un rebelde —jamás lo fue— pero sí era un revolucionario actuando bajo el ímpetu del Espíritu de Dios que moraba en su corazón.

### 5. La teleología de Wesley

Sería imposible caracterizar correctamente a Wesley sin tomar en consideración su punto de vista teológico. Dios creó el mundo y al ser humano, no caprichosamente, sino con un propósito. Este propósito requiere una historia para lograrse. El núcleo historia/teleología es la matriz misma de la existencia moral. La vida es una prueba. La historia es el taller del desarrollo moral. El ser humano fue hecho para glorificar a Dios pero no pudo lograr su "fin" aparte de un ambiente en el cual la decisión moral podía confirmar y desarrollar el amor. No hay santidad que sea automática o impersonal. Antes bien, es una búsqueda tanto como una relación, un camino y una calidad de vida.

En la providencia de Dios, el niño se convierte en un adulto; el ignorante, a martillazos, aprende; el que carece de madurez la alcanza; la semilla muere, brota, crece y da fruto; la inocencia se vuelve santidad; la santidad es perfeccionada en amor y fe; la fe es "relación íntima con Dios".

La teleología implica *cambio* dentro de la *continuidad*. El cambio que sencillamente salta de un estado a otro, sin ningún eslabón esencial, no es teleológico.

Empero, el cambio es un ingrediente esencial de la teleología. Wesley vio todo esto, y nosotros deberíamos estar preparados para ver en todo su pensamiento una verdadera relación eslabonando las "etapas en el camino", no sólo en la historia y en la naturaleza, sino en la teología y en la experiencia cristiana. Ninguna arbitrariedad de parte de Dios relativa a la elección del ser humano podría concordar con el propósito. La venida de Cristo, su muerte en la cruz, y la apelación del evangelio no tienen lugar en el concepto no-histórico, y hasta anti-histórico, de la teoría de la predestinación particular.

Si los seres humanos ya están destinados a ser salvos o condenados, el significado de la vida es totalmente eliminado. (El sermón de Wesley sobre "La Gracia Gratuita",[7] presenta un argumento fuerte de este punto). La insistencia teológica de Wesley sobre la gracia libre (no "el libre albedrío") en contra de la predestinación personal absoluta no era emocional ni superficial. Era una defensa vigorosa de la santidad de la cual él creía, tanto como los calvinistas, que era el propósito de la creación, o sea, glorificar a Dios.

> Esta es la prueba pura y simple de que la doctrina de la predestinación no es una doctrina de Dios, porque cancela las ordenanzas de Dios; y Dios no está dividido contra sí mismo... Directamente tiende a destruir esa santidad que es el fin de todas las ordenanzas de Dios. Tiene una tendencia manifiesta a destruir la santidad en general; pues enteramente quita esos primeros móviles para seguir en pos de ella, tan frecuentemente presentados en las Escrituras. (*Works* [Obras], VII, 376)

La elección absoluta destruyó el hecho de la continuidad y la relación, y consecuentemente, la santidad, que depende de la relación. La insistencia de Wesley en ambas era tanto intelectualmente responsable como razonablemente respetable, y se reflejaba en su doctrina de la santificación (como veremos después), y también explica su énfasis en el proceso en la vida cristiana, y en la relación estrecha entre justificación y santificación.

Todo ser humano le "apunta" a algo. Wesley usó esta expresión frecuentemente. En un sermón sobre "El Ojo Bueno", él hace un contraste entre los que buscan o "le apuntan" al placer del sentido, de la imaginación, de la alabanza de los seres humanos, y las riquezas (todo lo cual nos conduce a la oscuridad), con los que buscan a Dios. Este "apuntar" o buscar es el significado de la fe que, o nos conduce lejos de Dios, o abre todos los recursos de Dios para la humanidad.

Uno puede tener un conocimiento claro de la voluntad divina, pero,

> no sin los *medios* sino teniendo acceso a todos esos medios que Dios le ha brindado. Y, caminando en esta luz, no puede sino "crecer en la gracia y en el conocimiento de nuestro Señor Jesucristo". Esa persona avanzará continuamente en toda santidad, y en toda la imagen de Dios. (*Works* [Obras], VII, 299)

En este pasaje es introducido algo de la teleología implícita en Wesley. Hay aquí, en embrión, estos énfasis (que serán desarrollados después): (1) que Dios hizo al ser humano pero éste no está terminado; (2) que el ser humano está involucrado en el proceso de finalización; (3) que la tarea de finalización es un proceso; (4) que Dios ha proporcionado el material para la tarea; (5) que esta finalización no es algo implantado en el ser humano que funcione sin que él participe de ello; (6) que la santidad es dinámica y es el camino y la meta de la restauración y del desarrollo en toda la imagen de Dios.

La teleología de Wesley es la base de sus dinámicos conceptos del ser humano y de la salvación.

> *El único Bien perfecto será vuestra única meta final.* Una cosa desearéis por su propio mérito: el disfrutar de Aquel que es vuestro todo en todo. Una felicidad buscaréis para vuestras almas, y es una unión con Aquel que las hizo; el tener "compañerismo con el Padre y con el Hijo"; el estar unido al Señor en un Espíritu. *Un propósito habéis de buscar hasta el fin del tiempo: el disfrutar de Dios en el tiempo y en la eternidad.* Buscad otras cosas sólo en la medida en que conduzcan a esto. Amad a la criatura en el grado en que esto os lleve al Creador. Pero en cada paso que toméis, que este sea el punto glorioso que determine vuestras perspectivas. Que cada afecto, cada pensamiento, cada palabra y cada acción sean subordinadas a esto. *Que todo lo que deseéis, o temáis, todo lo que busquéis o evitéis, todo lo que penséis, habléis, o hagáis, sea para contribuir a vuestra felicidad en Dios, el único Fin, tanto como la única Fuente, de vuestro ser.* (*Works* [Obras], V, 207-08)

## PROFUNDIDAD: LA DIMENSIÓN WESLEYANA

Conforme nos profundizamos en las significativas y valiosas intuiciones de Wesley, notaremos que él anticipó el pensamiento de nuestro día. Si hubiese una palabra, mejor que cualquiera otra, que pudiese caracterizar la contribución de Wesley al edificio religioso, sería el término "profundidad" con el significado que se le da en nuestro día. La profundidad reconoce la dimensión de la vida que yace en el área de significado. La palabra podría substituir esa otra, "espiritual", en contraste al mundo de sentido. Destaca la calidad en contra de la mera sustancia. Su significado llega a enfocar en "lo esencial de la persona" en contraste con "lo esencial de la cosa". Martin Buber echa mano de algo de su dimensión en su concepto "Yo y Tú". Una palabra de gran riqueza y pertinencia para dar dirección positiva de pensamiento es *amor* —la propia palabra de Wesley.

Cuando hablamos de profundidad estamos dejando atrás todo el mundo de valores secundarios —los impersonales— y regresando al área de valores primarios —los personales— de donde el "valor" secundario deriva su significado. La iglesia que ha hecho sus juicios religiosos principalmente en el nivel de lo secundario es lo que ha sido llamado en sentido peyorativo, una "religión". Tal religión le ha dado a la iglesia, en su totalidad, una imagen falsa. Cuando leemos de personas como Dietrich Bonhoeffer abogar por un "cristianismo sin religión", tal cosa no significa una negación de la religión o del cristianismo, sino un énfasis en la necesidad de una interpretación verdaderamente cristológica.

Wesley hubiera estado de acuerdo con Bonhoeffer. En cualquier caso en que *factor alguno* se haya vuelto una barrera a la relación vital, interior y personal con Dios —o un substituto de ella— *eso* debe ser expuesto por lo que es, y puesto en la perspectiva correcta o eliminado. En una discusión de este asunto en uno de sus sermones, "The Unity of the Divine Being"['La Unidad del Ser Divino"], Wesley habla de los "ídolos" que pueden alejar nuestras mentes de Dios. Del último de los que él menciona, Wesley afirma: "Hay todavía un ídolo más peligroso que todo el resto: y es la religión". Añade:

> Será fácilmente concebida, quiero decir la religión falsa; o sea, cualquier religión que no implique el darle el corazón a Dios. Tal cosa es, primero, *una religión de opiniones*; o lo que es llamado ortodoxia. En esta trampa caen miles de personas quienes por fe quieren decir solamente un sistema de opiniones arminianas o calvinistas. Tal religión es, segundo, una religión de formas; de adoración meramente externa, por muy constantemente que sea llevada a cabo; sí, aunque estemos en el culto todos los días, y participemos de la Santa Cena cada domingo. Tal es, tercero, *una religión de obras*; de buscar el favor de Dios al hacerles bien a los hombres. Tal religión es, finalmente, *una religión de ateísmo*; o sea que eso es toda religión en la que Dios no sea el fundamento; en una palabra, una religión en la que "Dios en Cristo, reconciliando al mundo consigo", no sea el Alfa y la Omega, el principio y el fin, el primero y el último punto. (*Works* [Obras], VII, 269)

Tenemos razón de creer que Wesley y Bonhoeffer habrían tenido muchos conceptos vitales en común.

Podría parecer extraño que un hombre que hablaba con un lenguaje tan llano, común, y "sencillo" pudiese ser un pensador profundo, pero uno pierde exactamente el punto con Wesley si no reconoce la dimensión de profundidad. Fueron solamente las "calles ciegas" de la religión las que identificaron lo superficial en la experiencia de Wesley. El moralismo, con toda su fachada "santa", le había dejado vacío, a pesar de que él se había dedicado al moralismo como pocos hombres lo habían hecho. La promesa rota del emocionalismo del misticismo violó su sentido más hondo de integridad racional. La excesiva vida "devocional" (tal como la entendía el Club Santo) tendió a desarrollar una introspección y una separación mórbidas de la sociedad. Finalmente, cedió el paso a una "santidad social" que Wesley llegó a ver como el verdadero significado de la religión.

Fue la insensibilidad de la iglesia al verdadero llamado a ministrar a las necesidades espirituales y vivenciales de las personas lo que persuadió a Wesley a tomar ciertas libertades con sus formas y su ritual, por mucho que amase a la Iglesia de Inglaterra. Y fue el antinomianismo de la interpretación reformada de la fe cristiana de ese día lo que impelió a Wesley a la exploración de la "santidad bíblica", una interpretación de la religión que captó que Cristo salva a los seres humanos de todo pecado, en vez de salvarlos en sus pecados.

Para Wesley, la santificación fue una relación ética, nunca un moralismo, nunca una emoción o una liberación de emociones, nunca una eliminación mágica de algo ("como si fuera un diente adolorido"), o la adición de algo, ni siquiera la "adición" del Espíritu Santo (en el sentido superficial tan frecuentemente asociado con experiencias irracionales y "entusiastas" que son clasificadas como religiosas). Uno no debería dirigir su atención o "apuntarle" a un examen de sus propios estados emotivos, ni a la cantidad de actos religiosos desempeñados, o de reglas obedecidas. Para Wesley la religión yacía en la cualidad y en el objeto del amor de uno. La religión ni siquiera debería ser un intento de medir la religión de uno en forma abstracta, sino más bien un intento de dirigirla concretamente.

> La verdadera religión es tener temperamentos correctos hacia Dios y el ser humano. Es, en dos palabras, gratitud y benevolencia; gratitud a nuestro Creador y Benefactor supremo, y benevolencia a nuestros prójimos. En otras palabras, es amar a Dios con todo nuestro corazón, y a nuestros prójimos como a nosotros mismos.
>
> Es, como consecuencia de que sabemos que Dios nos ama, que nosotros le amamos a El, y a nuestros prójimos como a nosotros mismos. La gratitud hacia nuestro Creador no puede sino producir benevolencia hacia nuestros semejantes. El amor de Cristo nos constriñe, no sólo a ser inocentes, a no hacerle daño alguno a nuestro prójimo, sino también a ser útiles, a ser "celosos de buenas obras"; "de acuerdo al tiempo que tengamos, a hacerles bien a todos los hombres"; y a ser pautas ante todos de una moralidad verdadera y genuina; de justicia, misericordia y verdad. Esto es la religión, y esto es la felicidad; la felicidad para la cual fuimos hechos. (*Works* [Obras], VII, 269)

Una vez más nos confrontamos con la "magnífica obsesión" de Wesley: el amor. Cada puerta hacia su pensamiento nos conduce al amor. El amor es la verdadera profundidad de las providencias de Dios con los seres humanos, y nada menos que el amor puede caracterizar verdaderamente a un cristiano auténtico. La urgencia de este amor es expresada en su sermón "Scriptural Christianity" ["Cristianismo escritural"]:

> El (cualquier cristiano de la iglesia primitiva) que así *amaba* a Dios no podía sino amar también a su hermano; y "no... de palabra ni de lengua, sino de hecho y en verdad". "Si Dios nos ha amado así", razonaría tal cristiano, "debemos también nosotros amarnos unos a otros" (1 Juan 4:11), sí, y hasta a cada alma viviente, puesto que "la misericordia de Dios es sobre todas sus obras" (Salmos 145:9). De acuerdo a esto, el

efecto de este amante de Dios incluía a toda la humanidad por causa de Dios; y esto sin exceptuar a los que él nunca había visto en la carne, o a aquellos de quienes no sabe nada más sino que son "los hijos de Dios", y por cuyas almas el Hijo murió; y no exceptuando a "los malos" e "ingratos", y especialmente a todos sus enemigos, aquellos que lo odiaban, o perseguían, o abusaban de él por causa de su Maestro. Estos tenían un lugar peculiar, tanto en su corazón como en sus oraciones. Los amaba "como Cristo nos amó". (*Works* [Obras], V, 40)

Sin atarearnos, entonces, en preguntas curiosas, innecesarias, en cuanto a esos dones extraordinarios del Espíritu, demos una mirada más cercana a éstos, los frutos ordinarios del Espíritu, de los que podemos estar seguros de que permanecerán por todas las edades; de esa gran obra de Dios entre los seres humanos que acostumbramos designar con una palabra, *cristianismo; no en cuanto se refiere a un juego de opiniones, un sistema de doctrina, sino en cuanto se refiere a los corazones y las vidas de las personas.* (*Works* [Obras], V, 38)

La profundidad, en la religión, como en cualquier parte de la vida, tiene que ver con lo personal, y lo personal con las relaciones —relaciones personales. La profundidad no es meramente estar superficialmente al tanto de ideas abstractas sino una saturación de uno mismo en el horno de fuego de pensamiento dinámico conforme el pensamiento se involucra en la vida. La profundidad en la religión debe resultar en la acción. El aprendizaje "subliminal" no forja el carácter ni se vuelve santidad. La excitación de las emociones, sea que se produzca por la lectura de una novela, por ver una telenovela o por cualquier clase de apelación emotiva de cierto recurso litúrgico o de culto que no resulte en apropiada clase de acción, es sicológicamente dañina.

El propósito de las emociones es que generen acción, no que se gasten en la persona conmovida por ellas. Las emociones no son para ser disfrutadas por sí mismas, sino para mover las ruedas de la vida. Cuando la energía generada por cierta emoción, debido a un corto circuito, regresa al psique sin haber encontrado expresión, quema la salud física, mental o moral de la persona. Grandes emociones que son despertadas por grandes desafíos y que no son traducidas en acción, finalmente pierden su capacidad de producir un desafío. En vez de ello, un dualismo moral se desarrolla en el cual el ideal y la acción están divorciados. La personalidad unificada en profundidad se vuelve menos y menos posible. El resultado es una esquizofrenia moral, tan devastadora como las aberraciones mentales.

Las emociones que ya no pueden precipitar la acción finalmente destruyen la integridad moral. Las congregaciones que han estado expuestas a grandes sermones y un alto desafío religioso y emoción consecuente, pero que no canalizan esas emociones en la tarea del ministerio cristiano en las vidas de las personas a su derredor, se vuelven indiferentes, frías, aisladas y remotas. Este fracaso, el no conectar el poder espiritual latente con el servicio, causa una "personalidad dividida" que generalmente substituye las misiones, el servicio y la sanidad, con un sentido de "espiritualidad" superior que juzga a los demás, y los encuentra carentes de gracia.

Sea cual fuere la crítica legítima que se haga de la aproximación de Wesley a la religión, la acusación que no se le puede hacer justamente es que él toleró cosa alguna que previniera la transformación del corazón humano, de un dualismo y una "descompostura" destructiva hacia la sanidad y la santidad. Para él la santidad era lo que hemos estado queriendo decir con profundidad.

Al dar énfasis a la profundidad —personal, moral y espiritual en la religión— en contra de lo abstracto, lo mecánico, lo mágico y lo ultra-sobrenatural, Wesley no estaba haciendo la religión menos radical o menos completa en su acción, sino más. Al reconocer esta cualidad en Wesley como una interpretación correcta de la fe cristiana, no estamos "cortando las alas" de la teología de santidad, sino intentando restaurar toda la envergadura de la teología y de la experiencia cristiana, a fin de que una vez más las alturas infinitas del firmamento espiritual puedan ser exploradas.

El hombre Juan Wesley necesita ser visto entre sus contemporáneos, en su propia generación y cultura. En muchas maneras él fue un gigante entre ellos, tal como es evidente por su espíritu inquisitivo, su sensibilidad social aguda, las controversias tan valiosas en las que participó, su hondo interés en una manera lógica y clara de razonar, y su concepto dinámico de la religión. Pero, ¿cuáles fueron sus presuposiciones más profundas que dieron lugar a los puntos de énfasis teológicos y religiosos particulares por los cuales lo recordamos, y por los cuales toda su estructura puede ser interpretada? Esta pregunta ocupará el próximo capítulo.

## Notas Bibliográficas

1   *Works*, V, 151.

2   Citado por William Luther White, *The Image of Man in C. S. Lewis* (Nashville: Abingdon Press, 1969), p. 75.

3   John Wesley, *A Collection of Hymns for the Use of People Called Methodist* (Londres: Thomas Cordeux, 1821), pp. iii-iv.

4   *Ibid*., p. v.

5   Wesley Hill, *John Wesley Among the Physicians* (Londres: Epworth Press, s.f.), pp. 1, 8.

6   Alfred North Whitehead, *Adventures of Ideas* (Nueva York: The Macmillan Co., 1933), p. 114.

7   *Wesley's Standard Sermons*, edición de Sugden, VII, 373-86.

# CAPÍTULO 5

# Una Aproximación Hermenéutica a Wesley

## EL PROBLEMA METODOLÓGICO

La contribución teológica y religiosa que Juan Wesley hizo a la iglesia ha sido honrada con numerosas interpretaciones, todas las cuales se llaman wesleyanas, pero que difieren en maneras más o menos importantes del pensamiento total de Wesley y de otros "wesleyanismos". Tal como hay varios calvinismos y varios luteranismos, y agustinianismos y liberalismos, y varias posiciones conservadoras, también hay varios wesleyanismos.

El problema yace en el campo de la metodología. Casi cualquier sistema de teología puede derivarse de Wesley, tanto como de Lutero o de Agustín. Pero cada sistema es edificado sobre una selección de pasajes de las obras de tal teólogo que concuerdan con las presuposiciones filosóficas básicas de la persona que está formulando el sistema, quien frecuentemente no está al tanto de sus propios prejuicios o inclinaciones. Así que la selección y organización de las ideas podrían ser hechas, consciente o inconscientemente, debido a un punto de vista anterior que pocas veces es desafiado. El resultado puede ser un Wesley aristotélico, un Wesley platónico, un Wesley estilo Schleiermacher, un Wesley estilo Whitehead, un Wesley del evangelio social, un Wesley de la segunda bendición, o varias otras clases de teología que llevan el apodo de "wesleyanas", pero cuya orientación depende de la orientación personal del autor del sistema. Nada de esto es malo en sí. Tal vez hasta pudiera ser bueno. Pero, correcto o incorrecto, bueno o malo, cuando menos debemos reconocer que eso es lo que confrontamos.

Esta autora, convencida de que Wesley puede llegar a ser contemporáneo, no desconoce el problema involucrado en la interpretación. Wesley fue un hombre de su día. Habló a partir de las formas de pensamiento de ese tiempo, y dirigió su atención a los problemas peculiares de los seres humanos de entonces. Si él ha de decirle algo a nuestro día, será necesario cierto método de interpretación para que sirva como puente sobre los cambios históricos que nos separan.

Confiamos, y francamente deseamos, que la teología que es presentada en este libro sea una teología wesleyana, pero ¿qué clase de wesleyanismo representará? La teología no es wesleyana en el sentido de que se considere que Wesley es una autoridad, y ni siquiera que su interpretación de la Biblia sea autorizada para ello. Wesley fue ortodoxo en el sentido tradicional, y sin embargo se llamó a sí mismo "hombre de un Libro" con lo que desde luego se refería a la Biblia. Aquí tenemos: credo y las Escrituras, dos autoridades para la fe cristiana, ninguna de las cuales quiere rendir su autonomía a la otra. La teología sistemática y la teología bíblica todavía no se han fusionado. Hay un dilema aquí que Wesley nunca solucionó, y que ni siquiera intentó resolver. Fue una actitud de estar "susceptible al futuro" lo que le impelió a ciertas intuiciones y perspectivas creadoras, y que nos impele también a nosotros a descubrimientos adicionales en el mismo espíritu. Sólo en la apertura de Wesley a las profundidades de la verdad consideramos que esto sea wesleyano, si bien compartimos las intuiciones dinámicas que entendemos eran suyas.

## LA CONTRIBUCIÓN DE WESLEY

Lo que le interesaba a Wesley era relacionar la gracia de Dios con la experiencia humana, la teología con la religión, la lógica con la vida, la iglesia con la sociedad. Nada puede definir mejor la santificación en términos prácticos que lo que está involucrado en tales relaciones. La creencia en la salvación, "en principio pero no de hecho", era para él la mayor debilidad de la iglesia de su día. Wesley objetaba particularmente la interpretación del calvinismo de su día que permitía un concepto de la libertad de las consecuencias del pecado, pero que no otorgaba también la libertad del pecado mismo.

La intuición y el énfasis religiosos, dinámicos y profundos de Wesley eran el poder del Espíritu Santo en la vida del cristiano. Este poder era una energía real y espiritual que ligaba la realidad divina con la experiencia humana. Era la "esencia de persona" de Dios tocando la "esencia de persona" de los seres humanos. Era una transformación moral de la vida humana que en efecto ocurría. Echaba mano de todo lo que la persona humana es por medio de la gracia. Ponía al creyente individual en la iglesia —el compañerismo corporal. Puso a la iglesia en el seno de la sociedad, con una tarea por hacer, transformar el mundo en el cual los seres humanos se encuentran.

La atracción de Wesley no yace primordialmente en su teología; ésta era bastante tradicional. Él no fue un innovador. La contribución de Wesley es su habilidad de inyectar teología en carne y sangre. La meta era teología encarnada en el mero ser humano. Y aquí yace el poder —y el problema- del wesleyanismo. El *poder* de la vida llena del Espíritu no esta limitado al segmento wesleyano de la cristiandad. Uno no tiene que creer en ninguna posición "wesleyana" para experimentar tal poder. El problema yace en ese intento de dar una explicación razonable que concilie la perfección de absolutos teológicos con las imperfecciones de la naturaleza humana y, al mismo tiempo, poder seguir testificando auténticamente de una experiencia cristiana de amor total a Dios y al prójimo.

El "wesleyanismo", tal como se ha introducido, necesita una descripción más precisa. Cualquier cosa que sea una teología wesleyana no puede, honesta y correctamente, ser limitada a ningún aspecto de las muchas y multifacéticas enseñanzas y énfasis vivenciales de Wesley. El hacer abstracción del complejo de verdades es desfigurar su verdad y hacer una caricatura de sus enseñanzas. Cuando se da por sentado que la "santidad" es su mensaje central (que es la premisa de este estudio), debe ser la totalidad de lo que él incluye en la santidad, y no cierto aspecto particular de ella que trata con negligencia o que está ciego al universo total de la santidad. Hay muchos estudios excelentes de Wesley y sus enseñanzas sobre puntos teológicos tales como la perfección, la sensibilidad social y el evangelismo, la cristología, los sacramentos y muchos más. La aproximación del presente estudio será un intento de remontarnos a algunas de las presuposiciones de Juan Wesley y aplicar estos conceptos a un número relacionado de doctrinas necesarias para la teología y la vida de santidad. En la presente estructura wesleyana, ésta es el área en la que los problemas serios ocurren con más frecuencia.

La clave al énfasis teológico de Wesley es su concepto de Dios (lo que, por cierto, también puede decirse acerca de cualquier aproximación a la teología o al pensamiento cristiano). Uno de los tratados más útiles y más claros del concepto de Wesley es el que encontramos en su ensayo intitulado "Thoughts upon God's Sovereignty" ["Reflexiones sobre la Soberanía de Dios"], en el cual las ideas de ambos, Dios-Creador y Dios-Gobernador, los dos lados del Dios personal, son distinguidas cuidadosamente.

Wesley rehusó especular acerca de Dios. Lo que Dios ha revelado es lo que necesitamos saber. Lo que necesitamos saber acerca de Dios tiene que ver con la salvación del ser humano. Por lo tanto, el conocimiento de Dios será o vendrá respecto a los que necesitan la salvación, o sea, la humanidad. De esta manera, Wesley evita los abismos de una aproximación filosófica a Dios que resulte en ideas acerca de Él muy remotas de lo que las Escrituras revelan, y que afectan nuestra perspectiva soteriológica. Puesto que Dios se ha revelado a sí mismo en Cristo, por medio del ministerio del Espíritu Santo, es en la relación del ser humano con Dios en el punto de revelación y respuesta que ha de encontrarse el énfasis teológico principal de Wesley.

Sin perder ni un ápice del concepto bíblico de la soberanía de Dios, Wesley podía reconciliar la idea del ser humano en relación con Dios, que le hace cabal justicia a su verdadera dignidad humana y, empero, también considerar el pecado como lo que es: algo mortal y terriblemente serio. Wesley estaba cabalmente al tanto de las implicaciones teológicas de sus propias intuiciones y, consecuentemente, se vio en conflictos lógicos con sus colegas en la iglesia (¡y ellos no perdieron el tiempo para indicárselo!). A pesar de que era muy racional, Wesley estaba menos avergonzado por tales contradicciones que lo que estaba por el posible abandono de tal intuición o perspectiva que él consideraba bíblica. Y puesto que mientras más sabía acerca de la naturaleza humana, más práctica le parecía la Biblia, Wesley estaba dispuesto a ser "el hombre de un Libro", más que a ser meramente lógico por causa de la consistencia lógica.

## EL SER HUMANO

Estas intuiciones son los puntos de interés que ahora queremos enfocar y revisar, y luego aplicar a las doctrinas que la santificación incluye. Tienen que ver con el ser humano en sus aspectos: (1) histórico, (2) personal, (3) dinámico, y (4) social. El que Wesley haya incluido estos aspectos o no, o el que los incluya en este orden no tiene una importancia esencial. El hecho es que sus afirmaciones principales cobran sentido cuando son entendidas a la luz de esas intuiciones, y no tienen sentido en ninguna otra manera.

### 1. Histórico

Wesley tenía un sentido correcto de la historia. El ser humano participa en la historia. Tiene raíces en el pasado, está profundamente involucrado en el presente y, sobre esta "plataforma", se lanza hacia el futuro. Él no es un mero observador en ese panorama, sino una parte "de lo que está pasando" aquí y ahora. El ser humano es, en un sentido muy verdadero, un producto de su ambiente, comparte de sus ideales y prejuicios, entiende y se comunica en su idioma, está limitado a su estructura, y piensa en sus términos. No está separado de la vida humana sino que vive como un elemento vital que participa de ella. Pero, por la gracia de Dios, no está aprisionado por este ambiente, ni es incapaz de hacer decisiones contrarias o de embarcarse en empresas; pero sus decisiones, comprensiones, progreso y prejuicios deben tomar en cuenta su relación con la historia.

La historia también significaba una participación personal en la gracia de Dios. Podemos usar el término "experiencia" siempre y cuando entendamos con ello, no una emoción, sino el estar involucrados real y vivencialmente en la gracia, que es lo que obra una diferencia en situaciones de la vida cotidiana. Recordemos que fue la insistencia de Wesley de que la santidad fuese experimentada lo que aportó una dimensión completamente nueva a la palabra, tal como era usada entonces. Cuando Wesley afirmó que la santidad es amor, todo el concepto de la santidad adquirió un aspecto nuevo, que le dio la capacidad de crear problemas, problemas teológicos que no se han resuelto hasta el día de hoy. La santidad que podía congeniar con un ser humano que está en la historia, sin sacarlo de la historia, parecía como una negación de los absolutismos de la santidad; y es una negación de cualquier abstracción en el nombre de la santidad. El amor no es abstracto ni jamás puede serlo. Sobre el amor descansa la responsabilidad bíblica de "historiar" la santidad, o de poner la santidad en la historia, o en la vida.

## 2. Personal

Cualquiera otra cosa que pueda decirse del ser humano, son sus relaciones personales lo que atraía el interés de Wesley, puesto que él razonaba que esto precisamente era lo que la Biblia postulaba acerca de aquel. "Personal" significa cualquier y toda cosa acerca del ser humano que tenga que ver o que afecte a su ser moral, intelectual, espiritual y responsable. Se opone al humano considerado como un "algo". No puede incluir ningún aspecto meramente físico, en distinción de humano, del ser humano —nada por debajo de lo racional. El ser humano es responsable hasta la médula de su ser y en esta responsabilidad se relaciona, correcta o incorrectamente, consigo, con Dios y con el prójimo. La "esencia de ser persona" excluye la noción del pecado como un objeto, como "algo", como un mal diente que tiene que ser extirpado. La santidad no es algo, un mecanismo nuevo, que es implantado en la suma total de la personalidad después que la substracción del pecado ha sido llevada a cabo. Cualquier cosa menos que este concepto dejaría el lugar para una idea amoral, y hasta antinomiana del ser humano, que destruiría todo lo sublime y lo alto que es la santificación.

La santidad y el pecado son términos religiosos. La santidad, como amor a Dios y al ser humano, y no un estado (término que Wesley era muy remiso a usar por sus implicaciones mecánicas), recalcaba los aspectos personales de todos los pasos soteriológicos y, cuando es aplicada consistentemente como un principio de la teología wesleyana, clarifica la mayoría de sus aspectos difíciles. El ser humano, tanto en la historia como en lo personal, sostiene relaciones religiosas con Dios y con sus semejantes. Las figuras de dicción legales, mecánicas y numéricas son exactamente eso: figuras por las cuales una verdad espiritual, religiosa y dinámicamente personal es presentada simbólicamente.

## 3. Dinámico

Si el humano es un ser histórico, y una persona, entonces *dinámico* es la palabra correcta para caracterizarlo. Él no es un cúmulo de barro en que se hayan escrito los eventos de su vida. Es, más bien, un ser racional, que se proyecta, que busca, que reacciona, que desea, ama, cambia, selecciona y rechaza, reorganiza, madura, y hace decisiones entre alternativas; en conclusión, una entidad completamente dinámica. En cierta manera posee una continuidad de identidad a través de la transformación y, sin embargo, está en el proceso de recreación radical (cuando menos potencialmente) en tanto que mantenga la vida racional. Wesley no estaba encadenado por un concepto estático del ser humano, cualesquiera que hayan sido sus prejuicios filosóficos. De aquí que la terminología que parecería referirse a un ser pasivo y estático no es típica de él.

Wesley nos dejó un cuerpo literario lleno de ideas del ser humano como una criatura "en proceso". Empero, este proceso no era automático ni predeterminado sino enteramente dependiente de la respuesta que el mismo ser humano le diera a la vida, a sus prójimos, y a Dios. Wesley mismo exhibió esta dimensión dinámica en su propia vida, echando mano y utilizando hasta lo sumo todas las amplias áreas de información disponibles en su día, puesto que él era un estudiante asiduo y tenía una curiosidad insaciable acerca de esta tierra de Dios. Luego, a su vez, se dedicó y marchó con todo su vigor y genio derramándose en las vidas de los que lo rodeaban. Esperaba que los demás hicieran lo mismo.

> Cuando hayáis logrado una medida de amor perfecto, cuando Dios haya circuncidado vuestro corazón, y os haya capacitado para amarle con todo vuestro corazón y con toda vuestra alma, no penséis en descansar allí, Eso es imposible. No podéis quedar en el mismo sitio; os elevaréis o caeréis; subiréis más alto o descenderéis. Por lo tanto, la voz de Dios a los hijos de Israel, a los hijos de Dios, es: "Id adelante". (*Works* [Obras], VII, 202)

Pero cualquiera que haya sido lo que Wesley haya concebido que fuera la naturaleza del ser humano hecha en la imagen de Dios, él también se apegaba a la realidad, y en este respecto San Pablo fue una fuente de ayuda para él. Wesley no encontró razón alguna para menospreciar la "vasija de barro". No creía que el ser humano debía subestimarse.

> Los que son verdaderamente mansos pueden discernir claramente lo que es malo; y también lo pueden sufrir. Son sensibles a todo aspecto de esta clase, pero todavía la mansedumbre sostiene las riendas. Son excesivamente "celosos por el Señor de los ejércitos"; pero su celo es siempre guiado por conocimiento, y templado, en cada pensamiento, y palabra, y obra, con el amor al ser humano tanto como por el amor a Dios. *No*

*desean extinguir ninguna de las pasiones que Dios ha implantado* con buenos propósitos en su naturaleza (las cursivas son nuestras); pero tienen el control de todas ellas: las tienen en sujeción, y las emplean sólo para el servicio de tales fines. Y por ende, *hasta las pasiones más ásperas y desagradables son aplicables a los propósitos más nobles;* hasta *el enojo, el odio, y el temor,* cuando son uncidos contra el pecado y *regulados por la fe y el amor,* son como murallas y baluartes del alma, a fin de que el perverso no pueda acercarse a lastimarla. (*Works* [Obras], V, 263)

Ni Pablo ni Wesley fueron insensibles a las debilidades de la carne humana —aun la carne humana santificada. Pero ellos tampoco estuvieron dispuestos a ceder el terreno a los que, magnificando la debilidad humana, exageran lo que Dios está dispuesto a hacer, y lo que el ser humano podría asumir que Dios haría. Estos trataron de persuadir a Wesley a que dijera que Dios hace "toda la obra", sin dejar responsabilidad alguna o parte alguna que el ser humano haga trabajando con Dios, en su propia salvación.

> Esto no me atrevo a decir: pues no lo puedo probar por las Escrituras; lo que es más, las Escrituras lo contradicen cabalmente y con claridad, pues nos dicen que habiendo recibido poder de Dios, "nos debemos ocupar en nuestra salvación", y que después de que la obra de Dios ha principiado en nuestros corazones, "somos colaboradores de Dios". (*Works* [Obras], X, 230-31)

Hablando en otra ocasión acerca de la relación de la gracia de Dios con la naturaleza y la responsabilidad humana, Wesley advierte en contra de suponer que las virtudes aparentemente suaves (tales como la mansedumbre) son alteraciones de la estructura básica de la personalidad humana, de modo que no quedan emociones vigorosas.

> [La mansedumbre cristiana] se mantiene lejos de ambos extremos, sea el de exceso o el de su ausencia. No destruye sino que equilibra los afectos, los que el Dios de la naturaleza nunca intentó que fuesen desarraigados por la gracia, sino sólo subyugados y equilibrados por los preceptos debidos. Le da a la mente su estabilidad debida. Establece un equilibrio deseable entre el enojo, el dolor y el temor; preserva el centro en cada circunstancia de la vida y "no se inclina ni a la derecha ni a la izquierda". (*Works* [Obras], V, 263)

Al comentar la declaración de Pablo en 2 Corintios 4:7, de que tenemos "este tesoro en vasos de barro", Wesley escribe:

> Tenemos este tesoro —de luz, amor y gloria divinos- en vasos de barro, o sea en cuerpos frágiles, débiles, perecederos. Pablo procede a demostrar que las aflicciones, y aun la muerte misma, muy lejos de impedir las ministraciones del Espíritu, las adelantan, las facilitan, agudizan a los ministros y aumentan el fruto, para que la excelencia del poder que actúa en nosotros, innegablemente parezca ser de Dios. (*Notes* [Notas], p. 455)

Wesley estaba tan al tanto del problema humano que las cartas que han quedado de él están llenas de los consejos más sabios y más pertinentes a los asuntos contemporáneos, para adultos y jóvenes, personas que se veían tan plagadas por problemas como nos vemos nosotros en nuestro día. En vez de arrojar dudas sobre la mente de los sufrientes, en cuanto a su posición ante Dios, como algunos consejeros espirituales menos comprensivos frecuentemente hacen, Wesley levantaba los brazos caídos y hacia sendas derechas para sus pies cojos. Al hacer esto, Wesley muestra una actitud correcta hacia las debilidades humanas que él no llamó pecado. En vez de que la fragilidad humana fuese un estorbo a la santidad, Wesley más bien hizo de ella una ocasión para la demostración del poder de Dios para redimir la humanidad apabullada. La profunda comprensión que Wesley tenía de la relación entre el cuerpo físico, los nervios y la personalidad total, se revela en una carta que él le escribió a una señora apellidada Bennis, el 28 de octubre de 1771.

> Puesto que el razonamiento es un acto de un espíritu encarnado, tocando por así decirlo sobre un teclado de teclas materiales, no es extraño que el alma no pueda sino hacer música discordante cuando el instrumento está desafinado. Frecuentemente, esto es lo que sucede con usted; y la ansiedad y el malestar que usted siente entonces son un efecto natural de la máquina que está fuera de orden, y que proporcionalmente causa un desorden a la mente. Pero esto no es todo; en tanto que usted tenga que luchar, no con carne y con sangre, sino con principados y poderes, sabios y poderosos, ¿no se aprovecharán éstos de cada una de sus debilidades físicas para aumentar la angustia del alma? Pero déjelas que hagan lo que quieran hacer; que nuestros cuerpos frágiles concuerden con espíritus maliciosos y sutiles; empero, asegúrese de que usted no arrojará su confianza, la cual tiene gran recompensa de premio... lo que usted ha logrado, consérvelo con firmeza; y cuando sienta los asaltos más fieros y despiadados, cuando el enemigo se cierna sobre usted como un diluvio, no luche (en cierto sentido) con él, sino meramente arrodíllese en la presencia de su Señor, y sencillamente pose sus ojos en Él, diciéndole: "Señor, no puedo ayudarme a mí misma; no tengo ni sabiduría ni fuerza para esta guerra, pero soy tuya, soy toda tuya; lucha por mí; no permitas que nadie me arrebate de tus manos. Conserva seguro lo que puse en tus manos, y guárdalo hasta ese día". (*Letters* [Cartas], V, 284-85)

La rara belleza de esta carta sale más a relucir al considerar el problema de la señora Bennis, que aparentemente no era tanto una enfermedad física cuanto una tensión de relaciones personales entre ella y otra persona en la iglesia, causada por ciertos errores veraces o imaginarios.

Podemos estar seguros de que Wesley se hubiera sentido cómodo entre los que están procurando comprender los problemas del ser humano moderno, y ofrecer soluciones. Cuando menos, como ya hemos visto, él puso su mano y su corazón al lado de los problemas humanos de su día.

Entre los problemas contemporáneos están los que aparentemente emanan de causas que no tienen que ver con los propios pecados de uno: las relaciones del yo con injusticias profundamente arraigadas, resultado de la cultura de uno; las mecanizaciones de la sociedad al punto de la deshumanización del ser humano, o cuando menos eliminan la posibilidad de satisfacer la búsqueda humana de identidad; la terrible soledad del ser humano que vive congestionado en áreas densamente pobladas; el desmoronamiento acelerado de la tranquilidad y la sanidad emotivas, bajo el impacto de problemas demasiado grandes para ser confrontados; el peligroso retiro en una cultura de drogas; la desintegración ecológica que amenaza que la vida siga existiendo en la tierra; la pérdida general de fe en un Dios quien, aparentemente, no parece ser capaz o estar dispuesto a hacer cosa alguna en cuanto a la guerra, la pobreza, la enfermedad, la muerte y, lo que tal vez es peor que todo esto, la impotencia de la iglesia que le impide hablar la palabra profética y redentora.

Wesley no guardó silencio en su día en cuanto a los problemas que engendraron los problemas que nos afligen hoy en día. Él fue un evangelista *en todo respecto*, pero su evangelismo tenía brazos más largos que los nuestros, y manos más fuertes si bien con dedos más tiernos. Él conocía otras maneras para tocar el corazón del mundo, además de predicar, y Wesley tocó ese corazón. Él sabía que la experiencia de crisis, por vital que fuera, es sólo un aspecto del proceso de salvar la vida para Dios. Wesley mantuvo en orden sus prioridades espirituales.

En medio del ajetreo de la angustia contemporánea, la respuesta simplista puede parecer la mejor. Lo más fácil es llegar a lo que se ha llamado "la proyección paranoica", o sea, proyectar nuestras propias faltas hacia el exterior, al grado de que ya no nos asociemos con ellas. Entonces pueden ser manejadas como algún poder externo. Las podemos llamar sociedad, "ellos", una infancia infeliz, el gobierno, el orden establecido, la Iglesia, o cualquier movimiento o grupo al que le podamos "colgar" nuestros propios temores (el comunismo, el fascismo, el maoísmo, etc.), o bien podemos acercarnos un poco al tema de este libro, y culpar a "la carnalidad". Las soluciones también pueden adquirir diversas formas. Podemos absolvernos a nosotros mismos y destruir la sociedad, o luchar porque otro partido ocupe el poder. Podemos desarraigar la carnalidad, y poner fin a todos nuestros problemas, o "subirnos a nuestra torre" y esperar la marcha de la historia hasta que el reino descienda del cielo; en fin, cualquier alternativa, excepto confrontar los verdaderos asuntos de la vida.

El concepto que Wesley tenía de la imagen de Dios no le permitía recurrir a respuestas o soluciones simplistas para los problemas humanos. El problema fundamental es el pecado —y nadie podía describirlo con tonalidades más intensas— pero quien peca es *una persona;* no hay pecado abstracto. Las consecuencias del pecado penetran muy profundamente en la vida humana, en la sociedad, en el entramado de la estructura social, y hasta en la vida física y mental. La gracia salvadora de Dios ataca a la raíz del pecado, pero la reconstrucción de seres humanos quebrantados, de cuerpos y mentes desgarrados, y de una sociedad degenerada es una tarea que Dios y el ser humano hacen juntos.

Los términos que se usan para describir la santidad y la vida cristiana victoriosa (y que los wesleyanos piden prestados), pudieran sonar demasiado idealistas para los humanos, particularmente cuando éstos se ven a sí mismos como son: falibles, ignorantes, débiles, prejuiciados y sujetos a la tentación. Los efectos raciales del pecado son una plaga para el más piadoso de los santos; el prejuicio limita la utilidad del cristiano más consagrado. Posiblemente, nadie sea libre de alguna limitación o neurosis o peculiaridad de personalidad. Algunas personas son naturalmente vivaces, optimistas y extrovertidas (lo cual no quiere decir que necesariamente sean buenas personas). Otras personas están sujetas a períodos de nostalgia y depresión que casi hace imposible contar con ellas, pero eso no quiere decir que sean, necesariamente, malas personas.

El impulso a expresar amor no siempre es fuerte, o exhibido sabiamente. No siempre es claro qué es exactamente el amor, o qué nos lleva a hacer en cierta situación dada. El interés en nosotros mismos frecuentemente parece ser más fuerte que el amor para los demás, y hasta para Dios. El mismo Wesley, y él nos lo dice, sufrió agobiantes depresiones en las cuales él hasta dudó que jamás hubiera sido cristiano. Pero fue lo suficientemente sabio para saber que todo esto no es contradictorio de la clase de perfección de amor que él intentó describir como el cumplimiento de toda la ley. En el pensamiento de Wesley la santidad no era algo que ser humano alguno "poseyera", sino meramente la dependencia continua, total y humilde de cada cristiano en los méritos de Cristo.

Ni tampoco, por otro lado, los cristianos hemos de vivir temerosos y atormentados por la idea de que en medio de nuestras debilidades, tentaciones y depresiones Dios nos abandone. En alguna manera, el amor inmutable e imperecedero de Dios, saturándonos con su suficiencia y apoyo, suple la gracia necesaria cuando el nivel de la falibilidad humana descienda hasta un punto de reservas increíblemente bajas. De hecho, es precisamente una característica de la verdadera santidad que es sempiternamente sensible tanto a cualquier desviación de la ley perfecta de Dios, cuanto a cualquier fracaso en la propia vida de uno. La santidad es la impartición de la vida de Cristo, momento a momento, al corazón humano. La santidad está en Él, no en nosotros.

Este tesoro está en recipientes humanos, "vasos de barro". Juan Wesley estaba de acuerdo con esto. La humanidad de las personas no es el verdadero estorbo, ni algo por lo que debamos disculparnos. Definitivamente, no es algo que pueda ser descartado, en esta vida ni en la venidera. Lo humano es la base del compañerismo, los medios de comunicación, la arena en la que se muestra el reflejo de la gloria de Dios. Jesús fue hombre, Dios encarnado, el ser humano ideal, no el humano idealizado. En su propia persona trajo juntos a Dios y al ser humano, y demostró lo que éste debe y puede ser por la gracia de Dios.

## 4. Social

La entidad humana, histórica y personal bosquejada arriba culmina en el hecho de que el humano es un ser social. Esto es lo más fundamental que pueda decirse acerca del ser humano porque incluye todo el resto. Al recalcar la necesidad de estar en la relación debida con Dios como un elemento de la santidad, es demasiado fácil olvidar el asunto igualmente imperativo de estar en la relación debida con los humanos. Wesley nunca olvidó esto, cuando menos nunca después de su experiencia en la que sintió "el corazón ardiente", y ningún wesleyanismo que haya perdido esta verdad es auténtico. Para Wesley, la santidad no podía pasar por alto a los prójimos de uno, ni ser insensible a ellos ni separarse de ellos. Una vez más, aquí la naturaleza del amor como el significado de la santidad prevaleció sobre cualquier otro concepto ascético o menos digno. La evidencia de la santidad, en lo que tocaba a Wesley, era los frutos sociales reconocibles del amor. Y la vida de Wesley demostró su fe. Él no conoció ninguna santidad que no fuese social, y escribió:

> Directamente opuesto a este [misticismo] está el evangelio de Cristo. Allí no puede encontrarse la religión solitaria. "Santos solitarios" es una frase que no está más en armonía con el evangelio que santos adúlteros. El evangelio de Cristo no conoce religión alguna que no sea social; ninguna santidad sino la santidad social. La fe que obra por el amor es la longitud, la amplitud, la profundidad y la altura de la perfección cristiana.[1]

# LA RELIGIÓN COMO UNA RELACIÓN PERSONAL

Con este entendimiento, nuestro deseo es iluminar otro aspecto de la enseñanza de Wesley que es muy fácil demostrar pero que frecuentemente es pasado por alto al aplicar sus intuiciones a la doctrina de "santidad". Y esta es la observación de que cada punto de la relación entre Dios y el ser humano, es una relación cabalmente personal. Con esto queremos decir que la salvación no ocurre en ninguna de sus fases en niveles sub-racionales, no-morales, de substancia (sea corporal o no corporal) de la existencia humana. Una clave (tal vez "la" clave) de este hecho está, una vez más, en la palabra amor.

Amor es la palabra más personal del lenguaje humano y, definitivamente, es el aspecto más personal de las relaciones humanas. El amor no es la reacción romántica, biológica-fisiológica que resulta en una respuesta sexual, si bien ésta última es parte del significado total del amor. En el sentido bíblico y hebraico, es el foco motivador más profundo de la personalidad. Es ese principio que centra y que organiza y que le da dirección a la vida. Es todo lo que la persona es y hace para encontrar la realización personal. Es la dinámica de la personalidad. Es, tal vez, lo único libre acerca del ser humano. No puede obtenerse a fuerza de la coerción. Cuando es violado por una manipulación externa, el amor deja de ser amor en el sentido que hemos descrito.

No es sorprendente, pues, que Wesley recalcara el amor como la relación de Dios con el ser humano, y la relación de éste con Dios y con sus prójimos. Esto, para el teólogo inglés, es la clave para la naturaleza de Dios y para el significado de la santidad. El amor toca el meollo de la existencia racional. Así que la apelación del evangelio tiene su suelo, por decirlo así, en esta clase de interacción divino-humana.

> Si un ser humano ha de ser libre en forma alguna; si, por esa "luz que alumbra a todo hombre que viene a este mundo" se le pone "por delante la vida y la muerte, el bien y el mal", entonces cuán gloriosamente aparece la multifacética sabiduría de Dios en toda la economía de la salvación del ser humano. Estando (Dios) dispuesto a que todos los seres humanos sean salvos, empero no estando dispuesto a forzarlos a serlo; deseoso de que todos los seres humanos sean salvos, pero no como árboles o piedras, sino como seres humanos, como criaturas razonables, dotadas de entendimiento para discernir qué es bueno, y la libertad para cualquiera de las dos acciones, aceptar o rechazarlo; ¿cómo adapta el esquema total de sus dispensaciones para este plan suyo, "el consejo de su voluntad"? (*Works* [Obras], X, 232)

Notemos que, desde el primer momento en que un ser humano despierta y ve que necesita a Dios, la apelación a él es hecha como a una persona responsable. Dios parece estar llamando a los seres humanos a dejar su puerilidad irresponsable, y a erguirse en la dignidad de su ser, para dirigirse a Él. La importancia crucial de esto será vista conforme avancemos en el pensamiento de Wesley.

> ¡Cuán perfectamente se adapta cada parte de ello a este fin! Salvar al ser humano, como ser humano; el poner la vida y la muerte delante de él, y luego persuadirlo (no forzarlo) a escoger la vida. De acuerdo al gran propósito de Dios, una regla perfecta es puesta, primero, delante de él, para que le sirva como "lámpara a sus pies, y lumbrera a su camino". Esto le es ofrecido en la forma de una ley, que viene acompañada por las sanciones más rigurosas, así como por las recompensas más gloriosas para los que la obedezcan, y los castigos más severos para los que la violen. Para redimir a los seres humanos, Dios usa toda clase de medios; apela a cada avenida de sus almas. Algunas veces apela a sus entendimientos, demostrándoles la necedad de sus pecados; algunas veces a sus afectos, amonestándolos tiernamente por su ingratitud, y hasta condescendiendo a preguntarles: "¿Qué podía haber hecho por vosotros (en armonía con mi propósito eterno, de no forzaros) que no haya hecho?" Algunas veces

entremezcla amenazas a sus súplicas: "Si no os arrepentís, todos perece-réis"; y en otras ocasiones da grandes promesas: "De vuestras iniquidades no me acordaré ya más". Ahora bien, ¡qué sabiduría es exhibida en todo esto, si en efecto cualquier ser humano puede escoger la vida o la muerte! Pero si cada ser humano ha sido consignado inalterablemente al cielo o al infierno antes de haber salido del vientre de su madre, ¿dónde está la sabiduría de esto; de tratar con él, en todo respecto, como si fuera libre, cuando en realidad no es tal cosa? ¿De qué sirve, en qué puede toda esta dispensación de Dios servirle a un reprobado?

¿Qué valor tienen las promesas o las amenazas, las amonestaciones o regaños para ti, si eres una brasa del infierno? ¿Qué son todas ellas en efecto (permitidme hablar hermanos, pues estoy lleno de mi tema) sino una farsa vacía, sino meros ademanes, palabras que repican, pero que significan nada? ¿Dónde (haciendo a un lado todas las demás consideraciones ahora) está la sabiduría de proceder así? ¿Qué propósito se logra así? Si vosotros decís: "Para asegurar su condenación", señores míos, qué más era necesario, puesto que esto estaba asegurado desde antes de la fundación del mundo. Que toda la humanidad juzgue entonces, cuál de estas narraciones es más para la gloria de la sabiduría de Dios.

Ahora bien, si el ser humano es capaz de escoger el bien y el mal, entonces es un objeto correcto de la justicia de Dios, que lo absuelve o lo condena, que lo premia o lo castiga. Pero de otra manera no lo es. Una mera máquina no es capaz ni de ser absuelta ni de ser condenada. La justicia no puede castigar una piedra por caer al suelo; ni, en el esquema de vosotros, a un ser humano por caer en el pecado. (*Works* [Obras], X, 233-34)

Al poner toda la teología en la estructura de lo personal, Wesley anticipó las posiciones contemporáneas sobre la hermenéutica, el diálogo y la revelación. En efecto, todos los eventos interpersonales en los que la religión, la fe, el significado, el conocimiento y el amor ocurren, todos ellos emanan de un concepto de persona, y conducen de regreso a una definición constantemente enriquecida de lo personal. Y cuando esta observación es hecha e ilustrada, si no explicada, se ha dicho lo más importante que se puede decir acerca de Wesley que tiene importancia para este estudio.

Lo que interesa a Wesley es el evento en el cual ocurre un intercambio mutuo (al que Wesley llama interrelación).

P. 12. "¿Puede la fe ser perdida en cualquier otra forma excepto por desobediencia?"

R. "No puede. Un creyente primero desobedece internamente, inclina su corazón hacia el pecado: Entonces su interrelación con Dios es cortada; o sea, su fe se ha perdido: Y después de esto, puede caer en pecado externo puesto que ahora es débil como cualquier otro ser humano".
(*Works* [Obras], VII, 283)

Uno no tiene sino que abrir al acaso cualquiera de las obras de Wesley para darse cuenta de la relación profundamente personal que él presupone entre Dios y el ser humano. Esto es muy diferente de teologías que recalcan, primero, la soberanía absoluta de Dios hasta el extremo de perder la posibilidad del verdadero diálogo. Para Wesley, Dios está buscando al ser humano, creando situaciones para atraer su atención, apelando a él, persuadiéndolo, buscando su amor, y esperando su compañerismo gratuitamente dado.

Desde luego que nada de la "otredad" de Dios, y de su trascendencia y soberanía se pierde por tal relación, y nadie defendería a Dios con más vehemencia y comprensión de los problemas involucrados que lo que Wesley lo haría. Pero en la providencia de Dios, la medida plena del potencial humano creado es considerada seriamente. El ser humano debe aproximarse a su encuentro con Dios con la totalidad de su ser. Él debe *contribuir* algo al intercambio. No puede saber sin darse a sí mismo. Este es el significado de interrelación. Es un equivalente de la expresión en el Antiguo Testamento "conocer a" alguien. Este "conocimiento o conocer" permite que se experimente la más auténtica clase de "diálogo". Dos personas, cuando menos dos, han entregado algo de sus propios mundos la una a la otra, y a cambio han recibido una contribución vital que cambia a cada una en forma esencial.

El propósito de esta interpretación de Wesley no es un mero malabarismo de palabras. Más bien es un intento de decir, en las palabras y con las expresiones de nuestro día, lo que Wesley quería decir —sus intenciones— en el siglo XVIII. Esto es lo que queremos decir aquí con el término "hermenéutica". Obviamente, esta clase de comunicación —diálogo— era el propósito de Wesley en todo lo que decía. Esta "candidez" y receptividad interpersonales mutuas, y esta dádiva de sí mismos de ambos partidos representados era también necesaria y posible en el conocimiento de Dios por parte del ser humano y todo lo que la religión significa en su verdadero sentido.

Esto también define *personal*. Conocer a Dios, el "ser salvo", es amarlo —y amar es lo más personal en todo el mundo. En efecto, podría decirse que lo que uno ama es lo que uno es. El amor es la dádiva de uno mismo, y es recibir. Es la totalidad del ser que se encuentra a sí mismo en la totalidad de otro. No es un estado sino un movimiento, una relación; no es una cantidad sino una cualidad; no es una ley sino una vida. Sobre 1 Juan 4:19 Wesley escribe: "Nosotros lo amamos a Él porque Él nos amó primero. Esto es la suma de toda la religión, el modelo genuino del cristianismo. Nadie puede decir más. ¿Por qué ha de decir alguien menos? ¿O menos inteligiblemente?"[2]

En cada página de las obras de Wesley, el diálogo está "escrito con letras grandes". Dios habla; el ser humano responde. Pero además y también, el ser humano habla y Dios escucha y contesta. Esto no es algo místico "más allá de la historia", sino algo que ocurre en la experiencia, en la historia. En la confluencia de la "personalidad" [3] de Dios y del ser humano, la relación se profundiza. Dios se da a conocer a sí mismo y el ser humano es capacitado a focalizar más de su ser complejo y creciente hacia esa relación. El ser humano puede principiar esta maravillosa aventura como un ser atrofiado, acorralado, discriminado y deformado, pero en el encuentro de diálogo él no puede permanecer pequeño. Conforme abre las puertas de su ser ante Dios, las abre también ante los humanos, y entonces ocurren la expansión, la profundización y la transformación. No hay lugar en el pensamiento de Wesley para relación Dios-ser humano alguna que en su arbitrariedad y en su "iedad" (Martin Buber) viole la realidad moral-personal de la humanidad. Es imposible que la salvación ocurra —o aun entrar en la esfera de la salvación— sin que ocurra también este principio y esta continuación de la contribución del ser al evento.

## LA INTERPRETACIÓN DE WESLEY DE LA GRACIA CRISTIANA

El punto de vista de Wesley choca agudamente con cualquier aproximación a la teología que entiende la soberanía *de Dios* como algo que niega en forma alguna la responsabilidad moral del ser humano. Esto no significa que el ser humano tiene bondad o habilidad natural alguna. Tal pelagianismo era un anatema para Wesley. Ningún calvinista expresó jamás en forma más radical que él la profundidad del pecado del ser humano, y de lo diabólico que éste es. Pero el dejar el asunto allí parecería contradecir el evangelio, que les habla a todos los humanos como si todos los humanos pudieran oírlo y tomar una posición al respecto. Si así no fuera, la salvación haría del ser humano algo menos que humano y la voluntad de Dios sería un substituto de la voluntad humana, y por ende la destruiría. Esta posición resulta en que la gracia debilita en vez de fortalecer la humanidad cristiana.

Aunque el título del tratado de Wesley, "La Predestinación Considerada con Calma", parece demasiado "calmado", él logra inyectar demasiado calor —y tal vez fuego.

> Vosotros [los calvinistas] decís: Los reprobados no pueden evitar el hacer mal: y que los electos, desde el día de poder de Dios, no pueden sino continuar haciendo bien:
>
> > Suponéis que todo esto ha sido decretado inmutablemente; en consecuencia de lo cual, Dios actúa irresistiblemente por un lado, y Satanás por el otro. Entonces, es imposible para el uno o el otro dejar de actuar como lo hacen; o mejor dicho, no pueden evitar que se actúe acerca de ellos, en la manera en que lo están siendo. Puesto que, si hablamos correctamente, ni del uno ni del otro puede decirse que estén actuando en forma alguna. ¿Puede decirse de una piedra que está actuando cuando es arrojada desde

una honda?... en ningún grado mayor puede decirse de un ser humano que actúa, si sólo es movido por una fuerza que no puede resistir. Pero si el caso es así, vosotros no dejáis lugar para recompensa o para castigo. ¿Recompensaremos a la piedra por elevarse de la honda o la castigaremos por descender? ¿Será recompensado el proyectil del cañón por volar hacia el sol, o será castigado por descender? Igualmente incapaz de ser castigado o premiado es el ser humano de quien se supone que es impelido por una fuerza que no puede resistir. La justicia no puede tener lugar en recompensar o en castigar a meras máquinas, impelidas de aquí para allá por una fuerza externa. Así que vuestra suposición de que Dios ordenó desde la eternidad todo lo que había de pasar hasta el fin del mundo, así como de que Dios actúa irresistiblemente sobre los reprobados, derroca completamente la doctrina bíblica de recompensas y castigos, así como de un juicio venidero. (*Works* [Obras], X, 224)

El mismísimo carácter de Dios está involucrado en la perspectiva que uno tenga de la gracia y de la responsabilidad del ser humano como persona. Cualquier concepto del ser humano que en forma alguna le robe de su "personidad" es una negación del amor de Dios tal como es revelado en las Escrituras.

Tan malamente concuerdan la elección y la reprobación con la verdad y la sinceridad de Dios. Pero, ¿no concuerdan aún menos con la narración escrituraria de su amor y su bondad, ese atributo que Dios aduce peculiarmente?

Es en esto en lo que Él se gloría por sobre todos los demás. No está escrito: "Dios es justicia", o "Dios es verdad" (aunque Él es justo y veraz en todos sus caminos), sino que está escrito: "Dios es amor", amor en lo abstracto, amor sin límites; y "de su misericordia no hay fin". Su amor se extiende hasta aquellos que ni lo aman ni le temen. Él es bueno hasta con los malos y los ingratos; sí, sin excepción ni limitación alguna, es bueno con todos los hijos de los hombres, pues "bueno es el Señor con todos los hombres, y su misericordia es sobre todas sus obras".

Pero, ¿cómo es Dios bueno o amoroso con un reprobado, o con uno que no es elegido? (Vosotros podéis escoger cualquiera de los dos términos: puesto que si nadie sino los incondicionalmente electos son salvos, el resultado es precisamente el mismo). (*Works* [Obras] X, 227)

Tan fervientemente creían los Wesley en que el amor eterno de Dios es esencial al carácter de Dios y a la realidad de la salvación que su creencia fue forjada en forma poética, y el contenido teológico de ella ardía en el tejido mismo de cada cristiano cuando en efecto cantaba teología. Las siguientes secciones de una colección de himnos publicada por Wesley ilustran tal cosa:

## I. La Posición Wesleyana

### A. Himno 1 (estrofas 1, 2 y 4)

*Padre, cuyo eterno amor*
*  Su Hijo dio para salvar,*
*Su gracia santa prosperó*
*  Al redimir la humanidad.*
*Ayúdanos a ensalzar*
*  Tu compasión e inmenso amor;*
*Cordero santo que murió*
*  Para salvar la humanidad.*
*Jesús lo dijo, lo sé yo:*
*  "Daré la gracia preventiva,*
*Y yo, al verme levantado*
*  A muchos llevaré arriba".*

### B. Himno XVI - "Gracia Gratuita"

*Unámonos de corazón*
*  Con los que han ido a su mansión;*
*Para alabar al Dios de amor*
*  El Dios de gracia universal.*
*No fueron obras para hacer*
*  Sino la gracia del Señor,*
*La gracia ofreció al Hijo*
*  Para en la cruz ganar perdón.*
*Gustó la muerte por nosotros*
*  Para ante Él aparecer*
*Cual redimidos en verdad,*
*  La gracia dando a conocer.*
*Por gracia del Señor sufriente*
*  Vivimos, nos movemos, somos;*
*Por gracia escapamos la segunda muerte*
*  Por gracia su amor declaramos.*
*Desde cuando empiezo el bien,*
*  Hasta cuando llego al fin,*
*Fue gracia, gracia sin medir*
*  La que me libró de morir.*

*No tiene caso producir*
  *Testigos de la gracia fiel;*
*Quien dude de su amor sin fin*
  *No tiene más que verme a mí.*
*En nos, Dios quiso revelar*
  *Que gracia plena puede dar,*
*Al vindicar con dignidad*
  *Que puede a todo ser salvar.*

Juan Wesley dijo en sus *Notas* respecto a 1 Juan 4:8, "Dios es amor":

Esta pequeña frase le dio a Juan más satisfacción que la que todo el mundo puede dar. Con frecuencia, a Dios se le considera santo, recto, sabio, pero no santidad, justicia o sabiduría en lo abstracto como se nos dice que es amor, dando la idea de que este es... su atributo principal, el atributo que esparce una gloria amable sobre todas las demás perfecciones suyas.

Más, escuchemos el contraste:

## II. La Posición Calvinista—"El Horrible Destino"

### A. Himno III

*De cierto, una vez creí*
  *Y sentí ser perdonado;*
*Un comprobante recibí*
  *De haber mi hogar ganado.*
*No sólo yo, sino además*
  *Los que su mal dejaron;*
*La paz de Dios hallé feliz*
  *Y el testimonio santo.*
*Mas pronto el enemigo*
  *Me confundió en mal sutil;*
*Supo cómo unir la luz*
  *Con la tiniebla vil.*
*La falsedad con la verdad*
  *Y el orgullo lo volvió Luzbel:*
*Y por orgullo el transgresor*
  *Perdió su paraíso aquí.*
*Armado con su dardo cruel*
  *El enemigo se acercó,*

*Y a mi ser le predicó*
  *Su falsedad y presunción.*
*"Seguro estás", me dijo él*
  *"De conquistar el cielo,*
*Electo estás y ya salvado*
  *De gracia no podrás caer.*
*"La gracia en vano no podrás*
  *De Dios aquí gozar;*
*El don que dio en una vez*
  *Jamás podrá quitar.*
*Y no podrá quitarlo*
  *Lo uses bien o no;*
*Su gracia no hace naufragar*
  *Tu fe o tu valor.*
*"Dios jamás cambia, lo sabes bien*
  *Y tú tampoco cambiarás;*
*Así que no podrás caer*
  *Si tienes la bondad como Él.*
*Quizá en parte caerás.*
  *Pero completamente, no,*
*No llegarás a ser cual*
  *Pablo Pues él electo no lo fue.*
*"Aunque no puedas avanzar,*
  *Dios promete el mismo ser*
*Y de su libro no podrá*
  *Borrarte por la eternidad.*
*Cortado nunca tú serás*
  *Ni separado de Él;*
*Estás seguro en su amor*
  *Por toda la eternidad.*
*"¿Acaso al niño asustaron*
  *Diciéndole que caería*
*Por causa de su mala suerte*
  *En pecar y perder todo?*
*¿Volver podrá a su vómito*
  *Nadando en cieno vil,*
*Y en su pecado terminar*
  *Hasta el infierno ir?*

*"Oh alma pobre y sin valor,*
*Cuán grande llanto tienes hoy:*
*Ven a mis brazos de amor*
*Y déjame calmar tu horror.*
*Tus ojos cierra, cobra paz*
*Seguro estás de todo mal,*
*Y goza tu reposo en mí;*
*Consuelo santo tú tendrás.*
*"No dejes que te ofendan más*
*Con vana acusación;*
*No necesitas caminar*
*Con tanta contrición.*
*Rechaza tus temores ya,*
*Acepta dirección,*
*Sólo piensa que electo eres*
*Y tu mal terminará".*

## B. Himno IX

*Para ellos y no para la humanidad*
*El Salvador del mundo ha venido;*
*Millones de almas con ansiedad*
*Burladas fueron por esperar el cielo.*
*A arruinar el mundo y no a salvarlo*
*Mandó el Padre a su Hijo único*
*Para que nadie más tuviera perdón,*
*Sino ellos solamente, nadie más.*
*"No quiso Él que nadie viniera*
*A la fe, la gracia salvadora y el cielo;*
*Los reprobó desde antes de nacer,*
*Y a la mayoría de la raza de Adán.*
*"Dios, siempre misericordioso y justo,*
*A los recién nacidos torturó;*
*En toda clase de maligno trato*
*Los puso, al probar su autoridad".*
*¡Este es el "Horrible Destino"!*
*¡Esta es la sabiduría del suelo!*
*Dios (¡detesta la blasfemia!),*
*Tuvo placer en la muerte del pecador.*

## C. Himno XVII

Ah, gentil y graciosa Paloma,
  Herida estás por mí;
Que los malos restrinjan tu amor
  Y digan: "No es gratis,
No es gratis para todos;
  Mientras más pasas tú
Burlándote con sorna
  ¿A quién has destinado a morir?"
¡Ah, Horrible Destino
  Digno de donde llegaste!
Perdona su humilde blasfemia
  Que echan sobre el Cordero,
Cuya piedad lo inclinó
  A dejar su trono de gloria;
El Amigo y Salvador del mundo
  El Dios de gracia y amor.
Pecadores, aborreced al malo
  Su otro evangelio oíd—
"El Dios de la verdad no quiere
  Declarar su propósito a todos.
"Ofrece gracia a aquellos
  Que muchos no quieren ni ver;
Engañados con llamado vacío
  Y con gracia insuficiente.
"El Dios santo los entregó
  A su propia perdición, Y al
Salvador del mundo envió
  A condenarlos desde ya:
Condenados por no cumplir
  Lo que deberían hacer,
O no creyendo el rumor
  De lo que no era verdad.
El Dios de amor pasó fugaz
  Para los muchos que cayeron,
Mandó a los réprobos morir
  Forzándolos a infierno cruel.
"No hizo Él las obras",
  Algunos lo dijeron ya.

*"Él no los condenó —más destinó*
*Que nunca serían salvos".*
*Piensan con clamor y llanto*
*Agradar al Dios de los ejércitos,*
*Y ofrecerte en sacrificio*
*millones de espíritus muertos.*
*Con recién nacidos llenan*
*El infierno vil y cruel*
*Porque era (dicen) tu voluntad*
*Antes que el mundo fuera.*
*¡Levántate, oh Dios, levántate,*
*Mantén tu gloriosa verdad;*
*Presenta el sacrificio santo*
*Por cada pecador muerto!*
*Defiende tu misericordia,*
*Tu gracia divinamente gratis,*
*Levanta tu bandera de la cruz*
*Y hacia ti todo ser humano venga.*

## GRACIA PREVENIENTE

El hecho de la responsabilidad moral y de la capacidad del ser humano de hacer una decisión moral genuina ha sido establecido como una enseñanza wesleyana, por muchos estudiantes y en diversos lugares. En nuestra aproximación en este estudio, no sólo es importante esta posición, sino que también hay que dar énfasis a los corolarios de ella. Jamás debe olvidarse la dependencia de Wesley en la convicción arminiana de que tal libertad como el ser humano tenga la tiene como un beneficio comprado para él mediante la muerte de Cristo por nosotros, o sea "la gracia preveniente".

Nosotros hemos de observar esa gran e importante verdad que jamás debe desaparecer de nuestra memoria: "Es Dios quien obra en nosotros el querer y el hacer de su buena voluntad". El significado de estas palabras puede expresarse con más claridad por una pequeña transposición de las mismas: Es Dios quien por su buena voluntad obra en vosotros tanto el querer como el hacer. Esta posición de las palabras, conectando la frase *por su buena voluntad*, eliminó cualquier cosa que pudiéramos imaginar en cuanto a que el mérito proceda del ser humano, y le da a Dios toda la gloria por su obra. De otra manera nosotros podríamos tener algún lugar para jactarnos, como si fuera algo que mereciéramos, alguna bondad en nosotros, o alguna cosa buena que hubiéremos hecho, lo que en primer lugar motivó a Dios a obrar. Pero la expresión anterior arranca de cuajo pretensiones vanas como esas y claramente demuestra que su móvil o razón de obrar yacía sólo y completamente en sí mismo, en su propia y mera gracia, en su gracia para la que nosotros no tenemos mérito alguno. (*Works* [Obras] VI, 508)

• • •

Puesto que todos los seres humanos son por naturaleza no sólo enfermos, sino que están "muertos en sus transgresiones y delitos", no les es posible hacer cosa buena alguna sino hasta que Dios los levanta de los muertos... Es imposible que nosotros salgamos de nuestros pecados, y más aún, ni siquiera que hagamos el ademán más pequeño en esa dirección, sino hasta que Aquel que tiene todo el poder en el cielo y en la tierra, haga con su llamado que nuestras almas muertas vuelvan a la vida...

Empero esto no es una excusa para aquellos que continúan en pecado, y que ponen la culpa de ello en su Creador, diciendo: "Sólo Dios debe vivificarnos, puesto que nosotros no podemos vivificar nuestras propias almas". Pues aun concediendo que las almas de todos los seres humanos están muertas en pecado por *naturaleza*, esto no excusa a nadie, puesto que no hay humano que esté solamente en un estado de mera naturaleza; no hay ser humano, a menos que haya apagado el Espíritu, que esté completamente desprovisto de la gracia de Dios. Ningún ser viviente está completamente destituido de lo que comúnmente se llama *conciencia natural*. Pero esto no es natural: Es más correctamente llamada *gracia preveniente*. Cada ser humano tiene cierta medida de esa luz... que alumbra a cada humano que viene a este mundo. Y todo ser humano... se siente más o menos incómodo cuando actúa contra la luz de su propia conciencia. De modo que ningún ser humano peca porque no tiene gracia, sino porque no usa la gracia que tiene...

Aun San Agustín, a quien generalmente se postula favoreciendo la doctrina contraria, hace la justa declaración: *Qui fecit nos sine nobis, non salvabit nos sine nobis*, o sea, "El que nos hizo sin que participáramos, no nos salvará sin que participemos" (*Ibid.*, pp. 511-13).

## LA SANTIDAD COMO RELACIÓN PERSONAL

Estas son las intuiciones en cuanto a la naturaleza del ser humano bajo la gracia que hicieron posible a Wesley el "predicar la santidad", y por ello hacer la marca sobre la iglesia y su mundo que ha trascendido a su propia denominación y edad, y continúa siendo un desafío para la Iglesia a explorar la profundidad cada vez mayor de las posibilidades de la gracia. Ningún wesleyanismo debería ser juzgado negativa o positivamente sin reconocer esta aproximación a una interpretación de Wesley.

Debe concederse que la teología de Wesley, desde el punto de vista sistemático, carece de la consistencia lógica que uno esperaría encontrar en ella. Esto no es un menoscabo de la capacidad de Wesley ni de su integridad intelectual. Wesley era un teólogo anglicano, pero el impacto de su conversión religiosa introdujo en su pensamiento elementos dinámicos que necesariamente añadieron nuevos énfasis a la teología formal. Uno no se atreve a olvidar la influencia no conformista de su madre, o el énfasis profundamente espiritual de los místicos, y la propia experiencia personal dinámica de Wesley, en Aldersgate. John Dreschner expresa atinadamente este punto:

> Wesley no recibió el 24 de mayo de 1738... una teología "nueva" directamente del cielo. Más bien, la vieja teología volvió a nacer esa noche. La influencia que guio a Wesley a buscar la salvación para su propia alma fue cortada de su viejo árbol e injertada en un árbol nuevo. La vieja rama nunca perdió su carácter, pero las raíces de las que recibía su sustento, y la savia y los frutos eran nuevos.[4]

Wesley tenía mucho cuidado sobre este particular.

> Un clérigo serio quería saber en qué puntos diferíamos nosotros (los metodistas) de la Iglesia de Inglaterra. Le contesté: "Que yo sepa, en ninguno. Las doctrinas que predicamos son las doctrinas de la Iglesia de Inglaterra; definitivamente, las doctrinas fundamentales de la Iglesia, postuladas claramente, tanto en sus oraciones como en sus Artículos y Homilías". (*Works* [Obras], I, 224-25)

La teología bautizada con una experiencia personal de la gracia de Dios — esto es el wesleyanismo. No podemos explicarnos a Wesley al observarlo a través de sus antecedentes teológicos, pero sí podemos entender su peregrinación teológica (pues esto es lo que fue) a través de su experiencia de gracia. La nueva dimensión de la posibilidad de una apropiación personal de los beneficios de la expiación gradualmente fue operando sobre la teología formal, y, en el caso de Wesley, no hubo ni tiempo ni deseo de dirimir todos los detalles de la teología al hacer con todos ellos un nuevo sistema. No es nuestra intención el derivar una "teología de santificación" de las obras de Wesley, sino más bien el aplicar las dinámicas intuiciones espirituales de Wesley a la teología cristiana e interpretarlas de esa manera. El "ardor" del corazón de Wesley no fue el resultado de un concepto teológico de la santificación; más bien, la santificación recibió un nuevo significado cuando el corazón ardiente participó de la realidad de la cual hablaba la teología.

El corazón ardiente proveyó esa nueva dimensión a la teología que nosotros estamos denominando la dimensión personal, y los diversos aspectos descritos arriba forman una unidad —un principio de interpretación que debería ser de ayuda al definir el wesleyanismo.

Estas intuiciones y puntos de vista yacen como un fundamento de pensamiento bajo la presentación wesleyana del evangelio. Son una unidad de interpretación, una teoría de crítica. El punto de vista fundamental de Wesley, la característica que lo hace identificable entre otros puntos de vista, es la convicción de que la relación de un ser humano con Dios y la relación de Dios con aquel son una relación personal, y que todas las facetas de la teología y de la vida participan de esta naturaleza personal, y deben ser interpretadas a la luz de esto. Wesley creía que su manera de pensar era bíblica, y que hacía justicia a todo lo que él conocía sobre la naturaleza humana y sobre la experiencia personal total —la suya propia y la de otros.

La "doctrina de santidad" que pretenda ser verdaderamente wesleyana (así como cualquier interés en el bienestar social que asegure derivarse de ella) debe fundar su argumento sobre la intención wesleyana total, e interpretar su propio punto de vista por ella. Esto está en armonía con los propios principios de Wesley. Para él, la intención tenía importancia principal, no sólo en lo que toca a la interpretación fiel de lo que otros seres humanos decían, y lo que la Escritura enseña, sino también respecto al móvil que yace detrás de la acción humana, y que determina si es correcta o errónea.

Ahora la pregunta es: ¿Por qué Wesley? ¿Estaba él en lo correcto? ¿Es Wesley una autoridad teológica? La respuesta tiene que ser que sólo en el grado en que Wesley, en la recuperación de la dinámica de la santificación teológica (tal como Lutero recuperó la dinámica de la justificación), nos conduzca hacia la fuente correcta de verdad, y en el grado en que él ilumine esa verdad, es un líder fidedigno.

Con este antecedente como un principio subyacente de interpretación es posible ahora aplicar este principio a la doctrina wesleyana para determinar su validez, y reinterpretar, si fuese necesario, cualquier concepto erróneo que se haya introducido en ella. En cada caso, nos preocuparemos de apelar a la Autoridad que Wesley reconoció como el tribunal final, las Escrituras.

La meta de este estudio no es hacer una teología sistemática total. Esa no es la necesidad más apremiante, ni está dentro de la competencia de esta autora. Lo que se necesita, en nuestra opinión, es aplicar los conceptos wesleyanos básicos a varias de las doctrinas que los wesleyanos recalcan particularmente, descubrir inconsistencias si las hay, y traer armonía, fuerza y atracción a la fe que declaramos.

## EL AMOR: LA DINÁMICA DE JUAN WESLEY

La palabra que resume todo esto, la hermenéutica final de Wesley, es amor. Cada hebra de su pensamiento, el corazón ardiente de cada una de sus doctrinas, la pasión de cada sermón, la prueba de cada profesión de la gracia cristiana, era el amor. El amor es tan céntrico que el ser "wesleyano" es estar comprometido con una teología de amor.

## Notas Bibliográficas

1   G. Osborn, ed., *The Poetical Works of John and Charles Wesley* (Londres: Wesleyan Methodist Conference Office, 1868), I, xxii.

2   *Explanatory Notes upon the New Testament* (Nueva York: Eaton and Mains, s.f.).

3   Traducción del término en inglés "personness". N. del t.

4   John Deschner, *Wesley's Christology* (Dallas, Texas: Southern Methodist University Press, 1969), p. 197.

# CAPÍTULO 6

# El Ser Humano, Hecho a la Imagen de Dios

## ¿QUÉ ES EL SER HUMANO?

Lo que el individuo piensa que el ser humano es determina en gran parte cómo se relaciona él a esta tierra y a los demás seres humanos que viven en ella. Los sistemas religiosos y sociales, los gobiernos y las instituciones, así como la manipulación tecnológica y la "manufactura" de la genética humana[1] caen todos ellos en el molde de la autopercepción del ser humano, para bien o para mal.

Conforme los misterios de la tierra y de todo el universo son explicados cada día más, y conforme el ser humano se vuelve más y más el amo y señor de su dominio, algunos están diciendo que tendrá menos y menos necesidad de la religión y de la oración y de Dios. La declaración se basa en el aserto de que la religión es algo que ha quedado de la infancia de la raza, que la oración ya no es la manera de obtener todo aquello que ya sabemos cómo obtener por nosotros mismos, y que, de todas maneras, Dios está muerto. Pero las consecuencias de esta filosofía están resultando ser "un tiro por la culata". El ser humano ha puesto en movimiento fuerzas que no anticipó y que no puede controlar. Ya que se ha quedado huérfano, y asustado, ahora ve en dirección de las fuerzas ocultas, y hacia las profundidades de su propio *psique*, para encontrar allí dirección. El ser humano moderno quiere la "expansión" de su mente mediante drogas, y anhela comunicarse con sus semejantes aun si tiene que pagar el precio de demoler las paredes de la intimidad y de la identidad; tan desesperado así es su intento de escapar de la prisión que él mismo construyó y para recuperar el significado que perdió cuando se "deshizo" de Dios.

Mientras más logra el ser humano dominar la naturaleza, menos sabe de sí mismo —y menos es su propio amo. Uno de los grandes misterios de nuestro día es el ser humano mismo. ¿Qué es esta criatura que vive en la tierra, y que llega al máximo de su inquietud, de su curiosidad, de su descontento y desencanto cuando adquiere más madurez, inteligencia y educación? Las *posesiones* no le satisfacen. Su capacidad de crear y su hambre espiritual que no reconoce cadenas lo sacan de ese nido cómodo que ha construido con tanto trabajo para sí mismo y su familia. Él es demasiado grande para lo que puede construir. Encoge sus hombros ante los logros de sus manos y de su cerebro. Su propia prosperidad económica es una fuente de irritación para él. En su mejor momento, eleva su rostro hacia el gran desconocido y quema sus energías tratando de alcanzar nuevas alturas de descubrimiento que nunca le dejan satisfecho. No puede evitar el despreciar lo que puede conquistar. Siempre plantará pies impacientes sobre los logros del pasado, y saltará atrevidamente hacia los misterios más allá.

El ser humano parece estar estructurado en tal manera que le compele a echar mano de lo que está más allá de sí mismo para realizarse, y hacerlo con un imperativo sin pausa. Muere presa de una podredumbre moral cuando este impulso se torna en la dirección interior, o meramente en dirección hacia las cosas de la tierra. El ser humano no posee realización. Ni puede poseerla jamás. La realización siempre es algo que está inmediatamente delante, y cuya posesión le hace crecer, le llena, le intriga, le invita y le emociona. La realización no yace en el logro sino en el proceso del logro. El ser humano crece conforme mira hacia arriba, y no parece haber límite alguno para este crecimiento.

¿Qué clase de criatura es esta? ¿Qué es el ser humano?

En este estudio tratamos de entender más cabalmente los conceptos bíblicos acerca de la naturaleza humana. Sólo conforme entendemos algo de ella podemos entender a Dios.

Cuando tratamos de elaborar una doctrina cristiana del ser humano, nos damos cuenta de que las Escrituras le dicen mucho al ser humano pero muy poco *acerca* del ser humano. Para deducir algo "cristiano" acerca del mismo, será necesario atrapar "en el aire" lo que se le dice a él e interpretar, tan bien como podamos, de qué clase de criatura sería sensato decir tales cosas. Sydney Cave lo ha dicho bien: "No hay una doctrina cristiana del hombre; empero, hay una evaluación cristiana del hombre".[2] Es esa evaluación lo que buscamos, pues a su luz deberíamos ser capaces de leer la Biblia significativamente y encontrar cualquier respuesta que pudiera tener para los problemas más agudos y universales de la humanidad.

Hay algunas cosas que sabemos de nosotros mismos —acerca del "ser humano". Tal vez sea prudente principiar allí.

En primer lugar, el ser humano es una criatura que usa el lenguaje para comunicar ideas. Por medio de un lenguaje racional puede comunicarse con otras criaturas, y lo hace. El hecho mismo de que tengamos anales escritos nos dice algo, silenciosa pero elocuentemente, de tremenda profundidad acerca del ser humano. Lo hemos llamado inteligencia. La Biblia está dirigida al ser humano como un medio de comunicación en el plano racional.

El hecho de que el ser humano sea capaz de entrar en un "diálogo" significativo con Dios, en el cual la autorrevelación es intercambiada mutuamente, nos indica que en el ser humano hay una cualidad que es religiosa, no meramente supersticiosa. La Biblia es una conversación entre Dios y el ser humano. Es posible y deseable entrar en esa conversación y llegar a ser un participante en ella.

El hecho del pecado como un acto voluntario, una deserción moral, es un comentario elocuente sobre la evaluación bíblica del ser humano. El hecho fundamental es la naturaleza y la libertad moral que es la herencia de la humanidad. Los humanos no somos impelidos por impulsos ciegos. No estamos restringidos a los límites estrechos de sobrevivir físicamente, o de la búsqueda superficial de la comodidad y la aprobación de otros. No somos cristianos, o dejamos de serlo, por virtud de algún decreto sobrenatural que no nos deje decisión alguna. Más bien, tenemos el inestimable privilegio de guiar nuestros afectos y de razonar en cuanto a nuestras lealtades, de compartir nuestro amor o de no darlo. Aunque el pecado no es necesario para la libertad moral, el punto de Nels Ferré es válido: "La rebelión contra Dios es necesaria en algún punto de nuestras vidas si hemos de llegar a ser hijos libres, que le glorifiquen por amor y gratitud".[3] Hay una profunda verdad que yace en el fondo de la intuición de Ferré, que es que sólo en el hecho de la *posibilidad de la rebelión* puede existir la verdadera integridad moral.

En breves palabras, el hombre hecho a la imagen de Dios es algo que parece referirse a todo aquello que haya en el ser humano que haga posible cualquier comunicación con otro ser inteligente y, particularmente, para establecer una comunión con Dios —o rechazar ese compañerismo.

## LA PERSONA "CRISTIANA"

Hay dos teorías principales acerca del ser humano y de la imagen de Dios en la historia cristiana: la substancial y la relacional.

*La teoría de la substancia* se basa en la idea de que hay algo en el ser humano que puede ser identificado como la imagen de Dios. La "imagen de Dios en el ser humano" es la expresión típica. De acuerdo con ella, ya sea una substancia corpórea, o alguna función de la persona humana (tal como la razón, una chispa divina o la habilidad creativa), o tener posesión de un espíritu al igual que de un alma y un cuerpo, distingue al humano de los seres que no son humanos. En esta interpretación, la pérdida de la *Imago Dei* no cambia las "maneras" del ser humano sino que constituye una pérdida de cualquiera haya sido aquello que relaciona al ser humano con Dios. Si la imagen es restaurada, tendría que constituir el remplazo de aquello que se concibe que se ha perdido, sea corpóreo o no.

El desarrollo lógico en esta teología conduce a las interpretaciones sumamente "no espirituales" y "no morales" de soteriología a las que Wesley se opuso. Al proyectar esta teoría hacia una aproximación práctica a la vida cristiana, como lo hace frecuentemente la teología de santidad de nuestro día, la fuente de algunas de "las brechas de credibilidad" se vuelve muy obvia. El problema más serio es que algunos cristianos sinceros esperan una verdadera adición numérica a la personalidad, ya sea en la forma de un nuevo "espíritu", o el Espíritu Santo. De esto surge un verdadero nido de problemas relacionados con cuándo ocurre tal cosa, cómo sabe uno que ha ocurrido, la relación de la humanidad pecaminosa a la nueva adición, y la condición o "estado" de la persona ante Dios. ¿Es un ser humano más perfecto con esta adición, o es en realidad una parte de la Deidad, ahora que el Espíritu de Dios mora en él? Y, ¿podría tal persona pecar?

*La posición o escuela relacional* recalca una aproximación completamente diferente al asunto. De acuerdo a ella, no hay necesidad de encontrar alguna entidad, aspecto o función en el ser humano que le identifique como tal. Esto de todos modos no es algo convincente en cualquier caso. Lo que importa es *el ser humano ante Dios* y la comunicación entre ambos, la respuesta mutua, la relación de uno con el otro, el que uno sea el espejo del otro: eso es lo que nos dirige hacia el significado. Wesley dijo: "El ser humano es capaz de Dios" (*Works* [Obras], VI, 244). Es una "postura", una actitud interior hacia Dios, una posición fundamental que uno adopta hacia Dios y su voluntad. El ser humano hecho "a la imagen de Dios" (la frase bíblica) distingue esta perspectiva de "la imagen de Dios en el ser humano", la cual es típica del concepto de substancia.

## LA COMPRENSIÓN DE WESLEY DEL SER HUMANO

Wesley no especuló en cuanto a la "imagen". El quedó satisfecho con ver al ser humano en términos de la religión. Sus frases relativas a la imagen generalmente se referían a algún factor en el procedimiento salvífico. Probablemente jamás encontremos un lugar en el que Wesley hable de lo que el ser humano podría ser ontológicamente. De modo que lo que está de por medio en cualquier discusión de la *Imago Dei* en Wesley resultará ser una cualidad espiritual. La "imagen" es un asunto religioso, no un asunto de substancia.

Lo que se ha concebido como el significado de la imagen de Dios y la relación del ser humano con ella fija la dirección de la soteriología. La teología de Wesley no puede ser evaluada correctamente sin, cuando menos, una introducción a su aproximación a este concepto.

## EL CONCEPTO DE WESLEY DEL SER HUMANO DISTINGUIÉNDOLE DE LA NATURALEZA

Ahora bien, "el ser humano fue hecho a la imagen de Dios". Pero "Dios es Espíritu"; por lo tanto, lo mismo fue el ser humano. (Excepto que ese espíritu, habiendo sido designado para vivir en la tierra, fue alojado en un tabernáculo terrestre). Como tal, tenía un principio innato de movimiento por sí mismo. E igualmente, así parece, lo tiene cada espíritu en el universo; siendo esto la diferencia distintiva entre el espíritu y la materia, la cual es total y esencialmente pasiva e inactiva, como resulta de mil experimentos. El ser humano era, por su semejanza con su creador, dotado con entendimiento; una capacidad de comprender todos los objetos que le fueran traídos por delante, y de hacer juicios acerca de ellos. El ser humano también estaba dotado de voluntad, y hacía ejercicio de ella en una variedad de afectos y pasiones. Y, finalmente, tenía la libertad, o era libre de hacer decisiones; sin la cual todo el resto hubiese sido en vano, y él no habría sido capaz de servir a su Creador más que lo que puede hacerlo un montón de tierra, o un pedazo de mármol; hubiera sido tan incapaz de la virtud o del vicio como lo es cualquier parte de la creación inanimada.

Su comprensión era perfecta en su clase; era capaz de aprehender todas las cosas claramente, y de hacer juicios acerca de ellas de acuerdo a la verdad, sin mezcla alguna de error. Su voluntad no estaba torcida por ninguna desviación o prejuicio de clase alguna; pero todas sus pasiones y afectos eran regulares, pues eran guiados firme y uniformemente por los dictados de su comprensión que no erraba; su voluntad no quería nada sino lo bueno, y todo lo bueno en proporción a su grado de bondad intrínseca. Asimismo su libertad era completamente guiada por su comprensión: él escogía, o rechazaba de acuerdo a esta dirección. Sobre todo (y esto era su excelencia más sublime, mucho más valiosa que todas las demás juntas), era una criatura capaz de Dios; capaz de conocer, de amar y de obedecer a su Creador. Y, en efecto, conocía a Dios, lo amaba sin fingimiento alguno y le obedecía uniformemente. Esta era la perfección suprema del ser humano (como lo es de todos los seres inteligentes); el continuamente ver, y amar y obedecer al Padre de los espíritus de toda carne (*Works* [Obras], VI, 242-43).

## EL CONCEPTO DE WESLEY DEL SER HUMANO COMO CRIATURA RELIGIOSA

El ser humano fue hecho a la imagen de Dios, santo como quien le creó es santo; misericordioso como el Autor de todos es misericordioso; perfecto como su Padre en los cielos es perfecto. Como Dios es amor, asimismo el ser humano, habitando en amor, habitaba en Dios, y Dios en él. Dios le hizo que fuera una "imagen de su propia eternidad", un cuadro incorruptible del Dios de gloria. Era correspondientemente puro, como Dios es puro, de cualquier mancha de pecado. No conocía mal en forma o grado alguno, sino que era interior y exteriormente inmaculado y sin pecado. "Amaba al Señor su Dios con todo su corazón, y con toda su mente, alma, y fuerza".

Al ser humano que era de esta manera, íntegro y perfecto, Dios le dio una ley perfecta, y le pidió que la obedeciera cabal y perfectamente. Dios requirió obediencia cabal en cada punto, y que ésta fuese dada sin intermisión, desde el momento en el cual el ser humano se volviera un alma viviente, hasta el tiempo en que su prueba terminara. No se dejaba excusa alguna para ningún incumplimiento. Para lo cual, de todos modos no había necesidad alguna, pues el ser humano era completamente capaz de la tarea asignada, y completamente equipado para toda buena obra y palabra.

A esa entera ley de amor que estaba escrita en su corazón (en contra de la cual tal vez el ser humano no podía pecar directamente), le pareció bien a la sabiduría soberana de Dios añadir una ley positiva: "Del fruto del árbol que está en medio del huerto... no comerás"; y luego añadió el castigo que la acompañaba: "Porque el día que de él comieres, ciertamente morirás" (*Works* [Obras], V, 54).

## EL CONCEPTO DE WESLEY DE LA "IMAGEN PERDIDA"

Y efectivamente, el día cuando el ser humano comió, murió: murió a Dios —la más temible de todas las muertes. Perdió la vida de Dios: quedó separado de aquel de quien dependía su vida espiritual, al estar unido con Él. El cuerpo muere cuando se separa del alma; el alma muere cuando se separa de Dios. Pero esta separación de Dios la sufrió Adán el día y la hora en la que comió del fruto prohibido. Y de esto dio prueba inmediata; al instante demostró con su conducta que el amor de Dios se había extinguido en su alma, que ahora estaba "alienada de Dios". En vez de esto, ahora estaba bajo el poder del miedo servil, al grado que huyó de la presencia del Señor. Y más aún, tan poco retuvo hasta del conocimiento de Aquél que llena el cielo y la tierra, que pretendió "esconderse de la presencia de Jehová Dios entre los árboles del huerto" (Gn 3:8). Tanto así había perdido de ambos, el conocimiento y el amor de Dios, sin los cuales la imagen de Dios no podía subsistir. De esto, por lo tanto, se vio privado al mismo tiempo, y se volvió impío al mismo tiempo que infeliz. En este sentido, él se había hundido en el orgullo y la obstinación, la mismísima imagen del diablo; y en apetitos y deseos sensuales, la imagen de las bestias que perecen. (*Works* [Obras], VI, 67-68)

## EL CONCEPTO DE WESLEY DE LA IMAGEN DE DIOS COMO AMOR Y JUSTICIA

La justicia, como ya se observó antes, es la imagen de Dios, la mente que estaba en Cristo Jesús. Es un temperamento santo y celestial al mismo tiempo; emanando del amor de Dios, como nuestro Padre y Redentor, y terminando en tal amor, y en el amor a todos los humanos por su causa. (*Works* [Obras], V, 267)

El comentario más elocuente y revelador de los conceptos de Wesley surge de lo que él consideraba necesario para la salvación, la condición del ser humano y lo que la gracia hacía por él.

En tanto que el ser humano está en un estado meramente natural, antes de nacer de Dios, tiene, en un sentido espiritual, ojos pero no ve; un espeso e impenetrable velo recae sobre ellos; tiene oídos pero no oye; está enteramente sordo a aquello que debería interesarle oír sobre todas las cosas. Sus otros sentidos espirituales están encerrados: está en la misma condición en la que estaría si no los tuviera. Por lo tanto no tiene conocimiento de Dios... sea de cosas espirituales o eternas; por lo tanto, aunque es un ser humano viviente, es un cristiano muerto. Pero en cuanto nace de Dios, hay un cambio total en todos estos particulares...

Por lo tanto, ¿para qué fin es necesario que nosotros nazcamos de nuevo? Es muy fácil discernir que tal cosa es necesaria. En primer lugar, con el fin de la santidad. Pues, ¿qué es la santidad de acuerdo a los oráculos de Dios? No es una religión meramente externa, una multitud de deberes externos, por muchos que sean, y cuán meticulosamente sean cumplidos. No: la santidad evangélica es nada menos que la imagen de Dios grabada en el corazón; no es otra cosa sino toda la mente que estaba en Cristo Jesús; consiste de todos los afectos y temperamentos celestiales mezclados en uno solo. La santidad implica tal amor continuo y agradecido a Aquél que no nos negó a su Hijo, su único Hijo, que hace natural, y en cierta manera necesario para nosotros, el amar a cada hijo de los hombres; y que nos llena con "entrañas de misericordia, benignidad y longanimidad". Es tal amor de Dios que nos enseña a ser irreprochables en toda nuestra manera de vivir; y a que todo lo que tenemos, todos nuestros pensamientos, palabras y acciones, sea un continuo sacrificio a Dios, aceptable a través de Cristo Jesús. Ahora bien, esta santidad no puede tener existencia sino hasta que seamos renovados en la imagen de nuestra mente. No puede comenzar en el alma sino hasta que ese cambio haya sido obrado; hasta que, por el poder del Altísimo que nos hace sombra, somos "traídos de las tinieblas a la luz, de la potestad de Satanás a Dios"; o sea, hasta que hayamos nacido de nuevo; lo cual, por lo tanto, es absolutamente con el fin de la santidad. (*Works* [Obras], VI, 70-72)

## EL CONCEPTO DE WESLEY DE LA IMAGEN DE DIOS Y LA SANTIFICACIÓN

"¿Qué significa el ser santificado?" fue el tema que se discutió el 26 de junio de 1744. Wesley contestó: "El ser renovado en la imagen de Dios, en justicia y santidad verdadera" (*Works* [Obras], VIII, 279). La siguiente pregunta y su respuesta arrojan luz sobre la contestación anterior.

P. "¿Es la fe la condición, o el instrumento de la santificación?"

R. "Es ambas cosas, la condición y el instrumento de ella. Cuando empezamos a creer, entonces principia la santificación. Y conforme la fe aumenta, la santidad aumenta, hasta que somos creados de nuevo. (*Ibid.*)

En este pasaje se indica claramente el aspecto de proceso de la santificación.

Indudablemente, pensando en los conceptos históricos, Wesley cuidadosamente dividió la "imagen" en sus categorías posibles. Hizo una distinción entre *imagen natural* (la naturaleza espiritual), *imagen política* (su comisión a gobernar), y su *imagen moral* (amor santo). Fue este tercer aspecto del ser humano lo que capturó su atención, y el que debe entenderse cuando nos topemos con el uso que Wesley hizo del término "imagen".

## LA IMAGEN DE DIOS COMO AMOR

En esta imagen de Dios fue hecho el ser humano. "Dios es amor": De acuerdo a ello, el ser humano cuando fue creado estaba lleno de amor, y el amor era el solo principio de todos sus temperamentos, pensamientos, palabras y acciones. Dios está lleno de justicia, misericordia y verdad; así era el ser humano cuando salió de las manos de su Creador. Dios es pureza sin mancha; y asimismo el ser humano en sus principios era puro, y libre de cualquier mancha pecaminosa (*Works* [Obras], VI, 66).

Esto recalcará la siguiente cita en la cual el significado de la salvación es enmarcado en el significado de la imagen de Dios.

Cuando digo salvación no quiero expresar, de acuerdo a la noción vulgar, apenas una liberación del infierno, o ir al cielo; sino una libertad presente del pecado, una restauración del alma a su salud primitiva, su pureza original; una recuperación de la naturaleza divina; la renovación de nuestras almas en la imagen de Dios, en justicia y santidad verdadera, en equidad, misericordia y verdad. Esto implica que todos los temperamentos son santos y celestiales, y, en consecuencia, toda santidad en la conversación.

Ahora bien, si al referirnos a la salvación queremos decir una salvación presente del pecado, no podemos decir que la santidad sea la condición para ella; pues es la cosa misma. La salvación, en este sentido, y la santidad, son términos sinónimos. Por lo tanto, tenemos que decir: "Somos salvos por la fe". La fe es la sola condición de esta salvación, puesto que sin fe no podemos ser salvos de esta manera. Pero todo aquel que cree ya es salvo.

Sin fe no podemos ser salvos así, puesto que no podemos servir correctamente a Dios a menos que le amemos. Y no podemos amarle si no lo conocemos; pero tampoco podemos conocerle sino por la fe. Por lo tanto, la salvación por la fe es sólo, dicho de otra forma, el amor de Dios mediante el conocimiento de Dios, o la recuperación de la imagen de Dios que viene mediante una relación verdadera y espiritual con Él. (*Works* [Obras], VII, 47-48)

El concepto que Juan Wesley tenía de la imagen de Dios como amor coloca a ambos, el ser humano y el amor, en una estructura dinámica, y aporta significativamente sobre su posición en cuanto a la santificación y la perfección cristiana. Los pasajes previamente citados indican un énfasis muy diferente al proyectado por algunos "wesleyanismos". En una palabra, la santidad era para Wesley la recuperación de la imagen de Dios. Esa imagen era el amor caracterizado por una semejanza a Cristo. Su interés, su pasión, era que los seres humanos principiaran a orientar su experiencia completa como cristianos responsables, alrededor de Cristo como Señor. El aspecto dinámico de la redención, sin que esto signifique en manera alguna el tratar con negligencia a los puntos de crisis, eso era el énfasis constante de Wesley. Esto es un contraste radical con cierta enseñanza y predicación contemporáneas de "santidad", que dedican casi todo su énfasis a los aspectos de crisis.

Ahora será nuestra tarea el inquirir diligentemente en las Escrituras en búsqueda de la aproximación hacia el ser humano y su redención que debe caracterizar a cualquier teología que aduzca ser bíblica, como el wesleyanismo en efecto aduce. Los siguientes estudios bíblicos tal vez parezcan tediosos e innecesariamente detallados para la clase de libro que es este. Pero cualquier selectividad de pasajes bíblicos podría ser interpretada como "el uso de ciertos textos para probar una teoría predeterminada". Cuando cada palabra o pensamiento acerca de cualquier punto que se está discutiendo es explorado, se puede trazar el cuadro completo, y una conclusión más objetiva es más plausible.

Nos asomaremos, primero, al Antiguo Testamento en busca de indicios que nos puedan ayudar. En las narraciones de Génesis se ha incluido más de lo que generalmente se lee en la superficie. Se hará un estudio del significado, en los lenguajes hebreo y griego, de los términos "imagen" y "semejanza". Esto conduce a importantes conclusiones teológicas.

## EL HOMBRE DE POLVO, HECHO A LA IMAGEN DE DIOS

La narración en Génesis del advenimiento de la humanidad (Adán-hombre) es mucho más elocuente y significativa que lo que una lectura superficial del pasaje, traducida a cualquier idioma, podría sugerir. En este majestuoso "Poema del Alba" o "Himno de la creación",[4] el uso metafórico de los términos "polvo", "imagen", "semejanza", "creó", "hizo", "aliento de vida" y otros, contribuye mucho a la comprensión bíblica del ser humano, del pecado, de la redención, de la santidad, y de todas las implicaciones de "gracia" con relación al ser humano.

El escritor de la historia de Génesis escogió sus palabras cuidadosamente. En 1:26 nos dice que Dios dijo: *Hagamos* al hombre a nuestra imagen, conforme a nuestra semejanza", y en 1:27 añade: "Y *creó* Dios al hombre a su imagen... varón y hembra los creó". Por extraño que parezca, la segunda narración (Gn 2) introduce una nota terrena y sumamente mundana en la primera descripción, casi demasiado idealista e increíble. "Entonces Jehová Dios *formó* al hombre del polvo de la tierra, y sopló en su nariz aliento de vida" [aquí el hebreo literalmente reza 'vidas', plural], y fue el hombre un ser viviente" (2:7). Nótese el progreso: *formó*, *sopló en*, y luego el proceso de *llegar a ser*. Aquí no haremos un intento de formular alguna teoría de la aparición del ser humano en la tierra. Recalcamos estos términos para sugerir que el vocabulario deja lugar para más de una interpretación.

Sin embargo, no debe permitirse que ningún intento de describir estos pasajes desde el punto de vista de la ciencia moderna oscurezca las principales ideas postuladas en Génesis 1 y 2. Esta no es una narración científica, ni se intentó que lo fuera. La función de la ciencia es sacar a la luz todos los hechos posibles que estén involucrados en el ser humano, su historia y el mundo. Pero, el *significado* del ser humano y su universo, tiene que ser derivado de otra fuente. Y es este significado lo que la historia bíblica quiere impartir. Esta introducción al hombre, sorprendentemente hermosa y sin complicaciones, que lo presenta como un ser hecho a la imagen de su Creador, establece el significado religioso fundamental del ser humano, tal como se relaciona con Dios y la naturaleza. Este noble concepto debe proceder y arrojar luz sobre todo lo que la enseñanza judeo-cristiana dará por sentado acerca del ser humano, quien al presente es una criatura pecaminosa, pero que empero fue creado en la *Imago Dei*.

Pero esto es sólo la mitad de la historia. Si aquí terminara, no habría comprensión del ser humano tal como es. Definitivamente, la experiencia demuestra que el ser humano no es Dios —y sus momentos más viles ocurren cuando él equivoca su papel en la vida e intenta ser Dios. El ser humano, hecho a la imagen de Dios pero "hecho del polvo", coloca juntas dos verdades paradójicas, y en esta tensión creadora él puede empezar a entenderse a sí mismo, y vivir no sólo hacia la plenitud de su potencial sino también dentro de limitaciones muy específicas. Sólo al mantener estos dos focos en perspectiva puede una comprensión bíblica del ser humano, su libertad y su esclavitud, su santidad y su pecado, su potencial inimaginable y casi apenas utilizado y sus debilidades y derrotas, sólo entonces puede ser aproximado, y sólo entonces se puede hacer una evaluación inteligible de esa criatura tan misteriosa y tan compleja, el ser humano.

Génesis 1:27 y 2:7 no representan necesariamente una contradicción. Cada una de esas dos narraciones aporta cierta intuición acerca de la humanidad que sería imposible lograr mediante la contribución de símbolo alguno, que pudiera sugerirla acerca de esa criatura majestuosa, corruptible, redimible, ignorante, falible, creadora y pecaminosa que es el ser humano.

El término "polvo" es sumamente significativo. El uso que el Antiguo Testamento hace de la palabra se acerca tanto a un concepto filosófico como pueda encontrarse en el pensamiento hebreo. El polvo, con sus características de no tener forma, y de estar compuesto por partículas tenues, representaba la desintegración, la disociación, el duelo, la muerte —los "muchos" en contraste absoluto con "el Uno", la Unidad Divina.[5] "El polvo es la mismísima figura de la muerte, el resultado final del proceso de deterioro, un objeto de disgusto y abominación".[6]

La manera en la que un judío reaccionaba al duelo personal, de familia o nacional, al desastre o a la desgracia, era vestirse de cilicio y tirar polvo y ceniza sobre su cabeza. No había ninguna manera más elocuente en la que él pudiera decir: "Dios me ha abandonado. La vida está desintegrándose. ¡Ay de mí!"

Dios maldijo a la "serpiente" culpable por la parte que tuvo en la caída del ser humano, condenándola a arrastrarse en el polvo y a "comer tierra" (Gn 3:14). Nada podría ser más significativo de la degradación, la decadencia y el rechazo finales que están implícitos en el pecado.

El ser humano mismo, hecho a la imagen de Dios, recordaría eternamente su pecado y su necesidad constante de la misericordia de Dios al recordar la lamentable "sentencia" divina que Dios había decretado contra él: "Hasta que vuelvas a la tierra, porque de ella fuiste tomado; pues polvo eres, y al polvo volverás", precisamente porque tal sentencia lo separaba del poder unificador de la vida y de la solidaridad de su nexo social. Para el ser humano la muerte no era necesariamente la extinción, sino la desintegración, la separación, la soledad y la oscuridad. La muerte no lo libraría de la triste prisión de su cuerpo, pues él no sabía nada de la existencia de su espíritu desnudado de su carne. La muerte era algo que le pasó a él en la totalidad de su persona.

Pero la redención final ha de ser en conexión con "este hombre de polvo", que será arrebatado a la vida eterna, en la que la muerte ya no tiene aguijón ni la tumba tiene victoria (véase 1 Co 15:49). Esto completa la historia que principió en el génesis del ser humano. Hecho de polvo, el humano experimentará la dinámica cabal de la vida eterna en el Hijo a través de la resurrección de su cuerpo.

El polvo representa un contraste absoluto a la unidad de personalidad que el Antiguo Testamento da por sentado en su totalidad. La vida, vida divina, toma el polvo para transformarlo en algo viviente. Esto es "materialismo" hebreo. El ser humano hebreo no se menospreciaba a sí mismo, ni a su tarea o a su mundo, porque el aliento de Dios estaba en todas las cosas creadas. Cuando el aliento, o Espíritu de Dios se retiró, todo lo que quedó fue muerte, y polvo. Pero el hebreo entendía que "el polvo no es la causa de la muerte, sino que es la muerte lo que engendra el polvo".[7]

El pecado es la fuente de desintegración, muerte y polvo. En el corazón de la realidad yace un significado moral.

El polvo no es una entidad preexistente. No es un poder. No es "antimateria", la no creatividad, o un principio de ser, o de no-ser. Sólo Dios es el principio del ser. Él es Vida y Poder. La muerte sencillamente es estar fuera de su mano. De modo que el ser hecho de polvo no era una afirmación metafísica acerca de la "substancia" del ser humano, sino una fe religiosa acerca de Dios, quien lo había formado usando aquello que en sí mismo no tenía poder para producir vida.

El ser humano "hecho de polvo" pero "en la imagen de Dios" recalca dos importantes conceptos de aquél muy instructivos durante nuestro estudio bíblico del ser humano. Es una criatura de la tierra con una "historia natural". Comparte su cuerpo con el orden natural. Él está en la historia, es una parte de ella. Tal cosa jamás debe ser olvidada.

Pero también es "un ser viviente" de un orden diferente al de la vida animal inferior a él. Su vida trasciende la vida de los animales en una manera que es sencillamente descrita, no explicada.

Génesis 2 nos dice en su propia forma, peculiarísima y simbólica, algunas cosas importantes acerca del ser humano. En Génesis 1, él es el orden más alto de la creación y la criatura que aparece al final de ella. Esto es una "historia natural" de la tierra, cuyo orden es confirmado por la mayoría de las teorías científicas. Génesis 2 es básicamente una interpretación del *significado* del ser humano, y todo el orden de la creación está invertido a fin de enfocar la atención en el ser humano mismo, y en su relación moral y espiritual con el mundo. En este capítulo seguimos el despertamiento del ser humano a su mundo. Observamos el despuntar de la consciencia de sí mismo, de la conciencia, y de la consciencia social. Enterrados en las extrañas imágenes de la narración están una profunda historia sicológica y el correspondiente análisis. Si uno no es excesivamente literalista en su interpretación del simbolismo altamente significativo y sofisticado, y así perder por ese "materialismo o rigidez" una revelación sensitiva y elocuente, emerge una descripción de plenitud y salud humanas —física, moral y espiritual. Es la historia de lo que significa que el ser humano es un ser espiritual.

1. En primer lugar, el ser humano es un cuerpo. Aunque está formado de polvo, es "la condición *sine qua non* de todo pensamiento humano".[8]

Uno no puede pensar sin un cuerpo, y el lenguaje y la comunicación (los poderes que se encuentran únicamente en la persona humana) dependen en la capacidad de pensar. Por medio de este complejo o conjunto cuerpo-pensamiento-lenguaje, y sólo por este medio, es establecida la avenida esencial por la cual la comunicación es posible entre Dios y el ser humano. Y sólo en esta forma es posible el entendimiento.

2. El entendimiento, en segundo lugar, depende en el humano como un ser dinámico. Sus sensaciones más elementales son activas, no pasivas. La consciencia es "intencional", una irrupción en el mundo.[9]

El ser humano capta lo "dado" a través de sus sentidos. Selecciona su ambiente, lo examina y lo domina. "El acto de comprensión no es actualizado, no existe, sin movimiento".[10]

El ser humano es un ser dinámico, y a la luz de este hecho, Adán "descubrió" su mundo como si fuese una creación nueva. Era agradable, bella, fructífera y satisfactoria. En ella estaban la vida ("el árbol de la vida") y el conocimiento ("el árbol de la ciencia del bien y del mal"). Trabajar en ese mundo y mantenerlo no era motivo de monotonía sino de regocijo.

3. La siguiente dimensión de la consciencia humana fue una perspectiva personal más allá de sí mismo. El ser humano podía tener comunión con Dios. En esta comunicación vino una dimensión moral que debe siempre acompañar la relación inteligible de criaturas racionales. El compañerismo debe siempre respetar la identidad de la otra persona, así como lo que tiene de única —una protección contra la pérdida de compañerismo y el sufrimiento de la alienación. La espiritualidad madura en una relación correcta con Dios. La ley moral protegía ese hecho básico de la existencia del ser humano. No violaba su libertad. La ley era protectora, no restrictiva.

4. El cuarto nivel de auto-comprensión humana es presentado como la necesidad que el ser humano tiene de compañerismo humano —otra dimensión de la espiritualidad. El ser humano es un ser social. Aunque la persona en la era del Antiguo Testamento podía ser verdaderamente tan individualista como cualquier personalidad del siglo veinte, la mismísima idea o concepto de "individualidad" era desconocida a su manera de pensar. El estar solo, el estar separado de los que son la clase de uno, y el vivir sin contacto con otros seres humanos, eso era el temor final del ser humano del Antiguo Testamento.[11] Adán y Eva se complementaban mutuamente, que era algo que ningún animal podía hacer para el ser humano. Juntos dominarían la tierra. Juntos multiplicarían sus propios cuerpos para poblar la tierra. Juntos se enfrentarían a la tentación y, finalmente, sucumbirían a ella. Esta cohesión social era tan fuerte que familias enteras adoptaban la identidad de la "cabeza", formando una pirámide tan sólida como una montaña. Si esa "cabeza" pecaba, todos eran considerados culpables del pecado de ese uno (como en la historia de Acán), y sufrían un castigo común. "El individualismo puro es un fenómeno moderno",[12] y occidental por cierto, lo cual es un hecho que algunas veces altera o tuerce nuestra interpretación bíblica cuando no lo entendemos correctamente ni lo protegemos de los extremos. El concepto de "personalidad corporativa" es importante en el pensamiento bíblico.

Sería muy necio el ofendernos por el rico simbolismo de la historia bíblica de la creación. ¿En qué manera podría decirse mejor lo que aquí se ha dicho tan sencillamente y que ha sido tan universalmente comprendido?

Para hacer un resumen en una forma un poco diferente, podríamos decir que Génesis 2 nos informa en su manera simbólica (1) que el ser humano era superior a los animales en inteligencia, intuición, auto-comprensión, propósito y espiritualidad; (2) que esencialmente él es un ser social, una sociedad (hombre y mujer); y (3) que su mundo, la tierra, es su hogar, su dominio, su palacio; pero (4) que él mismo es el gran santuario de Dios (en este respecto está su distinción de todos los otros órdenes de la creación, su gloria y después la amargura de su vergüenza); (5) que en la humanidad está el constante recordatorio conmovedor de su falibilidad. "Él sabe de qué estamos hechos; sabe bien que somos polvo" (Sal 103:14, DHH). Pero el ser polvo no significa que por eso es pecaminoso. No es el polvo lo que predomina, sino el aliento de Dios, por virtud del cual el polvo es elevado a la dignidad, y el ser humano entonces se yergue en relación con su Hacedor, tan parecido a Él como para ser un compañero de Dios, lo cual es una relación al mismo tiempo digna de ser atesorada, pero terrible.

A la luz de estas consideraciones el significado de "el hombre creado a la imagen de Dios" puede ser captado mejor y ser "rescatado" con más seguridad del humanismo pelagiano, y la falibilidad del ser humano "hecho de polvo" puede ser "rescatada" de un pesimismo agustiniano extremo, que considera al humano totalmente depravado. También debería ser posible el ver la importancia de la encarnación de Cristo para la humanidad y la historia, en una luz más profunda que lo que frecuentemente es el caso. La vida eterna, no como una dimensión temporal, sino como una cualidad de "personidad", como integración en contraste a la muerte, puede ubicarse en un contexto significativo si nuestra interpretación de estos simbolismos de Génesis es razonablemente correcta.

## IMAGEN Y SEMEJANZA

Debemos ahora hacer preguntas acerca del significado de que el ser humano fue hecho a la imagen de Dios, si queremos obtener una comprensión útil de la sicología bíblica y de una teología bíblica. Surge la pregunta: ¿Hemos de considerar los términos imagen y semejanza como un caso sencillo y sin mayor significado de paralelismo hebreo?, o si indican cierta distinción útil, ¿podrían tener valor para entender al ser humano y su desarrollo, su pecado y recuperación de la caída? La teología católica, tradicionalmente, ha tomado la posición de que imagen y semejanza son característicamente diferentes. La imagen, que es interpretada como gracia santificadora, un don sobrenatural, aunque sea perdida puede ser recuperada en el bautismo. El concepto de substancia aparente de este "don", que no es esencial al ser humano como una persona verdaderamente humana, ha hecho que el protestantismo sospeche de esta interpretación. Empero, es posible interpretar ambas, imagen y semejanza en otras formas que son más genuinamente bíblicas.

## A. Estudio de Palabras Hebreas

### 1. Imagen

"Dijo Dios: Hagamos al hombre a nuestra imagen, conforme a nuestra semejanza... Y creó Dios al hombre a su imagen, a imagen de Dios lo creó; varón y hembra los creó" (Gn 1:26-27). Sería posible concluir que las palabras imagen y semejanza sencillamente siguen la bien conocida pauta hebrea de paralelismo en su literatura poética, si no fuera por las distinciones muy específicas en la manera en que esos términos son usados en el Antiguo Testamento. La Septuaginta preserva esas distinciones muy cuidadosamente, y los escritores del Nuevo Testamento también se guían por ellas. El negar o el afirmar tal distinción sobre una base teológica no sería permitido en un estudio bíblico sólido; pero si la distinción es válida, una consecuencia teológica podría resultar. O, cuando menos, podría arrojar cierta luz sobre algunas afirmaciones teológicas.

De acuerdo a Gesenius,[13] la palabra que es traducida "imagen" (celem) es un cognado del verbo (calam), que significa "estar en la sombra u oscuro". De este concepto se desarrolló la idea de sombra. Por lo tanto, puesto que una sombra era la porción oscura del perfil del objeto original, era también una imagen. Gesenius alude a la palabra griega skía como un sinónimo propio, palabra de la cual Thayer escribió que era "una imagen arrojada por un objeto y que representaba la forma de ese objeto".[14]

Después de la referencia al ser humano, de que es hecho a "imagen de Dios" en Génesis 9:6, la palabra imagen no se vuelve a aplicar a aquél en todo el Antiguo Testamento. En todos los demás casos en que ocurre es usada para representar a personas o cosas en alguna forma concreta, tal como la de ídolos, esculpidos o fundidos. Así por ejemplo leemos de imágenes de objetos (1 S 6:5, 11), de personas (Ez 16:17; 23:14), y de dioses (Nm 33:52; 2 R 11:18; Ez 7:20).

Sólo en la narración de la creación en Génesis 1, y en la recapitulación de ello en Génesis 5 (en donde se ha añadido la declaración acerca de la relación de Set con Adán, y una exhortación en contra de tomar la vida humana, Gn 9:6), es el término usado del ser humano en relación con su Hacedor. Imagen, tal como es usada en el resto del Antiguo Testamento, connota la idea de una substancia concreta que representa alguna idea o prototipo. Indica conformidad específica a cierta pauta o molde.

### 2. Semejanza

*Semejanza* representa un contraste a la anterior idea, pues encierra más el pensamiento de comparación, imitación o llegar a ser. A. B. Davidson escribió que significaba "ser o llegar a ser (en el Nifil), parecerse a (en la Piel), compararse a, o volverse como".[15] El encontrar cierto parecido uno en la mente, el imaginar, el pensar (Sal 50:21; Is 10:7), el hacer el propósito (Is 14:24), el recordar (Sal 48:10), estos son algunos de los usos que se le dan al término en el Antiguo Testamento. En la mayoría de los demás casos en que es usado, *semejanza* en el Antiguo Testamento introduce una figura del lenguaje, no intentando equiparar a los dos, sino para mostrar puntos de comparación. Por ejemplo, "semejante al color del crisólito" (Ez 1:16), "como veneno de serpiente" (Sal 58:4), "como león" (Sal 17:12), "semejante al corzo" (Cnt 2:9, 17).

Otros usos del término son semejantes: "¿A qué, pues, haréis semejante a Dios?" (Is 40:18); "había... semejanza de hombre" (Ez 1:5). Al igual que con la palabra *imagen*, lo mismo sucede con *semejanza*, en que ninguna referencia la relaciona a la narración de la reacción que encontramos en Génesis. Sólo una vez (en Is 14:14) se nos dice que el "hijo de la mañana" declaró que sería "semejante al Altísimo", pero el contexto no deja lugar a dudas de que su aspiración no era volverse o ser Dios, sino que era un desafío a su posición como el Soberano del universo. Quería usurpar la autoridad de Dios y volverse un substituto de Él. Tal vez este pasaje guíe nuestro pensamiento hacia el corazón del asunto.

Hasta las preposiciones sirven para distinguir entre *imagen* y *semejanza*. La preposición *be* ("en") en *becalmenu* (Gn 1:26) denota primordialmente el estar y permanecer en un lugar. La forma original aquí es concebida como la regla o la norma dentro de la cual se conserva una copia.[16] El *ke* (como, semejante, como si fuera) en *kedemuthenu* significa parecido, "como manada" (Job 21:11).[17]

## B. Estudio de Palabras de la Septuaginta

Continuando la investigación a través de la traducción Septuaginta de las escrituras hebreas al griego, se hizo el descubrimiento de que los eruditos griegos de la antigüedad habían traducido *celem* mediante *eikon*, y para *demuth* habían usado *homoíosis*.[18] Estas traducciones y distinciones son practicadas y observadas a través de todo el Antiguo Testamento.[19]

## C. Estudio de Palabras Griegas

### 1. Imagen

La palabra *eikón* (imagen) en su uso en el griego clásico tiene una historia interesante. En la piedra Roseta es usada para designar una estatua (*eikóna*) de Ptolomeo que estaba siendo esculpida.[20] Aparece en otros documentos de la antigüedad en la descripción de individuos en documentos oficiales. Thieme ha documentado muy bien cómo la costumbre de la antigüedad de edificar imágenes (*eikónes*) de sus dioses arroja significado adicional a pasajes del Nuevo Testamento tales como Colosenses 3:10 y 2 Corintios 4:4. De los usos de la palabra, excluyendo a los del Apocalipsis (donde el lenguaje es claramente simbólico), uno se refiere a la ley. La ley no es lo verdadero, sino una sombra (He 10:1). Otro se refiere a ídolos hechos en la forma de hombres o animales, aves o reptiles (Ro 1:23). Un tercer uso (en cada uno de los Sinópticos), describe el rostro de César en una moneda (Mt 22:20; Mr 12:16; Lc 20:24). Un cuarto es aplicado al ser humano hecho a la imagen de Dios (1 Co 11:7). Un quinto uso indica una imagen celestial basada en la analogía de la imagen terrena que los seres humanos portan aquí (1 Co 15:49). Todos estos usos sugieren entidades muy específicas, concretas y objetivas, trátese del molde, o de aquello que es moldeado. En cinco ocasiones la palabra se le aplica al mismo Cristo como la Imagen de Dios desplegando diversas relaciones con el ser humano (Ro 8:29; 2 Co 3:18; 2 Co 4:4; Col 1:15; 3:10).

Lo concreto de la idea de imagen, tal como se revela al darles atención cuidadosa a estos pasajes, también merece atención. Además, se debe señalar que los pasajes que enseñan un cambio del ser humano hacia la semejanza a la imagen de Cristo son expresados en el tiempo progresivo presente *metamórphouste* (transformado), *anakainoumenon* (renovación, Col 3:10), y *sommorphous* (conformados, Ro 8:29).

La misma distinción entre *semejanza* e *imagen* se notó en el uso griego tanto como en el hebreo. *Homoíousen* y sus cognados, significan, de acuerdo a Thayer, "ser como, similar, pareciéndose a, correspondencia con, ser o llegar a ser como, comparar una cosa con la otra, o hacerlas parecidas".[21] Moulton y Milligan dicen, y esto es sólo una parte, "de la misma naturaleza"; "igual rango o estación" (griego clásico); "en la misma manera" (He 4:15; 7:15).[22] A diferencia de *eikón*, que implica un arquetipo, la "semejanza" o "forma" en *homoíoma* podría ser "accidental", "como la de un huevo que tiene la forma de otro".

Al examinar los pasajes del Nuevo Testamento donde aparece este término, se observó que en 34 de esas ocasiones introducen comparaciones en forma parabólica (Mt 7:24; Mr 4:30; Lc 7:31, etc.). Ocho de ellas son comparaciones de alguien a las cualidades físicas, morales o espirituales de alguien más, como en "tentado en todo según nuestra semejanza" (He 4:15), "a semejanza de Melquisedec" (He 7:15), "hecho semejante a los hombres" (Fil 2:7), "Elías era hombre sujeto a pasiones semejantes a las nuestras" (Stg 5:17). Seis o siete de estos casos connotan una semejanza moral y espiritual a Dios, o de Cristo con sus hermanos, como un sujeto. Por ejemplo: "Seremos semejantes a él, porque le veremos tal como él es" (1 Jn 3:2).

La distinción que necesita hacerse puede señalarse de la manera más clara posible al notar los siguientes pasajes. Melquisedec era como el Hijo de Dios en ciertas maneras específicas, no en su identidad como persona (He 7:3).

En Filipenses 2:6-8 encontramos una interesante conjunción de términos. Cristo, "siendo en forma [*morphe*] de Dios", tomó "forma de siervo" (lo cual contrasta una relación, no una ontología). Como Siervo, Él entonces nació en la semejanza humana, y como tal murió en la cruz "en la condición de hombre" ("en la apariencia de hombre", NVI). Y Pablo alude a ello en Romanos 8:3. La carne de Cristo se semejaba sin pecado a la carne de la raza manchada por el pecado.

Parece haber una diferencia semántica significativa entre *imagen* y *semejanza*, diferencia que no pasó desapercibida por los primeros Padres de la iglesia cuando defendieron la fe cristiana.

*Eikón* siempre da por sentado un prototipo del cual se ha derivado y emanado, en tanto que *homoiotes*, *homoíosis* y otras palabras de esta familia expresan una similitud o parecido que no implica relación ontológica alguna. Sólo el término *imagen* podría ser aplicado a Cristo en su relación con Dios; nunca podría tal ser definida meramente como una *semejanza*. La primera es un lazo o nexo de familia, una relación *filial* sólida; la segunda es una comparación de algún detalle, una aproximación. Podría ser importante observar que de Cristo nunca se dice que fue como Dios en el sentido que se dice que fue como el ser humano.

Los grandes teólogos alejandrinos enseñaron que la *imagen* era algo común a todos los seres humanos, que continuó aun después de la caída. Afirmaban por otro lado que la *semejanza* era algo hacia lo cual el ser humano había sido creado, a fin de que aspirara a ella y, finalmente, la alcanzara.

En resumen, puede decirse que ambas *imagen* y *semejanza* son analogías, no descripciones de una estructura ontológica de ser. Tal como se indicó antes, los escritores bíblicos no parecen especular acerca de lo que el ser humano es en sí mismo, sino que están más interesados en sus relaciones y su responsabilidad moral. *Imagen* parece referirse a la experiencia de "comparecer ante Dios" en personeidad responsable. La semejanza hace sentido cuando es una manera de decir lo que el ser humano debe hacer y lo que hace acerca de esa experiencia de libertad moral.

## PALABRAS BÍBLICAS PARA DENOTAR SER HUMANO

Una de las intuiciones o descubrimientos de importancia que resultan de un estudio de los términos con los que se alude al ser humano, y la manera en que éstos son usados, es que la Biblia no da por sentado ni enseña que el ser humano es una criatura monotípica. No parece haber una curiosidad ontológica acerca de Él. Más bien, el rico vocabulario del Antiguo y del Nuevo Testamento que tiene que ver con el ser humano se ocupa primordialmente con lo que él piensa y hace, con los impulsos de su corazón, con sus actitudes y su carácter.

Si bien el ser humano es una entidad bien definida que comparte muchas cualidades esenciales con todos los demás seres humanos, también es un verdadero individuo, y esto en un sentido diferente al de la individualidad que los animales tienen dentro de sus respectivas especies. Roger J. Williams[23] recalca esta notable verdad. Los seres humanos son únicos en un sentido significativo, y divergen de lo "normal" en sus emociones, por pasajeras que sean, en su inteligencia, intuición, disposición, sus reacciones, y en innumerables otras formas que son importantes en todo este asunto de ser humanos. La filosofía y la teología, especialmente en los períodos racionalistas de la historia, han buscado "leyes universales de conducta humana bajo la égida de un dogma racionalista de naturaleza humana fija, que siempre y en todos sitios es la misma",[24] pero siempre han fracasado.

Pero mientras más entendemos acerca del ser humano, menos confianza podemos poner en cualquier universal absoluto que se proponga acerca de él. Aun las pruebas para medir la inteligencia no indican sino la relación de un individuo a aquello que se considera típico o promedio. Tal medición le concede una prioridad alta a la normalidad. Sydney Harris ha escrito con mucha agudeza sobre ello: "Los tipos así llamados 'normales' pueden ser fidedignos para trabajos de segunda categoría, pero personas de primera categoría (en cualquier campo) no se conforman a las normas".[25] En otras palabras, el mero hecho de la diferencia de un ser humano, y de que no se pueda vaticinar lo que va a hacer, le da el valor que tiene como ser humano.

Esta cualidad dinámica de la humanidad que es reconocida y con la cual se ocupa la Biblia, es uno de los elementos que hace que el estudio bíblico sea impresionante y valioso. El Libro presenta una perspectiva de caleidoscopio del ser humano, y nosotros le robamos uno de sus impactos más importantes y su poder para obrar renovación moral y espiritual cuando intentamos imponer sobre él una clasificación artificial, demasiado simple, de blanco y negro, de la naturaleza humana sobre su propia evaluación del ser humano. Ejemplos nítidos de esa clase, de lo normal, de lo bueno y malo, no aparecen en la vida cotidiana. En las Escrituras no aparece estereotipo alguno.

Aunque el Nuevo Testamento pide prestados los términos provistos por el lenguaje griego, tales como mente, cuerpo, alma y espíritu, ello no nos capacita para levantar un argumento en favor de la conocida perspectiva dualista del ser humano, que se derivó del platonismo y que en alguna forma se adentró en la teología cristiana, para perjuicio de ésta.

Los escritores del Antiguo Testamento pudieron expresar la perspectiva dinámica que tenían del ser humano solamente mediante su caracterización de los muchos sentimientos fugaces, de las múltiples manifestaciones del ser humano, y de su "alma", mediante lo que las diversas partes del cuerpo le sugerían.

El alma humana en su totalidad encuentra su expresión en muchas maneras en los órganos centrales del cuerpo, tales como el corazón, el hígado, los riñones y las entrañas; pero también en órganos periféricos como la lengua, el oído y los ojos. Cualquiera de éstos, en un momento dado, podría expresar "el alma" en una de sus diversas manifestaciones.[26]

Estas caracterizaciones no son estáticas. Por ejemplo, los pies son mencionados dos veces por Pablo (Ro 3:15 y 10:15), en ambos casos citando a Isaías (52:7 y 59:7-8); de ellos se afirma que son rápidos "para derramar sangre", o "hermosos" al anunciar "la paz... las buenas nuevas". En otras palabras, el problema no tenía nada que ver con los pies, ni eran éstos una parte constituyente del ser humano —una entidad. El uso que uno hace de sus pies indica la clase de ser humano que es.

## CONCEPTOS NO BÍBLICOS

Al usar términos griegos, los escritores del Nuevo Testamento pudieron refinar y hacer más exacta la enseñanza acerca del ser humano. Pero los términos griegos no conllevan las connotaciones paganas a su uso neotestamentario. La unidad de la personalidad es dada por sentada en todas partes del Nuevo Testamento. Corazón, mente, alma, espíritu, conciencia, carne y cuerpo: ninguno de éstos es una parte distinta del ser humano, y que ha sido puesta con otras, como algo que él tiene. Todas ellas, con las diversas variantes gramaticales que son importantes para el tema, son lo que el ser humano es.

La tricotomía especulativa —cuerpo, alma y espíritu— no tiene mucho que decir después del encuentro con el *corazón* y la *mente* del Nuevo Testamento. Y cómo la *conciencia* puede ser añadida a tal complejo, desconcierta la mente de alguien que haya aceptado los conceptos platónicos. Es posible que el helenismo hiciera un intento de introducir cierto grado de "movimiento" o dinamismo a la idea del ser humano mediante su concepto trinitario (o tricotómico).

El hombre hebreo encontró su dinamismo, no en cierta condición estática de ser, sino en su relación social. Su ser "viviente", su totalidad, estaba en relación con una unidad mayor, la entidad social. Nosotros los occidentales necesitamos sentir esta profunda consciencia comunitaria que es típica de ambos pueblos, el hebreo y el oriental, si es que hemos de entender la Biblia. El hombre hebreo era en una manera esencial *uno* con "sus padres" y su familia, su tribu y su nación. Esta no era una burda unidad metafísica o genética (interpretación que nos conduce a entender erróneamente el significado de Ro 5), sino un estar conectados unos con otros en una manera espiritual, que llega hasta el meollo de lo que la humanidad es. (El estar en los lomos de Abraham [He 7:10], o el pecar personalmente con Adán no debe ser "explicado filosóficamente" al hacer de ello cierta teoría de transmisión genética de bondad o de culpa. Aun aquí debemos restringir nuestra tendencia a especular; en vez de ello necesitamos pensar como los hebreos pensaban. El asunto ontológico no es suscitado ni contestado en las Escrituras).

Sólo en esta manera puede el humano ser entendido en relación a un Dios que se comunica con él, y con quien es posible tener compañerismo.

Se han tomado muchas libertades no bíblicas en intentos de explicar el significado de la imagen de Dios en relación al ser humano. Los católicos declaran que la "razón" es la imagen de Dios en el ser humano. Además de la falta de postular que cosa alguna *en* el humano sea en sí misma "la imagen", el error adicional yace en suponer que el hombre hebreo haya pensado en términos de la razón como lo que lo relacionaba con Dios. No hay una sola palabra en el hebreo que exprese la connotación griega de *razón*. La razón no era una actividad intelectual separable del ser humano total. Era el ser humano mismo en relación racional, responsable con la vida.

Los escritores protestantes han buscado "la imagen" en el ser humano. Calvino afirmó que era el estado de inocencia antes de la caída. Escribió: "Es la excelencia incorrupta de la naturaleza humana que brillaba en Adán antes de su deserción, pero que después quedó tan corrupta, y casi aniquilada, (al grado) que nada queda de la ruina sino lo que está mutilado, profanado y confundido".[27] Pero esta idea choca con Génesis 9:6, donde leemos acerca del ser humano después de la caída que, porque él era hecho "a imagen de Dios", el derramar su sangre (al darle muerte) sería castigado con la sangre de la misma persona que cometiera tal crimen. El ser humano caído todavía estaba hecho a la imagen de Dios.

# CRISTO COMO LA IMAGEN DE DIOS

Ningún estudio del significado bíblico de la *Imago Dei* estaría completo sin una referencia a Cristo mismo. En 2 Corintios 4:4, Pablo declara que *Cristo... es la imagen de Dios*. Una vez más, en Colosenses 1:15, el apóstol enseña que el Hijo es *la imagen del Dios invisible*. El erudito hebreo que (sin duda alguna) escribió Hebreos nos da la expresión más vívida de este concepto. Nos dice que el Hijo de Dios es el *apaugasma* (palabra griega que significa "fulgor, el despuntar del día, el brillar o irradiar luz, discernir") de su gloria, y el *charakter* (la palabra griega que indica la mismísima cosa distinguida de cualquier substituto o "representante") de la persona de Dios. Es la palabra de la cual emana nuestra voz *carácter*, y que significa la identidad inherente por la cual algo (o alguien) es reconocido. En este caso el autor está diciendo que Cristo desplegó los atributos precisos de Dios porque Él era Dios. Era la personificación, no meramente la representación, de Dios.

Una dimensión más pertinente nos es revelada en los pocos pasajes que relacionan al ser humano con Dios a través de Cristo. Los seres humanos son predestinados para ser "hechos conformes a la imagen de su Hijo [de Dios], para que él sea el primogénito entre muchos hermanos" (Ro 8:29). El pasaje de Colosenses 1:15 también une el hecho de que Él sea "el primogénito de toda creación" a la metáfora de la imagen. La dinámica de esta relación es recalcada en 2 Corintios 3:18: "Mirando a cara descubierta como en un espejo la gloria del Señor, [nosotros] somos transformados de gloria en gloria en la misma imagen". Y en Colosenses 3:9-10, que dice: "No mintáis los unos a los otros [o mejor dicho, alejad la mentira], habiéndoos despojado del viejo hombre con sus hechos, y revestido del nuevo, el cual conforme *a la imagen del que lo creó* se *va renovando hasta el conocimiento* pleno" (las cursivas son nuestras).

## *Notas Bibliográficas*

1   Véase la obra de Paul Ramsey intitulada *Fabricated Man*, publicada por la Universidad de Yale, 1970, y la de William Kuhn, *Enviromental Man*, Harper and Row, 1969.

2   Sydney Cave, *The Christian Estimate of Man* (Londres: Gerald Duckworth and Co., Ltd., 1949), p. 9.

3   Nels F. S. Ferre, *Evil and the Christian Faith* (Nueva York: Harper and Brothers, Publishers, 1947), p. 33.

4   Cf. H. Orton Wiley, *Christian Theology*, tomo 1 (Kansas City: Nazarene Publishing House), pp. 450ss.

5   Alan Richardson, *A Theological Word Book of the Bible* (Nueva York: The MacMillan Co., 1951), p. 70.

6   Claude Tresmontant, *A Study of Hebrew Thought* (Nueva York: Desclee Company, 1960), p. 6.

7   Ibid., p. 7.

8   Jacques Sareno, *The Meaning of the Body* (Filadelfia: The Westminster Press, 1966) p. 119.

9    Ibid., p. 121.

10   Ibid., p. 122.

11   George A. F. Knight, *A Christian Theology of the Old Testament* (Londres: SCM Press, 1959), p. 27.

12   Ibid., p. 31.

13   Gesenius, *A Hebrew and English Lexicon of the Old Testament* (Boston: Houghton Mifflin and Co., 1893).

14   Joseph Henry Thayer, *A Greek-English Lexicon of the New Testament* (Nueva York: American Book Co., 1896), p. 578.

15   A. B. Davidson, *The Analytical Hebrew and Chaldee Lexicon* (Londres: Samuel Bagster and Sons, s.f.), loc. Cit.

16   Gesenius, *op. cit.*, p. 105.

17   Ibid., p. 440.

18   *Vetus Testamentum Graece, Lipsiae Sumtipus Ernesti Bredtii*, 1868.

19   De acuerdo a Gesenius, Thayer y otros.

20   James Hope Moulton y George Milligan, *The Vocabulary of the Greek New Testament* (Grand Rapids, Michigan: William B. Eerdmans Publishing Co., 1949), p. 183.

21   Thayer, *op. cit.*, p. 445.

22   Moulton y Milligan, *op. cit.*, pp. 448-49.

23   Roger J. Williams, *You Are Extraordinary* (Nueva York: Random House, Inc., 1967).

24   Carl Braaten, *History and Hermeneutics, New Directions in Theology Today*, (Filadelfia: Westminster Press, 1966), II, 35.

25   Sydney J. Harris, "Strictly Personal, Psychiatric Flaw," *Nashville Banner*, 30 de julio de 1968. Copyright, 1968, por Prentice Hall Syndicate.

26   J. Philip Hyatt, "The Old Testament View of Man", *Religion in Life*, otoño de 1945, p. 528.

27   *Institutes*, XIV, 4.

# CAPÍTULO 7

# El Ser Humano Neotestamentario

El concepto que Jesús tiene del ser humano es importante para llegar a una valoración bíblica del mismo. En la consideración de una perspectiva cristiana, la actitud de nuestro Señor hacia aquellos por quienes y con quienes Él trabajó debe ser significativo en nuestro estudio. Pablo también es una importante fuente en este particular. Él parecía tener una comprensión de la naturaleza humana, y las necesidades interiores y primordiales de la humanidad que en ciertos respectos anticiparon la edad de la sicología tal como la conocemos hoy. Pero ambos, Jesús y Pablo, limitan sus discusiones acerca del ser humano a su naturaleza religiosa, y no a otra cosa.

## LA ESTIMACIÓN DE JESÚS DE LA NATURALEZA HUMANA

Jesús dijo mucho acerca del ser humano, puesto que él fue la causa de su venida y de su muerte. "Su persistente uso del título, `el Hijo del Hombre' para sí mismo, recalcó su identificación con la humanidad, y nos sugirió la verdad de que la comprensión final de la naturaleza humana tiene que resultar del conocimiento de sí mismo".[1] Las enseñanzas de Jesús acerca de la naturaleza humana caen en dos categorías, y ambas son pertinentes a este estudio. Primera, "aquellas enseñanzas que revelan al ser humano ideal o esencialmente, es decir, de acuerdo a un propósito divino; y segunda, esas enseñanzas que revelan al ser humano tal como es actualmente, o sea tal como Jesús lo encontró".[2]

Idealmente, el ser humano es revelado en el Hombre tal como Él vivió. Si recordamos la declaración en la Epístola a los Hebreos que nos dice de Jesús que "fue tentado en todo según nuestra semejanza, pero sin pecado" (4:15), nosotros podríamos sin duda alguna concluir que el escritor estaba pensando, entre otros eventos, en la tentación en el desierto, la cual puede volverse un comentario acerca de la naturaleza del ser humano.

En esa tentación la vida física fue reconocida. "Di que estas piedras se conviertan en pan" (Mt 4:3). En esa tentación, también fueron reconocidas la realidad de tener una relación personal con Dios, y la posibilidad de hacer decisiones éticas. "Échate abajo; porque escrito está: A sus ángeles mandará acerca de ti" (Mt 4:6). Pero más allá de esto, en la tentación se implica la vocación del ser humano, o el propósito de Dios en el mundo. "Todo esto [los reinos del mundo] te daré, si te postras y me adoras" (Mt 4:9, NVI). Aquí estaba la tentación a vender el honor a cambio del dominio que sólo el honor puede lograr.

La contestación de Jesús a todos éstos es su estimación del valor del ser humano y su lugar en la economía de la creación de Dios. Lo que sostiene verdaderamente la vida humana es la Palabra de Dios; el verdadero propósito de la vida humana es adorar a Dios. La verdadera unidad del ser humano es postulada en las palabras de Jesús: "El ojo es la lámpara del cuerpo. Si tus ojos están buenos, todo tu cuerpo estará lleno de luz. Pero si tus ojos están malos, todo tu cuerpo estará lleno de oscuridad. Si, pues, la luz que hay en ti es tinieblas, ¡cuán grandes serán las tinieblas mismas!" (Mt 6:22-23, NVI). En otras palabras, únicamente el ser humano que es motivado por una sola intención, el que actúa por un único móvil, puede lograr el propósito para el cual fue creado. La exhortación de Santiago a aquellos que son "inconstantes" por causa de su "doble ánimo" (1:8; 4:8), recalca la fuerza de este pasaje.

La primacía de la perspectiva espiritual en el ser humano es la enseñanza de Jesús en los siguientes pasajes:

> No teman a los que matan el cuerpo, pero no pueden matar el alma. Teman más bien al que puede destruir cuerpo y alma en el infierno (Mt 10:28, NVI).
>
> ¿De qué ganar el mundo entero, si se pierde la vida? ¿O qué se puede dar a cambio de la vida? (Mt 16:26, NVI).
>
> La vida de una persona no depende de la abundancia de sus bienes (Lc 12:15, NVI).

Las implicaciones plenas de la vida probatoria del ser humano jamás han sido enunciadas más claramente que en la contestación de Jesús a quien le hizo la pregunta de cuál era el más grande mandamiento (Mt 23:37-40). Todas las demandas de la ley moral, contestó el Señor, serían satisfechas si la persona deliberada y voluntariamente hiciera la decisión, si escogiera hacer una dedicación completa y de todos los aspectos de sí misma a Dios y a su prójimo. "El amor de Dios es la ley suprema de la vida".[3] De igual importancia para el aspecto probatorio, en su reconocimiento de la autoconsciencia como la base de decisiones responsables, es el mandato de amar a los demás como a uno mismo. Esto, también, ha de hacerse sobre la base de principios, no de emoción, y equipara la valoración personal que uno tiene de sí mismo con la valoración que uno tiene de otros. Sólo mediante este cuidadoso equilibrio y dirección de la buena voluntad, y del interés activo, se puede realizar la completa dignidad del ser humano.

En contraste a esta perspectiva o visión "ideal" del ser humano se yergue el ser humano en realidad, tal como Jesús lo vio. Los hombres, que poseían una capacidad activa de lo más elevado, tal como se expresa en su amor para sus hijos, eran "malos" y dañinos y asesinos en otras relaciones. "Pues si ustedes, aun siendo malos, saben dar cosas buenas a sus hijos..." (Mt 7:11, NVI), era un reconocimiento de la condición de dos aspectos de los seres humanos: (1) la capacidad para el bien; (2) inmoralmente ocupada en desarrollar una mala influencia. Este pensamiento es expresado aún más vívidamente en otro pasaje donde a la idea de una persona responsable (como evidencia de la norma de juicio, o sea sus "palabras") se aúna la idea de un corazón perverso: "Camada de víboras, ¿cómo pueden ustedes que son malos decir algo bueno?... [no obstante] por tus palabras se te condenará" (Mt 12:34-37, NVI).

Jesús siempre ubicó el pecado en el "corazón" del ser humano. En el mismo corazón que debería haber sido la morada de un Dios amoroso, Jesús encontró la fuente del mal. "Porque de adentro, del corazón humano, salen los malos pensamientos, la inmoralidad sexual, los robos, los homicidios, los adulterios" (Mr 7:21, NVI; cf. Mt 15:17-20). La prueba de la contaminación del ser humano es la multitud de cosas malas que salen de él.

La condición del ser humano no regenerado, espiritualmente muerto, es revelada en la conversación del Señor con Nicodemo. "Lo que nace del cuerpo es cuerpo; lo que nace del Espíritu es espíritu... Tienen que nacer de nuevo" (Jn 3:5-7, NVI). El apetito natural de la persona que no ha sido regenerada es descrito de la siguiente manera: "...la humanidad prefirió las tinieblas a la luz, porque sus hechos eran perversos. Pues el que hace lo malo aborrece la luz" (Jn 3:19-20, NVI).

La disipación pródiga de esa sola facultad que liga al ser humano con Dios, que es su fe, será de acuerdo a lo que Jesús dijo, la base final del juicio. "...el que no cree, ya está condenado por no haber creído en el nombre del Hijo unigénito de Dios" (Jn 3:18, NVI). Y lo opuesto es: "...el que oye mi palabra y cree al que me envió, tiene vida eterna y no será juzgado, sino que ha pasado de la muerte a la vida" (Jn 5:24, NVI).

En todos los contactos que Jesús tuvo con la gente jamás exhibió una actitud condescendiente, ni pensó en el ser humano en términos de "nada más un ser humano". Para Él todos los seres humanos eran redimibles. Su profundo respeto para cada persona, quienquiera que fuera, por muy perverso que fuera, o cuál fuere su respuesta al encuentro con Jesús, no demostró ni un indicio de "complejo de superioridad". Aun la ira que exhibió hacia algunas personas, el látigo que usó en el templo, todo esto estaba diciendo en efecto: "Tú eres mi igual. Mi ira demuestra mi respeto para ti. Ahora, sé la persona que tú puedes y debes ser". El Señor nunca se impuso sobre nadie. Tampoco llamó a nadie a que le siguiera bajo falsas pretensiones, o prometiéndole un yugo más fácil de lo que tendría al seguirle. Jesús llamó a las personas a que murieran con Él. Siempre trató de hacer a un lado cualquier autoengaño, y confrontó a los seres humanos con lo que eran en realidad. Hizo que los que se encontraran con Él pensaran por sí mismos, y que pensaran auténticamente. Todo esto es la estimación que Jesús tuvo del ser humano.

## EL CONCEPTO DE PABLO DE LA NATURALEZA HUMANA

Las enseñanzas de Pablo acerca de la naturaleza humana no están en conflicto con la perspectiva de Jesús, aunque sí representan una aproximación al tema desde otra dirección. La cual es, la santidad vista contra el fondo de la pecaminosidad del ser humano. Empero, la naturaleza de esta pecaminosidad pone un fundamento para la santidad.

La comprensión tan cabal que Pablo tenía de la naturaleza humana proveyó un trasfondo gracias al cual se pudo hacer una profunda revelación de la naturaleza del ser humano y de su pecado. Entre las figuras del lenguaje usadas por el Apóstol se cuentan las siguientes: "viejo hombre" (Ro 6:6; Ef 4:22; Col 3:9); "cuerpo de pecado" (Ro 6:6); "ley del pecado" (Ro 7:23); "cuerpo de muerte" (Ro 7:24); "mente carnal" (Ro 8:7); "esclavitud de corrupción" (Ro 8:21). También hay estas otras descripciones: "muertos en sus transgresiones y pecados" (Ef 2:1, NVI); "alejados de la vida que proviene de Dios" (Ef 4:18, NVI); "el espíritu del mundo" (1 Co 2:12, NVI); "el pecado que mora en mí" (Ro 7:20); "una mente reprobada" (Ro 1:28); "pecado" (*hamartías*), en diversos lugares; "la ley del pecado y de la muerte" (Ro 8:2); y "hombre natural" (*psyche*, 1 Co 2:14). Sin embargo, es en las discusiones más extensas de Pablo donde encontramos un cuadro completo de la naturaleza del pecado y de su pecado (los dos elementos que necesitan mantenerse juntos).

### A. Romanos 1:18

La historia de la degradación del ser humano a través de la perversión de la inteligencia humana está bien narrada aquí. La justa ira de Dios es revelada contra los que con su maldad obstaculizan "la verdad" (NVI), o los "que estorban la verdad con injusticia" (DHH). El pecado empezó en el hombre, no mediante una desobediencia visible y declarada, sino cuando él le dio cabida a una pregunta acerca del carácter de Dios. La tentación fue básicamente: "Dios sabe que ustedes no morirán cuando coman el fruto. Sabe también que ustedes se volverán tan sabios como Él es si lo comen, y no quiere que lleguen a ser iguales a Él".

Aquí no tenemos esa clase honesta de hacernos preguntas acerca de Dios, o acerca de qué es lo recto y bueno (actividades que son, ambas, el quehacer correcto y necesario de seres racionales), sino un rechazo de la verdad tal como es encarnada en el ser de Dios. Es un traslado del concepto de verdad, de Dios a lo que es conveniente para el deseo del ser humano. Es atribuirle a Dios el mal y móviles maliciosos. Es la médula de la destrucción del compañerismo, el cual es sospecha, codicia, egoísmo y, tarde o temprano, asesinato. Cierra la puerta a la comunicación y la comunión entres seres racionales —entre el ser humano y Dios— e inevitablemente entre el ser humano y su semejante. Es la interpretación de que la Fuente de Bien es mala. Es la substitución del mal por el bien. Es al fin el escoger el mal en lugar del bien, y la creencia de que el mal es bueno, y el bien malo. Jesús habló de esto cuando los hombres declararon que Él echaba demonios por medio de un poder diabólico (Mr 3:22-30). Este pecado no puede ser perdonado porque destruye el poder para reconocer la verdad, y sólo una persona racional y moralmente estructurada puede darle cabida a tal duda y hacer tal decisión.

Esta acusación es hecha contra el ser humano, que es capaz de conocer la verdad, de que él está estorbando o sujetando o restringiendo (*katechónton*) la verdad, y que hay asuntos morales involucrados en hacer tal cosa. La medida de verdad que él pueda conocer es suficiente para incitarle a la adoración de Dios. Aun la persona natural puede saber suficiente acerca del eterno poder y de la "diosidad" (Ro 1:20) de Dios —(1) mediante la *revelación natural* (aquello que puede ser visto), y (2) mediante la *intuición* ("las cosas invisibles... son vistas claramente")— para hacer inexcusable su oscuridad.

También se hace la acusación contra el ser humano de que, puesto que es alguien responsable de sus poderes volitivos, y "conociendo a Dios", se negó a glorificarlo como Dios. Esto es un paralelo del pecado de Adán de desafiar la bondad y la dignidad de Dios, y a propósito procediendo, en desobediencia, a obtener esa sabiduría de la cual, en su propia opinión, Dios maliciosamente le había privado. El poder que le ha sido concedido al ser humano para adorar a Dios fue prostituido en la adoración degradante de objetos que él había hecho con sus propias manos, como imitaciones de seres reales. Y aquello ante lo cual el ser humano se inclina en adoración es, en primer lugar, una imagen que se asemeja a él mismo, y luego imágenes que representan bestias y, finalmente, imágenes de reptiles.

La tercera acusación que Pablo hace es que el ser humano destronó al Creador y puso otros dioses en su lugar. Esta substitución sólo podía ser tolerada por aquellos que habían trocado la "mentira por la verdad". (El artículo griego se antepone aquí a "mentira", y es uno de cuatro casos únicos en todo el Nuevo Testamento. Parece que cada uno de esos casos señala la cosa específica que el pecado es, a saber, que el ser humano puede ser su propio dios). El resultado fue una puerta abierta a una depravación sensual indescriptible. El curso del pecado corrió de una negación a reconocer la soberanía de Dios (Ro 1:28), pasando a un deleite completo en pecados que se sabía eran dignos de muerte (Ro 1:32), y resultando en una vida que consideraba la "mentira" como el ideal y la meta.

Un pensamiento cuidadoso de este pasaje revela (1) que Pablo consideraba a los seres humanos plenamente responsables por su deserción de la justicia, (2) que ese rechazo de la autoridad de Dios era deliberado y hecho sobre una base inteligente, y (3) que la perversión en cada parte de su ser fue la consecuencia de este rechazo deliberado.

## B. Efesios 4:17-19

En la Epístola a los Efesios (4:17-19) se encuentra otra gráfica descripción paulina de la fuente del pecado y del curso de la depravación. En ese pasaje, al exhortar a los efesios a la santidad, Pablo les advierte en contra de un retorno a "la vanidad de su mente" que era característica de la mente pagana. Vanidad (*mataíotes*), de acuerdo a Thayer, es una palabra puramente bíblica que significa "carente de verdad", una perversión y depravación.[4] Esta condición caracterizaba a la cegada mente (*nous*) pagana. El resultado de esta perversión de la mente es un "entendimiento" (*diánoia*) "entenebrecido". Es la "ignorancia" (*hágoian*) ocasionada por la ceguera de corazón, una condición moral que los ha "alejado" (NVI, *apellotrioméne*) de "la vida de Dios". Thayer traduce "apartados" como "aquellos que se han apartado a sí mismos de Dios".[5]

Esta separación o apartamiento era volitivo, y esto puede darse por sentado por el hecho de que el texto griego usa la voz pasiva. La acción había sido una decisión deliberada. Estas personas, habiéndose despojado de todos los sentimientos, ("perdieron toda sensibilidad"), "se han entregado" a la impureza, y el resultado ha sido una apostasía moral completa. La profundidad se alcanza con la última frase: "cometer con avidez". Esa facultad, dada con el propósito de amar a Dios con un abandono santo, ahora, mediante una serie deliberada de decisiones inmorales, está siendo usada para amar la lascivia o lujuria con el mismo abandono. Este es el progreso que han tenido: (1) una mente carente de verdad, (2) ignorancia de corazones ciegos, y (3) locura moral.

Cierta luz adicional acerca de la naturaleza de esta condición depravada puede obtenerse del pasaje paralelo que sigue a continuación, en el cual Pablo presenta una serie de contrastes (Ef 4:25-32). "Vosotros... no habéis conocido a Cristo en esta forma" (Ef 4:20). El primer contraste es en relación con la verdad. En vez de una mente carente de verdad, merced a una decisión moral, hay una mente llena de verdad (o con verdad) "que está en Jesús" (Ef 4:21, NVI). El segundo contraste es trazado entre *entendimiento entenebrecido* (Ef 4:18), causado por el endurecimiento del corazón, *y el espíritu renovado o hecho nuevo* de la *mente* (Ef 4:23). Este pensamiento es ampliado con los términos *hombre viejo* y *hombre nuevo*. El tercer contraste es entre la insensibilidad moral con sus obras malas (Ef 4:19) y un alto grado de sensibilidad moral con obras buenas (Ef 4:25, 32). Estos contrastes sirven para agudizar el concepto que Pablo tenía en mente de lo que el pecado es y lo que el pecado hace.

## C. Colosenses

Un tercer pasaje ilumina el concepto paulino del resultado del pecado en el ser humano. Está en Colosenses y es otro contraste que provoca una comprensión más profunda de esta verdad. Una mente separada (*diánoia*) está en el extremo opuesto de una mente que es "santa a sus ojos, inmaculada y libre de acusación" (Col 1:22). La profunda interioridad de la perversión es fuertemente recalcada en todos esos pasajes. Un molde mental está en el fondo de la clase de vida que los humanos viven. Y detrás de ese molde mental está una actitud hacia la verdad y hacia Dios como Señor absoluto. Y de ella todos los humanos son considerados responsables, algo de lo que tendrán que dar cuenta. En ningún lugar o momento es jamás justificada la laxitud en la conducta cuando se debe a la perversión en las facultades morales o intelectuales.

# ANÁLISIS DE LOS TÉRMINOS QUE SE RELACIONAN AL SER HUMANO

Se notará que en la mayoría de los casos, especialmente en la teología paulina, nous, o una de sus cognadas, es asociada con esta fuente de perversión. Hay un número de palabras relacionadas y derivadas de este término, pero los siguientes parecen ser relacionados más particularmente con el tema bajo consideración: diánoia, phrónema, y nóema.

1. *Nous*, en primer lugar es traducido sencillamente *mente*, pero con un significado que es mucho más profundo que la palabra griega que traducimos "mente", la cual aludía a la facultad intelectual sin afectación por preocupación moral

alguna. Pablo usa el término mucho más penetrante y discriminadamente, como siempre es el caso cuando está presente el fondo hebreo de pensamiento.

Thayer afirma que *nous* contiene la idea de percibir, comprender, sentir, juzgar y determinar. Es una facultad intelectiva, pero también es una capacidad de verdad espiritual, de percibir asuntos divinos, de reconocer la bondad y de aborrecer el mal.[6] Un repaso de la manera en que es usada en el Nuevo Testamento, libro tras libro, fue muy útil para determinar las inflexiones peculiares de significado. Dios entregó a los paganos a una *mente reprobada* (Ro 1:28). Una ley diferente combatía contra la ley de la *mente* de Pablo (Ro 7:23). Con su *mente* Pablo servía "a la ley de Dios, mas con la carne a la ley del pecado" (Ro 7:25). En una explosión de intuición espiritual Pablo exclamó: "¡Oh profundidad de las riquezas de la sabiduría y de la ciencia de Dios!... ¿Quién entendió la *mente* del Señor?" (Ro 11:33-34, la cursiva es nuestra). Después Pablo exhorta a los romanos a "ser transformados" por la renovación de su entendimiento (o mente) en cuanto a los días que han de ser estimados para honrar al Señor (Ro 12:2; 14:5).

En la Carta a los Corintios la misma palabra (*mente*) es usada tres veces: Los creyentes han de ser perfeccionados juntos "en una misma *mente* y... parecer" (1 Co 1:10). "¿Quién conoció la mente del Señor"? (1 Co 2:16). Los que son espirituales tienen "la *mente* de Cristo" (la misma cita).

En otros pasajes encontramos los siguientes: "la vanidad de la mente" ha de ser evitada por los que están en Cristo (Ef 4:17); en vez de lo cual el cristiano debería ser "renovado en el espíritu de su *mente*" (Ef 4:23). Al pasar juicio acerca del valor ritual de comidas y bebidas y acerca de días "santos" y de las visiones, algunas personas se guían por la razón "hinchados" por su "propia mente carnal" (Col 2:18). Pablo exhortó a los tesalonicenses a no turbarse en su manera de pensar (mente; 2 Ts 2:2). El materialismo craso (que imagina que la piedad es una manera de hacer ganancia) es característica de la mente "corrupta" que está *privada de la verdad* (1 Ti 6:5), y los hombres "corruptos de entendimiento" (*mente*) se oponen a la verdad y llegan a ser *réprobos en cuanto a la fe* (2 Ti 3:8). A Tito, el apóstol le escribió: "Hasta su mente y su conciencia están corrompidas" (Tit 1:15).

De todos estos pasajes resulta obvio que la mente (*nous*) es una facultad que se relaciona moralmente a la verdad. Juzga entre el bien y el mal y escoge entre ambas. Cuando la mente está mal relacionada con la verdad se vuelve reprobada y corrupta, lo cual conduce a decisiones inmorales. Necesita ser renovada y transformada, y cuando se relaciona correctamente con la verdad se aproxima aun a la mente de Cristo. De un total de 17 frases en que aparece, ocho de ellas describen una condición depravada, dos tienen que ver con la renovación, y tres con la condición de la mente del regenerado. Cuatro de ellas son referencias misceláneas en la misma vena.

2. *Diánoia*, otro término cognado de nous, significa, de acuerdo a Thayer, "la mente como la facultad de entender, sentir, desear... (la) mente, esto es, el espíritu, la manera de pensar y de sentir".[7]

Este aparece siete veces en el Nuevo Testamento. Es la palabra que se halla en los Sinópticos para expresar todo lo que incluye el amor a Dios: "Amarás a... Dios... con toda tu mente" (Mt 22:37; Mr 12:30; Lc 10:27). La promesa del Antiguo Testamento de la ley escrita en la *mente* es mencionada dos veces en Hebreos (8:10; 10:16). La *mente* del creyente es mencionada dos veces por Pedro: "Ceñid los lomos de vuestro entendimiento" (1 P 1:13); y, "... despierto con exhortación vuestro limpio entendimiento" (2 P 3:1). Dos veces se hace referencia a la mente no regenerada: "la voluntad de la carne y de los pensamientos" (*mente*, Ef 2:3), y "enemigos en vuestra *mente*" (Col 1:21). De esto se hace la deducción de que esta facultad de *diánoia* tiene que ver con la *inclinación* de la mente, la dirección de los afectos. No es una emoción ciega sino una persuasión moral. Es, en la persona natural, un enemigo de Dios. Quien la posee, la puede llamar a cuentas. Y necesita una corrección radical. La mente que estaba en enemistad contra Dios debe amar a Dios —un cambio completo de dirección.

3. *Noéma* es usado cuatro veces. La terminación "ma" denota un resultado. Así que el término significa "aquello que piensa", de la facultad que piensa y que hace propósitos. En su carta a los Corintios, Pablo usa tres veces el término en conexión con la limitación de su pensamiento y facultad de propósito. La incapacidad de entender el Antiguo Testamento fue el velo por el cual "el entendimiento (*mente*) de ellos se embotó" (2 Co 3:14); "el dios de este siglo cegó el entendimiento (*mente*) de los incrédulos" (2 Co 4:4). Esta es la facultad a través de la cual Eva fue engañada; "Pero temo que como la serpiente con su astucia engañó a Eva, vuestros sentidos (*mentes*, facultad de hacer propósito) sean de alguna manera extraviados" (2 Co 11:3). Recordando esto, la bendición de Pablo que leemos en Filipenses tiene especial importancia: "Y la paz de Dios... guardará... vuestros pensamientos [noémata]" (Fil 4:7). Una de las indicaciones más seguras del asiento del pecado es revelada aquí. Esta facultad de pensar y de hacer propósitos es el área donde el mal se introduce. La incredulidad es el pecado de esta facultad. La incredulidad cegó las mentes de los judíos a la revelación de Cristo. La incredulidad permite que "el dios de este mundo" entre al santuario de la vida moral del ser humano. Esta fue la manera en la que Eva fue tentada y cayó. Es aquí donde reside la corrupción. Esta es el área en la cual la paz de Dios puede guardar el pensamiento de una persona.

4. La cuarta palabra griega que se traduce *mente*, y que es significativa para esta investigación, es *phrónema*. En primer lugar consideraremos el verbo *phronéo*.

Thayer dice que el verbo significa "dirigir la mente de uno hacia algo... el hacer el intento dentro de uno mismo" de lograr cierto propósito, de ir en pos de algo.[8] Moulton y Milligan elaboran tal idea y afirman: "(La palabra) parece siempre tener por delante la dirección que el pensamiento toma". Luego dan un ejemplo tomado del griego clásico: "Soueris cambió su parecer (*mente*), salió del molino y se alejó".[9] La frase *noún kai phronón* ("estando cuerdo y en uso de mis facultades") es común. Se halla alrededor de una docena de veces en el Nuevo Testamento (Ro 8:12; 12:16; 2 Co 13:11; Gá 5:10; Fil 2:5; 3:15, 16, 19; 4:2; etc.). Varias veces alude a los creyentes, de que tienen "la misma *mente*" acerca de ciertos asuntos (2 Co 13:11; Ro 12:16; Fil 2:2; 2:5; 3:16 y 4:2; Tit 2:6). Dos veces se hace la exhortación de tener la mente de Cristo y, en dos ocasiones, las referencias tienen que ver con la preocupación con las cosas de la carne y terrenas (Ro 8: 5-6). Con este repaso, el significado empieza a desarrollarse.

El nombre *phrónema* es una palabra cognada de *phronéo*; el sufijo "*ma*" indica también el resultado de aquello que el verbo ha hecho. Es, entonces, una inclinación o fijación de mente. Moulton y Milligan dicen que el contenido de *phroneín* es "la inclinación general de pensamiento y de móvil", y luego pasan a señalar que su uso más significativo ocurre en Romanos 8:7, que dice: "La *mente* de la carne es enemistad contra Dios; porque no se sujeta a la ley de Dios, ni tampoco puede (*oudé dúnatai*)".[10]

Hay otras tres ocasiones en las que esta palabra es usada y todas ellas ocurren en este mismo capítulo. El Espíritu conoce la *mente* del Señor —obviamente alude a la pasión, o deseo profundo del corazón de Dios (Ro 8:27). Los otros dos usos son los más reveladores. La *mente* de la carne "es muerte" (Ro 8:6). Esto sin lugar a dudas se refiere al primer mandamiento dado en el Huerto: "Si comiereis, moriréis". Esta muerte es, entonces, el resultado del pecado, y este pecado es el que resulta en muerte.

La *mente* del espíritu "es vida y paz" (Ro 8:6); aquí tenemos no sólo un contraste dramático, sino también una promesa de esperanza para que en esta vida haya un completo cambio de dirección de esa maldición que es tan vieja como la raza.

## VIDA Y MUERTE

Hay, además, una analogía sobresaliente que ninguna revisión del problema del pecado puede evadir. Esa analogía es la muerte. No parece ser vital para esta investigación el preguntar cuál es la extensión del ser del individuo que puede ser incluida bajo la amenaza de la muerte. Tal vez incluya la muerte física, o tal vez no. W. Robertson Nicoll escribe:

> Pablo, sin duda alguna, usa la muerte para denotar diversos matices de significado en diversos lugares, pero el Apóstol no distingue explícitamente los diferentes sentidos de la palabra; y probablemente sea más una fuente de error que de ayuda el decir que en una frase se alude a la muerte "física", en tanto que en otra se denota la muerte "espiritual"... Todo lo que "muerte" denota para la mente entró en el mundo a través del pecado.[11]

Pero hay casi armonía universal en la interpretación de que la muerte espiritual es definitivamente el hecho más significativo de la condición del hombre caído. También es un hecho sobresaliente que tantas de las descripciones que Pablo hace de la naturaleza del pecado incluyan alguna referencia a la muerte.

Dios decretó que la muerte fuera el castigo por la violación de la ley. Cualquier otra cosa que pueda ser incluida en la condición del ser humano caído, particularmente la muerte es la más importante. Como se ha demostrado, la muerte es asociada con la función de phrónema, la cual es la disposición más profunda o disposición del alma. Todas las otras facultades del ser humano caído son afectadas como el resultado de la decisión que ha sido hecha. La perversión ha resultado de una decisión deliberada, un acto deliberado de escoger en contra de Dios y la verdad. Pero aquí encontramos, aparentemente, el corazón del pecado, en lo que toca al ser humano, pues es aquí que él experimenta la muerte como la maldición del pecado en sentido primario. Cualquiera que sea el significado de esta muerte, Pablo dice que la muerte pasó de padre a hijo, de Adán a cada alma humana (Ro 5:12). Esta muerte es coextensiva y concomitante con el pecado (Ro 5:21). Tan sólo en Romanos, ocho veces el pecado y la muerte son compañeros inseparables. El "cuerpo de muerte" hizo que la verdadera justicia fuese imposible (Ro 7:24). Todos están bajo la sentencia de muerte. "Cristo murió por los malvados" (Ro 5:6, NVI). Nosotros podemos saber "que hemos pasado [como una consecuencia] de la muerte a la vida" (1 Jn 3:14, NVI).

No es posible presentar un análisis extenso del término *muerte* en este lugar, pero el argumento general perdería algo de su poder de convencer si cuando menos no incluyéramos algunas sugestiones acerca de su significado. Puesto que hay tantas teorías en cuanto al significado de la muerte en la forma en que Pablo usa este término, parece que estaría más en orden una filosofía de la muerte, que una declaración más detallada. Albert Barnes nos hace la siguiente sugestión:

> El pasaje delante de nosotros [Ro 5] muestra en qué sentido intentó Pablo usar aquí la palabra. En su argumento el término está contrapuesto a "la gracia y el don de Dios por la gracia" (v. 15); a "justificación"

mediante el perdón "de muchas transgresiones" (v. 16); al reino de los redimidos en la vida eterna (v. 17); y a "la justificación de vida" (v. 18). Las
palabras "muerte" (vv. 12, 17) y "juicio" (vv. 16, 18) se contraponen a
todas las frases o palabras anteriores ... El significado evidente es que la
palabra "muerte" tal como es usada aquí por el Apóstol, se refiere al tren
de males que han sido introducidos por el pecado ...Al hacer un contraste
de esto con los resultados de la obra de Cristo, Pablo describe no meramente la resurrección, ni la liberación de la muerte temporal, sino la vida
eterna en el cielo.[12]

G. Campbell Morgan reconoce la misma idea. El vio un contraste triple en el
quinto capítulo de Romanos.

El primer contraste es entre la transgresión y el don gratuito... la sentencia de muerte sobre el pecado, y la gracia en abundancia. La disparidad es indicada por la frase "mucho más"...

El segundo contraste es entre el asunto de la transgresión y el don gratuito y, por lo tanto, entre el juicio y la justificación...

La disparidad es una vez más indicada por la frase "mucho más"; y la
abrumadora victoria de la justificación es notablemente indicada por el
hecho de que el juicio significa el reino de la muerte sobre los seres humanos, en tanto que la justificación significa la habilidad de los seres humanos de reinar en vida...

El contraste final es entre el reino de la muerte y el reino de la gracia... el reino del pecado en muerte y el reino de la gracia a través de la
justicia para vida. Una vez más la disparidad es marcada por la frase "mucho más", lo que revela el hecho de que en la gracia hay hecha una abrumadora provisión para la victoria sobre el pecado.[13]

Los hebreos "no consideraban la muerte como la cesación de la existencia; la
muerte —el `ser unido a los padres de uno'— significaba unirse a las almas de
los desaparecidos en... (el) Sheol, (lo cual era) una existencia yerta y sin significado, en la que uno quedaba separado o cortado de `la tierra de los vivientes'".[14]

La muerte era temida, primordialmente, no porque terminara la vida sino
porque separaba al que moría del compañerismo con su familia y con la nación.
La muerte era la soledad, el fin a la realización personal, una frustración completa y agonía de espíritu. Para un oriental, cuya existencia personal estaba entrete-
jida tan vitalmente con la familia y otras unidades sociales, el aislamiento de los
mismísimos nexos de la vida no podía sino ser una tortura. Se ha hecho la observación de que la breve obra de Jean Paul Sartre, intitulada *Sin salida* tiene que
ver con la agonía del espíritu en el "infierno", en donde todas las personas están
expuestas la una o la otra en forma absoluta, pero donde también la comunicación es bloqueada y atrofiada en esa exposición inmisericorde, y de la cual no
hay, ni jamás puede haber, un escape.

El uso que el escritor del Nuevo Testamento hace de la palabra "muerte" para significar separación de Dios, era bien entendido por los judíos así como, en

contraste, lo era el término "vida". La muerte parecía describir lo final de la desesperanza, que es la condición del ser humano cuando está separado de Dios. Sin embargo, no significa la pérdida de facultad humana alguna. Más bien, describe la separación que existe entre Dios y el ser humano. Todos los poderes de la personalidad permanecen alertas y activos pero totalmente desorientados. El único centro adecuado de organización, que es Dios, no les es disponible. El amor, la facultad más activa de la personalidad humana, cuando ésta tiene su centro en Dios, es denominada *agape* en el Nuevo Testamento, y de ella se dice que satisface todas las demandas de la ley de Dios y del ser humano (Mt 22: 37-40; Ro 13:10). Pero cuando esa misma facultad intenta gastar su energía en sí misma, la mismísima facultad pierde su alta calidad, y su expresión se reduce a la categoría de la antítesis del amor, o sea, la lujuria.

Paralela a esta observación, y relacionada con ella, es la que tiene que ver con la vida y la muerte. En el nexo espiritual hay vida espiritual y santidad derivada, la cual es la ausencia completa del pecado. En sus notas sobre una conferencia inédita acerca de "La Sicología de la Santidad", el doctor H. Orton Wiley escribe:

> Esta nueva naturaleza es "el nuevo hombre que es criado según Dios en justicia y santidad verdadera"; y es este nuevo hombre lo que forma el nexo espiritual del cuerpo de Cristo. Es el método de canal de bendición —el único medio de la presencia del Espíritu que habita.

Wesley ofrece un argumento para este punto de vista. Al hablar de la muerte que el pecado ocasiona, escribe:

> Él perdió la vida de Dios; fue separado de él, y su vida espiritual dependía de estar unido. El cuerpo muere cuando es separado del alma; el alma cuando es separada de Dios. ... [De esta muerte] él dio prueba inmediata: lo demostró pronto con su conducta, que el amor de Dios se había extinguido de su alma, la cual ahora "estaba alienada de la vida de Dios". (*Works* [Obras], VI, 67)

John Fletcher fue extraordinariamente lúcido sobre este particular:

> La palabra *muerte*, etc. frecuentemente es usada en la Escritura para denotar un grado particular de incapacidad e inactividad, un punto menos que la inmovilidad total de un cadáver. Leemos de *la condición muerta* del vientre de Sara, y de que el cuerpo de Abraham estaba *muerto*; tendría que ser un calvinista muy rígido quien, a la luz de tales expresiones, asegurara perentoriamente, que el vientre *muerto* de Sara estaba tan inadecuado para la concepción, y el cuerpo muerto de Abraham para la generación, como si ambos hubieran sido "cuerpos muertos".[15]

Su discusión del cuerpo de muerte en Romanos 7 es igualmente aguda y útil. "Por muerto que él [Pablo] estuviera, ¿acaso no podía quejarse como los huesos secos y preguntar, '¿quién me librará del cuerpo de esta muerte?'"[16]

Un argumento final pero fuerte es el que encontramos en la Epístola a los Efesios. En contraste con la personalidad trifásica de los seres humanos, cuando éstos están en relación correcta con Cristo, tenemos la descripción de humanos "muertos en... delitos y pecados" (Ef 2:1). El cuadro que tenemos aquí no es un cuadro de muerte, como en el caso de sentidos inutilizados o aniquilados, sino de facultades muy activas en diversas relaciones. El "Espíritu de Cristo", el cual es una prueba de las relaciones de las personas con Cristo (Ro 8:9) es contrastado con "el espíritu que ahora ejerce su poder en los que viven en la desobediencia" (Ef 2:2, NVI). La "mente de Cristo" (1 Co 2:16), que poseen los "espirituales", se yergue en contraste a "los deseos de la carne y de los pensamientos" (Ef 2:3). El "amor de Cristo" que "constriñe" al cristiano (2 Co 5:14), se ha vuelto, en el hombre caído, "los deseos de la carne" (Ef 2:3). La muerte, entonces, debe ser la separación de la raza de la presencia y poder inmediatos del Espíritu Santo, con la pérdida resultante de justicia. La obra de Cristo al traer vida (*zóe*) en lugar de muerte está en armonía con este concepto, y será desarrollado en un capítulo posterior. La muerte y la vida espirituales son sinónimas al pecado y la santidad, respectivamente, y son entendidas correctamente como básicamente en relación con Dios.

Hay todavía más cuadros verbales en el Nuevo Testamento acerca de la naturaleza del pecado y el daño que ocasionó, pero tal vez lo que se ha visto hasta aquí establezca sin dejar lugar a dudas serias, el corazón del asunto. Hay varias observaciones pertinentes que deben ser hechas. La mente, o personalidad, como lo que representa las naturalezas intelectual, volitiva y afectiva del ser humano, es el asiento de la perversión moral. Esta mente trifásica, al relacionarse a sí misma con la verdad, determina la cualidad moral del ser humano. Cuando esta mente rechaza la verdad, intencionalmente, resultan la perversión y la corrupción. El conocimiento, como una intuición implícita de las cosas divinas, es perdido por incumplimiento o bancarrota moral. No hay ningún caso en la Biblia en que la mente sea considerada meramente como una "máquina pensante", una torre de razón pura moralmente compuesta. Su funcionamiento siempre está acoplado con asuntos morales. Es la totalidad del ser humano que responde a la verdad de Dios en la más completa responsabilidad personal.

Wesley entendió tan completamente la propensión humana al fracaso que se reflejó sobre su teología, y él pudo escribirle a la señorita March acerca de la perfección cristiana, de la manera siguiente.

> De esto estamos seguros: aquellos que aman a Dios con todo su corazón y a todos los seres humanos como a sí mismos son escrituralmente perfectos. Y seguramente hay tales personas; de otra manera la promesa de Dios sería una mera burla de la debilidad humana. Aférrese firmemente a esto. Pero, por otro lado, recuerde, que usted tiene este tesoro en un vaso de

barro; usted mora en una casa pobre, y desvencijada de barro, que oprime al espíritu inmortal. Por ende, todos sus pensamientos, palabras y acciones son tan imperfectas, tan lejos de llegar a la altura de la norma (esa ley de amor a la cual, de no ser por el cuerpo corruptible, su alma respondería en todos los casos), que usted haría bien en decir: *Cada momento, Señor, yo necesito el mérito de tu muerte.* (*Works* [Obras], IV, 208)

El comentario más elocuente y revelador del concepto de Wesley emerge de lo que él consideraba necesario para la salvación: la condición del ser humano y lo que la gracia hacía por él.

En tanto que un ser humano está en un estado meramente natural, antes de que nazca de Dios, tiene, en un sentido espiritual, ojos pero no ve; un velo grueso e impenetrable pesa sobre ellos. Tiene oídos pero no oye; es completamente sordo a lo que le interesa oír más. Sus demás sentidos espirituales están todos cerrados. Está en la misma condición en que estaría de no tenerlos. Por ende, no tiene conocimiento de Dios; ni relación mutua con Él; lo que es más, no lo conoce. No tiene conocimiento veraz de las cosas de Dios, ni de lo eterno o espiritual; por lo tanto, aunque es un ser humano viviente, es un cristiano muerto. Pero en cuanto nace de Dios, hay un cambio completo en todos estos particulares…

Por lo tanto, ¿con qué propósito es necesario que nazcamos de nuevo? Es muy fácil discernir que esto es necesario. En primer lugar, para los fines de la santidad. Pues, ¿qué es la santidad de acuerdo a los oráculos de Dios? No una religión meramente externa, una serie de deberes exteriores, por muchos que éstos sean, o por muy exactamente que sean cumplidos. No. La santidad del evangelio no es otra cosa sino toda la mente que estaba en Cristo Jesús; consiste en todos los afectos y temperamentos celestiales mezclados en uno. Implica tal amor continuo y agradecido a Aquél que no nos negó a su Hijo, su único Hijo, que hace natural, y en cierta manera necesario para nosotros, el amar a cada hijo de hombre: que nos llena "con entrañas de misericordia, bondad, amabilidad y longanimidad". Es tal amor de Dios que nos enseña a ser irreprochables en toda nuestra conducta; que nos capacita para presentar nuestras almas y cuerpos, todo lo que somos, en sacrificio a Dios, aceptable a través de Cristo Jesús. Ahora bien, esta santidad no puede existir sino hasta que hayamos sido renovados en la imagen de nuestra mente. No puede comenzar en el alma sino hasta que el cambio haya sido obrado; hasta que, mediante el poder del Altísimo que nos cubre, hayamos sido "sacados de las tinieblas a la luz, del poder de Satanás a Dios". O sea, hasta que no hayamos nacido de nuevo; lo cual, por lo tanto, es absolutamente necesario para los fines de la santidad. (*Works* [Obras], VI, 7072)

## EL AMOR Y EL SER

Wesley creía que el ser humano no es primariamente un objeto sobre el cual han de ser escritos los eventos de la vida, el depositario de "lo dado", una substancia pasiva (espiritual o material), un mero recibidor. El ser humano es un ser dinámico que reacciona y responde a la vida, que busca, que se proyecta, necesitando cumplimiento. Es un hemisferio en busca de su otra mitad.

Se ha observado que el ser humano es básicamente un centro de comunicación. Cada nervio, órgano, función, pensamiento, acto y tejido de su ser es un transmisor y un receptor. El ser humano es completo sólo cuando otra *persona* está oyéndolo, comprendiéndole, y respondiéndole. Todos necesitamos una audiencia, y cada ser humano es una audiencia. Una persona se desmorona cuando nadie escucha —cuando la soledad se cierra a su rededor.

La fuente de poder del centro de comunicación podría ser llamado amor. El ser humano es hecho para esa unión de espíritu que nosotros llamamos compañerismo, amor. En el compañerismo, los anhelos más profundos encuentran su realización. La *realización* es una palabra apropiada para un concepto apropiado. Puede ser usada en maneras incorrectas y destructivas, pero no es el impulso lo que es malo sino la manera en la que uno lo busca, y el objeto de su búsqueda —aquello que se vuelve su dios o centro.

En algunos círculos religiosos se pone gran énfasis en una "muerte del yo", y el amor al yo es rechazado como la esencia del pecado. Esto es una comprensión errónea de la gran declaración de Jesús: "Si alguien quiere venir en pos de mí, niéguese a sí mismo, tome su cruz y sígame" (Mt 16:24). El problema es causado al imponer un concepto erróneo del "sí mismo" a esta declaración, concepto que supone que el yo("sí mismo") es algo así como un segmento separable de la persona, segmento que es malo por naturaleza, y que mediante su eliminación o subyugación el mal es destruido o suprimido, y la santidad es producida en la persona.

La declaración sumamente cuidadosa de Jesús de que la satisfacción de toda la ley se logra al amar a Dios con todo el corazón, y a nuestro prójimo *como a nosotros mismos* debería corregir la interpretación errónea citada arriba. El amor a uno mismo es tan necesario para la plenitud como el amor a los demás; pero el amor a otros, aun a Dios, requiere cierta medida de aceptación de uno mismo y de estimación de uno mismo que tiene al "ego" en una posición de identidad y de respeto autoconscientes.

En las *Notas* de Wesley sobre Efesios 5:28, él señala que la medida de un amor para su esposa es su amor para sí mismo. "El amor a uno mismo", escribe Wesley, "no es un pecado, sino un deber indispensable". El pecado es el *egoísmo*, el cual es una distorsión del amor, no su esencia. Ha usurpado el lugar de la centralidad y compele a todo a ajustarse a sí mismo.

Mientras más fuerte sea el sentido de la necesidad de realización en el compañerismo, más fuerte es el yo o ser. Tal yo puede ser extremadamente agresivo. También puede amar profundamente por su fuerza agresiva.

Un ser, que busca y que necesita compañerismo, revela una dimensión de la vida humana que es importante entender. La humanidad es una sociedad, y sólo en la sociedad puede ocurrir la realización. Irónicamente, mientras más congestionados estén los humanos, más solitarios se vuelven, al crear paredes invisibles de espacio a su derredor como una autodefensa para prevenir que un "otro" no deseado invada su propio mundo. Esta renuencia a ser tocado se vuelve una barrera para la realización apropiada y el resultado es una elevación mórbida del yo como su propio centro. Y por imposible que parezca, algún *objeto* puede usurpar ese derecho sagrado.

La alienación —autocreada— es la descripción del pecado, y es una buena descripción. La motivación básica del ser para su realización, que es diseñada por Dios para lograr que el ser "se abra" a Dios y al mundo de Dios, cuando se enfoca en sí misma, en efecto cierra todo aquello para necesitar lo cual fue creado el ser humano. Este se estrangula a sí mismo con su propia intensidad y se aísla a sí mismo del compañerismo que busca. El amor no termina en un ser separado de Dios y de otros. La tragedia es que el amor no termina. El infierno podría a la larga quemarse a sí mismo sin lograr el fin al apasionado deseo que el ser humano tiene de compañerismo. Pero el infierno, cualquiera otra cosa que sea, es perpetuado y atizado por un anhelo que no puede ser satisfecho. El amor pecaminoso es convertido en lujuria, y la lujuria destruye a su objeto —el ser— sin aniquilarlo. La terrible demanda del amor humano no puede ser satisfecha con un ser que no es más grande que sí mismo. Los seres humanos se tornan contra sí mismos, se desprecian a sí mismos, y al final se destruyen a sí mismos.

A este ser llega el llamado de Dios, atractiva, urgente y constantemente en un grado u otro, a participar de su corazón, su compañerismo y su amor. El evangelio no compele a los humanos a una relación no deseada. No viola el anhelo fundamental del corazón humano. Pero la persona alienada interpreta erróneamente a Dios, y se vuelve más cínica cada momento que mantiene a Dios lejos. El ser, en su oscuridad, piensa que Dios lo quiere forzar a la esclavitud, para privarlo de su libertad, para aplastar su espíritu. Dice: "Si amo a Dios con todo mi ser, se me niegan el amor de mi esposa y de mis amigos y la vida. Escogeré la vida".

En su famoso poema intitulado "El Sabueso del Cielo", Francis Thompson expresó el miedo que tuvo toda su vida de Dios. Francis, un drogadicto, arrastrándose por la vida y hundiéndose más y más profundamente en su autodestrucción, finalmente encontró a Dios, o fue encontrado por Él. Su poema, extraño pero cautivador, nos describe el temor del poeta, de "los pies en marcha" del Espíritu Santo que lo perseguían de cada lugar en que se escondía a otro.

Thompson temía que Dios le robaría de todas las cosas que él quería tener apasionadamente y que había buscado en vano.

> *Hui de Él al paso de las noches y los días,*
> *Hui de Él a través de los años de vivir;*
> *Hui de Él, al seguir laberintos me perdía*
> *En mi pensar sutil y en mi gemir*
> *Hui de Él y bajo una nerviosa risa.*
> *Horizontes sin fin busqué, corrí;*
> *Precipitando así mi ansia vil,*
> *Para poner espacio entre mí*
> *Y Quien tras mí venía con paso fiel.*
> *Mas sin nervioso pie*
> *Con bien medido paso,*
> *Con una instancia real y tierno andar,*
> *Su voz oí —su tono de interés,*
> *Más firme que su pie.*
> *"Todo te traiciona, tú que me traicionaste".*
> *Detiene su paso junto a mí:*
> *¿Es mi tristeza acaso*
> *La sombra de su Mano acariciándome?*

Algo del temor y entendimiento erróneo frecuentes que Francis Thompson tenía del amor "exigente" de Dios debe haber sido la razón de la pregunta a la que Wesley dio contestación en su tratado intitulado "Una Apelación Adicional a Hombres de Razón y Religión".

> ¿No pueden acaso ambos el amor a Dios y a nuestro prójimo ser practicados sin interrumpir los deberes cotidianos de la vida? Lo que es más, ¿pueden algunos de los deberes cotidianos de la vida ser practicados correctamente sin tales amores? No me parece que puedan serlo. Me parece que entonces estoy poniendo el fundamento verdadero, el único, para todos esos deberes cuando predico: "Amarás al Señor tu Dios con todo tu corazón, y a tu prójimo como a ti mismo" (*Works* [Obras], VIII, 59).

El ser humano teme que Dios sofoque su individualidad, su identidad, la esencia misma de su ser. Pero Dios hizo al ser humano para que se encuentre a sí mismo, en su amor a Él. Ese amor no es restrictivo, ni un angostamiento, o una aniquilación de todos los deseos del ser humano, sino todo lo contrario, una apertura a todo lo que él realmente desea. El amor es el final de la esclavitud y del temor. Es algo que dirige la vida, una protección de aquello que destruye, un incentivo a aquello que explora y descubre y encuentra la fuente de toda realización en Dios.

Cada paso en la creación, en la existencia, en el pecado (como una violación del amor), en la recuperación del pecado, en la tarea de Cristo de redención; cada paso que se requiere que la persona dé hacia la santidad, y en ella, ha de ser visto a través de los ojos de amor de Dios. Esto es intensamente personal puesto que el amor busca la respuesta interior de la persona amada. Ninguna respuesta inducida, o forzada, o impuesta satisface al amor. Cada una de las personas involucradas debe hacer la decisión desde el núcleo de su ser, de abrirse a sí misma y de proyectarse hacia la otra.

Lo que Dios en Cristo ha hecho por nosotros es eliminar las barreras entre el ser humano y Dios. Cada humano es nacido en un mundo de amor —el amor de Dios. Dios ha anticipado cada situación. Ningún ser humano necesita suplicar, como un mendigo, que Dios le perdone. Esto ya lo ha hecho Dios. Esto es lo que Dios les ofrece a todos los seres humanos a través de Cristo.

Nadie necesita llorar y suplicar para recibir el Espíritu Santo. Él está suplicando por nosotros y "apretándonos" y buscándonos amorosamente. Lo que necesitamos nosotros hacer es reconocer este llamado y abrirle la puerta. El cambio de actitud necesita venir o principiar desde nuestro lado. Pero no ganamos el favor de Dios al llorar y al hacer obras.

La imagen de Dios tiene que ver con el amor, y el amor es dinámico. El amor a Dios fija el alma en la dirección correcta —la dirección que imparte satisfacción. Conforme el amor crece más y más, la integración principia; la sanidad ocurre; la mente provinciana y llena de prejuicios se ve forzada a ensancharse; el corazón extiende sus manos hacia un mundo que necesita a Dios.

> Vemos por todos lados, sea personas sin religión alguna, o personas que tienen una religión sin vida y formal. Ver tal cosa nos da dolor; y nos regocijaríamos mucho si por algún medio pudiéramos convencer a algunos que hay una mejor religión que puede ser alcanzada —una religión digna del Dios que la dio. Y ésta no la concebimos como ninguna otra cosa excepto el amor; el amor a Dios y a toda la humanidad; el amor a Dios con todo nuestro corazón, y alma, y fuerzas, puesto que Él nos amó primero, como la fuente de todo el bien que hemos recibido, y de todo lo que esperamos jamás disfrutar; y el amar a cada alma que Dios ha criado, a cada ser humano sobre la tierra, como a nuestra propia alma.

> Creemos que este amor es la medicina de la vida, el remedio que jamás falla para todos los males de un mundo desordenado, para todas las miserias y vicios de los humanos. Dondequiera que este amor existe, allí la virtud y la felicidad marchan de la mano. Allí hay humildad de mente, gentileza, longanimidad, y toda la imagen de Dios, y al mismo tiempo una paz que sobrepasa todo entendimiento, y un gozo inefable y lleno de gloria. (*Works* [Obras], VIII, 3)

¡Oh, permitid que vuestro corazón esté completo con Dios! Buscad vuestra felicidad en Él y solamente en Él. ¡Tened cuidado de que no os apeguéis al polvo! "Esta tierra no es vuestro lugar". Aseguraos que usáis este mundo sin abusar de él; usad el mundo, y disfrutad de Dios. Que vuestra relación con todas las cosas de aquí abajo sea tan floja como si fueseis un pobre limosnero. Sed buenos mayordomos de los dones múltiples de Dios; a fin de que, cuando seáis llamados a dar cuenta de vuestra mayordomía, Él pueda deciros: "¡Bien buen siervo y fiel, entra en el gozo de tu Señor!". (*Works* [Obras], VII, 222)

## SUMARIO DE OBSERVACIONES

En ningún lugar de las Escrituras se nos dice que la imagen de Dios esté (o estuviera) *en* el ser humano. Cualquier intento de encontrar alguna cosa en el ser humano y decir que eso es la imagen de Dios tendrá que conducir al fracaso y a la mera especulación, y consecuentemente al desengaño. Wesley no fue siempre cuidadoso para hacer esta distinción y debido a ello se suscitaron algunos problemas lógicos en su predicación que de otra manera no habrían surgido.

La narración del Génesis afirma que el ser humano fue creado *en la imagen de Dios* —que es algo muy diferente. Sólo de Cristo se dice que *es* la Imagen de Dios.

Desde un punto de vista bíblico parece legítimo distinguir entre *imagen* y *semejanza*, con referencia a la relación del ser humano con Dios. Los términos hebreos son distintos y probablemente nunca son confundidos en su uso en todo el Antiguo Testamento. La Septuaginta uniformemente traduce *eikón* por la palabra hebrea *celem*, y *homoíosis* para *demuth*. El uso que el Nuevo Testamento hace de *imagen* y *semejanza* es aún más exacto y significativo que el uso hebreo de los términos, y connota el mismo énfasis en cada palabra correspondiente.

Pero debe decirse claramente que el distinguir entre *imagen* y *semejanza* no significa que el hebreo se aferraba a idea alguna de un dualismo. Todo lo contrario. El hebreo no sabía nada de una bifurcación aristotélica entre la materia y la forma, la esencia y la substancia, númina y fenómenos. El hebreo era un materialista en el mejor sentido. Vivía en un mundo real, un mundo bueno. Se respetaba profundamente a sí mismo porque creía que Dios lo había creado. No se interesaba en la metafísica, sino en relaciones personales. Lo que él experimentaba era lo real, no la sombra. El ser humano era un ser humano real; nunca algo estático, neutral o invisible que pudiera distinguirse de lo que él hacía, decía y pensaba.

Si la distinción que hemos señalado tiene significado alguno, sería que parece indicar un concepto dinámico, en contraste a un concepto estático o pasivo, del ser humano. Tres elementos caracterizan la comprensión hebrea del ser humano:

(1) Viene de la mano de Dios y en alguna manera o maneras se parece a Él; (2) Es hecho de polvo y sostenido en integridad por el aliento mismo de Dios; (3) Es un ser viviente, moral y responsable, falible e ignorante, pero capaz de grandes logros y carácter, o de su trágica autodestrucción y desintegración.

*Imagen* incluye todo lo que es esencial a los seres humanos como tales, en una manera muy concreta, incluyendo cualidades morales. Se nos dice que Dios encontró que el ser humano era "bueno en gran manera" (Gn 1:31). Cualquier cosa que signifique el ser hecho en la imagen de Dios, podemos estar seguros de que en tanto que el humano sea humano retiene una cualidad de personalidad la cual, como San Bernardo dijo atinadamente, "no puede ser quemada ni en el infierno". Cualquier cosa que Dios sea, el ser humano es su sombra delineada, no a la manera de la analogía de lo ilusivo de las sombras, sino más bien en el sentido de "sombras proyectadas" de las características esenciales del prototipo. El lado complementario de esto, y sin caer en un antropomorfismo craso, es que algo específico puede conocerse de Dios mediante un estudio correcto del ser humano, puesto que Dios dijo, en efecto, que el ser humano es un retrato finito de lo que Él es infinitamente. En esta aseveración no hay pensamiento alguno de una identificación panteísta de Dios y el ser humano, sino meramente la idea de que puede haber un comercio racional y moral entre ambos.

*Semejanza*, a través de los lenguajes hebreo y griego, sugiere una comparación de cualidades de personalidad, un potencial en asuntos morales y espirituales que está en la balanza de la condición probatoria del ser humano. La realidad de *semejanza* reside en la imaginación, el propósito y la inclinación del corazón.

No encontramos ninguna referencia bíblica a la pérdida de la imagen de Dios. Por ende, como sería de esperarse, no hay palabra para denotar la "restauración" de esa imagen. Por su fracaso de no notar eso, la teología ha emitido muchas declaraciones en conflicto entre sí en lo que toca a la posibilidad y la naturaleza y el tiempo de la salvación. Si los seres humanos han *perdido* la imagen de Dios, la redención práctica en esta vida es claramente imposible sin una alteración estructural y milagrosa de la naturaleza humana, más allá de la cual cualquier pecado posterior sería imposible. Esto no encuadra con la vida tal como la conocemos, así que la teoría es rechazada.

Para evitar esta posición insostenible, los teólogos han dividido "la imagen" en dos aspectos, una imagen natural y una imagen moral, y han afirmado que la primera sufrió una "herida" en la Caída, y la segunda fue perdida o borrada. Pero el problema no queda resuelto con esta estratagema; meramente es echado un paso para atrás. Los católicos romanos se aferran a una imagen natural ilesa, y a una imagen, o gracia, sobrenatural añadida adicionalmente para mantener control del ser humano natural. En el bautismo, la gracia sobrenatural o santificadora es restaurada, así que dos niveles de existencia (uno natural, y el otro sobrenatural) son amalgamados.

En el campo protestante, la teoría es plagada por el problema de la permanencia eterna de la unión, lo cual en alguna manera no concuerda ni con las Escrituras ni con la experiencia. La infusión sobrenatural de la imagen es demasiado vaga, abstracta e intangible. En la teología de santidad, la idea de una "imagen restaurada" podría ser una explicación del concepto impersonal (el aspecto de cosa) de la santidad y del pecado, que causa tantos y tan serios problemas al tratar de entenderlo.

Si la imagen se ha perdido de modo que el ser humano es totalmente depravado, la redención debe ser solamente en principio, no en experiencia. Tal vez en el momento de la muerte la imagen sea restaurada, pero entonces, ¿de qué se trata la vida aquí en esta tierra? Fue *aquí* donde el ser humano fue creado en la imagen de Dios, y es aquí, en la tierra, donde tal cosa tenía significado. ¿Qué contribución podría la imagen tener en la vida siguiente a la vida que vivimos ahora?

Si la imagen moral, la que se ha "perdido", es restaurada en esta vida, ¿cuándo es restaurada? ¿Y cómo? Algunos dicen que es restaurada en la conversión, o en la santificación. En cualquiera de los dos casos, ¿qué es restaurado y cómo sabe uno que lo ha sido? ¿Existe alguna diferencia básica, estructuralmente, entre un cristiano y uno que no lo es? ¿Le añade la gracia algo al ser humano, o le quita algo? ¿Hay una mutación sicológica asociada con cualquiera de las etapas de llegar a ser cristiano? Estas son algunas de las preguntas para las que no tenemos respuestas tal como están. Es necesario corregir la pregunta.

Una observación final tiene que ver con la relación de *imagen* y *semejanza* a una perspectiva bíblica del ser humano. Nuestra conclusión de que estos dos términos son significativos en sus diferencias no descansa en una teoría de inspiración verbal. Sí parece posible que el uso de estos dos términos podría indicar un mecanismo verbal que intente expresar en palabras hebreas un concepto dinámico de la naturaleza humana que pudiera, en alguna otra manera, ser interpretada en una forma helenista.

"El ser humano hecho en la imagen y la semejanza de Dios" no es primordialmente una aseveración metafísica, si lo es en sentido alguno. No nos dice nada de lo que el ser humano *es*, sino solamente algo de lo que él es capaz de ser y de llegar a ser. A la luz del uso de estos términos a través de las Escrituras hebreas y griegas, no parece irrazonable suponer que el concepto bíblico del ser humano es dinámico, más que pasivo o estático.

# *Notas Bibliográficas*

1   G. Campbell Morgan, *The Teaching of Christ* (Nueva York: Fleming H. revel Co., 1913), p. 113.

2   *Ibid.*, p. 114.

3   *Ibid.*, p. 121.

4   Thayer, *op. cit.*, p. 393.

5   *Ibid.*, p. 54.

6   *Ibid.*, p. 429.

7   *Ibid.*, p. 140.

8   *Ibid.*, p. 658.

9   Moulton y Milligan, *op. cit.*, p. 676.

10  *Ibid.*

11  W. Roberston Nicoll, *The Expositor's Greek Testament* (Grand Rapids, Michigan: Wm. B. Eerdmans Publishing Co., s.f.), p. 627.

12  Albert Barnes, *Notes, Explanatory and Practical, on the Acts of the Apostles and the Epistle to the Romans* (Londres: George Routledge and Sons, 1866), p. 125.

13  G. Campbell Morgan, *The Epistle of Paul the Apostle to the Romans* (Londres: Hodder and Stoughton, 1909), pp. 72-73.

14  Richardson, *op. cit.*, p. 60.

15  John Fletcher, *The Works of John Fletcher* (Londres: New Chapel City Road, 1802), III, 282.

16  *Ibid.*, p. 283.

# CAPÍTULO 8

# El Pecado y la Santidad

Al explorar el tema general del amor y la santidad, es necesario hacer preguntas penetrantes acerca del pecado, la antítesis absoluta de la santidad, que es en sí misma amor. La santidad y el pecado deben ser considerados, cada uno a la luz del otro. Son contrastes absolutos, y arrojan luz, semánticamente, el uno sobre el otro por contraste. El *pecado* no puede ser discutido bíblica o teológicamente en forma abstracta, como tampoco pueden ser discutidos *santidad* o *amor* o *fe*, o *gracia*, o cualquiera de las otras grandes palabras teológicas. *Pecado* es un término *de relación* y deriva su significado de su relación con el todo.

Necesita notarse que ambos términos (*pecado* y *santidad*), por el hecho de estar relacionados al *amor*, son cualidades o características de personas, no de cosas u objetos impersonales. Si la santidad y el pecado son personales (y arraigados en amor), entonces la calidad de cada uno de ellos yace en las relaciones entre personas porque el amor en su sentido correcto existe sólo entre seres racionales —que son capaces de gustarse, y de mutua respuesta y responsabilidad. El amor verdadero no puede ser desviado del nivel de encuentro entre persona y persona. El intentar "amar" alguna otra cosa, o algo menos, que la personalidad, es destruir el significado básico y correcto del amor.

Como es personal, es el ser con el cual tenemos que tratar. El ser es una realidad irreducible que yace dentro de la estructura de racionalidad. El área no-racional, o impersonal, en la cual el ser funciona no es la "morada" de la santidad o del pecado. El punto en el cual el ser racional hace contacto con otros seres racionales es donde las cualidades morales son despertadas y ejercidas. El amor, al igual que la santidad o el pecado, no es del todo amor en tanto que algo —cualquier cosa- se introduzca a sí mismo entre las personas de las que se trate. Una ley que interviene, o un regalo, o un ritual, o la metodología, impide que esto que llamamos amor suceda.

Los contrastes bíblicos entre la santidad y el pecado dan énfasis al carácter dinámico y que puede reaccionar del ser, en contraste a cualquier concepto pasivo, meramente receptivo que pudiese albergar una idea no racional y pasiva de la santidad y del pecado.

El pecado debe ser interpretado en armonía con la terminología "existencial" de las Escrituras. Los términos usados son todos muy personales. A fin de hacer la debida distinción entre las dos dimensiones del pecado, comúnmente llamado pecado *original*, y el pecado *actual* o *cometido* (o alguna otra designación), sería bueno evitar cualquier abstracción platónica completamente ajena a la Biblia. La distinción en la Biblia es un espíritu activo de "entregarse", o de dedicación, a cualquier centro fuera de Dios. La neutralidad es imposible. Cada persona y toda persona están comprometidas. Emanando de este compromiso resultan las clases de acciones que toman su carácter de su fuente. La fuente no es impersonal sino una tendencia moral por la cual cada ser humano es responsable personalmente debido a la provisión hecha para todos los humanos mediante la ofrenda y la muerte de Cristo. Nosotros no necesitamos servir al pecado; el pecado original no yace ni "más profundo" ni data "de más atrás" de nuestra responsabilidad moral. No es "algo", sino una entrega del ser a un centro controlador, que siempre es personal en sí mismo.

Las aseveraciones anteriores son "la cerca" alrededor de las convicciones acerca del pecado que deben ser examinadas en este breve capítulo. Permitiremos que Wesley presente su caso. Luego seguirán las implicaciones para una doctrina de santidad.

## EL "PECADO" EN LA ENSEÑANZA DE WESLEY

El concepto que Wesley tenía del pecado necesita ser entendido a fin de apreciar su enseñanza acerca de la santidad. En una discusión acerca de la creación del ser humano en la imagen de Dios, Wesley escribió:

> Habiendo preparado todas las cosas para él, (Dios) creó al ser humano en su propia imagen. ¿Y cuál fue el propósito de su creación? Fue uno, y ningún otro, —que el ser humano pudiera conocer a su gran Creador, y amarlo, y disfrutarlo y servirle por toda la eternidad...
>
> [El ser humano] intencional y declaradamente se rebeló contra Dios, y retiró su lealtad a la Majestad del cielo. Por lo tanto inmediatamente perdió ambos el favor de Dios y la imagen de Dios en la cual había sido creado. Puesto que entonces ya era incapaz de obtener felicidad mediante el (pacto) antiguo, Dios estableció un pacto nuevo con el ser humano; pacto cuyos términos ya no eran: "Haz esto y vivirás", sino "Cree, y serás salvo". (*Works* [Obras], VII, 229-30)

En el concepto del efecto de este pecado "original" sobre la humanidad empezamos a ver la aproximación particular de Wesley.

> ¿Quieres decir [con el pecado original], el pecado que Adán cometió en el Paraíso? Que esto es imputado a todos los seres humanos, yo lo concedo; sí, y por razón de ello, "la creación gime a una, y a una está con dolores de parto hasta ahora" "toda la creación todavía gime a una, como si tuviera dolores de parto" (NVI). Pero *que persona alguna será condenada solamente por esto, no lo concedo*, hasta que me mostréis donde está escrito. Traedme pruebas claras de las Escrituras, y me rendiré; pero hasta entonces, lo negaré completamente.
>
> ¿No deberíais mejor decir que la incredulidad es el pecado que condena, y que aquellos que sean condenados en aquel día serán por lo tanto condenados "porque no creyeron en el nombre del unigénito Hijo de Dios"? (*Works* [Obras], X, 223)

A Wesley no le importaba en lo absoluto especular sobre la manera en la cual la raza compartió el pecado.

> Si me preguntáis cómo es propagado el pecado, cómo es transmitido de padre a hijo, os contestaré llanamente, no puedo decirlo; como tampoco puedo decir cómo la raza es propagada, cómo un cuerpo es transmitido de padre a hijo. Yo sé ambos, el primer hecho y el segundo; pero no puedo explicar ninguno de los dos. (*Works* [Obras], IX, 335)

Pero Wesley sí estaba interesado en forma práctica en el hecho y el significado del pecado.

> Nada es pecado, hablando estrictamente, sino una transgresión voluntaria de una ley conocida de Dios. Por lo tanto cada infracción voluntaria de la ley de amor es pecado; y nada más si hablamos propiamente. Forzar el asunto más lejos es solamente abrir camino para el calvinismo. Pudiera haber diez mil pensamientos divagantes e intervalos olvidadizos sin que haya una infracción del amor, aunque no sin transgredir la ley adámica. Pero los calvinistas preferirían confundir y mezclar estos dos. Dejen que el amor llene vuestros corazones, y esto basta. (Edición Telford, *Letters* [Cartas], V, 322)

Y para que no resultara en la mente de ninguno un relajamiento moral demasiado grande acerca de la necesidad que cada uno tiene de reposar constantemente en la sangre de Cristo, Wesley nos recuerda que "toda desviación de la santidad perfecta es pecado". Es obvio que Wesley está hablando de dos clases de relaciones, pero esto es típico de cuán presto estaba él a definir cuidadosamente sus términos, y a no tener miedo de hacerlo cuando existía el peligro de confusión. Típica también es su convicción de que tales contradicciones aparentes deberían ser entendidas por lo que son, errores de categoría, y no verdaderas contradicciones.

Las enseñanzas de Wesley sobre la santidad estaban en armonía con su concepto del pecado. Más aún, fue su concepto de la santidad lo que hizo posible su definición del pecado. La santidad no es la antítesis del pecado (en ese orden), sino que el pecado es la antítesis de la santidad. La santidad es prior y positiva.

No es "la ausencia del pecado" en la misma manera en la que el pecado es la ausencia de la santidad. La santidad es amor; amor puro; amor personal y mutuo entre Dios y el ser humano, y entre humano y humano en el amor de Dios. El amor es la fuente del amor de Dios que fluye hacia afuera, desde el ser y que resulta en los frutos del Espíritu.

Las expresiones de Wesley sobre el significado del pecado son tan radicales y completas como cualesquiera que puedan ser encontradas en la literatura. Léase, por ejemplo, de uno de esos ocho sermones de Wesley que él consideró que contenían las verdades esenciales del evangelio.

> En primer lugar, "arrepentíos", o sea, conoceos a vosotros mismos. Este es el primer arrepentimiento, previo a la fe; equivale a la convicción, o el autoconocimiento...
>
> Conócete y ve que eres un pecador... Conoce la corrupción de tu naturaleza más íntima, por lo cual tú te has alejado mucho de la justicia original; por la cual "la carne codicia" siempre "contra el Espíritu" debido a esa "mente carnal" que es enemistad contra Dios, "y que no se sujeta a la ley de Dios, ni tampoco puede". Acepta, conoce que eres corrupto en cada uno de tus poderes, en cada facultad de tu alma; que eres totalmente corrupto en cada uno de ellos, y en que todos los cimientos están fuera de su lugar. Los ojos de tu entendimiento están oscurecidos, de modo que no pueden discernir a Dios, ni las cosas de Dios... Tú todavía no conoces nada de lo que debes conocer, ni a Dios, ni al mundo, ni a ti mismo. Tu voluntad ya no es la voluntad de Dios, sino que es completamente perversa y distorsionada, adversa a cualquier bien, alejada de todo aquello que Dios ama, y propicia a toda clase de mal... Tus afectos están alienados de Dios, y desparramados por toda la tierra. Todas tus pasiones, deseos y aversiones, tus goces y angustias, tus esperanzas y temores, están desquiciados, son o exagerados en tu intensidad, o depositados en objetos indignos. Por lo tanto no hay estabilidad en tu alma... "Sólo heridas y lastimaduras, y llagas putrefactas". Tal es la corrupción innata de tu corazón, de tu naturaleza más íntima. (*Sermons* [Sermones], VII, 81-82)

(Se sugiere que el lector lea los clásicos sermones de Wesley sobre "El Pecado en los Creyentes" y "El Arrepentimiento de los Creyentes", que son tratados extensos y serios sobre este tema.)

Wesley usó el lenguaje de la doctrina de la Reforma, y por ende es cierto que él nunca pudo librarse completamente de la implicación de un concepto substantivo del pecado, y lo cual hizo que su elevada perspectiva de la santidad pareciera una contradicción.

Pero dado que Wesley es un hombre muy astuto, es necesario oírle a él en sus propias palabras. Cuando uno tiene presente toda su aproximación, las ambigüedades, si no desaparecen completamente, cuando menos no serán absurdos. En vez de debilitar el concepto que la Reforma forjó del pecado, como se le ha acusado de hacer, Wesley razonaba que su aproximación profundizaba y fortalecía tal concepto, gracias a que él lo presentaba más estrechamente relacionado con la enseñanza bíblica. No era un concepto que le diera honra a Dios, decía Wesley, el que postulara que Dios había creado un ser humano que estaba tan ligado al pecado que Dios mismo no podía ayudarlo en su necesidad más urgente. Cuando el pecado es ubicado fuera de la naturaleza racional y responsable del ser humano, cualquier cosa que el pecado sea, deja de ser la mortífera fuerza moral y espiritual que pudiera ocasionar todo aquello que Cristo vio que era necesario hacer por la humanidad.

## CRISTO Y EL PECADO

Cualquier cosa que el pecado sea, la salvación —para ser digna de Dios— tendría que ser la destrucción de la semilla del pecado, aquí en esta vida y ahora mismo, donde es una realidad. ¿De qué otra manera podría la Escritura decir que Cristo vino a salvarnos de nuestros pecados? El meramente redefinir el pecado en un cristiano al mismo tiempo que se le deja ligado por él, y todavía condenar a un pecador por lo mismo, eso, para Wesley era inconcebible.

> Lo que la justificación menos implica es que Dios es engañado en aquellos a quienes justifica; esto es, que Él piense que son lo que, de hecho, no son; que los considere o vea en forma diferente de lo que son. La justificación no implica en manera alguna, que Dios nos juzgue en forma contraria a la verdadera naturaleza de las cosas; que nos estime como que somos mejores de lo que somos realmente, o que nos crea justos cuando somos injustos. Desde luego que no. El juicio de un Dios que todo lo sabe es siempre de acuerdo a la verdad. Ni tampoco puede ser compatible con su sabiduría inerrante el pensar que yo soy inocente... porque alguien más lo es. Él no me puede... confundir con Cristo más que lo que puede confundirme con David, o con Abraham. (*Works* [Obras], V, 54)

El ser humano no puede echar mano de la justicia de Cristo o aducirla en lugar de la suya propia. El carácter no puede ser transferido o imputado. Pero el ser humano puede ser declarado justo por la fe (cuando la fe es definida como la Biblia la define).

Tan trascendental es el pecado, tan lejos van sus efectos, tan destructivo es, tan eternamente serio, que Cristo vino para salvarnos de él, no sencillamente a condonar el pecado en nosotros. Si leemos otra vez con mucho cuidado *La perfección cristiana* dejaremos de acusar a Wesley de que en su doctrina haya el menor grado de pelagianismo. En esta obra clásica suya, Wesley afirma que el ser humano no es capaz de llegar a ser santo aparte de la gracia, ni jamás llegar a ser santo en el sentido de que no necesita depender constantemente en la expiación de Cristo. La santidad, dice Wesley, no reside en el ser humano, sino que es sostenida en la relación de los seres humanos con Dios. Si Cristo removiese su presencia del más santo de los humanos por un solo momento, ese ser humano sería impío, dijo Wesley.

En ningún punto es el tema de la relación personal (entre Dios y el ser humano) más claro e importante que aquí. La santidad consiste en esta comunión personal sin obstrucciones, en este compañerismo profundo y personal con Dios. Dios busca nuestro amor y nos da su amor sin medida. El pecado es sencillamente la ausencia de esta relación porque el ser humano la ha repudiado. Este rechazo es ético hasta su médula y tiene consecuencias en todas las áreas de la vida racional del ser humano, y afecta todo lo que el ser humano toca. Esta ruptura es una fuerza desintegradora, religiosamente, en el psique de la persona que está pecando, en la sociedad, en el mundo, en todas las relaciones que él mantiene con personas y con objetos.

## GRACIA PREVENIENTE

Se ha escrito mucho acerca de lo que Wesley creía acerca del pecado, y no es necesario que mucho más sea desarrollado sobre este particular aquí, como no sea señalar la manera en que ello se relaciona con la soteriología. Siempre que la teología de la Reforma base toda la salvación en la mera "gracia de Dios", Wesley está de acuerdo, y de todo corazón. Pero él no encuentra argumentos en las Escrituras para apoyar la posición de que la gracia salvadora esté reservada sólo para unas cuantas personas selectas —y aun en el caso de éstas, por referencia específica a individuos particulares. La gracia, que no es nada más que el amor de Dios, no es selectiva, de acuerdo a las Escrituras. Todo lo contrario, éstas dicen que la gracia incluye a todos los seres humanos: "De tal manera amó Dios al mundo" (Jn 3:16). La Biblia nunca dice que el amor es limitado en manera alguna.

A este amor que ha sido derramado, Wesley lo llama la gracia preveniente, o gracia que previene. Todos los seres humanos han sido preservados para ser "salvables". Ningún ser humano se puede salvar a sí mismo. No puede aducir o clamar mérito o crédito por cosa buena alguna que haga jamás. Antes de que ejerciera su habilidad, esta gracia preveniente le había sido dada, y el poder para usarla también es un don de Dios. De modo que ningún ser humano está ahora en un mero estado natural, sino que está bajo los privilegios y las responsabilidades de la gracia. La gracia no es el poder irresistible de Dios que vence la voluntad del ser humano, sino que es la mano amorosa de un Padre que capacita al niño a usar los recursos que previamente ese Padre le había dado.

> No [hay] excusa para aquellos que continúan en pecado, y que le echan la culpa a su maestro al decir: "Dios es el único que debe vivificarnos, pues nosotros no podemos vivificar nuestras propias almas". Pues aun

concediendo que todas las almas de los seres humanos estén muertas en pecado por naturaleza, esto no excusa a nadie, puesto que no hay ninguna persona que esté en un estado de mera naturaleza; no hay ser humano, a menos que haya apagado al Espíritu, que esté completamente desposeído de la gracia de Dios. Ningún ser humano viviente está enteramente destituido de lo que vulgarmente es llamado la conciencia natural. Pero ésta no es natural. Más correctamente debería ser llamada la gracia preveniente. Cada ser humano tiene una mayor o menor medida de esta gracia, la cual no espera por el llamado del ser humano... Toda persona tiene alguna medida de esa luz, algún tenue rayo resplandeciente, que, tarde o temprano, más o menos, ilumina a todo ser humano que viene al mundo... Ningún ser humano peca porque no tiene gracia sino porque no usa la gracia que tiene. (*Works* [Obras], VI, 512)

En todo respecto, y a pesar de los efectos del pecado sobre la raza humana, y en la vida personal del individuo, el aspecto personal de la relación entre el ser humano y Dios define y prescribe el significado del pecado y la libertad de éste. Enseñar esta libertad espiritual fue a lo que Wesley dedicó toda su vida, y a la cual condujo a miles de personas. La santidad es plenitud de amor mutuo, grande o pequeño, limitada por la capacidad de la persona en un momento dado, pero sin embargo, amor cabal, limpio y total. La perfección es integridad de amor. La integración puede sólo ocurrir en la estructura de ese amor. Sin amor, la desintegración, el pecado, la muerte y el infierno siguen inevitablemente.

## EL PECADO, UN PROBLEMA RELIGIOSO

Cuando Wesley hizo su entrada a esta área de pensamiento estaba conscientemente siguiendo una de las intuiciones y afirmaciones de Agustín, esto es, que el pecado es un asunto religioso. El pecado es amor pervertido, y no en primer lugar la concupiscencia, puesto que ésta es la consecuencia del pecado, no su causa. Ninguno de los factores o funciones esenciales de lo humano se perdió en la caída, pero la totalidad de la naturaleza moral del ser humano está desquiciada. Como un hecho religioso, en primer lugar, el pecado es una ruptura de compañerismo con Dios. La santidad es la sanidad de la enfermedad religiosa. El compañerismo puede ser restaurado de acuerdo a las condiciones de Dios, y sólo así. Esto es el principio de la integración del todo de la vida personal, la cual entonces se proyecta hacia la vida social y al mundo, y finalmente hacia la tierra misma.

Cualquier teoría del ser humano y del pecado que hiciera burla de la muerte de Cristo producía el menosprecio más agudo de parte de Wesley. Para él, cuando el pecado fue puesto tan atrás y tan profundamente que la naturaleza esencial, racional y responsable del ser humano fue destruida al punto que la persona no podía ser restaurada a la imagen de Dios en esta vida, el pecado ya no era pecado en el sentido evangélico. Ha perdido su significado religioso y ético. El pecado que yacía detrás de aquello que es personal no era de interés para Wesley, pues para él en el sentido religioso no tenía significado. En su sermón intitulado "A Blow at the Root, or, Christ Stabbed in the House of His Friends" [Un golpe a la raíz, o Cristo atacado en la casa de sus amigos"], basado en el texto, "Judas, ¿con un beso entregas al Hijo del Hombre?" (Lc 22:48), Wesley presenta el punto con inmensa claridad de que un concepto erróneo del pecado destruye la mismísima santidad que la muerte de Cristo intentó proveer. Wesley el hombre deliberado y calmado, el hombre de perfecto autocontrol, acumula tal pasión en este sermón que se acerca al peligro de exagerar el caso de sus opositores.

> "Sin santidad nadie verá al Señor". ... No hay nada debajo del cielo que sea más seguro que esto... Nadie vivirá con Dios que ahora no viva para Dios; nadie disfrutará la gloria de Dios en el cielo, sino aquel que lleva la imagen de Dios en la tierra; nadie que no es salvado del pecado aquí puede ser salvado del infierno en el más allá; nadie puede ver el *reinado* de Dios arriba, a menos que el reino de Dios esté en él aquí abajo...
>
> Y empero, tan seguro como esto es, y tan claramente como es enseñado en cada parte de la Santa Escritura, difícilmente hay una entre las verdades de Dios que sea menos recibida por los seres humanos. (*Works* [Obras], X, 364)

Después de demostrar que así era el caso entre los "paganos", la iglesia romana y algunos protestantes, Wesley declara la posición que, en su opinión, está de acuerdo con la Palabra de Dios.

> Ningún ser humano puede tener la mente que estuvo en Cristo Jesús hasta que haya sido justificado por su sangre, hasta que haya sido perdonado y reconciliado con Dios a través de la redención que es en Jesucristo. Y nadie puede ser justificado, ellos están bien asegurados (de ello), sino por la fe, y por la fe solamente...
>
> ¿Qué evasión hay ahora? ¿Qué derrotero podía Satanás tomar para hacer que toda esta luz no tuviera efecto alguno?... Pues nada menos que persuadir al mismísimo ser humano que la había recibido, a "convertir la gracia de Dios en lascivia". Con este propósito apareció Simón el Mago otra vez, y enseñó "que Cristo lo había hecho, y sufrido, todo; que siendo que su justicia nos es imputada a nosotros, no necesitamos ninguna nuestra; que siendo que hay tanta justicia y santidad en Él, no tiene que haber ninguna en nosotros; que el pensar que tenemos alguna, o que deseamos tener alguna, es renunciar a Cristo; que desde el principio hasta el fin de la salvación, todo es en Cristo, nada en el ser humano...".
>
> Este es efectivamente "un golpe a la raíz", la raíz de toda santidad, toda la verdadera religión. De esa manera Cristo es "atacado en la casa de sus amigos"... Pues dondequiera que esta doctrina es cordialmente recibida, no deja lugar alguno para la santidad... Hace que los seres humanos tengan miedo de la santidad personal, temerosos de atesorar cualquier

idea de ella, o de dar un paso hacia ella, no sea que nieguen la fe, y recha-
cen a Cristo y su justicia. (*Works* [Obras], X, 366)

Hay tanto material en las obras de Wesley sobre el tema del pecado, que uno
se ve tentado a introducir más y más de ello al estudio de su posición. La conclusión de ello es que el verdadero asunto no es: ¿No es la santidad una norma demasiado alta para que el mero humano la alcance? sino, ¿Estamos definiendo el
pecado en tal manera que nos cegamos a nosotros mismos en cuanto a lo que las
Escrituras nos dicen acerca de la santidad? Cuando la pregunta se hace así, estamos aproximándonos a todo el problema desde el punto de vista bíblico.

## LA SANTIDAD Y EL PECADO TAL COMO SE RELACIONAN CON EL AMOR

Es el énfasis que Wesley le da a la santidad lo que se vuelve la clave no sólo al
significado de la santidad, sino también al significado del pecado. El pecado es
amor, pero amor extraviado. El ser humano es una criatura que no es libre de no
amar algo. Es una persona comprometida. Cada acto consciente reafirma ese
compromiso —o lo desafía. El amor es la motivación más poderosa de la persona humana; el hecho más profundo acerca del ser humano racional. Pero es
exactamente en esta motivación en donde el ser humano es más libre y más responsable. El amor "por coerción" no es en efecto amor. En ningún punto es el
ser humano más responsable, y por lo tanto más "libre", que en la ordenación de
su amor. Él no es el esclavo de su amor a menos que su humanidad se rinda a
impulsos impersonales. Uno puede renunciar a su humanidad pero no es por eso
absuelto de la responsabilidad de haberlo hecho.

Los seres humanos se encuentran a sí mismos amarrados por su propio amor
en una órbita alrededor de un centro. El pecado es amor encerrado en un centro
falso, el yo. La falsedad siempre es multifacética, fuera de centro y destructiva. El
pecado es la distorsión del amor. Es un substituto de lo real, pues se parece a él
superficialmente. Pero el pecado no puede "entregar" lo real. No puede crear.
Destruye el bien que busca. El pecado dice: "Mira la libertad que ofrezco, sin
ninguna de las restricciones y trabajo y conformidad que Dios demanda. Descarta las reglas atrofiantes y restrictivas de Dios. Empieza a disfrutar el fruto sin
cultivar tediosamente la vid. Ten el amor, a precio barato o gratuito". Pero nadie
puede continuar amando lo falso y permanecer íntegro. El pecado lleva la semilla de su propia destrucción.

La santidad es el amor amarrado al Verdadero Centro, Jesucristo, Señor
nuestro. Siendo "verdadero", todo el ser —y progresivamente toda la vida— llega a estar en armonía y en plenitud y fuerza.

Al poner el pecado en yuxtaposición con el amor, algo se ha dicho acerca de lo que el pecado es, y lo que involucra el ser libre de él. Debe decirse otra vez que el amor es una cualidad personal, una relación establecida con personas o en contra de ellas. Tiene que ver con la naturaleza de su objeto. El objeto contesta, y al hacerlo define la cualidad del amor. La esencia de la humildad y de la verdadera grandeza moral es el fijar uno su corazón en Dios. El epítome del orgullo y de la arrogancia carnal es el elevar uno su propio miserable yo a la pretensión de ser un dios. Y aquí está "donde las aguas se dividen" entre la santidad y el pecado; la integración contra la destrucción, la vida contra la muerte. "Escogeos hoy a quién sirváis". "Nadie puede servir a dos señores". "No podéis servir a Dios y a las riquezas".

## LA SANTIDAD — EL NUEVO AFECTO

Pero esto deja un asunto vital más para ser considerado. Concedido que la tenacidad del amor tal vez sea el lazo más irrompible del espíritu humano, y que se manifiesta sea como la vitalidad moral poderosa e indestructible de cristianos heroicos o en la indescriptible corrupción de seres humanos hundidos en bajeza moral y en brutalidad fría. ¿Cómo es posible cambiar el compromiso del amor de un objeto al otro? ¿Cómo puede ser humano alguno cambiar de una órbita a otra? ¿Cómo puede cualquier coup d'etat trastornar la antigua dinastía de la adoración del yo cuando es el yo el que debe actuar? La contestación es breve y al punto: No puede hacerlo *con sus propias fuerzas*.

Esta barrera no podría ser asaltada de no ser por la gracia de Dios. Pero un concepto demasiado superficial de la gracia puede traicionar la verdad en este punto. Debe haber alguna manera en la que Dios puede hacer posible para el ser humano que esté más firmemente atrapado en las consecuencias de su propia decisión, el hacer la traumática decisión contraria que el nuevo compromiso demanda sin robarle el único derecho a la libertad que le hace un ser humano y no un autómata.

Dios actúa, pero actúa en magnificencia moral. Él se gana la entrada al corazón humano mediante un despliegue opuesto de amor y realización. "Dios estaba en Cristo, reconciliando consigo al mundo". El esplendor de la realidad y la promesa de Dios desplaza los amores contrarios hacia las sombras. Dios no quiere ganar la entrada al corazón humano por la fuerza. El despierta las esperanzas ajadas de los seres humanos hasta que los amores viejos y vulgares se ven corruptos y vergonzosos. Dios ataca el "querer" en el ser humano. Hay algo de verdad en la teoría de la expiación de Pedro Abelardo, quien consideraba la muerte de Cristo como una demostración del amor de Dios designada para ganar la confianza y la lealtad de los seres humanos. Desde luego que es algo más, pero también es un acto reconciliador de amor.

Dios actúa en la única área de la verdadera libertad del ser humano y hace que la decisión sea, no sólo posible y deseable, sino obligatoria. Ningún ser humano tiene la libertad de no tomar una posición relativa a la decisión moral a la luz de esta profundísima autorrevelación divina y oferta de vida. Dios actúa en la única área de la existencia del ser humano en la que el verdadero cambio principia. Él no demanda una decisión fría, sin motivación, deliberada y puramente intelectual de cambiar el objeto al que uno se ha comprometido, del yo al Dios. El Espíritu de Dios viene una y otra vez para manifestar la belleza de Cristo y la excelencia de su señorío, y en contraste con ello, la pobreza y la fealdad de los propios logros de uno, y sus posesiones.

Verdaderos valores morales y espirituales son determinados en comparación y en contraste. La vida y la muerte son puestas delante de nosotros con toda la atracción del amor de Dios contrastado con la oscuridad y la muerte. Sólo en esta hora santa puede cualquier ser humano moverse hacia Dios; nunca puede hacerlo aparte de la iniciativa de Dios. Jesús dijo: "Si yo no hubiera venido… no tendrían pecado; pero ahora no tienen excusa por su pecado" (Jn 15:22). Jesús trajo luz y atracción tanto como la motivación para amarlo, y nosotros podemos amarlo porque Él nos amó primero. Hay una medida innegable de verdad en el título del libro, *El Poder Expulsivo de un Nuevo Afecto*.

## EL "VIEJO HOMBRE" VERSUS EL "NUEVO HOMBRE"

Al principio de este capítulo hicimos la declaración de que el pecado sólo puede ser definido apropiadamente contra el fondo de la santidad, y de que ni el pecado ni la santidad pueden ser discutidos significativamente como abstracciones, o separadamente del todo de la religión. Por lo tanto, una discusión del pecado no sería adecuada si no le diera atención al significado de los términos paulinos "viejo hombre" y "nuevo hombre", así como del significado de Adán y Cristo en relación a estos términos y en relación el uno con el otro.

Aquí es necesario introducir un concepto hebreo que aparece en la teología como "cabeza federal", y en estudios bíblicos como "personalidad corporativa". Edmond Jacob cita a Wheeler Robinson, quien da la "formulación clásica" de esta idea: "Todo el grupo, incluyendo sus miembros pasados, presentes y futuros, funciona como un solo individuo a través de cualquiera de sus miembros que es visto como el representante del grupo".[1] En la forma hebrea de pensar, el individuo y la "cabeza" de la comunidad de la cual (el individuo) era parte, mantenían una relación entre sí, relación de unidad real, no ideal. La cabeza era una "encarnación" de cada unidad en el grupo. Cada individuo "encarnaba en su propia persona a toda la comunidad", o sea que "el individuo podía ser concebido como que estaba en la comunidad, y ésta en los individuos".[2]

Este parece ser el sentido en el cual Pablo concibe que todos los seres humanos estén en Adán. La estructura substantiva, biológica de la raza frecuentemente ha sido hecha la base de una teoría materialista del pecado y de su transmisión sobre la base de los comentarios que Pablo hace en Romanos 5. Un análisis más profundo de este pasaje demostrará lo inadmisible de tal interpretación. Lo que quiera que Pablo haya querido decir en ese pasaje, el contraste directo por analogía entre estar en Adán y estar en Cristo pone ambos en una estructura de pensamiento espiritual, no de substancia. Wesley expresa esta idea de la siguiente manera:

> Mi razón para creer que Adán es la cabeza federal de la humanidad es esta: Cristo era el representante de la humanidad cuando Dios "puso en él el pecado de todos nosotros, y él herido fue por nuestras transgresiones". Pero Adán era un tipo, una figura de Cristo, (y) por lo tanto también era, en cierto sentido, nuestro representante; en consecuencia de lo cual, "todos murieron" en él, así como "en Cristo todos serán vivificados". (*Works* [Obras], IX, 332)

Más pertinente aún a nuestro argumento es el comentario que Wesley hace después en la misma discusión, en el cual cita y aprueba una parte de la propia decisión de su oponente:

> Así como Adán era una persona pública, y actuó en el nombre o lugar de toda la humanidad, así Cristo, de la misma manera, fue una persona pública, y actuó en pro de todo su pueblo; para que así como Adán fue el primer representante general de la humanidad, Cristo fue el segundo y último; para que aquello que ellos hicieron separadamente en esta capacidad, no fuera diseñado para que terminara en ellos mismos, sino que afectara a tantos como ellos separadamente representaban". ...
>
> [Wesley añade:] Esta es, sin duda alguna, la verdad. Pues "todo lo que se perdió para nosotros por la desobediencia de Adán es cabalmente recuperado por la obediencia de Cristo; no importa cómo denominemos la relación en la cual vemos el uno y el otro". En esto estamos de acuerdo. (*Ibid.*, p. 333)

Esta es la analogía que Pablo usa para ligar a todos los seres humanos con Adán (*anthropos*). Como cabeza de la raza, Adán representa a todos los seres humanos, y puede decirse que lo que él hizo, todos los humanos lo hacen. En Adán, los seres humanos nacen en una raza que está "alejada de la vida de Dios". El centro de su devoción no está en Dios, sino en el orgullo, en el yo y en las cosas "de este mundo". Todo lo que "en Adán" representa es "el viejo hombre", la orientación falsa y destructiva del yo fuera de Cristo. Este es el "reinado del mundo", el reinado de pecado y de muerte, el *locus* y el dominio del pecado.

Esta situación define al pecado, el cual no es un simple "principio", sino un hecho existencial en la experiencia de la raza y de cada humano en la raza. Wesley lo describe atinadamente.

> Si el ser humano estuviese dispuesto a encontrar las miserias de su caída, su entendimiento podría proporcionarle razones para lamentarse constantemente; para negarse y despreciarse a sí mismo; podría señalarle los tristes efectos de alejarse de Dios y de perder su Espíritu, en la vergüenza y angustia de una naturaleza que está en conflicto consigo misma; sedienta de inmortalidad, y empero sujeta a la muerte; aprobando la justicia, y empero recibiendo placer en cosas que chocan con ésta; sintiendo una inmensa falta de algo para perfeccionar y satisfacer todas sus facultades, y sin embargo, ni pudiendo saber lo que ese algo poderoso podría ser, de otra manera que no fuese por sus defectos presentes, ni cómo alcanzarlo, de otra manera que marchando en contra de sus inclinaciones presentes. (*Works* [Obras], VII, 510)

En contraste total con esto está el señorío de Cristo, el Segundo o Último Adán, el "nuevo hombre". Cristo es la verdadera Cabeza, el Primogénito de todas las criaturas, cuya autoridad ha sido usurpada por el "viejo hombre". En este punto es revelado el profundo significado de la encarnación. Cristo, como la verdadera Persona Corporativa (en relación a la humanidad), toma sobre sí mismo toda la herencia del pecado de la raza humana. Nadie más puede hacer esto. Él es el Señor del reino de Dios. En Él se encuentra la reversión de todo lo que el viejo hombre ha hecho. Mediante su muerte y su resurrección, Cristo ha establecido su señorío y pone fin a la alienación de la raza, su separación de Dios. Él es Dios con nosotros, Emmanuel. En Cristo, la verdadera Cabeza de la iglesia, los seres humanos llegan a ser uno con la nueva Personalidad Corporativa. En cada creyente la vida total de la nueva raza es encarnada; y Cristo, la Cabeza, incorpora en sí mismo, como el Nuevo Hombre, a cada creyente. Este es el reino de Dios. Esta es la vida de Dios en cada cristiano. Cuando Jesús dijo: "*Yo soy el camino, y la verdad, y la vida*", estaba contrastando su dominio con el camino contrario, destructivo y engañoso que era la mentira y la muerte. La orientación adámica es este camino falso.

Esto debe dar significado práctico a las extrañas frases de Pablo, "habiéndoos despojado del viejo hombre con sus hechos", y, "vestíos del nuevo hombre" (Col 3:9 y Ef 4:21-25). Este acto de renunciación total a las lealtades y dedicación a la vida caracterizada por Adán, y el nuevo alineamiento total con Cristo el Nuevo Hombre, constituyen un comentario vívido sobre el significado tanto del pecado como de la santidad. Estos ponen también la nueva responsabilidad para servir bajo el Reino que uno escoja, precisamente en la persona individual que viene a Cristo.

A continuación incluimos algunos de los pasajes del Nuevo Testamento que ilustran vívidamente el contraste entre los dos caminos:

## SANTIDAD VERSUS PECADO

**SANTIDAD...**                    **...PECADO**

Mateo 6:24. Servir a Dios

*Servir a las riquezas*

Juan 3:16 (et al.). Creer en Jesús

*Incredulidad (rechazo)*

Romanos 1:25. La verdad de Dios cambiada
por...

*"La Mentira".*

Romanos 6:13, 16. Someterse a Dios... Vida
eterna

*Someterse al pecado... Muerte*

Romanos 6:19. Someted vuestros miembros a
la justicia para santificación.

*Miembros sometidos a la impureza para muerte.*

Romanos 8:2. "La ley del Espíritu y de vida en
Cristo Jesús".

*"La ley del pecado y la muerte".*

Romanos 8:5. Aquellos que son del Espíritu se
ocupan de las cosas del Espíritu.

*Los que son de la carne se ocupan de las cosas de
la carne.*

Romanos 8:6. La mente del Espíritu es vida y
paz.

*La mente de la carne es muerte.*

1 Corintios 12:3. "Jesús es... Señor".

*Jesús es "maldito".*

Gálatas 5:16-24. El fruto del Espíritu
(detallado).

> *Las obras de la carne [detalladas].*

Efesios 4:25. Hablar la verdad.

> *Hablando la mentira.*

1 Tesalonicenses 4:3, 7. La voluntad de Dios,
vuestra santificación.

> *Inmundicia y contaminación moral.*

1 Pedro 1:14-15. Sed santos en toda vuestra
conducta.

> *Conformados a las pasiones de su antigua igno-rancia.*

Gálatas 6:8. El que siembra para el Espíritu
segará vida eterna.

> *El que siembra para su carne, de la carne segará corrupción.*

En resumen, el pecado y la santidad deben ser entendidos en dimensiones espirituales y morales, más que en dimensiones substantivas o matemáticas. Estos términos deben ser medidos ante el fondo de la perfección más alta. Jamás pueden ser verdaderamente evaluados en términos de unidades porque son morales y personales (individual y social) de principio a fin. Y por ser personales describen valores morales, nunca adiciones o substracciones matemáticas.

Algo de estas comprensiones erróneas han ocasionado las aberraciones teológicas que el wesleyanismo intenta corregir. En cierta tradición, la limitación del alcance o extensión de la expiación, es el resultado de calcular el pecado en términos de peso o de número o legales. Esta posición afirma que Cristo murió por una cantidad específica y medida de pecado, ni más ni menos, pues de otra manera todo el resto del pecado estaría "pagado", y todos los seres humanos serían salvos. Otra tradición teológica afirma que el mérito de Cristo cancela sólo el "pecado original". La persona bautizada de allí en adelante hace satisfacción por todos sus propios pecados cometidos en su vida diaria.

En algunos grupos religiosos hay la tendencia a despersonalizar el "pecado original". El principio de pecado es distinguido agudamente de los pecados cometidos, y frecuentemente se hace alusión a ello como un "algo". Está "más atrás y más abajo" que la persona, y más allá del lugar o punto al que el lenguaje puede llegar o el pensamiento concebir —una substancia concreta con existencia real apegada en alguna manera a la substancia del alma pero no esencial a ella. El acto de ser "removido" es quitado de la responsabilidad moral de los seres humanos, y divorciado de una respuesta consciente a las demandas de la gracia. No hay manera alguna de pensar que sea menos bíblica ni más mágica. (Cualquier concepto de adquirir lo que queremos sin recurrir a los medios apropiados es una creencia en magia. Es un intento de pasar por alto los medios causales entre el sueño y la realidad).

Los seres humanos siempre están tratando de encontrar alguna manera de escapar de la responsabilidad personal de ser lo que son, y de evitar el tener que confesarlo y de hacer algo sobre el particular. James R. Dolby lo expresa de esta manera:

> Usted y yo somos básicamente deshonestos... Nos hemos traicionado a nosotros mismos. Con demasiada frecuencia creemos las mentiras que estamos procurando que otros acepten...
>
> La falta de honestidad personal es una enfermedad insidiosa. Una vez que ha principiado, lentamente destruye a la persona, hasta el grado en que ya no se da cuenta que se ha traicionado a sí misma.[3]

Ellos están (o nosotros estamos) buscando un escape del mal interior en alguna manera mágica que evada la demanda madura de enfrentar las demandas morales cara a cara. "Algunas personas en el nombre del cristianismo usan una forma de magia teísta para ayudarles a escapar de la responsabilidad de hacer una decisión".[4]

El problema del ser humano no es una subestructura de alguna substancia ajena que se le pegue a su alma, sino su propia alienación de Dios. "Su problema no es ignorancia sino desobediencia, infidelidad y la obstinación del corazón".[5]

En breve, la sicología bíblica es personal y se ocupa completamente con relaciones personales, individuales y sociales. La relación de Dios con los seres humanos ocurre en un contexto personal e histórico, y la respuesta del ser humano a Dios no puede ser medida por ninguna medida de unidades. El mensaje bíblico se enclava en el corazón de la humanidad, allí mismo donde el nivel más profundo, más responsable y más personal de la vida es realizado. Es ético en el sentido más real y profundo.

## Notas Bibliográficas

1   Edmund Jacob, *Theology of the Old Testament* (Nueva York: Harper and Row, 1958), p. 154.
2   *Ibid.*, p. 155.
3   James R. Dolby, *I, Too, Am a Man*, (Waco: Texas, Words Books, 1969), p. 3, 6.
4   *Ibid.*, p. 8.
5   *Ibid.*

# CAPÍTULO 9

# El Significado de "Moral"

La totalidad del evangelio es ubicada dentro del marco de la historia y de la personalidad responsable. Dios es personal. Los humanos son personas. Dios comunica algo de sí mismo. Los seres humanos responden o reaccionan en actitudes y decisiones conscientes y significativas. Palabras tales como *personal, amor, decisión, relación personal,* y *moral* son importantes para discutir asuntos relacionados al evangelio. Las buenas nuevas son que algo que Dios hizo, y que hace, abre el camino a Él, pero la Biblia pone mucho peso en su discusión de la clase de acciones que el ser humano debe tomar si ha de aprovechar el amor de Dios.

No hay mensaje más importante que pueda declararse que este: la santificación personal debe ser expresada en términos de relaciones personales. Esto toma precedencia sobre la metodología y entiende la realidad central de persona-a-persona en todos los aspectos de la experiencia cristiana. La importancia de este concepto se vuelve algo trastornador cuando un concepto "de contrabando", y substantivo de la naturaleza humana, se "mete" bajo el manto de términos teológicos bíblicos y wesleyanos. En esta manera de pensar, el gran golfo (que ocasiona una "brecha de credibilidad") entre ideas, o absolutos teológicos, y la vida práctica conduce a la seccionalización de la vida. Esto es fatal para el cristianismo genuino.

Este divorcio separa y "sella" el verdadero yo de una autocrítica sana, tan necesaria para la auténtica vida e integridad cristianas. Da lugar a un falso sentido de seguridad que acompaña la experiencia mecánica, y la experiencia emotiva que ha sido tradicionalmente aceptada como la evidencia de estados genuinos de gracia.

Una interpretación substantiva del yo, del pecado, de la santidad, y hasta del Espíritu Santo, priva a los seres humanos de una base para la comprensión de todos los aspectos de la redención como una relación moral con Dios y los seres humanos. Cuando estos asuntos espirituales son reducidos al nivel de substancia, todo el edificio de la santidad es fatalmente comprometido. El peligro es que el lenguaje de la Biblia, tan cabal y saludablemente espiritual y sicológico, puede ser endurecido por las demandas justas de la teología hasta convertirse en categorías no personales que se sometan a una manipulación no moral, y tal vez hasta mágica.

Así que una comprensión correcta de estos términos es inmensamente importante para una comprensión del wesleyanismo. La teología wesleyana recalca lo *personal*. Dios hizo al ser humano como una *persona*. La imagen de Dios tiene que ver con cualquier cosa y todo aquello que una persona es. *Persona* y *personal* son conceptos difíciles de explicar. Se refieren a una realidad muy objetiva y enfocada, pero la aproximación se puede hacer mejor a través de lo que una persona hace que a través de lo que es.

Ni las Escrituras ni Wesley especulan acerca de la naturaleza del ser humano, ontológicamente. Ambos están profundamente interesados en su "corazón", o su motivación —que es un punto sobre el que no es posible poner un dedo y decir: "Este es el *locus* del ser humano". No estamos relegando al ser humano a un mero "caudal de consciencia", que no es nada sino una ontología negativa. Sencillamente consideramos al ser humano en este estudio como la Biblia lo hace: una persona a la cual Dios le habla, y que puede contestar en una conversación genuina.

Nunca será posible entender a Wesley o a las Escrituras si el corazón, como el centro moral de la persona, no es mantenido lejos de cualquier consideración de substancia. El llamarle "el agente", como algunos hacen, no resuelve el problema. *Agente* es tan indefinible como *corazón* o persona. Nosotros quedaremos satisfechos de hablar del yo como el punto focal de todo lo que un ser humano es —cuerpo y mente, corazón y espíritu, conciencia y voluntad. En este punto el ser humano "es".

Mucho de lo que el ser humano *es*, lo deriva de su herencia, de su cultura, de su relación con el presente total, pero no está encerrado desesperadamente en esta "prisión". En maneras que dejan perplejas a la filosofía y a la ciencia, el ser humano puede elegir, y lo hace, cursos de acción contrarios, y al hacerlo se vuelve un "ser humano nuevo". Jesús dijo algo acerca de cualquiera que sea lo que hay en el ser humano que toma posiciones acerca de "las preocupaciones finales"; y la condenación o aprobación del ser humano, en los ojos de Dios, dependía en lo que el ser humano hacía sobre este particular.

Es necesario hacer un estudio más profundo de los comentarios de Jesús acerca de la "naturaleza" del ser humano. Él dijo: "Pero lo que sale de la boca, del *corazón* sale; y esto contamina al hombre, porque del corazón salen los malos pensamientos, los homicidios, los adulterios, las fornicaciones, los hurtos, los falsos testimonios, las blasfemias. Estas cosas son las que contaminan al hombre..." (Mt 15:18-20).

Pero el corazón, por perverso que sea, no es un lugar sino una disposición. Puede producir perversidades que hacen inmundo al ser humano, pero también puede amar a Dios y al prójimo, y de esa manera agradar a Dios. Este concepto de corazón como el centro reinante de la personalidad no debe ser olvidado cuando el problema del pecado sea discutido —así como cuando se manejen los temas de la santidad, de la perfección, de la purificación y todas las demás facetas de la teología y la práctica cristianas. ¿Sería sacar más palabras de la boca de Jesús que las que Él quiso decir, o de las que podría defenderse, decir que no es el hombre (*anthropos*) lo que contamina al corazón, sino el corazón lo que contamina al hombre? El pecado, entonces, no está en "la humanidad" del ser humano (un concepto genérico) sino en el mismo centro de la vida motivacional de los individuos —eso que hace que un humano sea una persona. Esto, también, es el *locus* de la santidad. La santidad tiene que ver con el corazón, o centro del ser humano. Trata con esa parte que ama, no *primordialmente* con el ser humano corporal. Así como el pecado tiene consecuencias en la vida, así la santidad tiene consecuencias en la vida.

Siempre ha sido la más profunda convicción del wesleyanismo que la Biblia tiene algo que decir de las relaciones morales de los seres humanos y no acerca de áreas subracionales y no personales del ser. El pecado básicamente es la autoseparación (de la persona), de Dios, no en distancia que pueda medirse, sino en la falta de parecido moral, y en alienación espiritual. La santidad es moral hasta la médula —amor a Dios y al hombre. Estas son cualidades del ser en relación con la persona de Dios y de los seres humanos.

Afirmar que la santidad y el pecado son relaciones personales, no cosas que puedan ser contadas y pesadas, frecuentemente suena como una traición de la doctrina de santidad, y en realidad, herejía. Cuando las mismísimas palabras en las Escrituras que emanan de las situaciones más vitales y vivientes son interpretadas en una forma que les priva de vida, una transvaloración del evangelio se vuelve tanto alarmante como peligrosa. Y el que la exégesis bíblica se vuelva la víctima de esta transvaloración es una tragedia espiritual.

La tendencia a despersonalizar el mensaje cristiano permite una evaluación de la vida espiritual mediante medidas de cantidades que destruyen totalmente el significado de ellas. Las cualidades se pierden cuando se intenta sumarlas y restarlas. Sydney Harris, en su columna periodística intitulada "Strictly Personal" [Estrictamente Personal], cita a José Ortega y Gasset, el gran pensador español, como diciendo: "El mínimo es la unidad de medida en el mundo de cantidades, pero en el mundo de los valores, los valores más altos son la unidad de medición". La característica de la cantidad es que es medida por las unidades más pequeñas. Computamos cantidades al añadir o restar, y al comparar el valor con procesos matemáticos, con unidades de peso y de tiempo.

Pero la peculiaridad de los valores de calidad es que son medidos en comparación con la perfección más alta. Las cosas impersonales son contadas; las excelencias personales son comparadas con lo mejor que puede ser concebido. Un matrimonio perfecto no es la suma total del número de regalos y de besos, sino la medida del amor, y la lealtad y la devoción perfectos. El juzgar la experiencia religiosa personal usando la norma equivocada de medición es distorsionar el significado de la religión. Cuando el progreso espiritual es calculado en términos matemáticos, el resultado será encontrar las tensiones y frustraciones máximas así como la ambigüedad entre la teología, las Escrituras y la sicología. Y definitivamente tales tensiones y tal ambigüedad no se encuentran en las Escrituras. La obsesión por hallar cierto número de obras de gracia en las Escrituras cegará al investigador y le impedirá ver el imperativo moral, el cual es lo único que puede hacer que las "obras de gracia" sean significativas.

Hasta este punto, nuestro estudio ha procedido sobre la convicción de que la manera más fructífera de interpretar la teología wesleyana, o de santidad, es mediante la afirmación de la interacción de la cual habla, como *una relación personal entre el ser humano y Dios.*

La relación personal no significa sencillamente que Dios es personal, que tiene una voluntad, que inicia una acción inteligentemente, y que Él es un ser racional. Las personas pueden actuar, y actúan, con propósito hacia la realidad impersonal o no personal. Un carpintero clava clavos. Un dentista hace orificios en los dientes. Un campesino conduce a un rebaño de animales a pastar. Las personas pueden imponer su voluntad sobre otras personas, y lo hacen. En la sociedad humana estas relaciones "impersonales" pueden prevalecer y prevalecen. En una "sociedad de computadoras" los individuos se vuelven mucho más esclavos de la tecnología que lo que la gente común y corriente se da cuenta. El "promedio" es el ideal y la justificación para la mediocridad. El consenso es la verdad. La costumbre es rey. La publicidad astuta substituye el pensamiento. Los comentaristas moldean la opinión. Alguien que prefiera no molestarse en hacer decisiones podría vivir sin tener que hacer muchas de ellas. Alguien que prefiera pensar tendría que pagar un precio muy alto por ser persona —el martirio, más o menos sangriento, pero igualmente real.

Si trasladamos este concepto a la teología, el cuadro se torna más claro. Si Dios actúa hacia el ser humano aparte del razonamiento y de la decisión de éste; si la salvación es "aplicada" al ser humano mediante una alteración sobrenatural de su mente, cuerpo, psique, "en un nivel más hondo" que su vida consciente, en donde él no puede ser considerado responsable; si el ser humano puede esperar una "mutación sicológica" al grado que ya no necesite sentir la fuerza cabal de la tentación, entonces -aunque Dios es un Ser personal y el humano es una persona— la "relación personal" es un invento, y la salvación bíblica es un mito.

La relación personal se vuelve una realidad cuando dos seres —dos "Yo"- se "abren" mutuamente el uno al otro, cuando respetan la autonomía moral el uno del otro, cuando honran la integridad personal el uno del otro, cuando se estiman el uno al otro como se estiman a sí mismos, cuando se prodigan el uno al otro sin demandar una capitulación al precio de rendir la mente, el uno del otro, y luego cuando responden el uno al otro en la profunda consciencia de la intercomunicación mutua. En este encuentro que define el compañerismo, la integridad de cada uno es mantenida y embellecida sin el rendimiento de cualquier cosa que sea esencial a la personalidad. La relación no es estropeada por la pérdida de la identidad o del autorrespeto, y empero la entrega o dádiva del ser es total. Sólo un ser fuerte puede arriesgarse a las demandas de la autoentrega inherentes en el verdadero compañerismo. Sólo un ser así puede conocer el amor sin despedazarse *a sí mismo*, o a *la persona* que se yergue como el objeto del amor.

Dios actúa hacia el ser humano en términos de relación personal. Si no fuera así, si Él se aprovechara de su poder y posición, al pasar por alto la integridad del ser humano a quien hizo para amar y para tener compañerismo, Él destruiría al ser humano como humano. El amor no viola la integridad del otro, ni puede hacerlo. El hacer eso cancela el amor. Un "amor" que impone aun cosas "buenas" sobre otro destruye a ese otro. Cuando San Juan declara: "Dios es amor", ha agotado el lenguaje humano. Ha dicho algo acerca de Dios que es un comentario sobre la naturaleza y potencial del ser humano y sobre la clase de cosa que la redención es, y lo que Dios es. Wesley tuvo algo que decir sobre este punto:

> Vosotros sabéis cómo Dios obró en vuestra propia alma, cuando primero os capacitó para decir: "La vida que ahora vivo, la vivo por fe en el Hijo de Dios, quien me amó y se entregó a sí mismo por mí". Dios no os quitó vuestro entendimiento; sino que lo iluminó y fortaleció. Él no destruyó ninguno de vuestros afectos; todo lo contrario, quedaron más vigorosos que antes. Y lo menos que hizo fue quitar vuestra libertad; vuestro poder de escoger el bien o el mal: Él no os forzó; sino que, asistidos por la gracia, vosotros, como María, escogisteis la mejor parte. De igual manera Él ha ayudado a cinco en una misma casa a hacer esa feliz decisión; cincuenta o cien en una ciudad; y muchos miles en una nación —sin privar a ninguno de ellos de esa libertad que es esencial a un agente moral libre.
>
> No que quiera negar que haya casos que son excepciones, en los que el poder abrumador de la gracia salvadora en efecto funciona, por cierto período de tiempo, tan irresistiblemente como el rayo que desciende del cielo. Pero yo me refiero a la manera general de Dios de obrar, de la cual

yo he conocido innumerables casos; tal vez más en los cincuenta años pasados que ninguna otra persona en Inglaterra o en Europa. Y en lo que toca a esas excepciones, aunque Dios obra irresistiblemente por (algún) tiempo, empero yo no creo que haya una sola alma humana sobre la cual Dios haya obrado irresistiblemente en todo momento. No, yo estoy completamente persuadido que no la hay. Estoy persuadido de que no hay seres humanos vivientes que no hayan "resistido al Espíritu Santo" muchas veces, y que hayan hecho nulo "el consejo de Dios contra ellos". Y lo que es más, estoy persuadido que cada hijo de Dios ha tenido, en algún momento, "la vida y la muerte puestas delante de él", la vida eterna y la muerte eterna; y Él ha tenido en sí mismo el voto decisivo. Así de cierto es el bien conocido dicho de San Agustín (uno de los más nobles que él jamás pronunció), qui fecit nos sine nobis, non salvabit nos sine nobis: "El que nos hizo sin nuestra participación no nos salvará sin nuestra participación". (*Works* [Obras], VI, 280-81)

Nosotros tratamos de entender más adecuadamente la "naturaleza" del ser humano como un ser hecho en la imagen de Dios. La palabra moral es usada para describir la clase de ser que los escritores bíblicos parecen haber tenido en mente cuando hablan de la relación del ser humano con Dios y su voluntad. *Moral* no es una palabra bíblica pero puede soportar el peso del significado bíblico si se da una definición cuidadosa.

*Moral* no significa, en este estudio, que todo lo que el ser humano hace es correcto, o que él sepa, siempre, lo que es correcto. Pero sí significa que el ser humano actúa en relación a lo recto y a lo que no es recto, al bien y al mal, a lo cierto y a lo falso. Es responsable de cualquier decisión que haga acerca de estos pares, por limitado que sea o no sea su entendimiento del bien o del mal, lo recto y lo que no lo es, lo cierto y lo falso. En otras palabras, una "naturaleza" moral es capaz de integridad, y la bondad es definida como integridad moral y la *maldad* como ausencia de integridad.

No debe ser asumido que estamos equiparando la integridad con la santidad, aunque ésta no puede ser menos que la primera. Más bien, en esta etapa, estamos intentando establecer el punto de que la capacidad de o para la integridad es el significado de moral, y que "religión" no puede ser definida o experimentada sin una medida cabal de integridad. La teología de santidad se levanta o se derrumba en este punto. La teología que no toma la integridad humana en consideración no puede tomar la santidad bíblica seriamente. Cualquier teología, o religión, y aun la "teología de santidad", que suponga que Dios pasa por alto la integridad moral más profunda del ser humano, no es bíblica. Siempre que la integridad moral, o personal, es relajada a fin de abrir el camino para una operación completamente sobrenatural, o meramente una "absolución" legal, la dimensión más importante de la enseñanza bíblica se ha perdido de vista.

Los escritores bíblicos no especulan qué es una persona, como ya se ha advertido, ni jamás le atribuyen cualidades morales, buenas o malas, a la substancia. Necesitamos también observar que jamás se le da a ser humano alguno un consuelo por la sugestión de que puesto que está "en pecado" y bajo la esclavitud del pecado, y engañado, y su mente en la oscuridad, y su voluntad pervertida, eso le absuelve de su responsabilidad de todo ello. Nunca se encuentra en las Escrituras el que un ser humano haya pecado porque no pudo evitarlo, y por lo tanto se haya excusado a sí mismo.

Es necesario decir una palabra más de explicación. *Esta posición no es pelagianismo.* Con todos los cristianos ortodoxos estamos dando por sentado que el ser humano se ha ido muy lejos de la justicia y de Dios. Pero también damos por sentado que la salvación tiene que ver con la humanidad que es hecha en un molde moral, y bajo el ministerio preveniente del Espíritu Santo. El ser humano puede tomar una posición relativa a lo que se le muestre acerca de Dios, y, mediante gracia prestada pero gratuitamente ofrecida, puede tornarse hacia Dios o alejarse de Él.

Cuando esta "capacidad de gracia" es interpretada como que es humanista y pelagiana, debe señalarse que tal juicio es hecho desde un punto de vista mucho más limitado y menos flexible que el que uno encuentra en la Biblia. Agustín y Pelagio discutieron desde la misma premisa, y cada uno en una posición opuesta a la del otro. Uno dijo: "Sí"; el otro dijo: "No". Ambos eran racionalistas. Uno defendió la soberanía de Dios en contra de cualquier voluntad opuesta. El otro defendió la integración del hombre en contra de cualquier violación de ella. Ambos defendieron verdades válidas y necesarias. Pero estas son verdades irreconciliables dentro del marco filosófico de referencia que ambos aceptaron. Son antinomias características de todo pensamiento lógico. En filosofía la pregunta es: ¿Cómo podemos defender la libertad en un mundo determinista? En teología la pregunta es: ¿Cómo puede ser genuina la libertad humana en el contexto de la soberanía absoluta de Dios?, o, ¿qué tan libre es el ser humano?, y no, ¿es libre el ser humano?

La distinción, que es importante, entre la teología sistemática y la teología bíblica tiene que ver con el problema que tenemos por delante. La teología sistemática resuelve sus temas cruciales sometiendo el asunto a la presuposición estructural y prevalente, y procediendo lógicamente a una conclusión. El alcance y el dogma de las teologías sistemáticas son limitados y determinados por las premisas de cada una. Estas diversas y variadas presuposiciones explican las diferencias radicales que existen entre las teologías. La teología bíblica, por otro lado, cuando menos idealmente, primero busca respuestas basada en el estudio bíblico, y de allí se mueve hacia una posición básica que siempre es criticable y alterable mediante estudio y comprensión adicionales. Uno es razonamiento deductivo; el otro, inductivo.

La posición wesleyana no es estrictamente sistemática. Intenta ser bíblica antes de proceder a conclusiones dogmáticas. La diferencia principal entre la estructura filosófica en la cual yacen las alternativas agustiniana-pelagiana, y la aproximación bíblica a asuntos teológicos, es que los escritores bíblicos se movieron en un mundo y una manera de pensar enteramente diferentes. El pensamiento bíblico se mueve en la atmósfera de relaciones personales prácticas más que en la del razonamiento especulativo. El ser humano no regenerado en efecto dice: "Yo sé que soy un pecador porque peco". La aproximación especulativa es: "El ser humano es un pecador. ¿Qué hace al ser humano pecar? ¿De dónde viene el pecado?" Wesley habló de la "gracia gratuita", y con ello significó que la capacidad que el ser humano tiene para escoger le ha sido dada por la gracia de Dios. Pelagio dijo que el ser humano era por naturaleza moralmente neutro y completamente libre para "desear" su propia santidad. Agustín sencillamente negó la libre voluntad tal como la interpretaba Pelagio, y dijo que tal cosa era un insulto a la soberanía de Dios.

## EL SIGNIFICADO DE "MORAL"

La religión cristiana es una religión redentora. Tiene implicaciones éticas. Esto significa que causa una diferencia práctica en la vida. El cristianismo es una religión práctica en el sentido de que es la base de vida ética. La religión y la ética están firmemente ligadas como causa y efecto, o mejor aún, como un árbol y su fruto. En la manera cristiana de pensar, la religión sin consecuencias éticas sería estéril y sin significado. Lo que es más, cada religión tiene tales consecuencias, para bien o para mal, sea que tal cosa se reconozca o no. Lo que es más, lo que uno hace y justifica en sí mismo *es* su religión, y es un comentario sobre su "dios", sea que lo reconoce como tal o no.

La unión de ética y religión suscita algunos problemas prácticos. Por ejemplo: ¿Cómo es posible tener una verdadera situación moral y consecuentemente una ética sana si la religión impone, y cuando lo haga, un código moral "desde afuera" sobre la persona? Con sus altas demandas éticas, ¿niega o afirma la religión cristiana la libertad de decidir qué implica y significa *moral*?

La persona moral es verdaderamente libre, pero esa libertad no es abstracta e irresponsable, sino que yace dentro de la estructura de aquello que es "personal" y, de hecho, define el significado de personal. La moralidad no es una creación autónoma del ser, sino una relación del ser a otros seres dentro de una sociedad de seres. La libertad humana no es absoluta sino genuina dentro del área limitada de responsabilidad moral, pero dentro de esta área es una necesidad inescapable.

Procedamos ahora a un análisis de *moral* en relación a la santidad.

## 1. Lo "moral" es personal.

Lo *moral* presupone lo personal en contraste con cosificación. Cualquiera que sea lo que distingue lo espiritual de lo natural, es personal. En este contraste, *espiritual* es identificado como aquello en la consciencia de uno mismo que no está ligado a la matriz causa-efecto de lo natural. Es precisamente la libertad de esa clase de continuidad causa-efecto que se escapa del naturalismo y se vuelve espiritual o personal. Es aquello que trasciende lo natural y que puede decir: "Yo", significando: "Hay una diferencia entre *Yo* y *tú*, y entre *Yo* y *cosas*".

La discusión de Martín Buber sobre "*Yo* y *Tú*" en un libro con ese título es sugestiva y tiene utilidad semántica en este punto. Una interpretación muy libre es dada. Cada Yo es un centro del universo, y ve todo desde su propia perspectiva. Es personal hasta la médula en el sentido de que hay una distinción muy aguda de todas las demás u otras entidades en la autoconsciencia personal. Yo no soy una cosa. Tal vez dependa de otro además de mí mismo para mi existencia y mantenimiento, pero no estoy listo a negar responsabilidad personal debido a esa dependencia.

El *Yo* es autodeterminante y autoconsciente. El *ello* es determinado. Ningún *Yo* es un *ello*. Cuando dos *Yo* autoconscientes se confrontan el uno al otro, dos universos individuales luchan por un sitio que ocupar. Dos mundos autoconscientes, autodeterminantes, tratan de ocupar el centro, y la tensión se establece. Puede haber una lucha por "derechos". Cuando un Yo trata al otro Yo como un ello, y trata de dominarlo y controlarlo, existe una situación inmoral. Esto es particularmente cierto cuando el Yo trata de controlar y usar el Tú—Dios. Sin emitir juicio sobre el uso filosófico que Buber hace de esta idea, podemos decir que es útil para señalar cuán necesario es ver el elemento personal en el significado de lo moral. Uno de mis profesores universitarios lo ilustraba de esta manera: La astronomía jamás puede ser el *locus* de un estudio de ética; lo que quiere decir que las pautas astronómicas no son criticables, pero el astrónomo sí lo es. Ningún campesino razonable se preocupa de que en campos de trigo crezcan tomates. Ni tampoco un carpintero razonable azota un techo porque tenga agujeros que dejen que se meta la lluvia. Pero el campesino sí está sujeto a contestar la pregunta: "¿Por qué es usted campesino?", o, "¿por qué plantó trigo en vez de tomates?" Y el carpintero puede ser castigado si azota a su esposa, cualquiera haya sido lo que ella hizo que le desagradó a él. Es en lo personal en contraste a lo "ser cosa" que lo *moral* empieza a tener significado.

## 2. Lo personal es moral.

Además, ser personal es ser responsable. Los seres humanos tienen voluntad, y la voluntad es una parte íntegra de la personalidad. Y la voluntad es racional, no sencillamente una manera de sentir, o instinto, o deseo pasajero. Es volitiva, y con propósito.

El elemento que distingue al ser humano como humano es esta capacidad de hacer decisiones que son buenas o malas, correctas o incorrectas, sobre la base de principios, haciendo a un lado las consecuencias deseables o indeseables. Es precisamente en este punto, donde el determinismo causa-efecto del cuerpo natural hace sus demandas sobre el espíritu humano, que la responsabilidad principia. La "ley natural" es impersonal; o sea, que opera aparte de la voluntad.

La vida espiritual sencillamente es distinguida de la natural por su naturaleza personal -requiere una voluntad racional para mantener su existencia. El hecho es que las personas no tienen la libertad de no ser responsables. Mientras más se descubre de la personalidad humana, más seguros estamos de que la voluntad opera aun en los niveles más bajos, más primitivos de consciencia, y se nos dice que aun en el más profundo estado hipnótico la responsabilidad moral y la voluntad no se han perdido, ni han cesado de funcionar. El operador no puede forzar al paciente a violar su conciencia. En lugar de decir que los seres humanos *tienen* voluntad, tal vez sería más veraz decir: "Ser humano es desear responsablemente".

## 3. La capacidad moral es una consciencia de "debo".

Los seres humanos no sólo son personales y responsables, sino que también están al tanto de sí mismos en su confrontación de la tensión de situaciones éticas. Lo que es más, la consciencia moral ("el estar al tanto moralmente"), es precisamente en la consciencia de ser uno mismo el *locus* de tensión moral. No sólo decimos: "Yo puedo escoger", o, "yo debo escoger", sino, "al hacer esta decisión estoy violando o aprobando lo recto". Tal vez no sepamos cuál de varias posibilidades sea la mejor, o tal vez no queramos hacer lo recto si lo supiéramos, pero sí sabemos que hay lo recto y lo malo, y que debemos hacer lo recto y debemos no hacer lo malo. Un ser moral reconoce estas demandas éticas en las situaciones interpersonales. Es un reconocimiento de la necesidad de una relación correcta y cuando menos exhibe una necesidad de la autoaprobación y paz interior como resultado de esa aprobación. Wesley dijo: "Una buena conciencia le trae al hombre la felicidad de estar en paz consigo mismo... lo cual toda persona descubrirá, después de todo, que es lo que de veras quiere".[1]

## 4. Lo moral es una relación multifocal.

La capacidad y la responsabilidad moral requieren una relación con otra persona para completar su significado —para entrar en verdadera existencia. La bondad nunca es el logro autónomo de una persona dentro de sí misma. Los seres humanos fueron hechos para el *compañerismo* -con Dios y con otras personas. Los seres humanos fueron hechos para amar, y el amor demanda una relación multipersonal.

*Los seres humanos fueron hechos para el compañerismo*: esta es la verdad básica. La personalidad sana es contingente de la capacidad de comunicarse con otros responsablemente. Este hecho pide que el concepto *moral* sea definido. Es paralelo, si no en realidad equiparado con la autorrealización, o la actualización de la personalidad. Pero la autorrealización por sí sola, aunque es importante en diversas maneras, no es ni puede ser la expresión de la persona como un ser moral. Cualquier yerba o animal, al rendirse o entregarse a las leyes de su ser "se realiza" a sí misma o a sí mismo; pero la personalidad no puede ser así definida porque el solo elemento que la identifica, lo moral, es pasado por alto. Aun aparte de cualquier consideración de pecaminosidad humana, el autodesarrollo individual sin trabas no es, *per se*, crecimiento moral. La sicología contemporánea reconoce la absoluta necesidad de la comunicación interpersonal para un desarrollo sano. Cuánto más debe reconocer ese hecho la teología cristiana.

La cualidad moral sólo puede ser inherente en personas, nunca en cosas. La personalidad no es una cosa, y sólo en las relaciones que caracterizan la libertad de personas puede la moralidad tener significado. El ser que se desarrolla aparte de la responsabilidad hacia otras personas no es moral y *no es verdaderamente personal*.

La relación que determina la cualidad de lo moral es la dependencia e interacción interpersonal de los Yo, lo cual le da significado a cada unidad en el organismo. Una de las cualidades más fundamentales de una persona es el deseo-necesidad de amar. Tal vez no sea exagerado decir que esta necesidad es tan básica a la esencia de ser que ninguna persona tiene la libertad de *no* amar. Este "deseo" no puede ser negado o impedido sin que esto cause un trastorno serio de la personalidad, más que lo que puede ser negado el "deseo gregario" o el deseo sexual. Hay una necesidad inherente fundamental en cada persona humana de amar a alguien y de ser amado. El ser es "completado" e integrado y sano sólo cuando tiene aceptación con otros. Los hospitales mentales están llenos de personas que no pueden comunicarse con otras. Desconfían de otras personas, las rechazan, las odian y, finalmente, se separan de su mundo. La condición es llamada esquizofrenia. La necesidad de tener compañerismo es mucho más profunda que el sentimiento; es básica para la salud mental y, finalmente, para la

existencia humana. No es la persona totalmente independiente la que es el epítome de fuerza, sino precisamente la persona que es capaz de interrelacionarse
mutuamente en forma responsable con otros, y al mismo tiempo manteniendo
una autoidentidad precisa y creciente.

Tal como el compañerismo es necesario en las relaciones humanas, asimismo
es necesario en la vida espiritual, la cual en realidad es la pauta de todo lo que
está involucrado en la dimensión personal. Los seres humanos buscan un objeto
de afecto para completarse a sí mismos. Necesitan amar algo. Si el ser que busca
se conforma con cosas, hace un ídolo de las cosas materiales, y la existencia *moral* es obstaculizada y pervertida. Si el ser se apega a otros seres humanos, la vida
moral es desarrollada impropiamente. Si uno intenta amarse a sí mismo en esta
forma máxima y final, el resultado es la perversión moral, grotesca, destructiva,
fea. Agustín tenía razón cuando observó que los humanos son hechos para Dios
y no pueden encontrar reposo sino hasta que reposan en Él. No es cosa baladí
decir que los seres humanos fueron hechos para el compañerismo con Dios. El
cercenar ese compañerismo es causar un completo desequilibrio de la personalidad, y esto es lo menos que puede decirse. Teológicamente, es "el pecado" que
quita de su lugar a la integridad moral y que termina en idiotez moral.

Probablemente sea cierto decir también que nunca se intentó que la naturaleza humana existiera aparte o separada de la presencia del Espíritu Santo. O sea,
el compañerismo personal, la relación mutua y la respuesta armoniosa, de Dios y
el ser humano era la atmósfera planeada y natural de compañerismo y santidad.
Lo que es más, la santidad podría ser definida por este estado de cosas. En la atmósfera de compañerismo con Dios, la santidad es. La vida moral tiene dos focos, no uno. Sólo conforme los seres humanos confían en Dios y le aman es la
moralidad válida y la santidad posible. Una negación a usar la capacidad moral
de mantener esta relación es pecado. La santidad y el pecado son, por ende, dos
clases de relación con Dios, la una positiva, la otra negativa, pero ambas activas
porque es la persona, forzada a hacer decisión, quien ha escogido el objeto correcto o incorrecto de su amor.

La teología wesleyana rechaza el concepto de la santidad original como una
bondad impersonal, en favor de una idea más bíblica de santidad que recalque
una relación personal correcta con Dios. La santidad, o la moralidad, nunca es
una cualidad de substancia impersonal sino la manera en la cual uno reacciona a
Dios y a las personas. Entender esto es ayudar a corregir la idea de que el pecado
tiene substancia, o que es una cosa que puede ser, o que no puede ser, removida
como una parte enferma del cuerpo.

La santidad no es substancia condicionada metafísicamente, sino una relación adecuada con Dios mediante el Espíritu Santo. En esta relación con Dios,

la santidad es integridad moral, y el pecado es la falta de integridad moral. Esto es consciencia responsable en su nivel más alto posible, y demuestra el contexto correcto en el cual lo moral tiene significado.

Este concepto no es pelagianismo, como ya se ha observado. Para que no suceda que el lector llegara a tal conclusión, hay algo más que necesita decirse en anticipación de un argumento que se presentará después en el libro. La discusión en los párrafos anteriores intenta dar una razón de la responsabilidad moral, no su base teológica. El wesleyano entiende que todas las habilidades humanas son dadas por gracia. La gracia está detrás de cada actividad racional del ser humano, y es parte activa de ella. Pero, lo que es más, cada ser humano es un humano comprometido. Nadie es neutral ni puede serlo. Todo ser humano está centrando su amor en algún punto. Se inclina en cierta dirección. El llamado del evangelio es algo radical e intenta obrar una revolución radical en la personalidad. En el mundo de personas morales sólo el hecho de que uno puede saber que está amando inmoralmente puede darle credibilidad a tal llamado. Ni es tampoco la neutralidad una posibilidad (aunque la consideración auténtica de ella sí lo es). Uno respira aire corrupto o aire limpio; pero no puede dejar de respirar en tanto que vive.

Si esto es cierto, un desafío serio a la ética cristiana pierde su fuerza. La acusación que se hace con frecuencia contra la iglesia, de que demanda el rendimiento de la integridad moral en vez de su fortalecimiento, es una representación errónea de la enseñanza cristiana. Si uno tiene que *obedecer* un código moral impuesto, se dice, la estructura misma de la integridad es violada. O sea, si uno "rinde" su propia voluntad y juicio moral al "control" de otro, aunque sea Dios, ya no es un ser humano moral sino un títere. Kant, Nietzsche, Tillich, y Erich Fromm, entre otros, discuten de esta manera y con fuerza elocuente si la interpretación de ellos es apegada a los hechos.

La falacia, desde nuestro punto de vista, en esta crítica de la moralidad cristiana, yace en suponer que la ley a la que uno ha de rendirse es impersonal y arbitraria. La palabra "rendimiento" es usada con cuidado, pues es precisamente en la idea de lo pasivo, como una renuncia moral de responsabilidad personal, donde yace el error. (Y, ¿puede decirse que la iglesia no ha sido culpable de enseñar este concepto de rendimiento o entrega a Dios?) Sin embargo, el rendimiento no es una palabra bíblica y nunca debe ser usada en conexión con la salvación, cuando menos sin limitar su significado popular cuidadosamente. La obediencia, en el sentido evangélico, no es heterónoma, en el sentido de rendir la integridad moral a una ley impersonal. Pero tampoco es una expresión relativa a la autonomía en la cual la persona se hace *a sí misma* el *objeto* de su obediencia.

La moralidad cristiana es la relación de persona a persona, la relación de armonía y amor y mutua voluntad que requiere la integridad moral para entrar y para mantener. Uno desea querer la voluntad de Dios, lo cual pone al ser creativamente dentro del contexto de la verdadera moralidad. Esto no pasa por alto lo moral sino que es un restablecimiento del compañerismo personal que hace de la ley una expresión normal y deseable de amor. Es precisamente esta vista de una relación a la ley lo que fue una corrección en el Nuevo Testamento del viejo moralismo judío. A ningún cristiano se le pide que se rinda a la ley, a la iglesia, a un credo, o a personas. Es precisamente una relación con Dios que ha de ser establecida lo que es el mensaje evangélico. Esto no es antihumano. No viola lo normal. No es inmoral. No derrumba la estructura de integridad. Es sencillamente aquello que los seres humanos en realidad desean, por la necesidad más profundamente creada. La ley moral no es abrogada sino cumplida. *La obediencia es el otro lado del amor.* El amor es estructurado por la obediencia. Esta es la base de la ética cristiana. La experiencia moral es completada y preservada por esta relación, no destruida.

## 5. Lo moral es estructurado por el amor.

Todo lo que ha sido dicho hasta aquí acerca del significado de lo moral conduce directamente al hecho de que el compromiso que hace que cualquier persona sea una persona moral es que esa persona ha hecho un compromiso de ser humano total. Este compromiso a constituirlo un acto moral es sencillamente el ser humano total en decisión responsable. Es más fundamental que la voluntad. Por el momento, en pro de este punto de la discusión, no importa si el "centro" escogido es correcto o incorrecto (de acuerdo a cierta norma en particular) sino que uno ha deseado algo lo suficiente como para haberse entregado o comprometido completamente a ello. Puede ser moral o inmoral, dependiendo en las normas religiosas o culturales de la sociedad en que esa persona vive. La cohesión de su compromiso es integridad. La verdadera integridad es posible sólo cuando la verdad es el bien.

Todo esto define esta ilusoria palabra *amor*. *Amor* es una palabra difícil de definir porque no es una palabra abstracta. Describe algo acerca de la personalidad. *Amor* y *moral* derivan su significado la una de la otra. Amor es la integridad moral que le da su estabilidad al compromiso. La esencia del amor no es emoción, ni sencillamente voluntad, ni sentimiento, sino la dedicación cabal del ser humano a algún objeto. Una dedicación dividida es un corazón dividido, y es la esencia de una vida moral inestable —la fuente del colapso moral. El ser moral es amar plenamente. Definitivamente todo lo que el Nuevo Testamento dice acerca de *agape* corresponde a la personalización de lo moral tal como estamos usando el término en este estudio. Lo *moral*, abstractamente, es integridad. Amor es la personalización de la integridad moral que se relaciona con una expresión práctica de la relación del ser humano con Dios y con los humanos. "El propósito de este mandamiento es el amor nacido de corazón limpio, de buena conciencia y fe no fingida" (1 Ti 1:5).

Precisamente esta es la tesis de Soren Kierkegaard, que uno no puede tener verdadera integridad en ningún otro compromiso que el que se hace completamente con Dios, y su posición es válida. "*La pureza de corazón*", nos dice con el título de una de sus obras, "*es desear una cosa*", y el solo objeto que puede lograr y merecer el todo de la devoción del ser humano es Aquél para quien los humanos fueron hechos. Cualquier otro amor es duplicidad y confusión, y por ende no es puro y no es moral. En una palabra, lo *moral* es, por autodefinición, que el corazón quiera una sola cosa y querer una sola cosa es amor.

## 6. La vida moral consiste en tensiones de crisis-decisión.

En lo más profundo del corazón de lo moral yace una característica vital que le da la fuerza y carácter peculiares que posee, y que es la decisión. Para ser moral, la vida debe proceder sobre la base de crisis y decisión —no simplemente causa y efecto fluyendo indecisamente de un momento al siguiente. La integridad moral es mantenida por acción decisiva, y aun la pérdida de la integridad por una serie de decisiones erróneas no es sencillamente un camino hacia abajo sin desafíos. Uno no se "desliza" imperceptiblemente, ni hacia arriba ni hacia abajo. Las Escrituras reconocen esta verdad extremadamente importante y convocan a todos los seres humanos a hacer decisiones profundas y trascendentales. Siempre que los humanos tratan de evitar esta clase de decisiones personales bien definidas, escondiéndose detrás de costumbres, razones religiosas, o familiares, o la moralidad, o filosofía, o de otra clase, el Espíritu Santo arranca la engañosa estratagema y demanda una declaración personal de responsabilidad. Evitar hacerla es ya una forma de decisión responsable.

Así que la decisión moral no puede terminar durante el curso de la vida. Puede haber decisiones cruciales y formativas que son mucho más importantes que otras que aparentemente son menores, y que conscientemente determinan el curso de la vida, pero lo trascendental de una serie ininterrumpida de eventos menos espectaculares de tipo crisis-decisión jamás debe olvidarse. Si uno pudiera representar en forma pictórica el movimiento de la vida responsable, se vería algo así como una escalera. El ascender requiere visión, propósito, determinación, esfuerzo, y estar consciente. El descender requiere los mismos elementos en reversa. Uno no puede deslizarse hacia abajo sin toparse con la protesta dolorosa del filo de cada escalón. La decisión moral no es terminada por la gracia, sino que constituye la condición probatoria que dura toda una vida, necesaria para la formación de carácter.

## 7. La integridad moral es la meta de la redención.

Dios trata con los humanos como personas responsables, y cada paso que Él requiere del ser humano, desde los primeros indicios de despertamiento de la convicción hasta el último acto responsable en la vida, ocurre en interés de la integridad moral. Esto significa que cada individuo debe confrontar a Dios personalmente. El Espíritu Santo parece forzar al ser humano hacia una decisión completamente consciente, deliberada, personal y voluntaria. Cuando menos, de acuerdo a lo que la Biblia nos enseña, es el ser humano racional el que se yergue responsablemente delante del Dios con quien él tiene que ver.

La oración adecuada nunca parece ser: "Dame una experiencia como la de otra persona", sino: "Señor, ¿qué quieres Tú que yo haga?" El compromiso cristiano no puede ser copiado de una pauta o estereotipado. Cada paso en la gracia es dado y tomado con una consciencia clara y aguda, y con intuición racional aguda, y el paso dado por una decisión moral deliberada en grado sumo. Nada debe pasar por alto la consciencia, ni sumergirla o violarla. Todos los poderes de la personalidad convergen con responsabilidad racional cabal sobre estos momentos, a los cuales el Espíritu Santo nos atrae cuidadosa e imperiosamente. Ni tampoco hay relajamiento alguno de esta responsabilidad moral dentro de la vida cristiana —más bien, hay una capacidad que se profundiza más y más en esa dirección.

En la Biblia *el nivel más bajo permisible de obediencia es igual a la capacidad más alta posible, en cualquier momento dado.* Cuando uno dice, "obediencia perfecta", y "amor perfecto", eso no significa que deba esperarse una capacidad cabalmente madura. Un niño puede pasar esta prueba a pesar de su desarrollo imperfecto. Lo que se requiere es todo lo que uno es en cualquier momento.

> Pero aún más importante es esto, que todo lo que podemos contribuir en lo que toca a responsabilidad moral es requerido. Lo que es demandado no es la fe que no tenemos sino aquella que está en nuestro poder ejercer mediante un compromiso o entrega cabal. La intuición de Wesley era válida cuando quitó el peso de la cantidad de fe necesitada, para colocarlo en el área de la calidad. Aun una "pequeña" fe es la totalidad del ser, con sus puertas completamente abiertas hacia Dios. "Hay grados en la fe; y la fe débil puede empero ser fe verdadera", dice Wesley.[2]

Es esta comprensión de lo moral lo que le da a la santidad su significado bíblico y lo que salva la justificación de la abstracción y del antinomianismo. La santidad relaciona las provisiones de la muerte de Cristo a la vida práctica. La gracia tiene que ser encontrada por la fe. Dios no nos trata como autómatas o como piezas de ajedrez, sino como personas. La redención nunca es impersonal, sino que siempre se relaciona en la manera más práctica a la vida. Lo *moral* protege la santidad de dos errores opuestos. Por un lado la *santidad* definida filosófica, o abstracta o teórica, o idealmente, sencillamente le roba de cualquier significado verdadero. La santidad filosófica o abstracta es "perfeccionismo". La dimensión experimental (de la santidad como algo que es experimentado), o la moral, es absolutamente necesaria para su definición bíblica.

Por otro lado, salva a la santidad de la acusación de que es justicia propia y una perspectiva fácil del pecado. La santidad nunca es el producto sólo de la buena voluntad; no es tanto *algo* que nos pasa cuanto Alguien que se nos une. Es la atmósfera moral, el clima espiritual que es creado cuando se permite que el ministerio del Espíritu Santo tenga fruto. En esta atmósfera, en tanto que el Espíritu Santo more, la limpieza ocurre y es mantenida, el crecimiento en gracia procede, el amor de Dios es derramado en nuestros corazones, el compañerismo es profundizado, el carácter es fortalecido, la capacidad moral es ensanchada, y la responsabilidad se vuelve más inteligente.

La santidad *no* es estática. Es la *vida* de Dios en el alma. Es amor hasta la médula de su existencia. No es sentimentalismo sino el todo de la personalidad centrada en Dios, derivando su espíritu, sus acciones y propósitos de un contacto dinámico con Dios. Por lo tanto, si la santidad es básicamente un concepto moral, es un asunto intensamente práctico. El término *santidad*, y otros que se relacionan a él, no serán abstractos sino relacionados a la vida.

## SUMARIO DE OBSERVACIONES

Si este análisis de lo *moral* es correcto y si corresponde al concepto bíblico de santidad, varias observaciones relativas a ello son pertinentes a este estudio.

1. La santidad bíblica no es amoralismo. No es la mera sumisión a la ley moral. No es obediencia pasiva. No es primordialmente "consagración", aunque involucra a los seres humanos hasta el meollo mismo de sus seres. Básicamente la santidad es una relación nueva y dinámica de toda la persona con Dios en la cual empieza a ocurrir una profunda revolución moral. Lo moral es una preocupación de Dios por los humanos en esta vida. Cualquier cosa que lo *moral* sea, es la base para la existencia probatoria; y la probación no es terminada por la justificación, *o por la santificación*, sino sólo por la vida terrena, o cuando menos es lo que sabemos.

2. Esta comprensión de lo *moral* obliga a los creyentes a una experiencia en constante profundización que es tan necesaria para la soteriología como la gracia que nos es dada por Dios a través de Cristo. Este es el genio de la contribución

de Wesley a la teología. Lo *moral* es pertinente en la santidad. Los beneficios de la gracia son aplicados a la vida. La santidad es asunto de experiencia. La gracia tiene implicaciones para las relaciones humanas.

3. La pertinencia de crisis y crecimiento es establecida por el concepto de moral, y será desarrollada en un capítulo posterior.

Tal vez la mayoría de los lectores consideren que el análisis que hemos hecho aquí es veraz en lo que toca a la vida cotidiana de la humanidad. Pero tal vez no resulte igualmente fácil aplicarlo a la experiencia cristiana. Empero, este es precisamente el punto por el que hemos estado contendiendo. La fe cristiana no es una actividad o función que sea añadida a la personalidad total. Esta comprensión de lo moral procede hacia una discusión de la soteriología y se vuelve una parte íntegra de todos los aspectos de la redención, y exteriormente hacia cada área de la vida, personal y social. Este concepto de moral, liga entonces la gracia de Dios y la vida humana. La ley de lo moral corre hacia cada factor de la redención desde la creación del ser humano, a través de los asuntos que tienen que ver con el pecado, hacia la verdad que estructura la propiciación, y extendiéndose al lado de toda la extensión y anchura de la justificación, la santificación y la salvación eterna.

### Notas Bibliográficas

1   *Works*, VII, 572.
2   *Ibid.*, I, 276.

# CAPÍTULO 10

# La Sicología de la Santidad

Lo que se necesita en este punto del progreso de este estudio es examinar la relación de la gracia de Dios a la existencia humana actual. La "teología de santidad" es significativa sólo cuando da énfasis al verdadero puente entre la teología y la vida. No produce una barrera más alta a la participación *real* en la gracia sino que elimina la barrera sin imponer claudicación de la gracia. Lo que es más, la santidad es el puente entre la teoría abstracta y la vida humana práctica, puesto que la santidad debe siempre ser inherente a la vida; no puede tener significado de ninguna otra manera.

El tema "la sicología de la santidad" podría sugerir que esto será una discusión de la aplicación de la gracia a los problemas humanos específicos. Sin embargo, y en armonía con el propósito general del libro, nuestro objetivo aquí será presentar un principio de teología que mantendrá las aplicaciones prácticas en el mismo sistema como la teología. Intentaremos estudiar otra vez conceptos bíblicos de la gracia y la naturaleza humana y la relación entre ambos. La contribución de Wesley en este particular es de valor porque, en efecto, no podemos acercarnos más a su verdadero mensaje en ningún punto de su ministerio. La santificación, nos dijo Wesley en muchas maneras, es para esta vida y para sus problemas. Y la naturaleza humana no es barrera a la medida cabal de la gracia salvadora de Dios.

Corriendo el riesgo de una aparente repetición de contenido, este capítulo explorará los elementos intrínsecos a la naturaleza del tema. La repetición debe ser entendida como un ejemplo de la interrelación esencial de todos los aspectos del amor dinámico.

Al discutir la *sicología* de cualquier asunto, el área de discusión es indicada por el término *psyche*, que significa "vida" (en el griego). Tendrá que ver con las respuestas y relaciones humanas. Cuando se incluye la *santidad* en la discusión, es sugerida una dimensión ética que, para algunos, pudiera parecer totalmente incongruente. En esta estructura *teológica*, la implicación es hecha de que ambos asuntos, los humanos y los divinos, son yuxtapuestos en una relación que puede ser o no puede ser considerada apropiada, o posible.

Se asumen dos proposiciones a la luz del título del capítulo y de los problemas arriba mencionados: (1) que el ser humano es un psique moral, y (2) que la gracia de Dios se relaciona a la santidad respecto a ese ser humano moral. No es absurdo unir la gracia, la santidad y el ser humano en la misma discusión.

El concepto de que hay una relación real y significativa entre el individuo como una persona humana y la santidad como un ideal encuentra apoyo en: (1) el ser humano, hecho a la imagen de Dios; y (2) la discusión acerca de la sicología bíblica en la cual *corazón, mente, alma, et al.*, fueron examinados, y en la cual hicimos observaciones acerca del uso bíblico de esos términos.

En este capítulo estudiaremos la relación de la gracia de Dios con el ser humano. Puesto que el wesleyanismo es acusado de ser pelagiano y humanista, tal vez sea útil el ubicar este capítulo en un marco wesleyano. Wesley no podía "despegar" en ningún grado sin antes haber establecido el hecho de que *había principiado* con la gracia de Dios y por ende compartía el mismo cimiento de fe con la teología clásica, y aun con la de la Reforma.

> P. ¿No yace la verdad del evangelio muy cerca a ambos el calvinismo y el antinomianismo?
>
> R. Efectivamente así es; por así decirlo, a la distancia de un cabello: Así que es enteramente necio y pecaminoso, por el hecho de que no estamos del todo de acuerdo con uno o con el otro, correr de ambos tan lejos como podamos.
>
> P. ¿En qué forma podemos llegar a la orilla misma del calvinismo?
>
> R. (1) Al adscribir todo el bien a la gracia gratuita de Dios. (2) Al negar todo el arbitrio libre natural y todo poder antecedente a la gracia. (3) Al excluir todo mérito del ser humano; hasta de lo que hace o tiene por la gracia de Dios.
>
> P. ¿En qué forma podemos llegar a la orilla del antinomianismo?
>
> A. (1) Al exaltar los méritos y el amor de Cristo. (2) Al regocijarnos siempre. (*Works* [Obras], VIII, 284-85)

Luego esta importantísima declaración, sin la cual ningún juicio teológico de Wesley debe jamás ser hecho.

> La gracia o el amor de Dios del cual viene nuestra salvación, es GRATUITA EN TODOS, y GRATUITA PARA TODOS. En primer lugar, es gratuita EN TODOS aquellos a quienes es dada. No depende de ningún poder o mérito del ser humano; no, no, en grado alguno, sea en su totalidad o en parte. No depende tampoco en forma alguna en las buenas obras o la justicia de quien la recibe; ni en nada que haya hecho, o en nada que sea. No depende en sus esfuerzos. No depende de su buen temperamento, o sus buenos deseos, o buenos propósitos o intenciones; pues todos éstos fluyen de la gracia gratuita de Dios; son los ríos solamente, no

son la fuente. Son los frutos de la gracia gratuita, y no la raíz. No son la causa, sino los efectos de ella. Cualquier bien que haya en el ser humano, Dios es el autor y hacedor de ello. Esta es la manera en la que su gracia es gratuita en todos; o sea, que en ninguna manera depende de poder o mérito alguno en el ser humano, sino solamente en Dios, quien gratuitamente nos dio a su propio Hijo, y con Él "nos da gratuitamente todas las cosas". (*Works* [Obras], VII, 373-74)

## UN PROBLEMA DE LENGUAJE

Hay algo que debe decirse en este punto acerca de un problema importante en el área de lenguaje, no sea que se susciten entendimientos erróneos. Cada "mundo" o fase de conversación y de interés se caracteriza por imágenes específicas, y por palabras que algunas veces son técnicas, y que son apropiadas y significativas sólo en ese mundo. Una ilustración que tomamos de la discusión de la santidad aclarará el problema. La palabra *moral* tiene más que una connotación. Puede significar que la persona a la que se aplica es una buena persona; v.g.: "Es un hombre *moral* y completamente fidedigno. No robará ni traicionará a su esposa". En Japón, *moral* significaba que la persona no era desleal a su país. Nosotros usamos el término en un capítulo anterior en el sentido más técnico de la palabra, que denota la cualidad potencial de humanidad. Sería un error usar esta palabra con un significado, y que el lector la interprete con otro. Lo *moral* no es santidad en ningún sentido, pero lo moral en el sentido descrito en el capítulo previo es necesario a la santidad.

Cuando uno está hablando científicamente, habla de los datos como son. Cuando está hablando del mundo de los valores, está haciendo juicios acerca de lo que a él le apela, o de lo que debiera ser. El primero tiene que ver con cantidad, el segundo con calidad. Los dos no corren en los mismos rieles. Uno dice: "Usted encontrará lo que quiere en este libro verde". El otro contesta: "El verde no me gusta; me enferma". A dice: "Veamos la televisión y escuchemos el informe sobre derechos civiles". B contesta: "El orador no me simpatiza. Usa peluca, y no tiene nada que decir que yo quiera oír".

Si yo dijera: "Los lunes son pecaminosos", o "el viernes es día de mala suerte", usted creería que soy o muy raro, o que poseo un sentido muy pobre del buen humor. Hace poco me dijeron de la conversación entre un predicador y un astrónomo que no quería que la plática tocara asuntos religiosos. Este último le dijo al ministro: "Mi teología es muy sencilla. Ama al prójimo como a ti mismo". El predicador contestó: "Mi astronomía es muy sencilla, `Estrellita, brilla, brilla'".

Un orador, hombre muy competente en su propio campo, dijo en cierta ocasión: "No sé nada de teología o de sicología". Luego procedió a tratar de explicar la santidad, para lo cual no sólo invadió los campos de la teología y la sicología, sino también los de la filosofía, la historia, la literatura devocional, la ciencia y la hermenéutica, mezclando conceptos de todas ellas en cada una de sus frases. Cuando hacemos un maridaje de abstractas palabras técnicas y terminología sicológica, el resultado siempre será la confusión.

Mi convicción es que una gran parte de nuestro problema cuando comunicamos el mensaje de santidad emana precisamente de este error. Hay cuando menos tres áreas de confusión potencial: teología/sicología; literatura bíblica/interpretación doctrinal; y teológica/experimental. La teología de santidad sufre por esta ambigüedad posible, cuando insiste en que la doctrina de libros de texto debe llegar a ser parte de la experiencia humana.

Hay un gran golfo interpuesto entre la discusión teológica abstracta y la naturaleza humana "práctica" en la cual cobra vida. El amor perfecto, cuando es equiparado a la entera santificación, ocasiona algunos problemas semánticos, particularmente cuando es atribuido a personas muy imperfectas. Cuando lo "perfecto" es explicado como algo relativo a la posibilidad, y se afirma que en el grado en que esa posibilidad aumenta, el nivel de perfección también aumenta, entonces la entera santificación como una crisis, que es completada en un momento, se vuelve un poco intrigante. La lógica de ello no puede desenmarañarse si los mundos de razonamiento no son distinguidos cuidadosamente. Así visto, la integridad intelectual demanda, o que lo absoluto de la teología sea rechazado, o que la experiencia humana de ello sea negada. Wesley se pasó la mayor parte de su tiempo desenmarañando confusiones como esta, y él era un maestro en lo que toca a razonamiento lógico. La teología es un mundo; la sicología es otro. Si no tenemos cuidado esto sonará como una negación de una de las dos, cuando estamos hablando de la otra. Lo que buscamos en este estudio es señalar el camino hacia el entendimiento.

En manera similar, la interpretación bíblica tiende a sufrir el mismo problema. Cuando se hacen algunas observaciones acerca de lo que uno puede en efecto encontrar en las Escrituras (v.g., que las frases "obra de gracia", o "estado de gracia", o una clara postulación de "dos obras" de gracia, no se encuentra en la Biblia), algunas veces quien oye esto expresa la conclusión de que quien ha dicho eso "está negando la enseñanza bíblica de la santificación". Puesto que en este libro hacemos observaciones como ésas, parece apropiado señalar que un juicio tal hecho por el oyente (o el lector) sería una falacia lógica, ya que estaría confundiendo un hecho, un dato, con una conclusión teológica, cuando en realidad no hay una relación necesaria entre ambos. Nosotros los que nos ufanamos de ser bíblicos haríamos bien en ser bíblicos, y en distinguir nuestros juicios teológicos de "la Palabra". Mucha sangre ha sido derramada innecesariamente en la historia, y el testimonio cristiano ha sido opacado sin necesidad, sencillamente porque las personas han equiparado sus opiniones con la autoridad de la Biblia misma mediante una lógica llena de falacias. Wesley, como deberíamos verlo, se mantuvo particularmente libre de esta confusión.

Otra área más de problemas yace en un aspecto lleno de emoción. En cada edad, algunas personas han sido tocadas por el fulgor de la presencia permanente de Dios. Esta experiencia trasciende líneas denominacionales. Personas católicas, protestantes, judías, paganas, del Oriente y del Occidente, personas cultas y personas ignorantes, místicas e intelectuales han experimentado la transformación de sus corazones por la gracia de Dios. Siempre se ha intentado expresar tal experiencia con lenguaje humano, y el idioma de muy diversos antecedentes ha sido utilizado para tratar de hacer lo que es algo imposible de hacer. Algunas veces se ha usado el lenguaje mismo de la Biblia, pero no con la intención de usarlo en su contexto. En forma general, este lenguaje de éxtasis, exuberante y extravagante, ha sido enlistado y gradualmente incorporado en la teología, y entonces el lenguaje bíblico con su connotación extrabíblica se vuelve "ortodoxo". La poesía refulgente de significado es "embotellada" en la teología y su significado humano es santificado por la tradición. Con el fuego apagado, sus frías cenizas son enclaustradas en la terminología de una iglesia, y lo único que se logra es confundir las mentes de estudiantes serios que piensan que la *fuente* de la vida está en las cenizas. Cuando estos términos son examinados y descartados como la fuente de la verdad, y se busca la fuente del fuego que convirtió estas cenizas en brasas ardientes, uno toca un nervio que puede "reparar" y dar una patada, y que generalmente lo hace.

Una ilustración de esto es el uso de una expresión frecuentemente encontrada en algunos círculos de santidad: "el altar santifica la ofrenda". No hay nada en la Biblia que apoye el significado que se le da hoy. Queriendo aclarar un concepto teológico, la señora Febe Palmer, quien fue una de las luminarias en la historia del movimiento norteamericano de santidad a principios de siglo, originó un *cliché* que ha causado confusión entre todos los que sinceramente buscan a Dios desde entonces. Desde luego que ella no tiene la culpa; no, nosotros la tenemos por edificar una teología "bíblica" partiendo de una frase que fue útil en cierta situación especial. Aquí también Wesley tuvo más que cuidado normal acerca de esta clase de propensión. El usó entre 25 y 30 términos para describir lo que ahora llamamos la entera santificación. Empero, a pesar de esta libertad, evitó algunos términos que ahora son considerados esenciales y "ortodoxos".

Daniel Steele escribió que él encontró 26 términos en Wesley, usados por éste para significar la experiencia de la santificación...

... pero "el bautismo de (o con) el Espíritu", y "la plenitud del Espíritu" no son frases usadas por él, probablemente porque hay (en ellas) una plenitud emotiva de naturaleza temporal, que no desciende hasta las mismísimas raíces de la naturaleza humana. Ni tampoco usó Wesley la frase "recibir el Espíritu Santo", porque "en el sentido de la entera santificación" la frase no es bíblica ni enteramente correcta; puesto que todos recibieron el Espíritu Santo cuando fueron justificados. Probablemente por la misma razón Wesley no usó "la bendición pentecostal", si bien su hermano Carlos la incluye en una carta a su hermano Juan... Creo que la mejor manera de restaurar esta doctrina a los púlpitos evangélicos es principiando a predicar acerca de los oficios del Espíritu Santo de traer convicción de pecado, y en el nuevo nacimiento y el testimonio directo e indirecto del Espíritu, temas sobre los cuales muchos cristianos están en lamentable ignorancia.[1]

Wesley era en efecto tan cuidadoso que dio el siguiente consejo acerca de dar testimonio de esta gran gracia:

Sed particularmente cuidadosos al hablar de vosotros mismos: No podéis, en efecto, negar la obra de Dios; pero hablad de ella, cuando se os pida, en manera más inofensiva posible. Evitad todas las palabras grandilocuentes y pomposas; *no tenéis que darle un nombre general* [las cursivas son nuestras]; ni perfección, santificación, la segunda bendición, ni el "haberla alcanzado". Más bien, hablad de los particulares que Dios ha obrado en vosotros. Podéis decir: "En tal ocasión sentí un cambio que no puedo describir; y desde entonces, no he sentido orgullo, ni deseo de prevalecer, o ira, o incredulidad; ni ningún otro sentimiento como no sea una plenitud de amor a Dios, y a toda la humanidad". Y contestad cualquier otra pregunta llana que se os haga con modestia y sencillez.

Y si cualquiera de vosotros, en cualquier momento, cayese de donde está ahora, si volviese a sentir orgullo o incredulidad, o cualquier otro temperamento del cual ahora ha sido librado, no lo neguéis, ni lo escondáis, ni tratéis de encubrirlo en forma alguna, lo cual haríais con peligro de vuestra alma. En todos los casos acudid a alguien en quien podáis confiar, y decid lo que sentís. Dios capacitará a esa persona a deciros una palabra atinada, que traerá salud a vuestra alma. (*Works* [Obras], XI, 434-35)

Tal vez sea peligroso buscar los significados más profundos del lenguaje teológico al que ya estamos acostumbrados, pero la experiencia me ha compelido a tratar de recobrar la dinámica espiritual de nuestros padres. No se pierde nada del fuego al soplar sobre las cenizas. Todo lo contrario, soplamos las cenizas y el fuego arde mejor.

De modo que, la *sicología* de la vida moral como un ingrediente necesario en la santidad es el tema de la sección siguiente.

# SICOLOGÍA DE LA VIDA MORAL

La sicología de la santidad sencillamente significa que la gracia congenia con la naturaleza humana tal como es. En esta discusión de ella tendremos que hacer algunas declaraciones acerca de la constitución de la naturaleza humana y de la personalidad, y expresar cómo actúa la santificación en situaciones cotidianas. La teología se ve muy diferente cuando está vestida en ropas de trabajo a como luce en un libro.

Algunas de las preguntas que son plaga de los cristianos emanan de dejar de hacer la distinción entre la teología formal de la santificación, y los problemas prácticos de seres humanos y vivientes. Por ejemplo, los wesleyanos hablan de una segunda obra de gracia, o una segunda crisis, o "bendición" en la vida cristiana. ¿Cuál es el significado de *dos* momentos especiales entre los muchos que hay en la vida? ¿Por qué *dos*, en vez de *uno* o *tres* o *cien*? ¿Cómo es uno reconocido y distinto de los otros, o cómo distingue uno el primero del segundo? ¿Pudiéramos invertir el orden sin causar una diferencia? ¿Cómo son estos dos distintos de los otros momentos cruciales de la vida espiritual de uno? Si un cristiano pierde una "bendición", ¿cuál perdió, y qué le pasó a la otra, y cómo sabe uno cuando ha recuperado lo que se perdió? ¿Reserva Dios cierta medida de la gracia cuando imparte la primera experiencia que es dada después en la segunda? ¿O resuelve Él sólo una parte del problema del pecado en cada "obra de gracia"?

¿Hay niveles de vida religiosa, uno apropiado para pecadores, otro para creyentes, y otro para los santificados? ¿Puede uno decidir la cantidad de pecado, o el grado de victoria sobre el pecado típico o permisible en los diversos estados de gracia, o las clases de características de pecado de cada uno de ellos? ¿Puede uno escoger su nivel de vida espiritual y ajustarse a sí mismo a ese nivel, pasando por alto los otros estados de gracia? ¿Es uno completamente salvo cuando es regenerado, o es sólo parcialmente salvo? Si Dios no salva completamente, ¿podría hacerlo si quisiera? Y si pudiera hacerlo, ¿por qué no lo hace en el nuevo nacimiento? Si uno es completamente salvado en el nuevo nacimiento, ¿por qué debe tener otra experiencia especial que le prepare para el cielo? Y, en el fondo de todas estas experiencias, ¿por qué es necesaria una experiencia *de crisis*?

El primer problema es el *ordo salutis*, u orden de salvación, que está en la provincia de la teología sistemática. Los componentes del problema son asuntos tales como la prioridad temporal de la regeneración, la justificación, la fe, el arrepentimiento y otros elementos en la redención. Careciendo de direcciones bíblicas claras sobre este asunto, es necesario organizar esos temas de acuerdo a un juego de presuposiciones que obviamente no tienen la objetividad necesaria para estructurar una conversación dogmática acerca de ellos. Aquí precisamente yace la mayor diferencia entre Arminio y la iglesia reformada de su día.

No está en la provincia de este capítulo el discutir la naturaleza de la regeneración, la adopción, la justificación y la santificación; meramente notaremos la relación entre ellas. Podemos principiar declarando que el concepto wesleyano de Dios lo presenta actuando hacia nosotros en la totalidad de su naturaleza, y actuando sobre o acerca de la totalidad de la naturaleza humana. Esto significa que no encontramos ningún atributo divino, como la ira, el amor, la santidad, la misericordia o la justicia aparte de la persona completa de Dios. Y el ser humano experimenta esta totalidad como él mismo, una persona completa, en vez de experimentarla en partes de sí mismo, tales como su voluntad, su mente, su corazón, cada una de ellas separada de las otras.

La santidad y la justicia, el amor y la ira no son atributos antitéticos, sino el efecto de la acción divina respecto a una situación particular. En forma igualmente cierta, la Deidad actuó en pro de la redención del ser humano. Dios no "sacrificó a Jesús"; más bien leemos que "Dios estaba en Cristo, reconciliando al mundo consigo". Esta unidad de personalidad se extiende al ser humano. Todo el ser humano recibe el beneficio de la gracia. Todo su ser, y no sólo una parte de su personalidad, es el recipiente de la actividad divina si el concepto de moral ha de ser mantenido.

H. Orton Wiley escribió:

> La gracia preveniente... es ejercitada sobre todo el ser de la persona, y no sobre ningún elemento o capacidad particular de su ser. El pelagianismo considera que la gracia actúa solamente sobre el entendimiento, en tanto que el agustinianismo cae en el error opuesto, de suponer que la gracia determina la voluntad a través del llamamiento eficaz. Arminio se apega a una sicología más acertada, que insiste en que la gracia no opera meramente en el intelecto, o en las emociones o en la voluntad, sino en la persona o ser central que está adentro y detrás de todos los afectos y atributos. De esta manera preserva la creencia en la unidad de la personalidad.[2]

Pero, ¿qué ayuda nos da esto para contestar la pregunta? Wiley sugiere una respuesta interesante y útil. Este teólogo dice que hay tres analogías usadas en las Escrituras para describir la relación de Dios con el ser humano: el hogar, la corte de justicia, y el culto del templo. Cada una de estas analogías tiene un vocabulario consistente con su propio mundo. Necesitamos todas éstas para comunicar las verdades que precisamos saber acerca de la redención. Cuando una analogía es aislada de las otras, y se vuelve toda la verdad, el resultado es la distorsión teológica; v.g., cuando el nacimiento es hecho la analogía para todo lo que tiene que ver con la relación del cristiano con Dios, lo jurídico y lo moral son sacrificados.

Es imperativo que los términos que son usados en conexión con cada una de esas analogías sean distinguidos cuidadosamente. Las relaciones del hogar son expresadas con términos de la vida natural —padre, hijo, nacimiento, amor, separación y muchos más. El salón de corte es expresado con términos legales —culpa, culpabilidad, imputación, juicio, y justificación. El culto del templo contribuye con los términos típicos de su mundo —pecado, impureza, pureza, santificación, sacrificio, santidad y dedicación.

Wiley no indica explícitamente las implicaciones de esto a través de toda la doctrina de la salvación (aunque él mismo es bastante consistente en su uso de términos), pero este germen de idea ha resultado útil en este estudio. En nuestra opinión, sería provechoso proyectarlo en el problema que confrontamos.

En el campo de la teología los asuntos son confundidos innecesariamente cuando se hacen a un lado distinciones bíblicas cuidadosas entre la justificación, la regeneración y la santificación. Cada una de ellas tiene un elemento de verdad que no puede ser confundido con las otras. Pero no describen eventos diferentes que puedan ser separados en la experiencia. Son diferentes aspectos de un evento. Esto no significa que uno pueda ser substituido por otro, sino más bien que la verdadera naturaleza de la experiencia cristiana no puede ser incluida por ninguno de ellos por sí solo, sino por todos ellos juntos (y otros también). Esto significa que hay un aspecto del hogar, de la corte de justicia, o del templo que puede, por analogía, ayudar a explicar la actividad redentora de Dios en relación a la humanidad. El *nuevo nacimiento*, o regeneración, no agota la enseñanza bíblica acerca de la salvación. La justificación o perdón es un elemento esencial pero incidental al propósito central de la salvación, el cual es la libertad del pecado, o sea la santidad de corazón. *Santificación* tiene que incluir todo lo que la regeneración y la justificación significan, para salvarla del humanismo. Pero en las Escrituras todo esto es incluido, y la teología debe mantener estas verdades en equilibrio.

> Podemos decir entonces que la justificación cristiana y la filiación cristiana, que incluyen la justificación, la regeneración, la adopción y la santificación inicial, son concomitantes en la experiencia personal, o sea que son ofrecidas como bendiciones inseparables y que ocurren en el mismo tiempo... Sin embargo, los términos no son sinónimos.[3]

Lo que esto significa acerca del problema que tenemos por delante es que en la relación salvadora de Dios con nosotros hay un aspecto objetivo y uno subjetivo, que incluyen el todo de la personalidad. No significa que los humanos sean perfeccionados más allá de la necesidad o la posibilidad de desarrollo, sino que el todo de la gracia de Dios llena el todo de la necesidad del ser humano. El orden de las "bendiciones" es lógico, no sencillamente cronológico. Esta es otra manera de decir que el procedimiento redentor es moral hasta su médula.

El segundo problema tiene que ver con la manera en la cual los seres humanos se apropian de la gracia. Las siguientes preguntas enfocan el asunto más agudamente: ¿Precede la fe al arrepentimiento o lo sigue? ¿Es necesaria la obediencia, y por qué? Estas preguntas sencillamente abren la puerta a muchas otras preguntas como ellas.

En las Escrituras es imposible aislar palabras tales como fe y amor, a fin de que se pueda decir que están en orden cronológico la una y la otra. Hay un elemento de arrepentimiento en la fe que no puede ser borrado. La fe no tiene significado alguno aparte de suficiente consciencia del pecado y de odio a él para que el creer sea decisivo. La fe tiene siempre que estar suficientemente consciente de sí misma para rechazar lo primero, y suficiente para aceptar lo otro. El arrepentimiento bíblico está saturado con fe y obediencia. En las Escrituras la fe nunca aparece divorciada de la personalidad total. Debe ser apoyada por todo lo que el ser humano es. La obediencia es un ingrediente necesario de la fe. Ambas describen al amor. La pureza es el compuesto de los tres. La purificación depende de caminar en la luz, o sea la obediencia a la "ley" del compañerismo.

En otras palabras, toda la personalidad participa en cada contacto con la gracia de Dios. La fe no es el consentimiento intelectual solamente, ni es la obediencia sólo un acto de la voluntad. La pureza no es una cualidad mística grabada en el alma, ni es el amor un sentimiento que esté más allá de ser probado. En el primer albor de la obra del Espíritu Santo con los seres humanos, la totalidad de la personalidad es despertada, es movida a quedar alerta y a dar una respuesta concertada, sea en forma de aceptación o de rechazo. Todo lo que está involucrado en el proceso redentor contribuye a la integridad moral.

El requisito clásico de la justificación es la fe. La fe no es algo que la mente hace acerca de lo cual el resto de la personalidad es, o pasivo o en repudio activo. El llamamiento al pecador es a que se arrepienta y crea. Un espíritu obediente es la matriz del arrepentimiento y de la fe. Pablo nos dice en Romanos 6 que la parte del cristiano en el bautismo requiere que "se rinda". Cristo es ambos, Salvador y Señor, y en el acto mismo de creer el creyente se implica a sí mismo en una nueva servidumbre cuando es libertado de la antigua. El llamado al cristiano no es un llamado diferente sino una continuación y profundización del mismo llamado.

Citamos a Wiley otra vez; escribe: "La regeneración está relacionada a la santificación. La vida otorgada en la regeneración es una vida santa. Esta es la razón por la cual el señor Wesley habló de ella como la puerta de entrada a la santificación".[4]

Wesley hablaba del arrepentimiento de los creyentes. En Romanos 12:1 Pablo invita a los cristianos a que se *presenten* a sí mismos a Dios. La advertencia de no contristar o apagar al Espíritu es necesitada tan universalmente que los ministros evangélicos no tienen dificultad alguna en predicar tal cosa al pecador, si bien la exhortación fue dada a cristianos.

Todo esto significa que hay un camino, y sólo un camino, a la gracia de Dios, y un camino para *continuar* en ella en cada nivel de la vida espiritual —y es el camino de la completa capitulación de todo el ser (hombre o mujer) a Dios. Esto no es salvación por los méritos, sino verdaderamente salvación por la fe. Pero la fe no es algo diferente o algo más que la obediencia, ni separado de la personalidad. No es más eficaz ni "religioso" que la obediencia, sino que es ella misma una demostración de obediencia que unifica la personalidad en vez de dividirla.

La pureza no es una etapa subsecuente de la vida cristiana sino la consecuencia de la obediencia y la fe bajo la gracia de Dios. O sea que no estamos en libertad de segregar un aspecto de los requisitos de Dios de los otros y hacer el todo de ese aspecto. Somos maestros inestables si aislamos una parte de la personalidad como la que puede ser salvada, y rechazamos o menospreciamos lo salvable del resto del ser humano. La fe no es la ley de una provincia o estado de gracia, y la obediencia la ley de otro u otra. La *integridad moral* es la base de la interpretación, y debe caracterizar todo lo que se relaciona a la gracia. La santidad es ética hasta la médula. No es un moralismo.

El problema de la fe versus las obras toma forma en esta área de razonamiento. La intensa polémica contra las obras en ciertos círculos teológicos se basa, en nuestra opinión, cuando menos en dos conceptos equivocados. Uno es básico para el otro. (1) A menos que las "obras" contra las cuales predicó Pablo sean entendidas en su propio contexto, la proyección superficial (no crítica) de la errónea enseñanza percibida causa serios problemas en nuestra teología. Las "obras" que no podían traer justificación, o hacer a la persona justa, no eran la obediencia a la ley y los mandatos de Dios, sino una confianza en que la obediencia superficial pueda producir justicia. La justicia nunca es posible aparte de la obediencia, pero la obediencia debe ser una dependencia en Dios y su misericordia, y ser "de corazón". (2) El énfasis wesleyano en tal obediencia no es de "salvación por las obras", sino en que todo el ser humano sea integrado alrededor de la gracia de Dios. El ser humano no es sesos solamente, aceptando una proposición, por muy sinceramente lo haga. Los seres humanos son también personas, que, al aceptar una proposición deben *actuar* respecto a ella. No puede haber un verdadero dualismo entre la fe y la obediencia. Cualquiera de las dos a solas es una abstracción carente de existencia. Nunca nos la encontramos en la vida.

Tal vez sea útil expresar otra vez una conclusión que se ha forzado a sí misma sobre nosotros durante el estudio, y es que los involucramientos subjetivos a los que la persona es introducida por la gracia de Dios no son imposibles aun para seres humanos que están en pecado. La gracia no forza obligaciones antinaturales o deformadoras sobre la personalidad humana sino que pide sólo que los poderes inherentes en la característica humana, *lo humano*, del ser, y que son alertados por el Espíritu Santo, sean ejercitados alrededor del señorío de Cristo. Nuevos poderes no son añadidos, sino que los antiguos son puestos en la perspectiva correcta. Oigamos una vez más a Wiley hablar agudamente sobre este particular:

> El ser no sólo es activo esencialmente, sino que fue creado para lograr progreso ilimitado. Bajo la gracia esto se vuelve un avance en continuo crecimiento en la semejanza divina —un cambio *"de gloria en gloria"* (2 Co 3:18). En pecado, el aumento es "hacia más impiedad" y por ende, un descenso de vergüenza en vergüenza. Sin embargo, se debe recordar que el pecado es sólo un accidente de la naturaleza humana, y no un elemento esencial de su ser original. El ser humano retiene su personalidad con todos sus poderes, pero éstos son ejercidos aparte de Dios como el verdadero centro de su ser, y por lo tanto son pervertidos y pecaminosos. El pecado no es alguna facultad nueva... imbuida en el ser humano... Es más bien la inclinación de todos los poderes.[5]

Aquí tenemos una intuición wesleyana sana. En el siguiente pasaje Wesley da énfasis a la unidad de la personalidad que es tan esencial a una comprensión de la santidad bíblica.

> Los que son verdaderamente mansos pueden discernir claramente lo que es malo; y también pueden sufrirlo. Son sensibles de todo lo que es de esta clase, pero la mansedumbre todavía tiene las riendas asidas. Son sobremanera "celosos por el Señor de los Ejércitos", pero su celo siempre es guiado por el conocimiento, y templado, en cada pensamiento, palabra y acción, con el amor al prójimo, tanto como por el amor a Dios. No desean extinguir ninguna de las pasiones que Dios ha implantado con sabios fines en su naturaleza; pero las dominan a todas ellas. Las mantienen en sujeción, y las emplean para servir esos fines. Y de esa manera aun las pasiones más desagradables y ásperas son aplicables a los propósitos más nobles; aun el odio, y la ira, y el temor, cuando están comprometidos contra el pecado, y regulados por la fe y el amor, son como murallas del alma, de modo que el maligno no puede aproximarse para lastimarla. (*Works* [Obras], V, 263)

Esta sección principió con la siguiente declaración: "La sicología de la santidad sencillamente significa que la *gracia* congenia con la naturaleza humana". Esto quiere decir que la gracia no es, cuando menos en las Escrituras, una palabra teológica sino una palabra muy personal. La gracia de Dios es una manera de decir: "Todo lo que Dios es en relación al ser humano —su amor, misericordia, perdón, redención— todo ello es revelado y puesto a la disposición del ser humano. Dios actuando en favor de los seres humanos separados de Él por su propio pecado, Dios llamando a los seres humanos a compartir su compañerismo,

Dios abrumándonos con su presencia y rogándonos que le demos una contestación —esto es la gracia". De modo que cuando la teología habla de "estados de gracia", nosotros tenemos que preguntar: "¿Qué significa esto?"

## "ESTADOS DE GRACIA"

Debe notarse que hay una dificultad mayor que yace en la base de todas las preguntas y que se expresa en frases como "obra de gracia", "estados de gracia", y el término "bendición". Dicha dificultad emana de dejar de entender el significado de gracia. Se dice que el aspecto doble de la vida religiosa es estructurado por "estados de gracia", y que las "obras de gracia" lo trasladan a uno de estado a estado. Si esta pauta puede ser defendida bíblicamente, no debe ser demasiado difícil contestar las preguntas específicas acerca de esos estados. De no ser así, la enseñanza bíblica tendrá que ser captada y distinguida de las deducciones de la teología, y la aplicación de la enseñanza bíblica tendrá que ser relacionada a la experiencia.

Un repaso breve de los usos de la palabra *gracia* establece rápidamente el hecho de que ni "estados" ni "obras" de gracia son frases bíblicas. Y cuando usamos el término "bendiciones" para aludir a ellas, también es un uso extrabíblico, si bien el significado original del concepto pudiera resultar suficientemente apropiado cuando así es entendido. También observamos que tampoco puede ser defendido el uso de "primera" y "segunda" *directamente* mediante exégesis del Nuevo Testamento, en el sentido de adjetivos que numeran las etapas de la gracia en el camino. Desde luego los wesleyanos sabemos esto, y defendemos tal uso sobre otras bases, pues creemos que la apropiación personal de la gracia nuevotestamentaria da evidencia de este aspecto doble. Sin embargo, si intentamos quedarnos estrictamente dentro de los límites de la exégesis bíblica, podemos estar en un aprieto si se insiste en usar estos términos dogmáticamente como una evidencia de la ortodoxia.

¿Qué es la gracia? ¿Puede la gracia referirse a un estado o posición? Todo lo que los humanos recibimos de Dios lo recibimos "por gracia", desde la creación hasta la redención final. Un estudio cuidadoso del término revela cuando menos un dato con claridad, y es que la gracia nunca es impersonal o *algo* aparte de Dios mismo. Es, más bien, precisamente como una expresión personal de la naturaleza de Dios (y por ende espiritual y moral) que la gracia tiene significado. La gracia es misericordia y amor y paciencia y longanimidad; es algo que los seres humanos nunca merecen, algo que nunca es compelido por ninguna clase de necesidad divina, sino que es siempre gratuitamente dado y siempre condicionado por consideraciones morales, en lo que tiene que ver con su recepción de parte de los seres humanos.

Si fuese posible concebir un "estado de amor" o "un estado de misericordia" (términos que son sinónimos de "gracia"), la validez de un "estado de gracia" podría ser defendida. Pero estos asuntos no describen posiciones impersonales o estáticas, sino relaciones que son personales en el más alto sentido de ese término. En sus momentos más responsables y perceptivos, el wesleyanismo siempre ha visto esto. Y en esos momentos ha mantenido que ningún ser humano ha de confiar en ningún momento de experiencia, o en ninguna experiencia sicológica en sí misma, ni en ningún "estado de gracia", ni aun en los resultados de cualquiera de éstos. Más bien ha de confiar en *Cristo solamente*, no como una idea o un grupo de palabras —ni siquiera si son palabras bíblicas— sino en Cristo mismo como una Persona.

Esto ubica la totalidad de la redención en el nivel más alto posible y previene el desarrollo de tendencias antinomianas que están inherentes en *cualquier* sistema que deja de captar este aspecto personal de los tratos de Dios con los humanos. Cuando le hicieron a Wesley la pregunta: "¿No tiende el hablar de un *estado* justificado o santificado a guiar mal a las personas? ¿No les conduce casi naturalmente a confiar en lo que fue hecho en un momento?", él la contestó diciendo: "Por lo cual estamos en cada hora y en cada momento agradando o desagradando a Dios, *de acuerdo a nuestras obras*: de acuerdo a la totalidad de nuestros temperamentos internos y nuestra conducta externa".[6]

Para el wesleyano, la gracia no es propiamente denominada un estado porque nunca es impersonal, sino que consistentemente es concebida como "Dios con los seres humanos", amándolos, pero nunca forzando su voluntad sobre ellos en asuntos que tienen que ver con su salvación. La gracia nunca es meramente poder, o coerción. Se piensa en la gracia siempre en los términos más personales. La convicción yace detrás de la vista wesleyana de la *imago Dei* y de la santidad primitiva, y consecuentemente de la santidad que se dice es posible en esta vida. Esto significa que todos los mandatos de Dios en relación con el ser humano están en armonía con el orden moral de Dios. Dios no juega con los seres humanos, provocándolos con requisitos imposibles de cumplir. La Biblia es un libro serio, fidedigno en todas sus enseñanzas morales. No se requiere de los seres humanos nada que no sean capaces de hacer.

Los requisitos son relacionados primordialmente a actitudes interiores, no a logros de proezas o perfecciones de las cuales sean incapaces los seres humanos, física, mental o moralmente. Pero la demanda incluye todo lo que el ser humano puede ser, y él es compelido a esta capacidad máxima pues está en armonía con el crecimiento de la personalidad. *La gracia de Dios estimula la experiencia moral, nunca la substituye.* En cada caso, los tratos de Dios con el ser humano y la respuesta del mismo a Dios están caracterizados por consideraciones éticas. Esta verdad, cuando se le permite penetrar la teología cristiana, la purifica de superficialidad no moral y de no ser fidedigna.

El punto importante en toda la discusión es este, que Dios actúa hacia los seres humanos en una relación personal. Esto significa que Él actúa como una Persona completa con personas completas. Esto niega la validez de la tendencia popular a hablar de Dios como que da parte de sí mismo a una parte del ser humano, o de que Dios actúe en misericordia, o justicia o gracia o ira, cada atributo separado de los demás. El pensar en Dios en relación con sólo un aspecto del ser humano —tal como su estado, o respecto a su mente racional, aparte de su naturaleza emotiva, o de su voluntad y no de sus emociones- ese acto emana de dejar de ver el aspecto de Persona-a-persona de la acción divina. La gracia representa el todo de Dios actuando respecto al todo del ser humano. Cuando por la gracia somos salvados, la salvación es *potencialmente* completa. La gracia no puede ser dividida en capas, puesto que Dios es una Persona —no una acumulación de capas de nada. No podemos dividir al Espíritu Santo de modo que recibamos una parte de Él en cierto tiempo, y más de Él en otro tiempo. El Espíritu Santo es una Persona y viene como una Persona y se relaciona a sí mismo con personas. Cuando uno es salvado, el Espíritu Santo viene a uno. Esto es una relación personal, no una adición matemática que pueda ser dividida en fracciones.

Pero es precisamente en el punto de la naturaleza personal donde yace todo este asunto de "matemáticas religiosas", y cómo la gracia se relaciona a ello. Pero antes de que la pregunta de "primera y segunda bendiciones" pueda ser discutida, algo debe decirse acerca de la naturaleza humana, y aquí el elemento personal es presentado, el cual pone en relieve significativo lo teológico y lo religioso.

## PERSONALIDAD HUMANA

Si la experiencia de la santificación es un asunto de ajuste espiritual y moral que se lleva a cabo en la intersección de la naturaleza humana y la gracia de Dios, es necesario saber algo acerca de la naturaleza humana a fin de proceder con inteligencia en todo el proceso. La sicología bíblica siempre es contemporánea y el teólogo nunca se ve avergonzado por ella.

1. *La persona es esencialmente una unidad.* Un ser humano normal no está en conflicto consigo mismo, a pesar de que puede estar en desacuerdo con su mejor criterio sobre algún asunto. Cuando actúa, lo hace como una unidad. Todo el ser humano actúa siempre que actúa, y si actúa en forma alguna. Ni el Antiguo

202 / UNA TEOLOGÍA DEL AMOR

Testamento ni el Nuevo incluyen información alguna sobre un ser humano cuyo espíritu sea bueno y cuya carne sea mala. El espíritu de uno —o el cuerpo, si así se quiere— nunca actúa sin el verdadero consentimiento de la personalidad entera.

El hecho es que cualquier acción responsable debe involucrar a todo el ser humano. La Biblia habla de varias partes del cuerpo como el asiento de las acciones responsables: el corazón, las entrañas, los ojos, los oídos, la boca, los pies, la mente, el espíritu, la carne, y muchos otros órganos, internos y externos. Pero nunca se nos dice que el corazón y los pies, por ejemplo, actúen en contradicción el uno con los otros en el mismo ser humano al mismo tiempo. Cuando leemos de los pies que "se apresuran para derramar sangre", el corazón está involucrado y es culpable. Cuando se dice que los pies son "hermosos" porque portan el mensaje de gracia, ello incluye al espíritu y a la carne. Cada designación es una figura de lenguaje que caracteriza la acción y las actitudes de toda la persona. Alude a una cualidad de carácter, y se deriva de la clase de acción simbólica que ese órgano sugiere. La vista tricótoma del ser humano como cuerpo, alma y espíritu no es una enseñanza bíblica. Algunos errores clásicos en la cristología emanan de esta idea gnóstica, y cierto perfeccionismo contemporáneo es hecho posible sólo gracias a este concepto de personalidad. Pero la vista cristiana es que el corazón limpio es un corazón indiviso —una personalidad unificada.

Cualquier vista múltiple de la personalidad hace de la vida cristiana una fuente de conflicto, no de paz. Hace que la salvación se vuelva destructiva de la plenitud (o entereza) y de la integridad puesto que la gracia contrapone al alma contra el cuerpo. Impugna la gracia de Dios. Cualquier personalidad trastornada se vuelve la insignia del cristianismo, y la muerte un salvador.

La enseñanza wesleyana, y nosotros creemos que es la bíblica, insiste en que la justificación y el nuevo nacimiento integran toda la personalidad. Es la vida que atrae a todos los elementos a un total dinámico. La vida es unidad. La muerte es desintegración, es el desmoronamiento de elementos constituyentes. La salvación es el espíritu de vida en Cristo Jesús que nos hace libres de la ley del pecado y de la muerte. El nuevo nacimiento significa el principio del crecimiento como una persona completa. Anticipa la madurez y el servicio. Significa que uno es cabalmente salvado, cabalmente vitalizado de nuevo, motivado de nuevo, por el Espíritu Santo. Significa que por el ministerio del Espíritu Santo la persona ha hecho Señor a Cristo.

2. *La personalidad es dinámica, no estática.* Es espiritual, no material. No es una *substancia* sobre la cual puedan ser impuestas desde el exterior "marcas" permanentes, como los católicos afirman que la gracia hace. Hay una continuidad de identidad y de consciencia de uno mismo, pero en ello hay un flujo y

ajuste y crecimiento y perspectivas alteradas y relegación y movimiento que eternamente hacen de la "persona" una entidad *vital*. El análisis que Jesús hizo es pertinente: no es lo que entra al ser humano lo que lo hace, dijo el Señor, sino lo que procede de él. Cuando *la persona está operando como una criatura responsable, distingue entre estímulo simple y propósito, y responde racionalmente.*

Esto no postula una libertad *absoluta*, pero sí da por sentado la libertad *verdadera*. Una persona, en tanto que sea una persona, está en movimiento, proyectándose hacia el exterior, creciendo, aspirando a su plenitud, inquieta, buscando, ascendiendo. La muerte "espiritual" en una persona viviente no es la muerte de la inmovilidad o pasividad sino la dirección de la actividad hacia la desintegración del ser.

La personalidad es dinámica tanto como una unidad. Esto significa que en el momento de su conversión el ser humano entra a una vida de la responsabilidad más cabal posible a Dios de la cual es capaz. Esta puede ser muy pequeña, pero es la primera etapa en el proceso que fluye. La personalidad no es pasiva, ni inerte, sino constantemente enfrentando momentos de decisión que deben ser hechos en el espíritu de la nueva vida. La garantía de la gracia no es que Dios hará estas decisiones por nosotros sino que el Espíritu nos capacitará para hacerlas de tal modo que agraden a Dios.

La vida moral es una de dos, progreso o retroceso en una línea quebrada, y generalmente no en líneas rectas. Nuevas situaciones nos confrontan constantemente; nuevas decisiones tienen que ser hechas. En cada punto hay una reunión del concilio en la cual la actitud que prevalece es la determinada por el ser humano total. Ahora él es un cristiano, pero eso no hace que las decisiones correctas sean automáticas o inevitables. La responsabilidad de hacer decisiones correctas no es relegada sino aumentada en la vida cristiana. La esencia de la personalidad es libertad moral, y en la vida cristiana la personalidad es espiritualizada en niveles perennemente más profundos, y nunca despersonalizada. Así que todo lo que está involucrado en la santificación tiene aplicación precisamente aquí. La santificación es traer a una integración total alrededor de la voluntad de Dios cada elemento de la personalidad. La santificación es "el filo creciente" de la justificación. Lo que uno promete hacer cuando se convierte, cuando se hace cristiano, lo debe hacer en *situaciones vivientes*. La nueva vida necesita lo que teológicamente es llamado la santificación.

## LA GRACIA Y LA LIBERTAD HUMANA

Ser persona significa libertad moral. En relación con el ser humano, Dios actúa en armonía con su naturaleza moral y su estructura sicológica. Tal vez la libertad no sea grande, pero a fin de mantener la integridad personal y moral debe ser real, no ficticia. Las personas no pueden ser personas reales —entidades espirituales— aparte de esta medida de auto-trascendencia y autodeterminación. Bíblicamente, toda la apelación del evangelio es hecha al poder que la persona tiene de decidir e iniciar un curso de acción en vez de otro. Los seres humanos no están en libertad de escoger las consecuencias de un acto, pero están libres de decidir en qué consecuencias prefieren estar involucrados en lo que concierne a una relación con Dios.

Pero la responsabilidad personal está inevitablemente incluida en la libertad personal. La libertad yace en una matriz de responsabilidad. Ser libre es ser responsable. La libertad no es amoral, como sería si los asuntos de la decisión se centraran solamente alrededor de los caprichos e intereses del individuo. Todo lo contrario, la libertad es intensa y terriblemente moral. En otras palabras, uno no principia y termina su vida de libertad como un individuo solo o separado, sino solamente y siempre como una entidad que se yergue en relación a Dios y a otros. El ser es sólo un ser cuando se yergue así. La autoconsciencia es sencillamente otra manera de decir que uno verdaderamente se conoce a sí mismo sólo en el grado en que es una entidad distinta de otros, pero en relación con ellos. En otras palabras, la libertad moral es el ser sosteniendo una relación responsable con otros seres. La libertad no tiene ningún otro significado.

La Biblia tiene mucho que decir acerca de esta interrelación. El Dios triuno es una comunidad de Seres que se aman y comunican entre sí. Los seres humanos encuentran su autoconsciencia espiritual sólo cuando han sido atraídos a esa vida divina por el compañerismo mutuo, y la vida resultante es un compañerismo de comunidad con otros cristianos. En algo así como un paréntesis, pero con significado para esta discusión, es una referencia a la observación hecha anteriormente en este estudio, de que el Espíritu Santo descendió, o llenó sólo a grupos, nunca a individuos, si bien el cuerpo del individuo es el templo del Espíritu, y personas como Esteban en el desempeño de su testimonio fueron caracterizadas por esta habitación divina. El cuerpo ("un sacrificio vivo") es relacionado, por el Espíritu, con todas las otras personas en ese compañerismo. Esta vida interdependiente es absolutamente crucial. La oración de Jesús que leemos en Juan 17 no nos permite menospreciar la obligación de las implicaciones cabales del compañerismo para la salvación. La relación que sostenemos con el Espíritu Santo, nos hace, por la necesidad más profunda, una parte de ese compañerismo. Aparte de ese compañerismo sólo hay muerte espiritual.

Esto nos lleva a observar que el ministerio del Espíritu Santo bajo los términos de la gracia tiene un énfasis doble: (1) Él compele a las personas a volverse agudamente conscientes de sí mismas como individuos responsables, y las decisiones a las que son llevadas son decisiones cabalmente responsables. (2) Pero el Espíritu Santo también demanda que personas tales principien a sostener relaciones responsables. Esto es altamente significativo. El Espíritu da por sentado y respeta nuestro interés en nosotros mismos y en otros, y trata con nosotros a través de esta avenida de personalidad porque es esencial a la plenitud.

Estos dos momentos del ser, un interés en sí mismo y un interés en otros, son ambos absolutamente esenciales para la salud mental. El cumplimiento de toda la ley, o la salud mental y espiritual expresada en una manera religiosa (la única manera adecuada), es amar a Dios completamente y a otros como al ser de uno mismo. La salvación debe incluir ambos aspectos o deja de hacerle justicia al alcance cabal de la enseñanza bíblica. La autoconsciencia es lógicamente previa a la dimensión social de la personalidad. Uno que no ha llegado a ser un verdadero ser jamás podrá ocupar su lugar en una sociedad de seres. El amor a uno mismo no es pecaminoso en sí mismo sino cuando desplaza a los "otros" seres.

Cuando la teología habla de negarse a uno mismo, nunca debe significar que el ser ha de ser menospreciado o destruido. El apóstol Pablo se pronuncia en favor de una autoestimación adecuada en todas sus epístolas.

Ningún "rendimiento" cristiano debilita lo único y la vitalidad del autointerés y de la personalidad. Es sólo el ser fuerte el que puede darse a sí mismo a Cristo en grado alguno. La base de la vida espiritual es todo el ser en integración sana con todo lo único de la personalidad intacto, vital y fuerte, pero bajo el dominio de un amor que todo lo controla a Cristo —un ser limpiado.

Demasiadas personas jamás han permitido al Espíritu Santo que les traiga cara a cara con su verdadero ser —nunca se acercan a una identificación personal clara. Tratan de ser alguien más, seguir cierto código externo de conducta, repetir las palabras de alguien más, retirarse detrás de la protección cómoda de lo convencional. Le dan un ser borroso a Dios, tienen un testimonio borroso, y hacen un servicio borroso a Dios —aburrido, monótono, carente de inspiración, intolerante, carente de atracción, todo ello debido al temor que reside en su incertidumbre. El temor cierra la mente y el corazón, y seca la fuente del amor.

*Esto no es cristiano*, y no está en armonía con la teología de la santidad. Dios es limitado por la personalidad defectiva, y todo lo que la santidad requiere de la persona tiende a remover la limitación. La santidad es plenitud de salud, y todo lo que Dios requiere de la persona desde las primeras sugestiones de la convicción hasta el último acto de la vida es en pro de esa plenitud.

Cuando uno llega a ser un cristiano, cuando nace de nuevo, lo máximo en cuanto a estar al tanto de uno mismo, y de estar consciente de uno mismo y en cuanto a su identidad personal es alcanzado. Dios perdona el pecado que le ha robado al ser el respeto y la seguridad. El temor de Dios ha cambiado a un sentido de amor mutuo. En esta experiencia es removido cada estorbo debilitante a la identidad del ser. El momento de liberación es un momento infinitamente placentero. Quisiéramos preservarlo, gloriarnos en él, vivir en él, retirarnos a él. Pero esto no es salud espiritual más que lo que un desarrollo atrofiado puede ser la salud mental. La personalidad no es estática sino dinámica. No puede prosperar en una infancia perpetua. Debe comprometerse a sí misma.

La persona nacida de nuevo se encuentra a sí misma en un mundo de la más profunda responsabilidad. La mirada hacia adentro ya no es adecuada. Debe pasar de la separación generalmente dolorosa del autointerés del ser como centro, hacia la perspectiva de dos focos, de amor a Dios y también a otros. Bajo el dominio del pecado, el ser carece de ese elemento de verdadera dignidad del que el hijo de Dios ahora disfruta. Por vez primera, la persona sale a la superficie como una verdadera persona y empieza a funcionar como una persona. El autointerés —el cual no es pecado en sí mismo pero que ha funcionado fuera de perspectiva, y que por haber dejado a Dios fuera, ha sido pecaminoso— ese interés debe ahora por su propia decisión trasladar su autoridad a Dios, y el objeto de su interés a otros. Sin abandonar su autoidentidad, debe identificarse a sí mismo con Dios y empezar a vivir responsablemente con otros.

Hay una tendencia en todas las tradiciones teológicas a aislar el primer paso del segundo y a pensar solamente en términos de "estar bien con Dios" —o autointerés. Tal vez esto era de lo que Pablo estaba hablando cuando les escribió a los corintios, en forma de regaño, de que eran "niños en Cristo", cuando lo que se demandaba de ellos era la madurez. Una característica de la infancia es un interés exagerado en sí mismo y en los deseos y perspectivas de uno mismo. El que la experiencia cristiana termine en autointerés es dejar de completar la experiencia moral normal. Pablo escribió que cuando llegó a ser hombre hizo a un lado lo que era de niño, y dijo esto en el contexto de su discusión acerca del amor, que es la manera de comprometerse que puede producir la mayor madurez espiritual posible para seres racionales —y que era el remedio del problema de los corintios.

En el wesleyanismo esta misma tendencia al autointerés en la salvación con frecuencia les roba a los que han profesado "que han seguido adelante a la perfección" la fuerza de la vida llena del Espíritu porque no han captado la verdadera naturaleza del amor. Queda en ellos un interés controlador en el ser que nunca ha permitido la salud del alma y la victoria cristiana. Hay un ejercicio exagerado en la introspección, un constante "estarse tomando el pulso", una conciencia "lastimada" en vez de tierna, una importancia exagerada a los estados emotivos y a ser "bendecido". El ser nunca se ha elevado de su estado infantil hacia la madurez sana y el vigor y la responsabilidad morales.

Encontramos una sugestión sumamente interesante y significativa en la palabra griega que Pablo usa en 1 Corintios, que se traduce "lo... de niño". No es una palabra usada con frecuencia, y probablemente en ningún caso en los escritos de Pablo, para denotar hijo (*uiós*), o niño (*téknon*). En vez de usar éstos, Pablo escoge usar *népios*, la que en el contexto siempre tiene la connotación de un adulto que exhibe las características irresponsables de un niño. "Portarse como nene" sería una palabra mejor para expresarlo, y más fácilmente de distinguir de "ser como niño", la característica que elogió Jesús. El término usado aquí sugiere una condición espiritual que corresponde al estado mental y físico que nosotros llamamos "desarrollo atrofiado". En Efesios 4:14 el apóstol Pablo exhorta a los que son "llevados por doquiera de todo viento de doctrina", a que se vuelvan hombres, a que crezcan hasta ser el hombre perfecto, "edificándose en amor" (lo cual significa todo el "cuerpo de Cristo", o sea la iglesia). La manera de lograr esto es "siguiendo la verdad en amor", y creciendo "en... Cristo" en "todo" o en "todas las cosas" (v. 15), caminando de aquí en adelante "no... como los otros gentiles, que andan en la vanidad de su mente" (v. 17). El autor de Hebreos usa esta misma palabra para condenar a los que son "tardos para oír", y que debiendo ya ser maestros todavía necesitan leche —pues todavía son "niños", o se portan como bebés (He 5:11-14).

El difícil pasaje en 1 Corintios 3:1 usa esta palabra griega. Pablo les dice: Son "niños en Cristo"; y luego procede a darles todo un catálogo de acciones infantiles, como de niños que se tiran del cabello y se arrancan los juguetes unos a otros. Uno no se libra de esa conducta sencillamente creciendo. En 1 Corintios 13:11, Pablo escribe que él había sido tal clase de persona, pero que había dejado los modos de niño y se había vuelto un adulto. El "infantilismo" espiritual debe ser manejado decisivamente. No es algo que sencillamente "desaparezca" por sí mismo, o con el paso del tiempo. En estos casos el problema era, como es en otros, no sencillamente la inmadurez, sino un defecto en el amor, y estas dos clases de problemas no se resuelven en la misma manera. Es instructivo notar que *el amor*, la dinámica del wesleyanismo, la llave para entender el significado de la santificación, es el remedio recomendado en estos casos.

Cuando decimos que las llamadas "obras de gracia" representan, no la limitación arbitraria de Dios de lo que Él está dispuesto a hacer en cualquier momento dado, sino la habilidad sicológica del ser humano de apropiarse las riquezas de la gracia de Dios, este es el doble aspecto de la personalidad en que estamos pensando. Los seres humanos reciben la gracia de Dios; pero por cuanto los humanos son personas, seres espirituales, inmediatamente entran en un mundo nuevo de responsabilidad en relación a Dios. El ser empieza a funcionar en un nuevo ambiente, y como un ser debe portarse en armonía con su propia naturaleza

208 / UNA TEOLOGÍA DEL AMOR

como una persona responsable, o perder su existencia espiritual. Y *el amor* es la ley de esta nueva vida, no un "nivel más alto" de gracia.

Estos dos, libertad y responsabilidad, son en ciertas maneras, cosas separadas, pero en otro sentido muy verdadero, dos lados de la misma cosa. Cuando una persona es "salvada", es completamente salvada. Dios, por su gracia (no "por gracia" aparte de la persona de Dios), salva a toda la persona. La salvación, que involucra un acto personal y una Persona actuando y una persona reaccionando o contestando a la acción personal de Dios, la salvación decimos, es completa y se extiende al todo del ser de la persona. Pero una persona salvada es una persona responsable, y el nuevo nacimiento inmediatamente la involucra en una vida de responsabilidad conmensurada con su vida espiritual y su libertad, y su desarrollo personal y sus aberraciones sicológicas, prejuicios y disposición personales.

Ahora bien, sicológicamente, hay dos clases de respuesta humana en esta unidad singular de experiencia en la cual Dios salva a una persona. Hay la entrada al compañerismo. Hay el rendimiento de todo corazón, y la declaración de confianza y de amor, y hay el todo de una vida de decisiones morales acerca de esa nueva vida. Es un compromiso que es más que un contrato formal y firmado. Probablemente no se pueda encontrar una manera mejor de ilustrarlo que la analogía que la Biblia usa, del matrimonio. Nuestra relación con Dios es tan real, y resulta en tal cambio de la vida, y es dinámica y tan realizadora y capacitadora y personal —y realmente más aún— como el matrimonio, donde el amor liga al corazón y enriquece cada faceta de la vida.

Nuestro concepto es que esta responsabilidad de vida que involucra una obediencia viviente en casos específicos en que se hacen decisiones, es una explicación de lo que un wesleyano quiere decir cuando habla de una segunda crisis. En ningún sentido es una "obra de gracia" limitada al propósito de reservar un lugar para "otra obra de gracia". Dios no salva parcialmente y luego salva cabalmente. Los seres humanos no responden con una parte de la personalidad y luego, después, con el resto de ella. El pecado no es destruido parcialmente en un momento y cabalmente destruido en otro, ni es el propósito de una segunda obra de gracia el corregir los defectos de la primera. Cuando menos no hay ninguna razón bíblica para esta clase de explicación. *La "segunda crisis" es diferente en clase, no diferente en grado, de la primera.* Las dos representan dos movimientos esenciales de la persona como persona. Las dos tienen respeto al doble aspecto sicológico del ser en su libertad y responsabilidad.

Tres hebras de los elementos analizados del asunto bajo discusión se entrelazan en este punto, y contestan la pregunta de la relación de la santificación a la naturaleza humana: la vida como algo dinámico, la justificación como el principio de nueva vida espiritual, y la santificación como el ordenar la vida alrededor del centro debido. Pero, ¿cuál, específicamente, es el proceso de santificación dentro de la personalidad?

La justificación (el nuevo nacimiento) es un don "cargado". La vida es un don "cargado". En el mundo espiritual, como en el mundo físico, el don tiene que ser desempacado y usado. En ambos casos, la inmadurez tiene que dar lugar a la madurez, los intereses desparramados volverse una pasión controladora, y la petulancia debe tornarse propósito. Para ayudar a un niño que rebosa de vida, y que tira en varias direcciones al mismo tiempo, es necesaria la disciplina para dirigirlo en los canales adecuados. Un niño necesita estar bajo "tutores", y la enseñanza no se adquiere fácilmente. De acuerdo a una medida muy válida, la madurez, o edad adulta, es alcanzada el día en que ese niño, por sí mismo, desde lo profundo de su propio ser, sin coerción alguna, se compromete a sí mismo a una meta digna, al mismo tiempo que se da cuenta de parte del costo de esa dedicación. El compromiso es personal y voluntario. Nadie puede participar ni compartir de él. Muchos deseos legítimos tendrán que ser sacrificados a fin de alcanzar la querida meta. En esta decisión formativa el niño se vuelve un adulto, el "siervo" se vuelve el hijo. La analogía pasa a la vida religiosa casi sin cambio alguno.

Casi es innecesario, ahora, añadir mucho más al significado de "entera" en relación a la santificación. "Entera" se refiere a la integración moral total de la personalidad. También se refiere al aspecto de compromiso total a Cristo. Debe, el término, también decir algo importante acerca de la decisión madura, deliberada y personal de una persona desafiada profunda y racionalmente. Entero no significa que todo el proceso de formación del carácter y de estabilización espiritual se ha completado. La definición de personalidad como algo dinámico hace tal conclusión imposible. Lo que sí significa es que toda la persona se ha unido a sí misma alrededor de Cristo. Se refiere a un momento de crisis cuando esta medida cabal de compromiso o entrega es realizada. Se refiere también a una vida de compromiso-entrega *que continúa*. "Entera" (en entera santificación) es toda la persona en una decisión espiritual. "Limpieza" tiene su verdadero significado en este punto, como ya se ha sugerido.

La entera santificación junta las dos cuerdas mayores y hace de ellas una soga fuerte.

1. Dios requiere que los seres humanos le amen completamente. La santificación es la atmósfera moral de ese amor. Tiene dos momentos, una renunciación total de la vida centrada en sí misma, y un compromiso total a Dios. Todo lo que la santificación requiere está en armonía con una personalidad sana.

2. Dios acepta este sacrificio vivo y llena el "corazón" con el Espíritu Santo. *Como religión*, esto es amar a Dios con todo el corazón, alma, mente y fuerza; *en la sicología*, es una personalidad integrada; *en la teología*, es la limpieza.

Ambas son reconocidas, la crisis y el proceso —la crisis en los momentos cruciales, y el proceso como una vida continua tanto antes como después de los momentos más formativos de decisión.

## *Notas Bibliográficas*

1   Daniel Steele, *Steele's Answers* (Chicago: Christian Witness Co., 1912), pp. 130-31.

2   H. Orton Wiley, *Christian Theology* (Kansas City: Beacon Hill Press of Kansas City, 1952) II, 356.

3   *Ibid.*, p. 402.

4   *Ibid.*, p. 423.

5   *Ibid.*, p. 95.

6   Citado en: John Fletcher, *The Works of the Reverend John Fletcher* (Nueva York: Methodist Episcopal Conference Office, 1836), tomo I, Prefacio, p. 9.

# CAPÍTULO 11

# LA INTERACCIÓN DIVINO-HUMANA

¿Cuánto hace Dios por nuestra salvación? ¿Qué hace el ser humano? Estas preguntas se suscitan en cualquier presentación wesleyana y evangelística del evangelio. En algunas tradiciones teológicas se enfoca la prioridad de la voluntad soberana de Dios sobre el libre albedrío del ser humano. La solución que hace a Dios el solo Actor en el drama de la salvación es categorizada como agustiniana, y cualquier solución que postule la libertad del ser humano de responder es calificada pelagiana.

En principio, el wesleyanismo se ubica fuera del marco agustinianismo-pelagianismo; pero las preguntas al principio de este capítulo ponen en manifiesto la influencia sutil, aunque generalmente inconsciente de esa tradición. Es la controversia agustiniana-pelagiana en un vestido wesleyano. Al dar énfasis a la dimensión moral del ser humano y la cabal responsabilidad del mismo en cada paso en la salvación, la sobrecogedora pregunta algunas veces nos sale al paso cuando estamos enseñando: "¿Acaso no niega la libertad del ser humano lo sobrenatural?" Detrás de esta pregunta yace el antiguo concepto agustiniano del ser humano, de que éste es completamente el recipiente de la gracia, pero nunca su colaborador en sentido alguno. Si se expresa en su forma más audaz, el que hace la pregunta generalmente da por sentado que más allá de la fe y la obediencia que son la respuesta evangélica apropiada del ser humano a Dios, hay una mutación sub-racional, física o sicológica que en alguna manera causa un cambio estructural en él. Poner esto en tela de duda equivale a una negación de lo "sobrenatural". Este problema no sólo es legítimo, sino que es algo que no puede ser pasado por alto en un estudio serio de esta naturaleza.

En nuestra aproximación a este problema aventuramos la aserción de que cualquier área relativa a la vida humana que yazca fuera de la naturaleza racional del ser humano no es en sentido real alguno algo moral. Si ese evento no puede ser descrito mediante lenguaje comprensible, y si hay que aludir a ello con el uso de algún término técnico carente de significado existencial, no es propiamente un concepto moral o espiritual —y tal vez ni siquiera bíblico.

Aquí se enfoca directamente la verdad básica de que la santidad es el elemento de la fe cristiana que previene que la teología se vuelva un mero ejercicio intelectual. La santidad es vida. Así como la encarnación de Cristo es la respuesta de Dios a la especulación acerca de Dios, así también la santidad es la contestación a esa clase de abstracción teológica relativa a la salvación.

La declaración más directa e iluminadora de nuestra tesis es que la santificación está íntimamente relacionada a la responsabilidad moral, y que es ella misma un aspecto —tal vez el propósito central— de la redención. Esta convicción tiene su raíz en un concepto de naturaleza y supernaturaleza que permite que la integridad moral exista en la tensión entre ambas. Da por sentado que hay "algo más que la naturaleza", y que en el comercio entre ambas el pensamiento racional está "en casa".

Que hay ambos, un mundo natural y una realidad sobrenatural, es un postulado del pensamiento cristiano. El hombre no es una parte de Dios ontológicamente, ni es Dios metafísicamente una parte de la naturaleza. Dios es autoexistente, y el ser humano y el mundo existen totalmente dependientes de Dios. El Creador y la creación son distintos en maneras reales. Pero cuando esto se ha dicho, el problema meramente ha sido enunciado, no resuelto. Lo que estos dos "reales" puedan ser, y cómo están relacionados constituye el área más amplia del problema. En este estudio sólo la *relación* de los "reales" está bajo consideración, no lo que ambos son en sí mismos.

## EL VALOR ESENCIAL DEL SER HUMANO

El wesleyanismo mantiene firmemente la distinción debida entre Dios y lo-otro-que-no-es-Dios. No hay una mezcla de identidad entre ambos, ni tampoco postula el wesleyanismo que hay en el ser humano una chispa divina esperando a ser avivada y volverse una flama. Por otro lado, el ser humano es considerado, bajo la gracia de Dios, capaz de tener compañerismo con Dios. No es sencillamente algo dejado en prenda, que Dios use, ni es tampoco un terrón de lodo o de barro, sin valor alguno, que derive su dignidad sólo del carácter prestado de alguien más. A pesar de todo su pecado, que no debe ser visto como de poca importancia, el ser humano es, por virtud de su creación y por la gracia continua de Dios, valioso y redimible. En alguna manera, debe ser establecida y defendida una posición que le haga justicia a la revelación bíblica de Dios, y al valor que las Escrituras le asignan al ser humano por haber sido creado en la imagen de Dios.

El menospreciar y desacreditar al ser humano más allá de los linderos bíblicos no le da gloria al Dios que lo hizo y que lo redimió.

Wesley traza muy cuidadosamente el camino entre errores comunes en posiciones teológicas. Al defender lo redimible del ser humano, él evita deshumanizarlo mediante una exageración de la gracia, que causa la negligencia del reconocimiento de la capacidad del ser humano como tal. Ni tampoco acepta Wesley la posición de que "cada ser humano viviente tiene una medida de libre albedrío natural", como declara la confesión de Westminster aun acerca del ser humano en su estado caído, antes de recibir la gracia de Dios. El argumento de Wesley sobre este particular es digno de atención:

[La posición contraria]: Yo no llevo el libre albedrío tan lejos así: (Quiero decir, en asuntos morales). El libre albedrío natural, en el presente estado de la humanidad, yo no lo entiendo: Yo sólo declaro que hay una medida de libre albedrío restaurado sobrenaturalmente a todo ser humano, junto con esa luz sobrenatural "que alumbra a todo hombre que es venido a este mundo". Pero si esto es natural o no, en cuanto a vuestra objeción, no importa... pues vuestra declaración reza así, "Si el ser humano tiene libre albedrío alguno alguno, *Dios no puede tener toda la gloria de su salvación*" [las cursivas son nuestras]...

[Wesley contesta]: ¿Es esto lo que queréis decir: "Si el ser humano tiene poder alguno para 'obrar su propia salvación', entonces Dios no puede tener toda la gloria?" Si es así, yo tengo que hacer otra pregunta: "¿Qué queréis decir con que Dios tenga toda la gloria"? ¿Queréis decir, "Él está haciendo toda la obra, sin que haya participación alguna de parte del ser humano"? De ser así, vuestra aserción es: "Si el ser humano en forma alguna 'trabaja juntamente con Dios' en 'obrar su propia salvación', entonces Dios no hace toda la obra, sin que el ser humano 'trabaje juntamente con Él". Ciertísimo, segurísimo: Pero, ¿acaso no podéis ver cómo Dios sin embargo puede tener toda la gloria? Claro, puesto que el mismísimo poder de "trabajar juntamente con Él" procedió de Dios. Por lo tanto, de Él es toda la gloria...

Si vosotros decís: "Le adscribimos a Dios solo toda la gloria de nuestra salvación", yo contesto: "Nosotros también lo hacemos". Si añadís: "No, pero nosotros afirmamos que Dios solo hace toda la obra, sin que el ser humano trabaje en forma alguna", en cierto sentido nosotros también consentimos en esto. Estamos de acuerdo, es la obra de Dios solo el justificar, el santificar, el glorificar; los cuales, juntos, incluyen el todo de la salvación. Empero, no podemos consentir en que el ser humano pueda sólo resistir, pero no pueda en manera alguna "trabajar juntamente con Dios"; o que Dios sea el solo obrador de nuestra salvación, de tal modo que excluya la obra del ser humano completamente. Esto no me atrevo a decir; puesto que no puedo demostrarlo mediante la Escritura; no, y lo que es más, es completamente contrario a ella; pues la Escritura es clara, en que (habiendo recibido poder de Dios) nosotros hemos de "obrar en nuestra propia salvación;" y que (después de que la obra de Dios ha principiado en nuestras almas) somos "trabajadores juntamente con El"...

¿Cómo puede ser más para la gloria de Dios salvar al ser humano irresistiblemente, que salvarle como un agente moral libre, mediante tal gracia como aquella con la que él pueda concordar o resistir? Me temo que vosotros tenéis una noción confusa, no bíblica de "la gloria de Dios". (*Works* [Obras], X, 229-31)

La pregunta especulativa acerca de la prioridad relativa de la soberanía de Dios y la voluntad del ser humano tiene importancia práctica. Pesa mucho sobre la posición wesleyana acerca de la santidad. Lo que es más, en el punto donde se encuentran estas dos vertientes contradictorias de pensamiento yacen los verdaderos asuntos teológicos y prácticos de la posición wesleyana. En este encuentro se aclaran los elementos más profundos y trascendentales de la doctrina de santidad.

Esta discusión es importante porque la conclusión a la que nos conduzca afecta asuntos tales como la inspiración y la interpretación bíblica; la encarnación; la revelación en general y los milagros en particular; la personalidad y el significado más íntimo de la responsabilidad moral, de la gracia, la fe y las obras; la santificación y las implicaciones sociales y éticas del evangelio. Entre los muchos otros asuntos teológicos afectados por el problema, hemos señalado éstos por su pertinencia al estudio de este libro. Tal vez el punto que es más controversial en un estudio de la teología de santidad tendrá su centro alrededor del concepto de obras y santificación, puesto que si entendemos erróneamente el wesleyanismo en este punto, abriremos la puerta a la acusación (que nosotros creemos es falsa) de que enseña la salvación por las obras, y es difícil aclarar el asunto en ese nivel. Necesitamos descender al nivel de presuposiciones y establecer definiciones a fin de entablar conversaciones fructíferas en el nivel de la teología y la religión.

## EL SIGNIFICADO DE SOBRENATURAL

Con frecuencia hemos escuchado la escueta y llana declaración: "Yo creo en lo sobrenatural". La aseveración parece tener éxito en erigir la barrera deseada a todas esas aproximaciones a la fe cristiana que se consideran erróneas. De acuerdo a lo que aparenta significar, se diría que esta declaración es aceptable y veraz. Pero un examen más cuidadoso podría revelar, abajo de la superficie, un contenido trastornador de pensamiento. Cuando al decir: "Yo creo en una religión *sobrenatural*", eso equivale a decir: "Los verdaderos elementos en mi religión yacen más allá de toda discusión racional", entonces las presuposiciones de nuestra creencia en lo sobrenatural necesitan ser criticadas.

Presentada en su forma más directa y práctica, la pregunta es esta: En relación a la vida cristiana, ¿qué tanto hace Dios por mí, y qué tanto hago yo por mí mismo? ¿qué tanta ayuda y qué clase de ayuda le da Dios a un cristiano por gracia? En círculos específicamente wesleyanos, la pregunta tomaría esta forma: ¿Qué hace la entera santificación para un creyente? ¿Qué clase de cambios produce? Las preguntas han sido postuladas en esta manera porque así es como generalmente son hechas. Cada una de ellas revela un contexto subyacente de pensamiento —una presuposición— que debe ser identificado y criticado. Todo el "movimiento wesleyano" (en Estados Unidos) está dividido por su respuesta a estas preguntas, y por cierto son preguntas que no eran inherentes al propio pensamiento de Wesley. Él estaba mucho más preocupado en la relación básica que un cristiano tiene con Dios, que lo que estaba en un cambio subjetivo en la estructura de la personalidad humana. Lo que es más, Wesley no le dio cabida a este concepto.

Antes de que indaguemos más críticamente el significado de sobrenatural —y de natural— será útil indicar las varias relaciones posibles entre los dos que han sido y que son sostenidas, y qué hace cada una esas vistas a la teología. Este no es un repaso exhaustivo, sino más bien un intento de abrir suficientemente el asunto a fin de que algunas conclusiones sean justificadas.

## A. Lo Sobrenatural versus la Naturaleza

Una total descontinuación, o calidad de ser separada, entre la naturaleza y lo sobrenatural: esto es lo que recalca el concepto de la *absoluta trascendencia* de Dios. En esta perspectiva, Dios y cualquier mundo que Él habite, son totalmente "otros" o diferentes del mundo de realidades creadas. Los dos mundos yacen en dos dimensiones disímiles. Nada de lo que Dios es puede ser comprendido por el mundo creado, ni contenido en él. El conocimiento de Dios es imposible; por lo tanto, la revelación es imposible. Dios "corta" o se atraviesa a través del mundo natural en su actividad, pero este hecho sólo puede ser deducido de lo que es observado, y no está registrado como un dato de revelación. La falta de capacidad de parte de la naturaleza para registrar o medir cualquier parte o cosa de la "sobre-natura" en su aparato, hace que cualquier conversación sobre ello sea irracional. La fe es irracional. La revelación es una "experiencia" pero no conocimiento. En esta perspectiva, Cristo puede ser un símbolo solamente, no la Persona divina-humana de la fe cristiana, y la Escritura es el registro de la experiencia humana, no una parte de la comunicación divina.

## B. Misticismo y Sobrenaturalismo

En el lado opuesto de la escala está el misticismo. El *misticismo filosófico* adquiere varias formas, pero básicamente describe un contacto directo, inmediato

216 / UNA TEOLOGÍA DEL AMOR

con lo sobrenatural que es comprado siempre a costa de la integridad de la personalidad humana. Sea que la consciencia humana es rebajada al punto de ser aniquilada, o que la consciencia divina en realidad reemplace la voluntad humana. En cualquiera de los dos casos, la mente racional cede su lugar a la mente divina, y es por el momento absorbida en ella o totalmente pasada por alto por esa mente. En este concepto, la personalidad humana es atropellada y la racionalidad es destruida. La voluntad es rendida a aquello que se ha imaginado ser Dios, y lo que la persona hace es identificado como la actividad de Dios.

La tendencia en las religiones místicas es hacia una separación no saludable de la vida, y a una pérdida de la capacidad de comunicación con otros seres. Lo que es más, con frecuencia notamos que el misticismo produce un señalado deterioro de la integridad de la personalidad, y una semiconsciencia carente de foco y vaga que mella los filos agudos de los poderes intelectuales. Es difícil penetrar en las reacciones racionales en el dar-y-tomar de conversaciones normales. La consciencia y la responsabilidad sociales se evaporan en una nube de introspección y emocionalismo y anti-intelectualismo. Definitivamente no todos los místicos se conforman a esta pauta, pero la historia de la iglesia da evidencia del peligro que siempre está asociado a un misticismo sin límites.

En occidente, el misticismo se postra ante el activismo de la mente occidental. Así que es extraño que en occidente estén floreciendo teorías de la inspiración bíblica que se basan en este concepto de la relación de Dios con los seres humanos. Nada sino un remanente del viejo helenismo podría apoyar la idea de que el Espíritu Santo "se apoderó" de las mentes de las personas, y que sin su cooperación consciente y racional, los hizo hablar y escribir. Uno escucha declaraciones tales como esta: "Cuando el profeta dice: 'El Señor puso su palabra en mi boca', él quiso decir que las palabras fueron puestas en su lengua, y no tuvieron que pasar por su mente". Detrás de una declaración tal yace la creencia de que hay tal abismo entre la naturaleza y la sobrenaturaleza que Dios no puede hacer contacto con el ser humano excepto pasando por alto la mente pecaminosa del mismo y usando, por así decirlo, las instalaciones desocupadas en esta manera anormal.

El verdadero misterio es que la verdad pudiese resultar y que pudiese ser reconocida por un ser humano cuya consciencia había sido empujada a un lado. Esta aproximación no deja lugar alguno para el juicio crítico, y lo que tenemos entonces es sencillamente otro sistema irracional. Puesto que la verdad es impuesta sobre la mente, completamente sin su propia cooperación y facultades críticas, el impulso subjetivo es interpretado como verdad. Por mucho que digamos que la verdad es objetiva o subjetiva, la mente tiene que tomar la responsabilidad de hacer decisiones acerca de la verdad. Si no puede aceptarse criterio objetivo alguno de la verdad, lo que se da por sentado acerca de la naturaleza amoral del ser humano es implícito e inconsistente con el concepto del juicio de la verdad que el ser humano debe hacer y hace.

## C. Conflicto Cristiano y lo Sobrenatural

Otra visión extrema de la diferencia entre Dios y el ser humano, y entre la supernaturaleza y la naturaleza, es indicada por la enseñanza de una posible relación entre las dos, de la cual se dice que resulta en un conflicto que dura toda la vida. En esta escuela de pensamiento, la incompatibilidad total entre ellas no hace necesaria la idea de la pérdida de identidad humana cuando la persona está en contacto con Dios. Allí yace el área de conflicto. En teología, el Espíritu Santo es percibido como que es añadido numérica y substancialmente al espíritu humano en el "bautismo del Espíritu Santo". En tanto que el albedrío humano invite al Espíritu Santo, la naturaleza divina es impuesta sobre la naturaleza humana mala de tal forma que la controla. En esta posición la palabra clave es *supresión*. El término es usado como una protección en contra de la idea de pérdida de integridad humana, pero al mismo tiempo presupone que la persona humana es esencialmente incorregible. La vida cristiana es, entonces, una esclavitud divina en la cual todos los poderes humanos deben ser limitados, y el verdadero ser negado. Uno se siente movido a preguntar cómo puede un ser malo ser persuadido a implorar al Espíritu Santo que lo restrinja. En esta posición, una personalidad dividida es la evidencia necesaria de la vida espiritual. El ser humano puede, y debería, querer oponerse a la voluntad de la carne, con lo cual se reconoce un dualismo esencial y ontológico. La santificación consiste en "una posesión de" el Espíritu Santo, quien entonces domina pero no "reforma" al ser, ni puede hacerlo. Esta perspectiva no describe una relación verdaderamente moral entre Dios y el ser humano. Es apenas un poco más que un armisticio en que los dos bandos siguen armados.

## D. El Subconsciente y lo Sobrenatural

Hay una posición o perspectiva que está un poco relacionada con la anterior, pero que es más difícil de describir. En ella la naturaleza espiritual del ser humano, o el alma, es percibida como algo así como un material del cual emanan ciertos impulsos que son en sí mismos buenos o malos. La gracia de Dios, que es vista como una fuerza sobrenatural exterior que *actúa sobre* o con el alma, actúa subracionalmente, o cambiando el impulso malo con uno bueno debajo del nivel de consciencia. La gracia actúa sobre la naturaleza pasiva y estática del alma. Se verá que en esta escuela de pensamiento la disparidad radical entre naturaleza y sobrenaturaleza todavía es lo característico de ella, a pesar de la visión menos pesimista de lo redimible de la persona. Pero el elemento no racional sigue presente, lo cual lo hace también no moral.

El problema teológico aquí es que es muy posible concluir que, cuando ha sido debidamente recibida, la gracia de santificación elimina toda posibilidad de pecado de la naturaleza impulsiva. Se basa en la misma visión de la naturaleza humana que da lugar a la convicción de que la naturaleza humana es esencialmente pecaminosa y no puede ser cambiada. La perspectiva que estamos discutiendo sencillamente afirma que la naturaleza pecaminosa puede ser cambiada. Es un argumento de "sí-no" que no examina la estructura del pensamiento del cual emana.

De acuerdo a esta enseñanza, puesto que el pecado yace en el impulso básico que es incapaz de ser reformado, el carácter del impulso debe ser alterado por algo así como una operación espiritual por el Espíritu Santo si es que ha de ser hecho bueno. Los que sostienen esta perspectiva no pueden explicar las tentaciones crasas y viciosas que asaltan al cristiano, ni la necesidad de disciplina constante y de nutrición espiritual de toda la persona, que es lo que demanda una vida cristiana buena y fiel. Hay muchos que consideran un acto de deslealtad a un compromiso teológico el pedirle perdón a Dios o al ser humano, porque el hacer tal cosa parece negar el poder del Espíritu Santo para hacer el pecado virtualmente imposible, por lo menos en la medida en que uno es "santificado".

Pero los miembros de otras tradiciones se ven igualmente confundidos ante las realidades de la vida humana cuando el "cambio" subjetivo del nuevo nacimiento es interpretado en forma demasiado material. Cuando alguien le preguntó al Dr. Billy Graham acerca de lo repetible del nuevo nacimiento, él contestó de esta manera:

> La Biblia dice: "Si alguno está en Cristo, nueva criatura es; las cosas viejas pasaron; he aquí todas son hechas nuevas" (2 Co 5:17). Cuando una persona se cansa de su vida estrecha y egoísta, cuando confiesa sus pecados y le pide al Padre que le perdone, el Espíritu Santo puede entrar a su mente, a su corazón y hacerle una nueva criatura. Entonces puede principiar su vida de nuevo. Esto debería ser necesario sólo una vez. La Biblia afirma: "Sabemos que todo aquel que ha nacido de Dios, no practica el pecado" (1 Jn 5:18). Una persona que ha nacido de nuevo le dirá "no" a la tentación. Cuando haya rendido su vida a Cristo caminará en una nueva manera, y ya no tropezará en las mismas piedras de tropiezo. Si usted pensó en algún momento que había nacido de nuevo, y ahora ha caído de nuevo en sus viejos caminos pecaminosos, no experimentó un verdadero renacimiento. Pero el cristianismo es una religión que da una segunda oportunidad. Jesús no vino a condenar sino a salvar. Ríndale completamente su vida al Salvador y usted nacerá de nuevo verdaderamente.

Usted sabrá cuando esto suceda, pues experimentará el gozo de la vida nueva en Cristo.[1]

Todas las posiciones que hemos repasado demandan una separación radical, y metafísica entre la naturaleza y la supernaturaleza. Son esencialmente sistemas irracionales, pues la relación de las dos dimensiones no permite una verdadera respuesta moral de parte del ser humano.

## IDEALISMOS

En el otro extremo del espectro filosófico yace un racimo de conceptos que relacionan al ser humano tan estrechamente a lo divino que virtualmente identifican al uno con el otro. En esta visión, el ser humano es una proyección de la Deidad, o la experiencia finita del Infinito, o una fragmentación del Todo Divino. El ser humano, en esos esquemas, no tiene una verdadera identidad personal. Cada ser humano es una chispa de la naturaleza divina. Es un fragmento "perdido" de Dios, cuya salvación consiste en fundirse otra vez con Dios, o el ser humano como Dios que está llegando a su autoconsciencia mediante la experiencia del ser humano.

Desde el punto de vista religioso, los problemas de esta posición no son menores que los descritos anteriormente. Si el ser humano es un elemento de Dios, no tiene integridad moral que sea suya propia. Lo que es, ha sido determinado rígidamente, así como lo que hace. Si Dios es limitado por la experiencia del ser humano, se está diciendo algo acerca de Dios que impone limitaciones imposibles sobre Él si la vista cristiana de Dios es aceptada como el criterio. La revelación es cualquier pensamiento o experiencia humana. El pecado no es, y no puede ser, la rebelión personal contra Dios. Cristo es sencillamente un ejemplo mejor de consciencia-de-Dios que el de la mayoría, y se puede esperar que haya otros "Cristos". La salvación, tal como es descrita en la Biblia, es absurda, porque el pecado es meramente un invento de la imaginación que se disuelve mediante una reunión con lo divino.

Cuando se intenta "casar" algún concepto filosófico de la naturaleza de la realidad con la fe cristiana en una unión indisoluble, se multiplican los problemas lógicos y teológicos. Muchas filosofías han acompañado y apoyado a la fe cristiana a través de la historia, pero el cristianismo ha dejado atrás y ha hecho a un lado todos los intentos humanos de ser puesto en esclavitud filosófica. Nadie necesita aprender y aceptar alguna teoría específica de la realidad antes de que pueda venir a Cristo con fe salvadora. No se puede decir más de uno que viene a Cristo con fe salvadora mediante la puerta de la teoría de la naturaleza de la realidad, que del que viene a Cristo a través de la iglesia.

La relación metafísica de la naturaleza y Dios probablemente será siempre el tema para un debate muy intenso. Sin embargo, lo que *es* de importancia, cualquiera que sea el resultado del debate, es *la relación moral* de Dios y el ser humano. La relación o la esencia de la relación moral está en una dimensión enteramente diferente a la metafísica. *Profundidad* es una designación apropiada para la primera. No tiene que ver con las mediciones apropiadas a la ciencia ni en las consideraciones abstractas de la filosofía. Está igualmente en casa en cualquier teoría de la naturaleza de la realidad excepto aquella que rechaza toda posibilidad de responsabilidad humana.

## SUPERNATURALISMO BÍBLICO

Los conceptos hebreos separaban el ser de Dios del ser de su creación, empero Dios no era un extraño a su mundo, ni tampoco estaba Él exiliado de éste por abstracciones filosóficas. La tierra era el escenario de la actividad de Dios. Lo que es más, la mente hebrea no sabía nada de leyes de la naturaleza que intervinieran entre Dios y su mundo, de tal manera que limitaran su libertad en él. El todo de la naturaleza era la expresión directa de la gloria de Dios. Esta interacción era racional: Adán tenía comunión con Dios. Era moral: la desobediencia cortó la comunicación. Era personal: Dios perdonó a los pecadores y les abrió otra vez su corazón. Él quería tener el compañerismo de los seres humanos.

En su discusión de las demandas de Cristo, G. Campbell Morgan escribe: "La palabra *sobrenatural* es burda;[] se volverá obsoleta cuando tengamos más luz. Si pudiéramos ascender a las alturas donde Dios mora, lo que llamamos sobrenatural sería perfectamente natural".[2] Cristo aunó, en su propia persona, las limitaciones y la existencia definible de los seres humanos al mundo de existencia indefinible mediante términos aplicables a los humanos —ese de las "alturas donde Dios mora"— y al hacerlo Él trajo el mundo "sobrenatural" al alcance de la inteligencia de la humanidad. Cualquier "abismo" que pudo haber existido terminó con la encarnación. Este es, sin duda alguna, el significado de la encarnación.

Un milagro no había de ser una barrera intelectual que se opusiera entre Dios y los seres humanos, o una barrera a tener fe en Él. Cualquier "milagro" contenido en la Biblia estaba allí con el propósito de ser revelación en sí mismo, así como una ayuda racional a la fe. La revelación es la comunicación de la verdad. Leyes violadas no comunican verdad, sino más bien comunican confusión, porque la mente tambalea en presencia de lo absurdo y lo irracional. Todo lo que Jesús fue e hizo convenció a la mente y al corazón.

Probablemente sea un error presentar el evangelio de Cristo mediante esos elementos que son intelectualmente difíciles. Cuando uno principia a tratar de explicar cómo Cristo pudo ser verdaderamente Dios y verdaderamente hombre, dos naturalezas perfectas en una substancia, al hacerlo está yendo mucho más allá de lo que es la predicación bíblica. En vez de eso, y conociendo a Cristo mediante un encuentro personal, estos "milagros" nos ayudan a entender mejor el ser infinitamente rico de Dios. El nacimiento virginal es una luz arrojada sobre una Persona que de otra manera es incomprensible. La doctrina de la Trinidad es un indicio de la naturaleza social vastamente compleja e intrigante del Dios que es uno. Estas doctrinas no son en sí mismas revelación sino intentos de racionalizar la revelación. No hay mejor fuente de información acerca de Dios y de Cristo que las Escrituras mismas, las cuales son ventanas abiertas hacia la luz, y no persianas que impidan su entrada. Las doctrinas del nacimiento virginal y la Trinidad son incomprensibles intelectualmente, pero la persona de Cristo es conocible, y Dios es real en experiencia total. La doctrina es una protección en contra de vaguedades intelectuales y del error; la doctrina no es ella misma una proclamación divina.

Con todo esto queremos decir que, aunque la relación de la naturaleza con la supernaturaleza puede estar arropada en misterio, no es un irracionalismo sino la médula misma de lo racional, puesto que por ella es mantenida alerta la vida moral del ser humano. Precisamente en la juntura de naturaleza y espíritu, la vida moral principia porque allí es establecida la revelación o comunicación divina. Jesús se paró junto a la puerta del corazón y llamó a ella. El juicio contra el inconverso no fue que no pudo entender sino que no quiso hacerlo.

Cuando la gracia de Dios principia a operar en la persona, lo hace en el punto de responsabilidad moral. La gracia causa un despertamiento que culmina con una consciencia aguda de todo lo que moral significa. Ambas personas, Dios y el ser humano, confrontándose mutuamente, mantienen integridad personal. Ninguno de los dos es fundido en el otro, ni es la identidad de cualquiera de ambos sumergida en una tierra irracional de sombras. La venida del Espíritu no ocasiona un eclipse de racionalidad y consciencia humanas.

Cualquier teología que parezca aceptar el estupor moral y la disminución del estar cabalmente consciente y al tanto, en el punto de la gracia de Dios, impugna seriamente las naturalezas de Dios y del ser humano. La voluntad debe operar sin coerción alguna; el juicio crítico debe elevarse hasta su límite; el amor no es amor cuando se hace algún intento de forzarlo; la persona entera entra en el foco cabal de la integridad. ¿Cómo puede entonces decirse que parte de la persona permanece adormecida, y hasta hostil, hacia Dios mientras que la mente asiente a la verdad acerca de Cristo en el momento del nuevo nacimiento? La interacción de todo el ser es absolutamente requerida en el acto de fe, pues de otra suerte la credencial del cristiano es la inmoralidad de una lealtad dividida. Si el ser humano es malo hasta la médula de su ser, ¿cómo puede decirse, como algunos dicen, que Dios se ciega a sí mismo para no verlo, y luego le atribuye la santidad de Cristo a él? Cualquiera que sea la teoría de la naturaleza de la realidad a la que uno se adhiera, la interacción entre Dios y el ser humano demanda explicación, y a la larga debe moldear la filosofía básica de uno.

Las teorías relativas al significado de lo sobrenatural y lo natural, y de la interacción entre ambas, o sea la filosofía que uno tiene, tiende a dominar la teología y determinar la ortodoxia. Un concepto limitado de física es proyectado al infinito, e ideas tales como la de "la ley natural en el mundo espiritual" son desarrolladas. Los conceptos de revelación y milagro y libertad humana, tanto como la naturaleza de fe y gracia y santificación, son determinados por la presuposición básica que se haya adoptado, y las Escrituras mismas son interpretadas a esta luz. *Una manera responsable de pensar demanda que reconozcamos este hecho.* Tal vez no seamos responsables de tener presuposiciones, o por tener las que sí tenemos. Pero sí somos responsables de saber que *tenemos* presuposiciones y de saber cuáles son, y después de sujetarlas a las pruebas apropiadas a la crítica adecuada. El propósito de este estudio no es substituir una teoría de la naturaleza y la supernaturaleza con otra. Su propósito es crítico y pide sólo que las siguientes preguntas sean hechas y contestadas: ¿Por qué creo en la forma en que creo? e, ¿imponen mis creencias una interpretación de la relación Dios/ser humano que contradice la vista seria que la fe cristiana propone con claridad en las Escrituras?

La contestación a la pregunta, ¿Cuánto hace Dios por nosotros y cuánto debemos hacer por nosotros mismos? no es, entonces, algo que podamos esperar de la ciencia o de la filosofía, sino sólo de las Escrituras, las cuales nos hablan en el mundo de asuntos morales y espirituales.

Las posiciones ilógicas, y carentes de práctica, y de realismo y de seriedad moral emanan, no porque los seres humanos no sean serios o devotos o cristianos, sino porque la Biblia ha sido interpretada filosófica y no experimentalmente. Lo moral, cuando es entendido, relaciona todas estas verdades soteriológicas a la vida práctica. La santidad, cuando es vista como un asunto moral, no es algo tan sin relación con la vida que uno deba o quedar perplejo ante ella, o rechazarla en pro de la honestidad. El pecado no es algo sobre lo que ni siquiera Dios pueda hacer algo excepto pasar su juicio sobre él, o cancelarlo *en los libros*, o reinterpretarlo en Cristo.

Todas estas cosas están relacionadas a la experiencia humana. Necesitan encontrar expresión en la vida cotidiana de personas normales. El hacer que esto sea imposible es hacer una farsa de la fe cristiana. Si Dios dice en su Palabra que los que están en compañerismo con Él son limpios de todo pecado, esto debe ser aceptado si uno se ufana de ser bíblico, pero sólo una interpretación bíblica del pecado puede impedir que esta sublime declaración se vuelva absurda, pues la falibilidad moral cabal de la naturaleza humana y la probación temporal deben mantenerse dentro del concepto.

## *Notas Bibliográficas*

1   Columna sindicalizada de Billy Graham "My Answer", *Nashville Banner,* julio 24 de 1968.
2   G. Campbell Morgan, *The Teaching of Christ,* p. 42.

# $\mathcal{C}$APÍTULO 12

# La Función de la Fe

El título de este capítulo introduce el tema de la fe para sugerir dos de sus aspectos importantes. La fe es un *ejercicio viviente y dinámico*. Sirve o desempeña una función continua en la vida cristiana. Pero, lo que es de igual importancia, la fe *sirve*. No es un fin en sí misma sino el medio para un fin.

Wesley fue muy claro sobre este particular, y para lograrlo usó retórica muy poderosa en algunas ocasiones. En su sermón intitulado, "La Ley Establecida por la Fe", Wesley tiene algunas cosas que decir que son de considerable interés para nuestro estudio:

> Con este fin, debemos constantemente proclamar... que la fe misma, la fe cristiana, la fe de los elegidos de Dios, la fe en la obra de Dios, es aún la ayuda del amor. ... El amor es lo que constituye el fin de todos los mandamientos de Dios. El amor es el objeto, el único fin, de todas las dispensaciones de Dios, desde el principio del mundo hasta la consumación de los siglos. (*Works*, [Obras], V, 462)

Luego Wesley añade:

> Que consideren los que de tal manera exageran la fe que la hacen incluir todas las demás cosas, quienes entienden tan mal su naturaleza que la hacen ocupar el lugar del amor —que así como el amor existe después de la fe (aludiendo a 1 Co 13), también existió mucho antes. (*Ibid.*, pp. 462-63)

El punto que Wesley estaba postulando al discutir la ley y la fe pone en el foco a toda su teología.

> Dios, pues, ordenó originalmente que la fe restableciese la ley del amor. ... Es el sublime medio de restablecer ese amor santo en que originalmente fue creado el ser humano. De esto se sigue que, si bien la fe no tiene ningún valor intrínseco... sin embargo, como quiera que tenga el fin de establecer la ley del amor en nuestros corazones... es, por lo tanto, una bendición inefable para el ser humano y de valor inestimable ante Dios. (*Ibid.*, p. 464)

En ningún punto es la teología de Wesley más obvia y específica que en este lugar. Wesley se ubicó firmemente en la tradición reformada con su declaración de salvación por la fe solamente, como un antídoto al énfasis católico romano a las obras. Pero fue igualmente enfático en postular una corrección vital a la teología de la Reforma, que él consideró bíblica, esto es, que el amor era el antídoto a la aceptación de una fe como un fin en sí misma y sin obras. Esta es la nota de pie significativa de Wesley a la historia de la doctrina cristiana.

Si nosotros discernimos con cuidado los sesgos de pensamiento, nos será obvio que mediante esta "nota" de Wesley al énfasis de la Reforma en "la fe solamente", él introdujo una nueva dimensión a la fe, una nueva cualidad que es tan transcendental como el énfasis de Lutero y de Calvino, de "fe versus obras". La fe como un fin, y la fe como un medio son dos conceptos vastamente diferentes, que no sólo arrojan luz hacia atrás en cuanto al significado de la fe en cada caso, sino que también dicen declaraciones muy diferentes acerca de la salvación de las que cada una de las dos habla. En el pensamiento de la Reforma, la fe salvadora —que ha sido dada sobrenaturalmente— estimula al cristiano a confiar en Aquel que le salva, y en esta confianza el amor es auspiciado y desarrollado. El amor es un producto, un resultado de la fe. Para Wesley, la fe es ella misma un elemento de amor, dado que en las situaciones de la vida el amor y la fe no pueden ser separados. La fe conduce al amor, el cual es la meta y la esencia de la salvación.

Pero no solamente es el significado de la fe cambiado por su relación al amor, en el concepto de Wesley, sino que también esto involucra una transformación del significado del amor. Si procuramos entender esto con mucho cuidado, que es lo que estamos tratando de demostrar en este libro, tal comprensión cancelará la sospecha de que Wesley pidió prestada la doctrina católica del amor, sin crítica alguna, si bien su comprensión del amor se acerca más a esta última que a la posición reformada.

Ahora, al dedicar un capítulo a la fe, se empieza a exhibir una ambigüedad interna. La fe es vital en tan enorme grado a toda la verdad bíblica que es imposible escapar de ella; empero, al mismo tiempo, sus propias consecuencias la tapan a tal grado que uno no puede abstraerla con suficiente claridad para sujetarla a un escrutinio aislado. La fe no es *algo* o *alguna cosa* que se yerga sola en la experiencia humana. Se esconde detrás, o dentro de valores espirituales. El rayo deslumbrante de luz que intenta hacer el análisis ve meramente el valor, no la fe misma. La fe se viste con la ropa del valor de aquello para lo cual es importante. Se nos dice que las unidades finales de energía que son identificables mediante los instrumentos de la ciencia nuclear son indiscernibles para la sensibilidad humana. El traerlas dentro de las dimensiones de la experiencia sensorial es destruirlas. Estas "piedras angulares" de la realidad son descubiertas por lo que hacen —y hacen mucho. Esto es dinámico con significado real.

La fe es muy parecida a esto. Basta con preguntar qué hace uno para "ejercer fe" para descubrir el problema. ¿Cómo cree uno? ¿Cuál es el procedimiento? En cada caso, creer parece volverse algo más. La prueba de creer no yace en creer sino en involucrarse en una estructura de autenticidad y llaneza a todo un nuevo juego de intuiciones y una nueva dirección de intereses y de valores. Uno no puede sujetar las intuiciones y valores e intereses a un escrutinio suficientemente microscópico como para ubicar lo que la fe es. Aun las proposiciones intelectuales creyentes, o teorías científicas, participan del mismo fenómeno raro. El creer (y el amar) no tienen identidad sicológica independiente, sino que estructuran otras actividades humanas.

La fe bíblica está a tal grado entrelazada con amor y obediencia (y esto es sólo un número pequeño del vasto grupo de familiares) que no existe sin ellas. Wesley entendió muy bien tal cosa, y escribió: "Hay algo más que puede ser considerado separadamente, aunque en realidad no puede separarse de lo precedente [amor], el cual está implicado, en esto de ser *todo un cristiano;* y ese algo es la base o fuente de todo ello, a saber, la fe".[1] Aquí Wesley pone el dedo en la relación esencial del amor con la fe, pero también entiende que, con este conocimiento de esa relación, es importante una discusión de la fe. Pero es interesante notar, al intentar determinar lo que Wesley pensaba de la fe, que a él le era imposible separarla del amor y de la santidad. A continuación insertamos un ejemplo de una de sus "conversaciones":

Al aseverar la salvación por la fe, esto es lo que queremos decir: (1) Que el perdón (la salvación principiada) es recibido por la fe que produce obras. (2) Que la santidad (la salvación continuada) es la fe que obra por el amor. (3) Que el cielo (la salvación terminada) es la recompensa de esta fe.

Si vosotros que proclamáis la salvación por las obras, o por fe y obras, queréis decir lo mismo (y con el significado de que la fe es la revelación de Cristo en nosotros, —al hablar de salvación, perdón, santidad y gloria), nosotros no discutiremos con vosotros en ningún punto. (*Works* [Obras], VIII, 290)

En otra "conversación" se hace la pregunta: "¿Es fe la condición, o el instrumento de la santificación?" Wesley contesta: "Es ambas cosas, condición e instrumento de ella. Cuando empezamos a creer, la santificación principia. Y conforme la fe aumenta, la santidad aumenta, hasta que somos creados de nuevo".[2]

En otro lugar Wesley habla en forma muy parecida: "¿Qué ley establecemos por la fe? No la ley ritual. No la ley ceremonial de Moisés. En ninguna manera; sino la grande e inmutable ley del amor, el santo amor a Dios y a nuestro prójimo".[3]

Si nuestras observaciones hasta aquí han sido correctas, podemos sentir una seguridad creciente de que el amor *es* la dinámica del wesleyanismo. El amor es el punto focal de toda su teología, y de su eslabón con la vida. El amor no puede existir aparte de un ser moral y es, entonces, la llave al concepto ético de la santidad. Tal vez esta aproximación resuelva algunos problemas; pero da lugar a otros. Empero, el asunto que tenemos por delante tiene que ver con la fe tal como ésta yace en el contexto del amor y de la santidad. Tres corrientes de nuestro estudio arrojan algo de luz sobre una investigación más profunda:

1. El concepto de dos focos de *moral* lo salva de una mera "autorrealización" humanística (pelagianismo) por un lado, y sin embargo preserva la verdadera integridad moral en el ser humano, en el otro lado.

2. El concepto de la sicología de "todo el ser humano" que ve a todos los aspectos de la personalidad trabajando como una unidad —fe y albedrío, corazón y mente, amor y obediencia —preserva la integridad de la personalidad sin perder la idea de dependencia en la gracia de Dios.

3. El concepto de fe como un cambio de dirección de la confianza y el afecto, en vez de como la iniciación de un nuevo poder, preserva la teología de la gracia sin la pérdida de la verdadera iniciativa y responsabilidad humanas.

Cuando estos aspectos son mantenidos juntos y la fe es vista como un elemento en ello, la fe es debidamente entendida. Los problemas, como veremos, resultan de que la fe sea separada, vista como una abstracción, de su debido contexto.

Hay un número de elementos inherentes en la interrelación entre Dios y el ser humano, que son distinguidos y arreglados, en la teología sistemática, de acuerdo a algunos principios tales como la lógica, la cronología o la sicología. Algunos de estos elementos son: la convicción, la gracia, la fe, la regeneración, el arrepentimiento, la obediencia, la santificación, el perdón, la purificación, el amor, la justificación, la adopción, y otros. Generalmente, el tratamiento de cada uno de ellos es determinado por la filosofía subyacente del teólogo. En realidad, el carácter distintivo de una posición teológica puede ser determinado con mucha exactitud sencillamente al notar la secuencia en la que tales elementos son colocados, y la relación que tal posición afirma que existe entre ellos. Por ejemplo, la teología de la Reforma generalmente ubicaría la regeneración previa al arrepentimiento, y el wesleyanismo invertiría tal orden. La teología resultante, en cada caso, es muy diferente. La teología sistemática está muy al tanto de esto, pero tiene que defender su propia posición sobre otra clase de bases además de las bíblicas.

Si uno se aproxima a las Escrituras inductivamente, tal como estamos procurando hacer aquí, no es del todo claro que se puede discernir un orden cronológico.

En vez de eso parece haber un "complejo" espiritual de elementos interrelacionados, que participan tanto el uno del otro que es difícil aislar cualquiera de ellos para examinarlo aparte de los demás. Sin embargo, las demandas del pensamiento racional requieren que estos elementos sean analizados.

## LA PRIORIDAD DE LA FE

La lógica normativa en este estudio es controlada por la convicción básica que estructura la teología wesleyana (si bien no siempre es consistente con ella), de que la verdad es moral fundamentalmente, y que la redención procede a lo largo de la línea de la integridad moral. La pertinencia particular de esta convicción para este capítulo es que cuando el ser humano total actúa respecto a la voluntad de Dios (como lo indica el concepto "moral"), cada aspecto de la relación se mueve al mismo tiempo. Por ende, cuando la obediencia existe, digamos como un ejemplo, la fe y el amor operan también. La tarea es encontrar, no el primer elemento en orden cronológico, sino el elemento más fundamental para todo el complejo de verdad. La fe parece ser el elemento sobre el cual descansan todos los otros aspectos de la verdad redentora. En ella yace un concepto que lo pone todo en su perspectiva correcta.

## LA FE Y EL SER HUMANO

Al escoger el concepto de la fe como el común denominador en todos los otros aspectos de la salvación, estamos deliberadamente limitando este estudio a una consideración del lado humano de la redención. En realidad la fe no tiene significado aparte de la gracia y del amor. El wesleyanismo es una teología de gracia, como lo es el calvinismo, pero tiene un concepto más personal de ella, y en completa armonía con la responsabilidad moral. El primer párrafo del sermón de Juan Wesley intitulado "La Salvación por la Fe" postula lo que él pensaba de la gracia:

> Impulsos únicamente de gracia, bondad y favor, son todas las bendiciones que Dios ha conferido al ser humano; favor gratuito, inmerecido; gracia enteramente inmerecida, puesto que el ser humano no tiene ningún derecho a la menor de sus misericordias. Movido por una gracia gratuita, "formó al hombre del polvo de la tierra y alentó en él... soplo de vida", alma en que imprimió la imagen de Dios; "y puso todo bajo sus pies". La misma gracia gratuita existe aún para nosotros. La vida, el aliento y cuanto hay, pues en nosotros nada se encuentra ni podemos hacer cosa alguna que parezca el menor premio de la mano de Dios. "Señor, tú nos depararás paz; porque también obraste en nosotros todas nuestras obras". Son estas obras tantas pruebas más de su gratuita misericordia,

puesto que cualquiera cosa buena que haya en el ser humano, es igualmente un don de Dios. …

Ahora pues, si los pecadores hallan favor con Dios, es "gracia sobre gracia"... La gracia es la fuente, y la fe es la condición de la salvación. (*Works* [Obras], V, 7)

Precisamente es la fe como la condición de salvación lo que nos interesa. Ninguna palabra o idea en el Nuevo Testamento porta tanto significado para la salvación como la fe y sus términos cognados. Ninguna palabra se liga mejor con todo el concepto de *moral*, tal como está principiando a desarrollarse en este estudio. Ninguna palabra es más importante para la totalidad de la redención que esta. Pocos términos teológicos han sido abusados más, o menos correctamente entendidos.

## LA RELACIÓN DE LA FE A LA GRACIA

Uno se ve inmediatamente confrontado, particularmente al leer el Nuevo Testamento, con el hecho de que la fe es un aspecto vitalísimo de la vida humana en relación con Dios. Parece ser un elemento esencial en la personalidad. Es un eslabón racional entre lo tangible y lo intangible, entre lo divino y lo humano, entre los aspectos objetivo y subjetivo de la expiación, así como entre todos los eventos y su significado, hecho e interpretación, en la totalidad de la vida racional.

Un buen sinónimo sería "apropiación". En un lado de la fe yace la expiación objetiva. A ese mundo "místico" en el que Dios ha hecho tanto por nosotros, no podemos penetrar con nuestra inteligencia finita. La verdad completa de lo que Dios ha hecho tendrá siempre que estar más allá de nuestro alcance racional. Cierto que tenemos cuadros y analogías que nos ayudan a relacionar eso al mundo de nuestro entendimiento: el tribunal, el sacrificio en el templo, técnicas bélicas, la vid y las ramas, relaciones familiares, y muchas más, pero ninguna de ellas nos comunica toda la verdad; aunque todas ellas juntas nos ayudan a saber que Dios nos ama y desea nuestra redención. Todo esto es la gracia.

En el otro lado de la fe yace un gran mundo de pecado y derrota y desesperación y temor y muerte. En este mundo viven seres humanos cuya única *raison d'etre* es su capacidad para bien o para mal. La capacidad de ser nobles es tal vez en sí misma el juicio más severo de lo que los seres humanos han hecho de sí mismos. La iniquidad grande en los seres humanos es llamada "pecado" porque esa misma capacidad podía haber sido usada para hacer grandes bienes. Los seres humanos son morales y esta es su condenación: que "amaron la oscuridad más que la luz".

La gracia de Dios está en un lado, el ser humano "moral" (en el sentido ya designado) está en el otro. La salvación es ofrecida a pecadores que son moralmente responsables. El mantener la integridad de ambas verdades es el corazón del mensaje del evangelio, y está incrustado en las palabras: "por fe".

La iglesia desde el principio vio los peligros de no conservar intactas estas dos verdades. Esos primeros cristianos vieron que el perdón de Dios podía ser considerado demasiado ligeramente, de modo que hubo que confrontar el problema de qué hacer con pecados cometidos después del bautismo. Se suscitó la pregunta: "¿Cuántas veces podía uno pecar y ser perdonado? ¿Qué tan lejos alcanza el perdón, solamente para los pecados del pasado? ¿O incluye a todos los pecados del futuro? Si era posible implorar el perdón de Dios por pecados cometidos después de ser bautizado, ¿cómo se podía saber que el arrepentimiento había sido suficientemente sincero? En otras palabras, esos cristianos reconocieron el peligro de que una insensibilidad moral se deslizara dentro del corazón de aquellos que con demasiada facilidad contaban con la misericordia de Dios. Lo que quiera que uno escoja pensar acerca de todo el sistema penitencial, de esto podemos estar seguros: la intuición de nuestros Padres de la iglesia que les permitió ver el peligro humano inmanente en la absolución judicial divina, sin estar protegida de la irresponsabilidad humana carente de principios, esa intuición, decimos, debe ser sinceramente respetada. Ideas fáciles, baratas, mediocres de la misericordia de Dios fueron deploradas profundamente por ellos. Pero gradualmente se fue levantando un sistema bien organizado y detallado de penitencia que le erró al punto moral atinado de la iglesia primitiva, y que recalcó en un grado excesivo la habilidad y la obligación del penitente de demostrar su sinceridad, y finalmente de ganar méritos —pagar un equivalente apropiado por sus pecados. Creemos que el aspecto comercializado de esto es una distorsión de la verdadera intención del propósito original de la Iglesia Católica. La idea de fe quedó perdida al fusionarse con las obras, y eso fue lo que quedó, obras. El equilibrio fino entre la iniciativa de Dios y la respuesta humana quedó perdido en favor de un énfasis exagerado en el mérito humano. La calidad de la vida moral —los aspectos *personales*— se degeneraron en valores cuantitativos, los no personales.

Juan Wesley estaba al tanto de esta verdad y al respecto dijo lo siguiente en su sermón "Justificación por la Fe":

> Nunca fue más oportuno que lo que es hoy el mantenimiento de esta doctrina... No tiene fin el atacar, uno por uno, todos los errores de esa iglesia. Pero la salvación por la fe ataca la raíz, y todos [los errores] caen de inmediato cuando ésta es establecida. Esta fue la doctrina, que nuestra iglesia justamente llama *la piedra angular y el fundamento de la religión cristiana*. (*Works* [Obras], V, 15)

## RELACIÓN DE LA FE A LAS OBRAS

La frase "por la fe" adquirió una extrema antítesis de "este o el otro" hacia las "obras" durante el período de la Reforma. En contraste absoluto con el abuso que el sistema católico había hecho del mérito humano, se irguió la doctrina de la Reforma, *sola fides*, "por la fe solamente", que no permitía que ningún esfuerzo humano pudiese tener valor en ningún sentido. Tan grande fue el contraste entre la fe y las obras, que toda pertinencia moral —deseo subjetivo, todo esfuerzo humano— fue interpretada como si ella misma fuese pecado. Esto caracteriza a cierta teología evangélica de nuestro día.

Desde luego que esto reflejaba una definición de fe que daba énfasis al aspecto objetivo de la expiación, pero que dejaba de hacerle justicia a la experiencia moral de los seres humanos. Recalcaba solamente el significado judicial de justicia y justificación, y trataba con negligencia el aspecto espiritual. La injusticia como culpa imputada, y la justicia como la cancelación de esa culpa, irrevocable y eternamente, por decreto de Dios, tendió a hacer a la justificación abstracta y carente de pertinencia humana y vida. En esta posición, la muerte de Cristo en la cruz se vuelve algo un tanto tangencial al decreto divino, puesto que esa muerte es "comercializada" hasta un valor exacto para cubrir cierta cantidad de pecado —ni más ni menos. Es difícil imaginar una manera menos personal y pertinente de pensar en la salvación.

Entonces la fe sería, y así es concebida con frecuencia, el asentimiento intelectual, o la aceptación de una idea la cual, aparte de cualquier consideración subjetiva, coloca permanentemente al "creyente" en una posición en la que está absolutamente a salvo de la ira de Dios y del juicio. No sólo lógica sino efectivamente esta posición nos orilla hacia el riesgo del antinomianismo.

En tanto que la fe sea definida como una afirmación meramente intelectual que cierra la brecha entre la gracia y la salvación individual, y en tanto que las obras sean percibidas como que consisten en toda actividad humana, incluyendo la "fidelidad", el problema del antinomianismo tendrá que existir y persistir. Definitivamente, una fe salvadora "implantada" que se levanta enteramente aparte de la participación humana le yerra completamente al concepto de integridad moral.

En una forma preliminar se puede decir en este punto que la Biblia postula con claridad inequívoca que hay un "precio" que pagar por la integridad cristiana. Dietrich Bonhoeffer le dio una expresión contemporánea a esta verdad con su contraste entre la gracia barata y la gracia costosa. Es un razonamiento superficial el categorizar aquello que el precio incluye como lo mismo a las "obras" que Pablo denunció tan intensamente como la manera de ser salvos. El hacer que las "obras" cubran toda la responsabilidad moral es ir mucho más allá de la enseñanza bíblica. Los actos rituales por los cuales la autojusticia busca el favor con Dios son muy diferentes a esa dádiva de uno mismo que es la dinámica de la integridad cristiana. Lo que es más, tal dádiva de uno mismo es una de las mejores definiciones de la fe que puedan formularse. Es precisamente *el fin* de la autosuficiencia lo que le imparte significado a la fe salvadora. Cuando seres morales están implicados en esta clase de fe, "la cruz", o la dádiva de sí mismos, es absolutamente imperativa.

Oswald Chambers afirma que un verdadero santo nunca está consciente de que es un santo. Un santo sólo está consciente de que depende de Dios profundamente, y más y más todo el tiempo. Y esta dependencia incluye la obediencia o no es dependencia. Cualquier teología que estimule el estar satisfecho o cómodo con un punto menos que esta dependencia de Dios de momento en momento, sea para nuestra "situación" delante de Él, o para nuestro "estado", para limpieza o para poder, y que lo hace aparte de una participación moral en la voluntad de Dios, no es una teología bíblica.

Vale la pena dedicar un momento para anotar algunas intuiciones contemporáneas acerca de este importante punto. Floyd Filson escribe en su obra intitulada *One Lord, One Faith* [Un Señor, Una Fe]:

> La interpretación exacta del Nuevo Testamento ha sido estorbada por una tendencia a permitir que el perdón se detenga en resultados negativos. La culpa por el pecado ha sido resuelta... Pero esto no deja al ser humano en el punto al que el evangelio quiere traerle... El arrepentimiento y el perdón incluyen que el pecador se torne de sus malos caminos, con dolor y con un profundo deseo de ser perdonado, y restaurado al compañerismo con Dios, y renovado en propósitos rectos. Un perdón que no dé un sentido fuerte de obligación moral... carece de realidad.[4]

El predicador escocés James Stewart da una exposición poderosa de la participación de la vida en la fe en un capítulo intitulado "Misticismo y Moralidad", de su obra *A Man in Christ* [*Un Hombre en Cristo*]. Citamos una parte de ese capítulo:

> El saber que uno ha sido perdonado, y perdonado a tan grande costo, es siempre una dinámica moral del primer orden [o importancia]. Es un resorte principal de la vida dedicada. Forja el carácter. Hace que el pecador perdonado sea de Cristo, el ser humano de Cristo, en cuerpo y alma, para siempre.
>
> Y es así puesto que el estar unido a Cristo significa el estar *identificado con la actitud de Cristo hacia el pecado*. Significa ver el pecado con los ojos de Jesús, y el oponerse a ello con algo de la misma pasión con la que Jesús se opuso al pecado en el Calvario. Significa un asentimiento de toda la persona al juicio divino proclamado sobre el pecado en la cruz. Significa, como Pablo lo expresó tersamente, muerte. A la luz de todo esto, encontrar antinomianismo en Pablo es sencillamente hacer una caricatura de su evangelio.[5]

## EL WESLEYANISMO INTERPRETA LA FE

El énfasis que Juan Wesley y Juan Fletcher le dieron a la teología no puede entenderse completamente sin relacionarlo a su controversia con el antinomianismo que prevalecía en los tiempos de esos teólogos. No fue el calvinismo como tal a lo que Wesley se opuso (lo cual es atestiguado ampliamente por su relación con Whitefield), sino esos aspectos del calvinismo que se derivaban de su mera lógica; o sea, una expiación limitada, la elección incondicional, y el menosprecio por la ley que parecía emanar de una confianza en la seguridad eterna incondicional.

A Wesley le preocupaba el problema de cómo mantener el equilibrio entre la gracia y la naturaleza moral de los seres humanos. Él vio que no sólo la justificación sino también la santificación es "por la fe". Esto añadió la dimensión moral a la justificación, dimensión que generalmente la teología de la Reforma había dejado de preservar. Este énfasis, "por la fe", también salvó a la teología de caer en las manos de los pelagianos quienes no verían necesidad alguna de la gracia. Wesley hizo repicar esa campana, y el sonido fue recio y claro.

Pero "la santificación por la fe" suscita diferentes clases de problemas de los que fueron suscitados por el énfasis que Lutero le dio a la justificación por la fe, y estos son los problemas que queremos examinar en este capítulo. El concepto más formal de la fe que encontramos en Lutero se volvió dinámico cuando se unió a la santificación. Esto, a su vez, para Wesley, fue una reacción en cuanto al significado de la fe misma. "Cuando decimos: `Cree y serás salvo', no queremos decir: `Cree y pasarás del pecado al cielo, sin santidad alguna de por medio'".

"No reconocemos fe alguna sino la que obra por medio del amor... La fe se vuelve el medio del cual el amor es el fin".[6] "El ser cristiano significa tener una fe activa en amor"[7] Las obras de Wesley están tan llenas de esta enseñanza que es fútil tratar de hacer una lista de todos los pasajes.

## LA FE Y LA VIDA MORAL

La justicia cristiana es "por la fe". La pseudo-justicia de la cual es la alternativa es la justicia propia, o salvación por la obras. Los cristianos evangélicos se adhieren a esta afirmación básica, y en ella yacen las bases para una unidad teológica. Pero también respecto a ella existen diferencias de opinión que mantienen a los grupos reformados claramente distinguidos, teológicamente, de los que siguen la "doctrina de santidad". Es precisamente en este punto, o sea el del significado de la fe, que la teología de santidad principia a tomar su forma.

La enseñanza del Nuevo Testamento acerca de la santidad presupone una relación vital entre la fe y las obras. Esto no significa que enseñe que ser humano alguno pueda en forma alguna merecer la salvación por lo que haga o lo que crea. Pero sí afirma que la fe es un acto en el que participa la totalidad del ser humano, no sólo su facultad intelectual, ni sus emociones o su voluntad, sino toda la personalidad en una interacción integral. Una idea pasiva de la personalidad es rechazada en favor de una idea dinámica; o sea que los humanos son esencialmente seres humanos sólo conforme son criaturas morales. Por ende la fe, o la falta de ella, es un hecho *moral*. La antítesis de la fe salvadora no es "la no fe", o la pasividad, sino un rechazo activo.

El énfasis bíblico sobre la fe le añade también al significado forense de la justificación una dimensión ética. Tal cosa no implica que esté en nuestro poder, mediante las buenas obras, el reformar(nos) y el hacernos justos. Ni tampoco coloca o pone la justica *en* las buenas obras. La injusticia es más que la culpa imputada. Es *una persona rechazando a Dios*. Cómo llega a este rechazo no es lo que estamos considerando aquí. Que el ser humano hace este rechazo es ambas cosas: la declaración de la Biblia, y un hecho de la experiencia humana. La justicia o la justificación es definitivamente el hecho de quitar la culpa y es por ende un acto jurídico, pero también tiene un aspecto subjetivo, que es el asunto que tratamos en este capítulo.

En este punto conviene recordar que si *moral* significa cosa seria alguna, podemos esperar encontrar que los tratos de Dios con los seres humanos fortalecerán en vez de debilitar el concepto de integridad moral. Este hecho, a su vez, tendrá impacto sobre la justificación, la fe y la seguridad del creyente. El considerar justo a un ser humano que es pecador y que vive en pecado sería negar todo lo que le costó tanto a Cristo. Dios no cambia su definición de *pecado* para hacerlo desaparecer. Él no hace un universo moral, y le revela al ser humano el Espíritu de Verdad, para luego cerrar los ojos ante el pecado de ese ser humano y llamar a tal cosa santidad.

Wesley no podría haber expresado una convicción más de acuerdo con el énfasis de la Reforma que lo que dijo acerca de la justificación. Todo su sermón sobre la "Justificación por la Fe" necesita ser leído cuidadosamente.[8] En él Wesley describe claramente la distinción entre la justificación, el aspecto objetivo de la conversión, y el subjetivo, o sea la santificación. Pero deslinda el asunto aún más finamente para evitar los conceptos falsos de la enseñanza de la Reforma. Escribe:

> ¿Qué es ser *justificado*?... No es el ser efectivamente justo y recto. Esto es la *santificación* ... el fruto inmediato de la justificación... La una implica lo que Dios hace por nosotros a través de su Hijo; la otra, lo que Él obra en nosotros por su Espíritu...
>
> Lo que la justificación menos implica es que Dios sea engañado por aquellos a quienes justifica; que crea que son lo que en efecto no son; que

los considere ser algo diferente de lo que son. En ninguna manera implica que Dios juzgue acerca de nosotros en forma contraria a la verdadera naturaleza de las cosas; que nos estime como mejores de lo que realmente somos, o crea que somos justos cuando somos injustos... Ni tampoco puede jamás ser compatible con su sabiduría inerrante el creer que yo soy inocente... porque otro lo sea. Él no puede confundirme en esta manera con Cristo, más de lo que podría confundirme con David o con Abraham...

La llana noción escritural de la justificación es el perdón, el perdón de pecados. (*Works* [Obras], V, 56-57)

Cuando el wesleyanismo es consistente con su premisa básica, le es menester aferrarse a la posición unitaria de personalidad. No puede ser tentado a quedar satisfecho con cualquier otra clase de dualismo, al separar entre sus relaciones objetivas y subjetivas. Es atribuirle deshonestidad a Dios el decir que un ser humano es objetivamente justo y subjetivamente injusto, aun cuando sea por virtud de la expiación de Cristo. La expiación, o la obediencia de Cristo, no cambia la cualidad del pecado en ningún ser moral de tal modo que el pecado actual en un pecador y el pecado actual en un creyente sean diferentes en forma alguna. Si la integridad significa algo en el mundo de seres morales, incluyendo a Dios, la Fuente de toda verdad, algo de esa integridad básica debe ser una parte de la experiencia cristiana.

Es para prevenir el extremo al que la lógica humana nos llevará que esa frase engañosamente sencilla aparece tan frecuentemente; o sea, "por fe". Se levanta como una protección omnipresente en contra de contestaciones demasiado fáciles. Es una defensa que nos guarda de cualquier idea de que el ser humano pueda lograr la justicia por sus propios esfuerzos, sin ayuda. Pero también es, por implicación, un recordatorio de que el ser humano total participa, está involucrado, en su fe.

## ¿QUÉ ES LA FE?

Somos salvos "por fe", pero ¿qué significa creer? ¿Y qué es lo que es creído? ¿Es la fe salvadora diferente en clase de las otras experiencias de fe que cada persona ejerce? ¿Es la fe misma lo que salva? ¿Es un don, o es una facultad sobre la que una persona moral tiene control responsable? Estos y otros factores del problema yacen delante de nosotros.

Hemos relacionado la fe a la apropiación. Cuando menos puede decirse que la fe es el eslabón entre la gracia de Dios y la necesidad del ser humano, y en la experiencia de apropiación, desde el primer vago despertamiento de la persona hacia Dios hasta el final de la vida racional, ese eslabón es respetado.

Ahora bien, la fe es una respuesta característicamente humana; o sea, es algo que los humanos hacen. Es significativo que la rectitud (o justificación) es "por la fe". Esto significa que la aprobación que Dios hace de nosotros espera en alguna manera que nosotros nos apropiemos de su aprobación. Aparentemente el acto objetivo (para nosotros) de Dios en Cristo, por el cual la reconciliación fue hecha, sigue siendo tentativo y potencial hasta que la fe lo vuelve realidad en la experiencia.

El que la fe salvadora sea diferente en clase o en origen ("el don de Dios") de las otras expresiones de creer, no es el asunto que nos interesa en este punto. El hecho persiste de que, en lo que toca a los humanos, la salvación no es sólo por decreto divino, ni siquiera incondicionalmente por la obra de Cristo (si bien su posibilidad es sólo a través de Cristo), de tal modo que todo aquel por quien Él murió sea inevitablemente salvo (propiciación incondicional). Es "por fe". Esto la ubica en la historia donde los seres humanos viven.

Esto efectivamente hace del ser humano un participante en la transacción entre él mismo y Dios. Es una "circulación de Mí a Ti, algo así como un 'fluir' mutuo entre Dios y el ser humano".[9]

Por lo tanto, la salvación no puede ser totalmente objetiva, sin relación al carácter humano o a la respuesta personal. Esto significa que, al ejercer la fe para la salvación, algo le empieza a suceder al carácter. La salvación no es merecida por excelencia humana alguna, pero es imposible ser recipiente de ella aparte de una consideración de integridad moral. "Por fe" es el principio de la teocentricidad en contraste con el egocentrismo. Es un compromiso *moral* y tiene implicaciones morales en la vida. Uno no puede creer en Dios en el área intelectual de la personalidad sin que *todas* las partes de su ser sean enfocadas en la experiencia. "Por fe" es el cambio, el traslado de una presuposición básica a otra —de una que permite que el yo sea Dios, a la otra que acepta a Dios como Señor total. La vida y el razonamiento emanan de las nuevas presuposiciones, y éstas les imparten nuevo carácter. En otras palabras, "por fe" es dinámico, no formal ni estático. Y por necesidad es traumático, porque quita todo el peso de la vida, y lo mueve del yo a Dios. Es una revolución *radical* (desde las raíces).

En su obra intitulada *Earnest Appeal* [Una apelación vehemente], Wesley presenta el corazón de su comprensión de la fe cristiana. Allí expresa que por años buscó lo que finalmente encontró por la fe. Pero, ¿qué es esta fe? Wesley intenta arrojar luz sobre el asunto. Él quería que otros "se aprovecharan de nuestra pérdida, para que pudieran proceder directamente a la religión del amor, y que lo hicieran por la fe". Pero la fe es dinámica, y Wesley añade: "La fe es el ojo del alma recién nacida. Es el oído del alma... Es el paladar (si se me permite la expresión) del alma... Es las emociones del alma (siente el amor de Dios)" (*Works* [Obras], VIII, 4).

## LA GRACIA ACTUALIZADA POR LA FE

La fe *es* dinámica. Frecuentemente Jesús demandó que los enfermos tuvieran fe para ser sanados. Por ejemplo, en un caso, Él dijo: "Tu fe te ha salvado". La justificación es por la fe, y el justo vivirá por la fe, no por la obras de la ley. El corazón es purificado por fe, no por la circuncisión cúltica (Hch 15:9). La santificación es por la fe en Jesús (Hch 26:18). La propiciación es obrada por fe en la sangre de Cristo (Ro 3:25). El acceso que tenemos a "esta gracia" en la cual estamos firmes es por la fe (Ro 5:2). Por fe estamos de pie (2 Co 1:24). Por la fe andamos (2 Co 5:7). Por la fe recibimos la promesa del Espíritu (Gá 3:14). Somos hijos de Dios por fe en Cristo Jesús (Gá 3:26). Cristo mora en el corazón por la fe (Ef 3:17). La fe nos protege de los dardos encendidos del enemigo (Ef 6:16). Estos son unos cuantos de los beneficios de la gracia que se vuelven realidad por la fe. Es exegéticamente imposible interpretar estos pasajes y otros solamente en forma escatológica, lo cual definiría la fe en términos de la esperanza y aplazaría los beneficios a otra vida. La fe y la esperanza están relacionados, pero nunca son confundidos en las Escrituras. La fe *no* es una afirmación meramente intelectual. Es una entrega o compromiso moral con consecuencias morales. Es un asunto que atañe a esta vida.

> Esta es entonces la salvación que es por la fe, aun en este mundo presente: Una salvación del pecado, y de las consecuencias del pecado, ambas expresadas en la palabra *justificación*; la cual, si es tomada en su sentido más amplio, implica una liberación de la culpa y del castigo, por la expiación de Cristo aplicada actual o efectivamente al alma del pecador que ahora cree en él, y una liberación del poder del pecado, a través de Cristo *formado en su corazón*. (*Works* [Obras], V, 11-12)

## EL SÍNDROME FE-OBRAS

Las obras y la fe representan dos caminos —y la historia cristiana los ha entendido como dos caminos opuestos— para lograr una aceptabilidad legítima (y necesaria) por parte de Dios (que es lo que la justificación o el ser justo realmente es). Si mantenemos presente el significado central subyacente en las diversas figuras de lenguaje que aparecen en las Escrituras relacionadas con la redención, podemos decir que el propósito intentado es el compañerismo con Dios, el fin de la alienación, en el cual la purificación por la sangre de Cristo es realizada paso a paso (1 Jn 1:7).

Las "obras" son una manera de tratar de lograr esta relación propia con Dios. La fe es la otra manera. Se suscita la pregunta: ¿Cuál de las dos, por sí sola, es adecuada, en el caso de que las dos *puedan* en efecto ser separadas? O sea, ¿es la una sin la otra lo que en realidad pretende ser? ¿Es posible ejercer fe, aparte o sin un involucramiento total de la persona en todo lo que es y lo que hace?

## ¿FE U OBRAS?

La filosofía que apoya la salvación "por las obras" está edificada sobre la presuposición de que la separación entre Dios y el ser humano es forense, y no moral. No puede ver que el pecado sea una degeneración de la integridad moral que destruye la posibilidad de la afinidad espiritual. El amor a Dios como una relación personal ha sido interrumpido, como cuando un corto circuito impide el paso de la electricidad, y en su lugar ha quedado una dependencia en la ley, y en lo impersonal y en la aprobación superficial y casuística de la ley a la conciencia. Se puede decir que la moralidad se ha vuelto un fin en sí misma —un dios— más bien que un medio para el fin, que es, el de estar bien con Dios. Esta es una diferencia muy sutil pero es la verdadera. Ni Pablo ni Jesús infieren en lugar alguno que la ley moral sea mala o que pueda ser hecha a un lado —jamás. La ley es la forma, la estructura, y la pauta del conocimiento y de la verdad (Ro 2:20). Nunca se sugiere que podemos tratar con negligencia o dejar a un lado la obediencia a la ley. Lo que se nos enseña es que el guardar la ley, a solas, no puede lograr la justicia —ni la aprobación personal de Dios, ni el compañerismo con Él que nos limpia.

## OBRAS—MORALISMO

En breves palabras, la filosofía de las obras procede asumiendo que la impecabilidad legal puede ser un substituto de la relación personal moral. Es totalmente objetiva. Menosprecia consideraciones espirituales subjetivas y vive en un plano por debajo de lo personal. Eleva lo no personal al nivel de deber. La ley se vuelve "Señor". Es fácil "manejar" la ley mediante la interpretación humana y, por ende, normas humanas de aprobación. Los judíos de la antigüedad hicieron eso; lo mismo hacemos nosotros. El Señor de la ley, quien es el único que puede y debe interpretar la ley en la experiencia interior, es aprisionado en su ley por nuestra impertinencia, y de esa manera reducido a la categoría de siervo. Las "obras", tal como son deploradas por Pablo en Romanos, han hecho un dios de la ley, y han hecho a Dios el siervo de la ley —frecuentemente de nuestra ley— o de nuestra interpretación de la ley de Dios.

Nuestra religión no yace en hacer lo que Dios no ha ordenado, ni en abstenernos de lo que Él no ha prohibido. No yace en la forma en que nos vestimos, ni en la postura de nuestro cuerpo, ni en la forma en que nos cubrimos la cabeza; ni tampoco en que nos abstengamos del matrimonio, o de ciertas comidas o bebidas, todas las cuales son buenas si participamos de ellas con acción de gracias. Por lo tanto, ninguna persona que sepa lo que habla ha de decir que aquí está la marca de un metodista: en ninguna clase de acciones o de costumbres completamente indiferentes, no determinadas por la palabra de Dios.

Ni, finalmente, ha de ser distinguido por poner todo el énfasis de la religión en ninguna parte de ella. Si vosotros decís: "Sí, lo es; puesto que cree que 'somos salvos sólo por la fe'", yo os contesto: "No entendéis los términos. Al decir `salvos' el (metodista) quiere decir santidad de corazón y vida. Y él afirma que esto emana de la verdadera fe solamente. ¿Puede aun un cristiano nominal negarlo? ¿Significa esto que se está poniendo una parte de la religión en lugar del todo? '¿Hacemos de esa manera vana la ley a través de la fe'? ¡No lo permita Dios! Todo lo contrario, establecemos la ley'". Nosotros no ubicamos el todo de la religión (como lo hacen muchos, y Dios lo sabe) ya sea en no hacer daño alguno, o en hacer el bien, o en usar las ordenanzas de Dios. No, y ni siquiera en todas ellas juntas; puesto que sabemos por la experiencia que una persona puede trabajar muchos años, y al final no tener religión alguna, o no tener más que la que tenía cuando empezó. Mucho menos (dependemos) de cualquiera de ellas; o, pudiera ser, de las sobras de una de ellas. Como esa mujer que se precia de ser una mujer virtuosa sólo porque no es una prostituta; o como ese hombre que cree que es honrado meramente porque no roba. ¡Que el Señor Dios de mis padres me salve de una religión tal, tan pobre y famélica como esa! De ser esta la marca de un metodista, yo preferiría ser un judío, musulmán o pagano, si era sincero. (*Works* [Obras], VIII, 341)

## FE—MORAL

La fe, por el otro lado, alude a una actitud hacia Dios que la filosofía de las obras ha rechazado o menospreciado. Busca la misma aprobación de Dios, el mismo compañerismo con Él; pero opera en el nivel personal, no impersonal. La fe es personal de principio a fin. La filosofía de la fe representa una aproximación a la verdad diferente a la aproximación de las obras. Ve al dador de ley detrás de la ley. O si no hay ley objetiva, ve la Persona y respeta la integridad de esa Persona en términos de la respuesta a Ella. La fe, interpretada como sólo una aceptación mental de alguna proposición o idea, queda corta de lo que la Biblia enseña acerca de la fe.

Abraham, el "padre de los fieles", no tuvo una proposición que aceptar. No tenía una ley revelada que guardar. Más bien, él confió en Dios y esa confianza no sólo resultó en la obediencia sino que se expresó en ella. La fe y la obediencia fueron inseparables para Abraham. La fe que termina en conceptos y no en la acción no es la clase de fe que Abraham tenía, la cual había de volverse una pauta de justicia para ambos, judío y gentil, para la edad cristiana. El ejemplo de Abraham no se deshace de lo intelectual en favor de la acción, sino que añade el elemento moral a lo intelectual para hacerlo verdaderamente racional.

## FE Y OBRAS

La fe bíblica como un camino a la justicia es clásicamente ilustrada al ser referida a Abraham. Por lo tanto es menester hacer un breve estudio de qué constituyó la justicia y la fe en relación al patriarca. En Romanos 2—4 es trazado el contraste absoluto entre la justicia ritual, que era completamente externa y moralista, y la naturaleza espiritual de la justicia, que era del espíritu —o del ser interior— primordialmente. Una era una dependencia en una obediencia a la letra de la ley, sin darle atención a las cualidades espirituales; la otra era la correcta actitud del corazón hacia Dios aun en la ausencia de la ley escrita. Una limitaba la posibilidad de ser aceptable ante Dios a un pueblo escogido, sobre la base de cierto culto. La otra abría la posibilidad a una experiencia universal. La ventaja de ser un judío era compensada por la responsabilidad que contraía en conocimiento y oportunidad. La desventaja de ser un gentil era compensada por la ley básica de la justicia, la cual, en el fondo de todo, era tan cierta para el judío como para el gentil. Por la ley, o sin ella, la justicia es posible sólo por la fe en Dios. Y Abraham, antes de que hubiese un judío o de que hubiese ley, fue considerado justo ante los ojos de Dios al creer a Dios. Esto efectivamente eleva a todos los seres humanos de todos los tiempos y todos los lugares a la misma norma de responsabilidad y la misma posibilidad de ser redimidos. Este es el mensaje de la carta de Pablo a los Romanos (11:32).

Es un error considerar esta sección en Romanos (2:5) primordialmente como una *filosofía* de pecado. Es, centralmente, una presentación de la gracia de Dios en Cristo Jesús que está disponible para todo ser humano por la fe. El hecho de que todos han pecado es mencionado sencillamente para demostrar que la expiación por todo pecado ha sido hecha por Cristo, y que la condición universal para recibir los beneficios de la gracia es la fe en Dios, no las obras. *Nadie* es salvo por las obras. Todos podemos ser salvos por la fe.

Ahora bien, también es error identificar todos los esfuerzos humanos, y toda cooperación humana con las "obras", basándonos en este pasaje, y haciendo de su contenido un contraste con la fe. El tratamiento desfavorable de las obras en esta sección no es un rechazo de la actividad y respuesta humanas como tales, sino una polémica contra la *dependencia* en ellas, sin la fe y sin todo lo que la fe significa. No está de acuerdo a la fe bíblica el definir la fe, en contraste con las

242 / UNA TEOLOGÍA DEL AMOR

obras, como una cesación de la actividad, o como una "aceptación" pasiva. Esto es una comparación falsa. El escritor a los Hebreos, armado de otro propósito al hablar de esta misma fe, nos da lo que Pablo no tuvo ocasión de decir en Romanos: "Por la fe Abraham, siendo llamado, obedeció... y salió sin saber a dónde iba" (He 11:8). Su fe fue definida por su obediencia. Santiago "está confuso" sobre el asunto, o cuando menos eso pensamos hasta que estudiamos más profundamente la intención que motiva a cada uno de esos tres escritores. Escuchemos a Santiago: "¿No fue justificado por las obras Abraham nuestro padre, cuando ofreció a su hijo Isaac sobre el altar? ¿No ves que la fe actuó juntamente con sus obras, y que la fe se perfeccionó por las obras?" (2:21-22).

Wesley habla sobre el particular con su discernimiento de costumbre, y la contestación a su pregunta merece ser considerada.

> P. 14. San Pablo dice que Abraham no fue justificado por las obras. Santiago afirma que fue justificado por las obras. ¿Acaso no se contradicen mutuamente?
>
> R. No: (1) porque no hablan de la misma justificación. San Pablo habla de esa justificación que ocurrió cuando Abraham tenía 75 años de edad, más de 20 años antes de que Isaac naciera. Santiago se refiere a esa justificación que ocurrió cuando el patriarca ofreció a Isaac en el altar.
>
> (2) Porque no hablan de las mismas obras; San Pablo habla de las obras que preceden a la fe; Santiago de las obras que emanan de ella. (*Works* [Obras], VIII, 277)

Es igualmente insostenible aislar la fe tan decisivamente de sus partes componentes que llegue a ser un fin en sí misma. Se puede poner tanta dependencia en la fe que parecería ser fe en fe —nuestra fe— aquello en lo que descansa la justificación. Si, entonces, hay discrepancias en nuestras vidas cristianas, podríamos concluir: "No tengo suficiente fe", o "Mi fe es demasiado débil para obtener la salvación". La justificación no es *fe en la fe*, sino *fe en Dios* —y hay una vasta diferencia entre ambas. La fe es una cualidad, no una cantidad de algo. Es demasiado fácil el deslizarnos hacia las "obras", inadvertidamente, aun en medio de una discusión de la fe.

## EL AMOR, LA DINÁMICA DE LA FE

Wesley tuvo mucho cuidado de ubicar la fe en su relación correcta a todo el complejo de la dinámica cristiana, y de prevenir que hubiese una distorsión, aun de la fe, que la hiciera un objeto de adoración.

> Nosotros predicamos la fe en Cristo de tal manera que no se vuelva más que la santidad, sino que la produzca... A fin de hacer eso, continuamente declaramos... que la fe misma, esto es, la fe cristiana, la fe de los elegidos de Dios, la fe de la operación de Dios, todavía es sólo la sierva

del amor. Por honorable y gloriosa que sea, y que es, no es el fin del mandamiento. Dios le ha concedido este honor sólo al amor...

La fe... es el gran medio para restaurar ese amor santo en el cual el ser humano fue creado originalmente. Se sigue entonces que, aunque la fe no tiene valor en sí misma, (como tampoco lo tiene cualquier otro medio habido o por haber), empero, puesto que conduce a ese fin, el establecimiento de nuevo de la ley del amor en nuestros corazones...es por esa razón una bendición inefable para el ser humano, y de valor inestimable para Dios. (*Works* [Obras], V, 462-64)

La dinámica de la fe es, para Wesley, su tarea en el establecimiento de la ley del amor en nuestros corazones y vidas, sin la cual la fe cristiana es "como metal que resuena" (1 Co 13:1). Conforme caminamos por la fe "marchamos rápidamente en el camino a la santidad". Y en su influencia no podemos evitar que nuestro amor a Dios vaya en aumento; "ni tampoco podemos evitar el amar a nuestro prójimo".

Es sumamente interesante que ningún pasaje del Nuevo Testamento dé el menor indicio de que nosotros debemos de "aceptar" a Cristo, o de "lo que Él ha hecho por nosotros". Lo que sí leemos es la exhortación a *creer en Él* con todo lo que eso significa. Más que una actitud meramente pasiva, lo que se requiere de nosotros es una participación activa en el procedimiento de la reconciliación, el cual es una calle de dos direcciones. La tremenda exhortación de Romanos 12:1 significa que nos debemos *presentar* a nosotros mismos *santos y aceptables* a Dios. En 14:18 de la misma epístola leemos que aquel que sirve a Cristo en maneras específicas *agrada a Dios*. Pedro dice que nuestra tarea como piedras vivas en una casa espiritual, o (cambiando la figura para seguir a Pedro) como un sacerdocio santo, es ofrecer sacrificios espirituales *que sean aceptables a Dios* (1 P 2:5). El escritor a los Hebreos nos exhorta: "...Demos gracias por esto, y adoremos a Dios con la devoción y reverencia que le agradan" (12:28, DHH).

En ninguno de los diversos pasajes en los que se le pide a un pecador que acepte a Cristo se define tal *aceptación* en una forma meramente intelectual (2 Co 5:10; Ef 1:6; Fil 4:18). Sería muy inexacto equiparar el "aceptar" a Cristo con "creer". Si tal cosa se hace, se suscitan varios problemas tales como: ¿Qué significa aceptar a Cristo? ¿Significa sencillamente creer en el Cristo histórico y creer que Él murió por los seres humanos? ¿Cómo puede ser *nuestra aceptación* de Él un factor determinante en la salvación? ¿No sería esto obras? Si lo que aceptamos es el veredicto "Absuelto", y si el ser humano consecuente de fe está "en el lado del cielo del día del juicio", y "si es como si él ya hubiese entrado en el cielo", y si, efectivamente, "cuando Dios mira desde arriba ve al Cordero de Dios sobre mí, y entonces yo soy justo ante sus ojos", si todo esto es cierto, ¿por qué es entonces que la mayoría de las exhortaciones de demanda moral en el Nuevo Testamento es dirigida a creyentes? ¿No es la "teología de aceptación" algo peligrosamente cerca al perfeccionismo? Cuando menos es tal cosa, o se vuelve tal cosa cuando la idea no está rodeada con cuidadosas defensas.

A guisa de paréntesis tenemos que conceder que hay una estructura de pensamiento en la cual "la aceptación de la persona" es un término correcto. Lo es en el grado en que la expiación alcanza a todos los seres humanos. El perdón puede sólo ser ofrecido por Dios, no demandado por el ser humano. De otra manera, pondría la responsabilidad de la salvación del ser humano completamente sobre él mismo —no al ganarla por lo que hace, sino al ejercer su responsabilidad moral al rendir su orgulloso corazón a Dios.

## EL SÍNDROME FE/OBEDIENCIA/AMOR

La estructura moral de la fe es indicada por dos palabras básicas: obediencia y amor. Es obvio que la obediencia a solas no es en sí misma un sinónimo semántico o moral de la fe que es un requisito para la justificación. La obediencia tiene que tener el ingrediente de la fe en ella para apropiarse de la justicia. Por otro lado, la fe debe incluir la obediencia para hacer de ella la fe salvadora. La enseñanza vívida y dramática de Santiago de que "la fe sin obras es muerta" no es una antítesis de la teología de Pablo. Este apóstol había escrito a la iglesia en Roma (6:16) que la justicia yace en la senda de la obediencia, y que él le daba gracias a Dios (6:17) porque los romanos habían "obedecido de corazón". La "obediencia de la fe" es mencionada dos veces en Romanos, la primera acerca de Pablo mismo (1:5), y la segunda acerca del mensaje del evangelio (16:26). La preocupación más profunda de Pablo por los corintios era que cada pensamiento de ellos fuese hecho cautivo a la obediencia a Cristo (2 Co 10:5). El escritor a los Hebreos casi identifica la fe con la obediencia, con lo que escribe en 5:8-9, que reza: "Aunque era Hijo, por lo que padeció aprendió la obediencia; y habiendo sido perfeccionado, vino a ser autor de eterna salvación para *todos los que le obedecen*". Si substituimos "todos los que creen en Él" por esta última cláusula, no violaríamos la totalidad de la enseñanza del Nuevo Testamento, pero es sumamente significativo que la palabra *obediencia* haya sido usada en vez de la otra, en este importante pasaje.

El que la fe es orientada moralmente, y no algún método mágico y moralmente disyuntivo de asegurarnos que somos salvos, es adicionalmente indicado por otra consideración relativa a actitudes humanas. Usamos el término "mágico" para aludir a cualquier confianza en el poder de palabras, actos o pensamientos de efectuar resultados supra-históricos, o a cualquier intento de lograr efectos sin una causa adecuada. Cuando uno afirma que "el futuro no puede en ninguna manera reservar una condenación posible" para el ser humano que "ha recibido la obra de Cristo sobre la cruz, y que ha ejercitado fe salvadora, puesto que para él *el juicio futuro ya ha tomado lugar*", el que tal dice está interpretando la fe como algo mágico, en el grado en que se razona que personas morales pasan por alto la responsabilidad moral.

Lo mágico siempre es amoral y no causal, sea que se trate de magia religiosa o de otro tipo. Algunos críticos del movimiento evangélico han llamado a la creencia en lo sobrenatural creer en magia. Esta acusación no se justifica en una investigación erudita, pero ese sobrenaturalismo que se imagina que puede pasar por alto la dimensión moral de la experiencia humana *es* una creencia en magia. La Biblia se yergue completamente en oposición a tales perversiones de la verdad. Su sobrenaturalismo es preservado de la amoralidad de la especulación precisamente por la encarnación de Cristo, y el involucramiento de la experiencia humana en la verdad. La fe, tal como es enseñada en las Escrituras, no es credulidad sino algo pertinente intelectual y moralmente. El sobrenaturalismo no es una superhistoria, sino la gracia de Dios que se ha encontrado con la fe humana.

## EL CORAZÓN Y LA FE

La estructura moral de la fe también es indicada por su relación al *corazón* y al *amor*. El corazón es un símbolo usado comúnmente para el centro moral de la personalidad. El corazón nunca es distinguido en la Biblia del asiento del razonamiento, mediante un énfasis en los meros sentimientos. Es en "el ser interior" donde las consideraciones morales son puestas a prueba, y donde la "atmósfera" de toda la persona es determinada. Es el asiento del juicio moral y el árbitro de la acción. Dios hace todas las apelaciones morales al corazón. Jesús afirmó que del *corazón* procede el mal, y dijo que era el *corazón* con lo que debíamos amar a Dios completamente. Pablo habla del *corazón* y dice que está entenebrecido y necio, concupiscente, duro e impenitente (Ro 1—2); también afirma que es en el *corazón* donde el Espíritu Santo derrama el amor (Ro 5). El Apóstol cree que es el *corazón* el que obedece (6:17), y es el *corazón* el que cree (10:9) para justicia. La oración de Pablo en favor de los efesios (3:17) era que Cristo morara en sus *corazones*, por la fe, y esto estaba relacionado a que estuvieran arraigados y cimentados "en amor". A los gálatas Pablo les escribió que lo que contaba para con Dios no eran los asuntos externos, tales como la circuncisión o la incircuncisión, sino la fe que obra por el amor (5:6). Y en 1 Corintios 13 la fe es ubicada en el contexto del amor, no contraria a éste. El amor es la única "virtud" permanente.

Una de las enseñanzas más notables y significativas sobre la vida cristiana es que no es la fe lo que satisface la ley, sino el *amor* lo que es el cumplimiento de toda la ley. Es obvio que esto no significa que uno pueda amar sin fe, sino que la fe entra en su significado moral en el amor. Es notable el número de veces en que estas dos palabras aparecen unidas. Pablo se había sentido feliz al escuchar de la fe de los efesios en Cristo, y de su amor hacia los santos (1:15); y la bendición final de su epístola a ellos es: "Paz... y amor con fe, de Dios..." (6:23). A los tesalonicenses les había dicho que se pusieran "la coraza de fe y de amor" (1 Ts 5:8). Y el Apóstol le escribió a Timoteo diciéndole que la gracia del Señor había sido abundante para él mismo "con la fe y el amor" (1 Ti 1:14), y que ahora Timoteo había de seguir en búsqueda de "la justicia, la piedad, la fe, el amor, la paciencia, la mansedumbre" (1 Ti 6:11). Filemón fue altamente elogiado por su amor y fe hacia Cristo y todos los santos (v. 5).

Si la fe es un acto moral, y mantenerla es una preocupación moral, la justicia que trae está relacionada más directamente a la vida moral. Comúnmente se dice que la justicia, o justificación, es un asunto puramente legal y escatológico. O sea, (1) que la expiación es solamente objetiva, y no está conectada en sentido alguno con la renovación humana, o con pecado actual, o con la voluntad o acciones humanas. Este es el punto de vista expresado por Donald Barnhouse en un artículo publicado en la revista *Eternity*, en el cual dice: "Dios no puede mejorar la naturaleza humana... Dios no mejorará la vieja naturaleza pecaminosa del hombre. Dios nunca ha estado interesado en la reforma moral".[10] Y (2) el juicio futuro, para quien "acepta a Cristo", es algo pasado, de modo que nada puede presentarse contra él, haga lo que hiciere, y que la redención cabal será experimentada en la vida venidera. Lo podemos expresar con una metáfora moderna, diciendo que el creyente entra en algo parecido a un cielo prematuro, donde la fuerza de la tentación ha perdido su fuerza por una reevaluación del pecado. Tal como alguien más ha dicho: "Es como si ya hubiésemos entrado al cielo". Esta es la clase de perfeccionismo contra la cual se pronunció Wesley.

*La naturaleza de la justificación.* Algunas veces significa nuestra absolución en el último día (Mt 12:37). Pero esto está enteramente fuera del presente asunto; [aquí es] esa justificación de la cual nuestros Artículos (de fe) y homilías hablan, que significa el perdón, perdón de pecados presente, y consecuentemente la aceptación ante Dios; quien por lo tanto "declara esta justicia" (o misericordia, por o) "para la remisión de los pecados que han pasado"; diciendo: "Seré propicio a sus injusticias, y nunca más me acordaré de sus pecados y de sus iniquidades" (Ro 3:25; He 8:12).

Creo la condición de esta fe; (Ro 4:5) quiero decir, no sólo que sin la fe no podemos ser justificados; sino también, que en cuanto uno tiene la fe verdadera, en ese momento es justificado.

Las buenas obras siguen a esta fe, pero no pueden precederla: (Lc 6:43) Mucho menos puede la santificación, que implica un curso continuado de buenas obras, y que emana de la santidad de corazón. Pero es concedido que la entera santificación va delante de nuestra justificación en el último día (He 12:14). (*Works* [Obras], VIII, 46-47)

## MANTENIENDO LA FE

La pertinencia moral es indicada en diversas maneras, y ninguna de ellas es más interesante que la gramática y las formas verbales bíblicas. La necesidad de mantener la fe es indicada por la abrumadora preferencia para el indicativo presente o el participio al hacer referencia al acto de creer. Esto indicaría el carácter dinámico de la fe en contraste a cualquier interpretación estática de la misma. Bastarán unos cuantos ejemplos de esto. El Evangelio de Juan es notable por su enseñanza acerca de creer en Jesús. En Juan 1:12 leemos que el poder de llegar a ser hijos de Dios les es dado a aquellos que *continúan creyendo*. El tercer capítulo del evangelio tiene varios de esos pasajes (por ejemplo, versículos 15 y 36), y el muy conocido versículo 16 es un ejemplo sobresaliente. Todo aquel que *continúa creyendo* en Él... no "tendrá vida eterna", sino que (subjuntivo), *puede* tener, o *tenga* vida eterna. O sea que la vida eterna depende de la continuación de la fe. El griego hace tal cosa dramáticamente clara, lo que muchas traducciones no logran.

Esta contingencia del efecto de la continua calidad de creer es expresada en un número de pasajes (por ejemplo, Jn 6:35, 40; 20:31). En Hechos se nos dice que *esas personas que seguían creyendo* de los circuncidados, se maravillaron de que el Espíritu Santo hubiese sido dado a Cornelio (10:45); y Pablo, al predicar en Antioquía de Pisidia (Hch 13:39), expresa claramente que *aquellos que están creyendo son justificados*. Pablo dice en Romanos 1:16 que el evangelio es el poder de Dios para salvación de *los que están creyendo* (véase también 3:20-26), y este mismo tiempo de verbo es usado en Romanos 4:5 y 24. El capítulo 10 de esta epístola es un comentario sobre la tensión fe/obras, indicando claramente que el corazón que es considerado justo es el que está continuamente creyendo. En este capítulo ninguna obediencia es reconocida válida que no tenga en sí misma el "corazón que cree" (que continúa haciéndolo).

## LA FE Y EL ANDAR EN LA SANTIFICACIÓN

Toda la enseñanza del Nuevo Testamento da fuerza a la comprensión que uno tiene de la necesidad de un "caminar" de fe, y nos advierte en contra de cualquier dependencia en una definición amoral e intelectualizada de la fe. Cualquiera que sea lo que está involucrado en la fe, definitivamente causa una diferencia en la vida. Esta es la diferencia en la que se interesa la teología de santidad.

La contingencia de la fe determina la continuidad del andar del cristiano. Esto es enseñado claramente en el Nuevo Testamento. El "si" de Juan (15:6) no puede ser considerado con ligereza. Si una persona no mora en Cristo, es cortada de la Vid. Ninguna interpretación del "si" de Pablo en Romanos 8 y 11 que dé por sentado que se trata meramente de una hipótesis retórica, le hace cabal justicia a la vehemencia moral de esos pasajes: "Si vivís conforme a la carne, moriréis; mas si por el Espíritu hacéis morir [seguís mortificando] las obras de la carne, viviréis" (Ro 8). "Si Dios no perdonó a las ramas naturales, a ti tampoco te perdonará. Mira, pues, la bondad y la severidad de Dios; la severidad ciertamente para con los que cayeron, pero la bondad para contigo, si permaneces en esa bondad" (Ro 11:21-22). Y otro caso más: "A vosotros... ahora os ha reconciliado en su cuerpo de carne, por medio de la muerte, para presentaros santos y sin mancha e irreprensibles delante de él; si en verdad permanecéis fundados y firmes en la fe" (Col 1:21-23).

Ningún pasaje bíblico, visto en su contexto, proporciona la más mínima base para dar por sentado que, gracias a un solo acto de fe (que no ha ido más profundo que un asentimiento intelectual), la salvación eterna es asegurada. El creer debe ser ambas cosas, un acto moral y un compromiso moral que continúa. O sea que la fe es un camino o manera de vivir, no meramente una afirmación. Es difícil entender cómo Barnhouse pueda decir: "Las promesas de Dios para el creyente son incondicionales".[11] La obediencia no sigue sencillamente a la justificación como una prueba del estado de gracia de uno; es ella misma un elemento en la fe por la cual es realizada la justificación, y gracias a la cual es principiada la vida cristiana.

> Si vosotros entonces decís: "Le adscribimos sólo a Dios toda la gloria de nuestra salvación", yo os contesto: "Nosotros también". Si vosotros añadís: "Bueno, pero nosotros afirmamos que sólo Dios hace toda la obra, sin que el ser humano haga obra alguna", en cierto sentido nosotros también estamos de acuerdo con esto. Concordamos en que es la obra sólo de Dios el justificar, el santificar, y el glorificar, y las tres incluyen el todo de la salvación. Empero no podemos estar de acuerdo en que el ser humano pueda sólo resistir, y no pueda en forma alguna "trabajar juntamente con Dios", o que Dios sea a tal grado el solo obrador de nuestra salvación que excluya la obra humana por completo. Esto no me atrevo a decir, puesto que no puedo comprobarlo mediante las Escrituras; más aún, es llanamente opuesto a ellas, pues las Escrituras son muy claras, en que (habiendo recibido poder de Dios) nosotros hemos de "obrar nuestra propia salvación", y de que (después de que la obra de Dios ha sido principiada en nuestras almas) nosotros somos "trabajadores juntamente con Él".
> (*Works* [Obras], X, 230-31)

# RESUMEN

La fe no es la cesación de todo esfuerzo, o el relajamiento de todas las tensiones morales, o la pérdida de la menor parte de la integridad personal. La fe es marchar en dirección opuesta a la de cualquier dependencia en cualquier otra cosa que no sea Dios, y marchar en dirección a Él. Incluye la obediencia, no primordialmente a la ley, sino a Dios, cuyo Espíritu interpreta la ley espiritualmente al corazón interior. "Por fe" es una nueva dirección de todas las actividades y el amor de la vida. Inicia un servicio a Dios que dura toda una vida, y lo que es más, que dura toda una eternidad. La fe no es el rendimiento de la responsabilidad moral, sino el principio del proceso de la verdadera madurez. No es *necesariamente* un cambio de actividad, sino que es un cambio en la atmósfera moral de la persona —un cambio del objeto de sus afectos. Significa que en vez de vivir para la aprobación de los demás, o de uno mismo, o por el orgullo de la integridad personal medida por la letra de la ley, ahora vemos más allá de todas esas cosas— no para menospreciarlas, pues están bien en su debido lugar —y ahora vemos a Dios, quien ha sido hecho Señor de toda la vida. Hay una sensibilidad creciente a su aprobación o desaprobación. Ahora "recibimos nuestras órdenes de Dios", sin por ello tomar ventaja de la libertad aparente de los frenos externos.

El tomar nuestras órdenes de Dios no nos libra de nuestras obligaciones sociales, o de la enseñanza bíblica, o de las responsabilidades humanas comunes. No nos permite tampoco desligarnos de las relaciones humanas que nos ligan a los demás, y que constituyen la humanidad normal y correcta. Todo lo contrario, nos ubica en los cruceros de la vida. No podemos echar por la ventana todos los conceptos convencionales y rechazar las manos que se extienden hacia nosotros pidiendo fuerza y ayuda. "Tomar nuestras órdenes de Dios" en la vida de fe significa que todos nuestros pensamientos, palabras y acciones comparecen ante el juicio constante de Dios, en lo que toca a los móviles, la intención, y la cualidad moral de nuestra obediencia. Pablo describió esta vida de fe en una forma clara y llena de fuerza (1 Co 4:1-5) cuando dijo que es requerido de un mayordomo que sea hallado fiel. La fidelidad no era un juicio que alguien más podía hacer, fuese favorablemente o de otra manera. Ni siquiera bastaba que la conciencia personal del individuo lo aprobara. La palabra final tenía que ser dicha por el Señor.

"Por fe" es el eslabón moral entre la provisión del Calvario y seres humanos pecaminosos. Hace del término jurídico "justificación" una base válida de la vida redimida. Impide la complacencia moral al defender la pertinencia moral. Mina toda posibilidad de orgullo espiritual, o la posibilidad de una aristocracia religiosa. Nos prohíbe el aislarnos del mundo y nos compele a una participación cabal en él. Nos priva de cualquier consuelo que pudiéramos derivar de símbolos verbales, o del intelectualismo, y nos compele a un continuo estar al tanto, fiel, paciente, en oración, sensible y en aumento, del Espíritu de Dios, y de su dirección para la vida diaria. La única alternativa al señorío de Cristo es alguna clase de idolatría, y la idolatría es la esencia del pecado. La justificación es una falsedad si es imputada a un hombre idólatra. Ninguna persona idólatra puede decir: "Yo acepto a Cristo como mi Salvador y Señor". El Cristo salvador no es una proposición que debe ser aceptada, sino una Persona que debe ser amada y obedecida.

La fe no es una frontera que el cristiano pone a su derredor, que lo pone aparte y que lo define. Es más bien el "filo creciente" que le guarda de una mera definición, y que hace de él una vida que fluye, un dínamo de amor.

La fe, entonces, es la atmósfera que continúa, en la cual son hechos posibles todos los beneficios de la gracia y todos los pasos en la salvación. Podríamos decir que el creyente lo tiene todo provisionalmente, pero nada es suyo en actualidad sino hasta que por fe se apropia de ello. Y esta apropiación es estructurada moralmente. Su esencia es la obediencia y el amor. La fe lleva a la experiencia moral, y "el amor, la dinámica de la santidad" es ético hasta el meollo.

## *Notas Bibliográficas*

1  *Works*, V, 22.

2  *Ibid.*, p. 279.

3  *Ibid.*, p. 60.

4  Floyd Filson, *One Lord, One Faith* (Filadelfia: The Westminister Press, 1943), p. 198.

5  James Stewart, *A Man in Christ* (Londres: Hodder and Stoughton, 1954), p. 196.

6  *Works*, V, 462.

7  *Ibid.*, p. 467.

8  *Works*, tomo V.

9  Tresmontant, *op. cit.*, p. 125.

10  *Eternity*, enero de 1958, p. 26.

11  *Ibid.*

# $\mathcal{C}$APÍTULO 13

# El Corazón Limpio

> Dios Todopoderoso, ante quien todos los corazones están abiertos de par en par (quien conoce todos los deseos, y de quien no podemos esconder secreto alguno), limpia los pensamientos de nuestros corazones por la inspiración del Espíritu Santo, a fin de que podamos amarte perfectamente, y dignamente magnificar tu santo nombre; a través de Cristo, nuestro Señor. Amén. (*Libro de Oración Común*, 1695)

La oración por la pureza ha estado en los labios de la iglesia desde su nacimiento. La expresión particular de tal petición que aparece arriba es la que Wesley usó en el culto de la Santa Cena tantas veces como participó de ese medio de gracia. Se nos dice que participaba cuatro o cinco veces por semana cuando lograba llegar a iglesias debidamente consagradas. El corazón limpio era una parte de la búsqueda espiritual que caracterizó su vida. Los hijos espirituales de Wesley han hecho de la pureza un elemento cardinal en la doctrina de santidad, como es debido para un énfasis "bíblico". El significado de este énfasis es importante para este estudio.

"Limpieza" podría ser una palabra técnica y teológica que le comunique un significado muy limitado al laico, o puede ser un término religioso rico, cálido y con un significado muy alto.

Así como la justificación es la palabra importante en lo que toca a la expiación objetiva, asimismo limpieza y pureza representan la característica central de los aspectos subjetivos de la relación del ser humano con Dios. Limpieza (como los medios) y la pureza (como el resultado) son términos bíblicos buenos, y reconocidos como conceptos teológicos apropiados, por todas las confesiones cristianas. Pero el significado de *limpiamiento* está relacionado en formas diversas, de acuerdo a las creencias y la práctica religiosas.

Para la teología de santidad, la limpieza adquiere un significado particular porque participa del énfasis intenso sobre la "experiencia" en esta tradición. Se dice que está relacionado a la santificación en una manera que no es considerada esencial universalmente para el significado de ese término. La teología de santidad tradicionalmente se cuida de recalcar dos aspectos de la santificación como cosas diferentes de igual importancia, que son, *el apartar* o consagración, y *el purificar*. Cuando se hace este doble énfasis, inmediatamente se suscitan preguntas acerca del significado específico de la pureza en distinción de la consagración.

Es difícil extraer la limpieza o pureza de corazón de su contexto, como es difícil separar la fe o la perfección o el amor o la obediencia, puesto que la pureza comparte, como estas otras cuatro, tan íntimamente de ellas que abstraerla le roba de lo mismísimo que es.

Pronto se vuelve obvio que el problema de lo que la limpieza es, revela un punto de vista profundamente arraigado respecto a la naturaleza humana, punto de vista que se debe a la interpretación que uno tenga de ella. Las interpretaciones básicas son como sigue:

Uno toca todo el asunto de lo que sucede en "el acto" de la limpieza. Es un problema de "ontología espiritual". Puesto que se entiende como una renovación subjetiva, y no sencillamente como un estado o posición que ha cambiado ante Dios, surge la pregunta: ¿En qué consiste la renovación o la limpieza? Aquí están involucradas las dificultades relativas a expresar el concepto del pecado y su "eliminación" en términos de substancia. ¿Es algo que "Dios hace" al alma lo que la hace pura? ¿Se hacen los seres humanos puros a sí mismos? ¿Qué es lo que no es limpio? ¿En qué forma no es limpio, o es impuro? ¿Qué es la pureza?

Hay una segunda clase de problemas que viene después de la primera clase, y que emana de ésta, en la medida en que la santidad subjetiva esté bajo consideración. Tiene que ver con la naturaleza de la pureza y las condiciones sobre las cuales es mantenida. Esta segunda clase pregunta: ¿Es la pureza un estado? ¿Es algo que tiene "existencia"? ¿Es un carácter implantado en el alma? Un indicio de la naturaleza del problema es sugerido por el comentario hecho por un eminente predicador wesleyano a un teólogo wesleyano, quien dijo que 1 Juan 1:7 debería leerse (e interpretarse) como que la sangre de Cristo *continúa limpiando* de pecado. "Pero" dijo el predicador "si *continúa limpiando*, ¿no queda algo de lo cual uno es limpiado? ¿Quiere usted decir que uno se vuelve más y más limpio?" Esta es una pregunta interesante, a la luz del original griego, pues claramente dice, por su forma gramatical, "continúa limpiando". Es obvio que la traducción más correcta está en conflicto con un concepto teológico. Tal vez el predicador supuso que el pecado es cierta clase de substancia en el alma que puede ser *removida*, y que, después que ha sido removida, el alma se vuelve pura y permanece pura. En otras palabras, la pureza para él, era una entidad, o más bien dicho, una característica inherente en una entidad que tenía la capacidad de la autoexistencia. Su comentario es una observación muy interesante sobre una de las opiniones prevalentes en cuanto a lo que el alma es, y cómo actúa la gracia respecto a ella. Cuando menos el lenguaje, si uno no tiene cuidado, permite la interpretación de que el alma y el pecado son "cosas" que uno tiene, o de las que se puede deshacer.

Debajo de todas estas preguntas frecuentemente yace la idea de que en alguna manera la impureza es concupiscencia, que la concupiscencia es sexo, y que el sexo es impuro.

La iglesia cristiana ha interpretado la pureza en diversas maneras. Dos ideas opuestas, entre ellas, nos dan una idea de la totalidad. Por un lado, la pureza es considerada en términos de estado solamente. Sería una pronunciación legal de absolución o consistiría en prácticas ritualistas, o resultaría de ellas. El valor, o la dignidad personal, no tiene significado esencial en esta interpretación. Por el otro lado, el status (o estado) está subordinado a la pureza personal respecto a la vida moral. La condición de pureza puede ser producida por un acto de Dios, o por obediencia a un código moral. La pureza en esta última posición generalmente se refiere a cierta medida de rechazo de los deseos y apetitos humanos, y algunas veces alude a todo placer estético.

Su tono es moralista. Una es pureza *"cultual";*[1] la otra es un moralismo. Una recalca el aspecto objetivo de la expiación; la otra, el subjetivo, llevado a cabo ya sea por medios sobrenaturales, o por la autonegación o por la obediencia a la ley. Entre estos dos extremos yacen muchas clases de modificaciones a la una o a la otra.

En este punto, como en todos los demás, Wesley evitó los extremos y predicó un evangelio sumamente sano, en tanto que otros cayeron en los muchos abismos a lo largo del camino, y en ambos lados de él. Wesley y sus intérpretes insistieron en tener una comprensión muy práctica y bíblica de la pureza. En contestación a la objeción de que la pureza, si fuese un acto de Dios, haría innecesaria la necesidad adicional del oficio sacerdotal de Cristo, Wesley replicó:

> Muy lejos de eso. Ningún ser humano siente su necesidad de Cristo tanto como éstos, esto es, los más perfectos; ninguno depende en mayor grado que ellos, pues Cristo no le da al alma una vida separada de Él mismo, sino en Él mismo y con Él mismo. Por lo tanto, sus palabras se aplican con igual veracidad a todos los seres humanos, en cualquier estado de gracia que se encuentren: "Sin mí (aparte de mí), nada podéis hacer". (*Works* [Obras], XI, 395)

Thomas Cook, un escritor de santidad que vino posteriormente, fue aun más directo sobre este punto: "Nosotros enseñamos, no un *estado de pureza,* sino una *condición mantenida* de pureza, una obediencia y confianza de 'momento en momento'. 'La sangre de Jesucristo nos limpia de todo pecado' *todo el tiempo* al limpiarnos cada *ahora".*[2]

Para Wesley, la pureza no era nada sino "el corazón con un solo propósito"[3] o integridad. La lectura del libro del obispo Taylor, intitulado *Rules for Holy Living and Dying* [Normas para una Vida y Muerte Santas], le impresionó mucho a Wesley, particularmente su declaración de que "la sencillez y la pureza son las dos cosas que elevan al alma al cielo: la simpleza, que está en la intención; y la pureza, que está en los afectos".[4] La pureza es el ojo sencillo que deja pasar la luz cabal de Dios al corazón, y la impureza es la consecuencia del ojo malo, o sea "el ojo que no es sencillo",[5] y que por lo tanto mantiene la oscuridad en el corazón. Wesley escribió: "Es absoluto que no puede haber un punto medio entre un ojo sencillo y un ojo malo; puesto que cuando no estamos `apuntándole' a Dios, estamos buscando la felicidad en alguna otra criatura, lo cual es idolatría ni más ni menos".

Es obvio que Wesley no separó en ninguna manera la pureza, del nivel más bajo de la vida cristiana, y también que la asoció con la acción del cristiano de un corazón no dividido "apuntándole" a Dios. Lo opuesto a ello, el pecado, no era concupiscencia como pensó Agustín, sino un amor pervertido, perspectiva con la que, en sus momentos más bíblicos, Agustín estuvo de acuerdo.

En uno de sus mensajes sobre el Sermón del Monte, Wesley recalca esta relación de la pureza con el amor. El hecho, dice Wesley, es que la pureza de corazón es en sí misma amar a Dios con todo el corazón, la mente, el alma y las fuerzas. No es la supresión del impulso humano, sino el centrar todo el corazón, y toda la vida, y la actividad, en Dios.[6]

> Repasémoslo; evaluémoslo desde cada lado, y con la mayor atención; desde una perspectiva, es la pureza de la intención; dedicar toda la vida a Dios. Es darle a Dios la totalidad de nuestros corazones, es un solo deseo y propósito que gobierna nuestros caracteres. Es consagrar, no una parte, sino toda nuestra alma, cuerpo y sustancia a Dios. Desde otra perspectiva, es toda la mente que estaba en Cristo, facilitando nuestro caminar como Cristo anduvo. Es la circuncisión del corazón de toda impureza, toda la contaminación tanto interna como externa. Es renovar el corazón en la plena imagen de Dios, la plenitud de Aquel que lo creó. Por otro lado, es el amar a Dios con todo nuestro corazón y a nuestro prójimo como a nosotros mismos. (*Works* [Obras], X, 444)

Será tan instructivo como necesario estudiar el significado bíblico de las palabras *limpieza* y *pureza* antes de considerar su connotación teológica. Se añadirá cualquier cosa de interés pertinente que el antecedente etimológico y cultural de las palabras pueda contribuir, pero el propósito principal será encontrar el significado obvio que el autor tenía al usar la palabra en cada pasaje en particular. El estudio bíblico debe ser distinguido con cuidado de las observaciones y conclusiones que serán derivadas del estudio y de la aplicación teológica hecha al fin de este capítulo y en otros lugares de este libro.

En el Nuevo Testamento, las palabras puro, pureza, purgar, limpio, limpieza, y otras parecidas, son usadas para traducir un número de términos griegos cognados. El Nuevo Testamento pidió prestado, y lo adaptó para sus necesidades específicas, el significado griego clásico del término *limpio*. La palabra griega aludía a limpieza física, a substancias que no tenían en ellas nada que no perteneciera, tales como agua limpia, luz del sol, viento; o a metales y alimentos que habían sido refinados. Este significado entró en la analogía de relaciones humanas correctas, estar libre de deuda, honestidad, y sinceridad. El término significó también la característica de ser genuino, como en el caso de sangre racial no mezclada, o en el de una declaración auténtica que había sido corregida, como cuando uno lee y corrige las galeras de un libro.

El término también tenía un uso religioso. Aludía a cualquier cosa o persona debidamente acreditada para entrar al lugar de adoración. El uso implicaba cierta preparación ceremonial. En el caso de un adorador, sus manos y mente habían de estar limpias en el sentido de que no había en ellas nada contrario a la conciencia, o que aludiera a los intereses de la vida cotidiana, tales como los problemas del negocio de uno, o planes para un viaje. Estos intereses habían de ser puestos a un lado por el presente.

Hay dos nombres, *katharós* y *hagnós* que son de interés particular para este estudio, así como los verbos *kathatídzo* y *ekkathaíro*, que aparecen en el Nuevo Testamento.

El nombre *katharós* es traducido ya sea como "pureza", o "limpieza", o equivalentes similares de estas palabras. Las traducciones más conocidas del Nuevo Testamento varían en cuanto a qué término escogen para traducir esa palabra. En nuestro análisis seguimos la Versión Reina-Valera 1995, no porque sea más o menos correcta que las demás, sino porque es más conocida.

Los pasajes en que aparece "limpio" se refieren: (1) a objetos físicos, tales como una taza limpia (Mt 23: 26), una sábana limpia (Mt 27:59), y un lino limpio o puro (uso metafórico, Ap 19:8 y 14). (2) A cualidades morales, y con esta acepción es usada tres veces (Hch 18:6; 20:26 y Lc 11:41). Cada uno de estos pasajes habla de una obligación cabalmente cumplida o de una declaración de inocencia en relación a un crimen. (3) A separación de lo común, y Jesús usó el término con este significado dos veces. En Juan 13:10-11 leemos que Jesús dijo que los discípulos estaban limpios. Él, recién había lavado sus pies, y el ritual significaba la completa identificación en compañerismo entre Él mismo como maestro, y sus discípulos como sus amigos y colegas. Las palabras "aunque no todos" se referían a uno entre ellos, Judas, quien (aunque es de presumir que sus pies también habían sido lavados) no estaba unido a ellos en este compañerismo porque su corazón no estaba con ellos. Judas seguía estando impuro.

También en la analogía de la vid y los pámpanos (Jn 15), la "limpieza" se refiere a la unión vital del creyente con su Señor. Wesley hizo el siguiente comentario acerca de ese pasaje:

> Tenemos esta gracia no sólo de Cristo, sino en Él. Pues nuestra perfección no es como la de un árbol, el cual florece por su propia savia que viene de su propia raíz, sino como la de un pámpano, el cual, al estar unido a la vid, lleva fruto, pero que si es cortado de ésta, se seca y marchita. (*Works* [Obras], XI, 395-96)

Por lo tanto, cualquier cosa que esté involucrada en estar "en la vid", y en permanecer en ella, es la atmósfera en la cual la limpieza tiene significado y realidad.

Pablo declara (Ro 14:20) que "todas las cosas a la verdad son limpias" (*kathará*), pero afirma que pueden volverse una ocasión de pecado cuando un creyente cuyas intenciones sean egoístas las usa para hacer que alguien más tropiece.

En las cartas de Pablo a Timoteo, el apóstol combina *katharós* con *corazón* y *conciencia*, y asocia la pureza con la fe cada vez. (1) En 1 Timoteo 1:5, Pablo habla de amor que es "nacido de corazón limpio, y de buena conciencia", y de la fe sincera como que es el cumplimiento de toda la ley. (2) El diácono debería mantener la fe "con limpia conciencia" (1 Ti 3:9). (3) La "limpia conciencia" de Pablo es un argumento en su testimonio a Timoteo (2 Ti1 1:3); y (4) su exhortación al joven Timoteo es que él también siga "la justicia, la fe, el amor y la paz, con los que de corazón limpio invocan al Señor" (2 Ti 2:22). El significado suplido por el contexto es claramente una motivación franca, sincera y honesta delante de los ojos de Dios.

La declaración en Romanos, así como las que aparecen en la correspondencia con Timoteo, ayudan a arrojar luz en cuanto al significado de Tito 1:15. La persona "pura" es aquella que está viviendo en la verdad. Para tal persona todo es puro. Pero, en contraste con ello, para aquel que está corrompido y que es incrédulo y engañoso, todas son impuras. Ambas personas hacen profesión de conocer a Dios. La persona pura vive en armonía con su profesión; la impura niega su afirmación mediante su desobediencia.

Santiago escribe (1:27) que la religión "pura y sin mácula" (piedad, adoración) es práctica en su alcance e incluye la integridad en quien la profesa. Tal persona visita a los huérfanos y a las viudas, y se mantiene a sí misma sin mancha del mundo.

Pedro exhorta a los que han purificado sus almas mediante la obediencia a la verdad por el espíritu, a que se amen los unos a los otros y que lo hagan "entrañablemente, de corazón puro" (1 P 1:22). Una vez más la pureza es relacionada a la verdad. La ayuda es "mediante el Espíritu", pero el acto es un acto moral — la obediencia— y debe resultar en el amor dado conscientemente. O sea que la pureza es experimentada en la obediencia a la verdad; y emanando de la atmósfera de esa obediencia, el amor ferviente y sincero es posible.

Tal vez el ejemplo más significativo del uso de la palabra sea el que Jesús hace en una de las bienaventuranzas: "Bienaventurados los de limpio corazón, porque ellos verán a Dios" (Mt 5:8). Ningún concepto teológico debería ser impuesto sobre este pasaje aparte del significado muy práctico y moral que encontramos tan uniformemente en el Nuevo Testamento. El significado moral, más que el ritual o ceremonial, es indicado en este pasaje mediante la referencia al "corazón", lo cual inmediatamente lo ubica en el mundo de lo personal. Móviles puros, esto es, no mixtos, el amor sincero y que emana del corazón que tiene un solo propósito, y la integridad personal, sin duda alguna esto debe ser el significado de *pureza* tal como es usada aquí. Sólo personas así pueden entrar en la presencia de Dios y ser bendecidas por ella.

La limpieza ceremonial es indicada por *katharótes*, y habla de la expiación o los beneficios de la propiciación de Cristo (He 9:12-13). Una analogía del Antiguo Testamento ilumina la enseñanza del Nuevo Testamento que es paralela pero más desarrollada. Si la sangre y las cenizas de los sacrificios animales santificaban para la purificación de la carne impura, ¿cuánto más la sangre de Cristo purgará o santificará vuestra conciencia impura? Este es un contraste entre el viejo camino de las obras y el nuevo camino de la fe.

*Katharismós* es traducido como purificación o limpieza. Leemos que Cristo, después de haber "efectuado la purificación de nuestros pecados" (He 1:3), se sentó a la diestra de Dios —o sea, en el sitio de autoridad y de poder. La purificación fue hecha de una vez y para siempre, y fue una expiación o un acto divino objetivo que canceló la culpa. Pedro se refiere a esta "purificación" (o purgación) del pecado (2 P 1:9), diciendo que nuestro Dios y Salvador nos ha dado todas las cosas pertinentes a la vida y a la piedad, y la gran promesa de que nosotros participemos de la naturaleza divina (vv. 3-4). A la nueva vida hemos de añadir fe, virtud, dominio propio, paciencia, piedad, y el amor a los hermanos. Y el estar carente en esto es olvidar la purificación de nuestros antiguos pecados; y tal olvido, y tal dejar de "añadir" de nuestra parte, podría hacernos perder nuestra "vocación y elección" (vv. 5-10).

Dos veces en los evangelios la palabra *katharismós* es usada para describir la purificación ceremonial que era requerida que los leprosos sanados hicieran en el templo (Mr 1:44 y Lc 5:14).

La palabra raíz para "puro" o "casto" (*hagnós*) aparece cuatro veces.

En Filipenses 4:18 Pablo exhorta al lector a que escoja con cuidado los asuntos en que piensa. La estabilidad de carácter demanda una disciplina para lo que llena nuestra mente, aquello en lo que pensamos. Entre las otras cosas que son dignas para que pensemos en ellas, que incluyen cosas tales como las verdaderas, las justas, las virtuosas, las amables, sobresalen "las puras", que han de ser un objeto escogido voluntariamente, y conscientemente permitido que se conforme a la norma de santidad.

El consejo de Pablo a Timoteo en su famosa "exhortación" fue: "Consérvate puro" (1 Ti 5:22). Obviamente esto fue una exhortación a que el joven predicador tuviera una vida moralmente disciplinada, e indica la necesidad de continuar manteniendo la integridad de uno.

Usando un contraste fuerte, Santiago (3:13-18) define y explica la pureza. Afirma que la sabiduría "de lo alto" es pura y pacífica, enteramente diferente de la pseudosabiduría de aquellos cuya lengua echa de ver su amargura, su espíritu diabólico y contencioso. Con su manera típicamente vigorosa, Santiago impone algunas demandas morales. Las manos han de ser "limpiadas" mediante una *katharídzo*, y el corazón ha de ser purificado mediante *hagnísate*, término que connota el significado de una profunda sinceridad interior, en contraste al "doble ánimo" (4:8).

En su discusión del asunto del corazón puro, en el sermón intitulado "El Ojo Sencillo", Wesley usa esta ilustración:

> Aquí está un padre que está escogiendo trabajo para su hijo. Si su ojo no es sencillo; si su solo propósito no es la gloria de Dios (manifestada) en la salvación de su alma; si su única preocupación no es esa vocación que con más posibilidad le logre el sitio más seguro en el cielo, y no la parte mayor de los tesoros de la tierra, o el lugar de mayor preferencia en la iglesia —la luz que está en él es manifiestamente tinieblas. ¡Y cuán grandes son esas tinieblas! El error que está cometiendo no es un error pequeño, sino inexpresablemente grande. ¡Qué error! ¿No preferís que sea un zapatero en la tierra, y un santo glorioso en el cielo, a que sea un aristócrata en la tierra y un espíritu condenado en el infierno?... ¡Cuán grande necio, qué tonto, qué loco es tal padre! (*Works* [Obras], VII, 302)

Sin duda alguna es lo que Santiago quiere decir en este pasaje. Y la corrección del problema yace en la responsabilidad de aquellos cuyas manos son impuras y cuyos corazones tienen móviles dobles.

San Juan (1 Jn 3:3) usa esta palabra para indicar la semejanza progresiva a Cristo inspirada en el creyente por la esperanza viviente de ver a Cristo. Es curioso que este aspecto de la pureza, en armonía con los otros tres pasajes en los que es usada la palabra griega, recalque no sólo la responsabilidad del cristiano sobre el particular, sino también el desarrollo progresivo en la purificación.

*Hagnismós* aparece una vez (Hch 21:26), y es usada para denotar la "purificación" que Pablo efectuó mediante actos ceremoniales y con la cual se preparó a sí mismo, como todos los judíos fieles hacían, para ciertos eventos de la adoración en el templo.

El verbo "limpiar", o hacer que algo sea limpio, o purgar (*katharídzo*), aparece alrededor de 20 veces.

(1) Varias de esas veces tienen que ver con la purificación de leprosos. Es cosa curiosa que esta palabra sea usada en conexión con la recuperación de la salud del leproso en contraste a los términos para sanidad o "ser restaurado a la plenitud, o a estar completo" que son usados cuando otros casos de sanidad son narrados. Una persona ciega o paralítica es sanada, pero el leproso es limpiado.

(2) Fue la limpieza ceremonial a lo que el ángel se refirió cuando Pedro se mostró renuente a comer la carne de ciertos animales que les estaban prohibidos a los judíos. La voz dijo: "Lo que Dios limpió, no lo llames tú común".

(3) Jesús les dijo a los que escondían intenciones perversas detrás de una piedad externa, que limpiaran el interior de la taza. Esto tiene una connotación peculiarmente moral, y postula claramente que los humanos tienen una obligación a la pureza moral. La pureza moral es definida por el propósito del propio corazón. Ningún *acto* es mejor que la *intención* de la que nace. Ambos deben estar en perfecta armonía. La integridad es pureza. El móvil doble da testimonio de impureza.

(4) Los últimos cinco pasajes son definitivamente exhortaciones a hacer una decisión moral.

(a) Pablo exhorta a los corintios (en 2 Co 7:1) a que se "limpien" a sí mismos (aoristo subjuntivo activo) "de toda contaminación de carne y de espíritu", para que puedan "perfeccionar" [participio presente] "la santidad en el temor de Dios". Aquí tenemos el reconocimiento de una responsabilidad personal hacia la gracia de Dios. El subjuntivo indica una posibilidad que no se ha realizado todavía, y el riesgo de que no se llegue a realizar por causa del fracaso humano. El aoristo indica la necesidad de hacer decisiones morales en contraste al mero crecimiento. El perfeccionamiento de la santidad, o el llegar a la madurez en ella, es logrado por este rechazo decisivo de aquello que es impuro. Toda la exhortación se presenta en relación al aspecto del *proceso* de la santidad, lo cual es indicado por el tiempo presente del participio. La purificación, en este pasaje, tiene que ver con un uso correcto del cuerpo conforme éste es considerado como un templo, o santuario, del Espíritu Santo, y conforme a través del cual Dios ha de ser glorificado (1 Co 6:15-20).

Pablo lleva esta analogía un poco más adelante en 1 Corintios 12, donde el Apóstol presenta el establecimiento y el mantenimiento del compañerismo y de la unidad de la iglesia bajo la figura del "cuerpo" de Cristo. Esta integridad corpórea es indicada en 1 Corintios 3:16, que reza: "¿No sabéis que sois templo de Dios, y que el Espíritu de Dios mora en vosotros?" La pregunta que Pablo hace es en plural, y el apóstol mismo la contesta solemnemente: "Si alguno destruyere el templo de Dios, Dios le destruirá a él". La pureza de la que se habla en este pasaje tiene que ver con la integridad del testimonio cristiano en el mundo. Los corintios no habían de separarse socialmente de su cultura, pues para hacer tal cosa tendrían que salir del mundo. En vez de eso, habían de mantener tal atmósfera de pureza de cuerpo y espíritu, y de compañerismo cristiano, que la cohesión espiritual misma sería una barrera que impediría la entrada del pecado entre ellos. Si bien la exhortación puede ser aplicada personalmente, el significado corporal de ella no debe perderse, pues éste es la principal preocupación de Pablo en la correspondencia corintiana.

(b) En Efesios 5:26 Pablo escribe que Cristo vino a fin de santificar la iglesia, habiéndola limpiado. "Santificar" aquí aparece en el aoristo subjuntivo, lo cual indica que la meta de la venida de Cristo era la santificación de la iglesia. La versión Reina-Valera, en su revisión de 1995, traduce esto muy correctamente al verter así el original: "para santificarla, habiéndola purificado". Es obvio que ella alude a la iglesia.

En este pasaje de Efesios el aspecto objetivo de la expiación es clarísimamente postulado. Describe en términos del culto del templo hebreo lo que Cristo vino a hacer para su cuerpo, la iglesia. En este pasaje no es indicada la participación individual en la purificación subjetiva. Más bien, tiene que ver con el status y la relación contingente que la iglesia sostiene con Cristo en sus días de probación. La responsabilidad individual puede ser deducida de este pasaje, y tal vez debería serlo, pero la enseñanza específica tiene que ver con el gran propósito de Dios para la iglesia. Ve más allá de cualquier aspecto *individual* hacia el alcance del cuerpo de Cristo como un organismo.

(c) La Epístola de Juan (1 Jn 1:7) habla de limpieza. En la relación de comunión, la sangre de Cristo continúa limpiando (presente indicativo) de todo pecado. O sea que la limpieza es mantenida en tanto la comunión es mantenida, y la comunión depende de andar en la luz. Es muy claro en este pasaje que el pecado es una violación de la comunión, el cual es llamado tinieblas, y las tinieblas son definidas como odio. A su vez el odio viola la ley del amor, la observancia del cual constituye andar en la luz, que es lo que mantiene esa comunión —y la limpieza. Por ende la limpieza es definida en términos de comunión.

Lo que es más, la limpieza no es algo pasivo o estático que exista aparte de la dinámica del encuentro personal. Ni es tampoco la limpieza algo que se logra progresivamente, o sea, algo de lo que podamos decir que "estamos cada día más limpios". No es algo impersonal, o sea, un carácter que haya sido grabado sobre la substancia del alma, un real metafísico que tenga existencia objetiva aparte de la relación moral. Es parecida al amor, si no es el amor mismo —es una atmósfera en la cual el amor mutuo penetra ambas partes y preserva la integridad. Esto es el *principio* de la limpieza, o sea, una confianza absoluta de momento en momento, en Cristo. Esto es lo que Wesley enseñó: "El mejor de los humanos... necesita la sangre expiatoria".

(d) Algo más: en 1 Juan 1:9 leemos que "si confesamos nuestros pecados, él es fiel y justo para perdonar nuestros pecados, y limpiarnos de toda maldad". Ambos términos "perdonarnos" y "limpiarnos" en este versículo están en el subjuntivo aoristo, en concordancia gramatical con la contingencia expresada por la conjunción "si", pero al mismo tiempo recalcando lo decisivo del cambio moral. Es Dios quien perdona y limpia cuando confesamos nuestros pecados. El que las acciones de perdonar y de limpiar sean simultáneas o separadas, en dos actos y tiempos, no es en este caso lo que ocupa la mente de Juan, ni debe volverse un debate teológico. Definitivamente las demandas de la gramática no podrían dejar el campo para un debate en cualquiera de esas dos direcciones en lo que toca a este pasaje. La exégesis del pasaje requiere de nuestra parte una comprensión de la incipiente herejía gnóstica, para la que este pasaje es una contestación. El pecado es algo real y la propiciación es necesaria. Sólo Cristo pudo proveer esta expiación. Sus provisiones pueden sólo ser apropiadas mediante el reconocimiento del pecado, una confesión del pecado, y un mantenimiento continuo de esa actitud —que significa caminar en la luz.

(e) Santiago exhorta a los pecadores a que limpien sus manos, y a que los de "doble ánimo" purifiquen sus corazones (4:8). Ambos términos obviamente se refieren a acciones y móviles que no eran honestas y que necesitaban ser conformadas a la integridad. Hay que añadir que esta limpieza es decisiva (tiempo aoristo) y tiene que ser hecha por la persona misma. Las manos han de ser limpiadas mediante *katharídzo*, pero el corazón es purificado por *hagnísate*, lo cual significa un concepto más interior y espiritual -inocencia, condición inmaculada o sin culpa, todo lo cual tiene que ver con la sinceridad. Aquí, una vez más, tenemos una definición tácita y un comentario del término *limpieza*.

En Hechos 15 encontramos una discusión en la que es mencionada la pureza de corazón que es sumamente importante para tener un concepto correcto del término. La pregunta había sido suscitada por dos eventos, y había sido traída ante el concilio de Jerusalén que estaba en sesión. "Algunos" hombres "que venían de Judea" estaban trastornando a los gentiles a quienes Pablo les estaba predicando, y lo hacían al decirles que nadie podía ser salvo si no se circuncidaba, de acuerdo a la ley de Moisés. Luego, durante las sesiones del concilio, algunos creyentes entre los fariseos afirmaron lo mismo. El problema tenía que ver con las bases sobre las cuales los seres humanos son aceptados por Dios: ¿Cómo es alguien salvado? Era un asunto sumamente crucial para una iglesia que estaba creciendo.

La salvación o pureza era la meta de los judíos y de los gentiles cristianos. El judío cristiano, aunque entendía el significado más espiritual de la fe cristiana, tenía dificultades para librarse a sí mismo de su dependencia en el ritualismo externo de la ley mosaica. Sin embargo, el concilio estaba menos preocupado acerca de los aspectos prácticos del problema que en la filosofía básica de la salvación. Pedro contribuyó a la discusión con una observación que a él le parecía convincente. Le declaró al grupo que el Espíritu Santo había sido dado a los gentiles bajo su ministerio, cuando ellos habían oído el evangelio y habían creído (vv. 7-8). Para el apóstol Pedro, la venida del Espíritu era un testimonio de que su fe era aceptable ante los ojos de Dios.

Puesto que tanto los gentiles como los judíos habían recibido el Espíritu, Pedro estaba convencido de que ambos habían satisfecho las condiciones de Dios. La condición que tenían en común era la fe. La fe había resultado en la pureza de la que el Espíritu Santo les daba testimonio. Pedro vio que la pureza era del corazón —y no de la carne, ya que dijo que Dios, "que conoce los *corazones*... ninguna diferencia hizo entre nosotros y ellos, purificando por la fe sus *corazones*" (las cursivas son nuestras). Plugo al Espíritu reconocer la validez de esta preparación de corazón.

Ahora bien, la conclusión final de Pedro, unida al asunto principal, eleva toda la discusión a su debido foco. El tema bajo consideración queda enteramente a la vista. Una interpretación de todo el pasaje debe organizarse a sí misma alrededor de esto. Al díctum teológico que dice: "A menos que seáis circuncidados de acuerdo a la ley de Moisés, no podéis ser salvos", Pedro contesta sobre la base de la evidencia dada: "Pero nosotros creemos que merced a la gracia del Señor Jesucristo, nosotros [que somos judíos] seremos salvos, al igual que ellos [los gentiles]". Lo que constituía la salvación era algo mucho más profundo que lo que ellos habían imaginado previamente. Pedro estaba diciendo que "el pueblo escogido" de Dios estaba sujeto a las mismas reglas a las que estaban sujetos los paganos. ¿En qué forma, entonces, tenían una ventaja los judíos por ser judíos?

La conclusión de Pedro tenía menos que ver con lo que el judío requeriría del gentil, y más con las bases de su propia salvación. Lo importante no era que el gentil no necesitaba cumplir los requisitos del ritual mosaico, sino que el judío tampoco necesitaba cumplirlos. Él mismo tenía que satisfacer el mismo requisito que se pedía de los gentiles. Toda la salvación era por la gracia, no por obras rituales. La fe era la puerta a la pureza porque la pureza era cosa del corazón, no de la carne. De modo que el sello de aprobación sobre los gentiles aparte de la ley de Moisés, y sobre el judío en el Pentecostés *en* la ley, era la venida del Espíritu Santo, quien era Él mismo el Testigo de un corazón puro.

Este énfasis alterado fue un trastorno más grande para el judío, quien tuvo entonces que reconocer sus propias limitaciones religiosas, que el mero hecho de que los gentiles eran aceptables ante Dios. Aquí estaba una norma que les estaba permitiendo a los gentiles encontrar completa aceptación con Dios, *norma a la que los judíos también tenían que conformarse*. Esta verdad era algo parecido al trastorno que confrontaría un cuáquero que tuviera que estar dispuesto a conceder que la inmersión bautista no sólo era lo debido para un bautista, sino también requerida de un cuáquero; o, viceversa, que el bautista aceptara que la posición del cuáquero de comunión espiritual era satisfactoria para éste, y además que él descubriera que él también tenía que tener comunión espiritual y nunca jamás buscarla por medio de símbolo alguno. En este pasaje Pedro estaba diciendo: "Dios nos está mostrando a nosotros los judíos algo acerca de nuestra propia salvación, (y lo está haciendo) a través de los gentiles, a quienes hemos menospreciado".

Cualquiera que sea la enseñanza que haya aquí en este pasaje acerca de la relación del Pentecostés al Espíritu Santo, y del Espíritu Santo a la limpieza, el problema central alrededor del cual giró la discusión pretina debe ser conservado claramente en el foco. No sería exegéticamente correcto decir, *meramente sobre la base de este pasaje*, que la venida del Espíritu Santo *produjo* la pureza de corazón. Los tiempos verbales colocan la pureza previa a la venida del Espíritu. Él es el Sello del hecho de la pureza. La pureza, de acuerdo al texto, era de Dios y sobre la condición de la fe. La pureza recibe definición por el sentido de todo el pasaje. La "fe" de la cual la pureza depende contradice cualquier cosa que el mérito humano pudiera lograr, y apunta a la obediencia de la capitulación completa a Dios, y a la dependencia cabal en Él, que es lo que significa un corazón sencillo.

Tito 2:14 nos da una definición adicional de la pureza. "Esto habla, y exhorta y reprende con toda autoridad" (v. 15), con el propósito de que (ellos) "en todo adornen la doctrina de Dios nuestro Salvador" (v. 10), afirma Pablo, y en medio de este bloque o pasaje de enseñanza ética que el Apóstol le da a Tito, introduce al Cristo salvador, como frecuentemente lo hace: Este Cristo es "quien se dio a sí mismo por nosotros para redimirnos...y purificar [ambos son subjuntivos aoristos] para sí un pueblo propio, celoso de buenas obras". La pureza, en este pasaje, recalca una separación de la iniquidad, así como una devoción o entrega a las buenas obras, lo cual, *si* nosotros renunciamos a la impiedad y si vivimos "en este siglo sobria, justa y piadosamente", nos hará que seamos posesión *de Él*. El ser posesión de Cristo es la pureza, y esa pureza incluye "las buenas obras". *Hasta la pureza es dinámica.*

El "limpiar" (*ekkathaíro*) es otra forma del verbo. La iglesia en Corinto había albergado a un hombre culpable de incesto dentro de su compañerismo (1 Co 5), y al hacerlo había "deshonrado" el templo de Dios (1 Co 3:17). Su fracaso, al no tomar la responsabilidad de redargüir el pecado, era una levadura que tenía que ser quitada a fin de que el testimonio a Cristo fuera sin mácula. Pablo dice: "Limpiaos" (1 Co 5:7), o quitad de vosotros la levadura de la malicia y de la perversidad (o cualquier mala actitud y mala disposición mental), para que la Santa Cena (pues esta es la idea que Pablo está considerando en el fondo) pueda ser recibida con sinceridad y verdad. La exhortación definitivamente tiene que ver con el pecador mismo, pero le erramos completamente al significado del pasaje si permitimos que este significado personal agote o aun eclipse el concepto principal de este pasaje.

Pablo está acusando a la iglesia misma de insubordinación. "Limpiar", en este caso, es mucho más que castigar al hombre que ha errado. Más bien es rectificar el corazón mismo de la iglesia, al hacerla que se aleje de esa irresponsabilidad perversa y marche hacia una actitud santificada y responsable hacia la verdad misma. La purga es personal, definitivamente, pero lo que era necesario era una purga de los individuos que formaban la iglesia, una purga de los intereses propios, y que los llevara a una sinceridad valiente delante de Dios. Pablo exhorta en vena similar a Timoteo a que predique a sus feligreses, puesto que ellos deben purgarse a sí mismos de "profanas y vanas palabras", y de esfuerzos que no conducen a nada, a fin de que puedan ser utensilios o vasijas "santificados y útiles para el Señor" (2 Ti 2). El significado de esta palabra, tal como es usada aquí en estos dos pasajes, apunta hacia una rectitud personal y moral, en la cual es asumida una responsabilidad personal, y la consciencia de tal cosa es agudizada. En estos dos casos, la participación activa de los que componen la iglesia debe ser reconocida como de vital importancia.

Al hacer un repaso del uso que el Nuevo Testamento hace de la palabra limpieza, es correcto hacer las siguientes observaciones:

1. Siempre tiene un significado positivo, claro, y frecuentemente gráfico y/o ceremonial. Nunca es abstracta o mística. Se refiere, por lo tanto, a cierta acción o actitud específica que puede ser definida o identificada. La pregunta: "¿Es puro?", o "¿han sido purificados?" tenía una respuesta concreta: sí o no. La pureza o la impureza era menos una condición que una respuesta.

2. Las referencias se agrupan en dos categorías principales: objetiva y subjetiva. Hay una limpieza o purificación ceremonial, en la que el ritualismo del Antiguo Testamento suple los elementos conceptuales. Esos pasajes que hablan de la propiciación objetiva hecha por Cristo caen en esta categoría. Las cosas co-

munes, o no consagradas cuando son propiamente preparadas, son adecuadas para el culto del templo, y, por analogía, para el servicio de Dios.

El sacrificio de Jesús fue para lograr la purificación del pecado. Y Él lo hizo de una vez por todas. Ese sacrificio es absoluto y final, pero provisional. Tal vez sea útil el recordar otros aspectos del propósito de la muerte de Cristo, pues son partes de un todo: "El salvará a su pueblo de sus pecados" (Mt 1:21); para hacer reconciliación (2 Co 5; Ef 2); "para santificar al pueblo" (He 13:12); fue entregado por nuestras transgresiones y resucitado para nuestra justificación (Ro 4:25); nuestro "viejo hombre" fue crucificado con Cristo para que nosotros no tuviéramos que servir más al pecado (Ro 6:6); para hacer "la purificación de nuestros pecados" (He 1:3); "para redimirnos de toda iniquidad, y purificar para sí un pueblo propio, celoso de buenas obras" (Tit 2:14). Hay una limpieza objetiva o judicial que significa que nuestra pecaminosidad ya no es una barrera que nos impida entrar en la presencia de Dios.

Hay un aspecto subjetivo de la limpieza. En la purificación ceremonial, el leproso se lavaba a sí mismo con agua, lo cual simbolizaba esta limpieza que había en efecto ocurrido. Cuando la limpieza se relaciona a personas en forma alguna, describe algo real, más que imputado o imaginado. En el caso de la verdad de redención, el elemento objetivo era contingente en que hubiera una apropiación individual y subjetiva. De aquí que, para que un objeto o una persona, física o moralmente, sea llamado limpio, tiene que participar en aquello que la limpieza implicaba.

3. Ambos aspectos de la limpieza, el objetivo y el subjetivo, indican *una separación de* algo, y *una dedicación a* algo. La limpieza ceremonial llega a ser un símbolo gráfico de la limpieza espiritual. Como se ha mencionado, esta limpieza espiritual no es mística sino que es actualizada en una verdadera separación del mal en la carne y en la mente y en el corazón. El concepto del Antiguo Testamento, nunca completamente libre de implicaciones morales, se vuelve claramente un concepto moral en el Nuevo Testamento, con implicaciones totalmente prácticas.

4. Los significados ceremonial y moral se funden en el aspecto religioso de la limpieza. En ningún lugar de la Biblia es esto más evidente que en Primera de Juan, donde la continuidad de la pureza a través de la sangre de Cristo depende de andar en la luz.

5. Hasta aquí hemos proyectado un número de luces sobre la palabra "limpieza" para darle significado. Ahora, a su vez, la palabra arroja luz sobre algunos aspectos de la redención que deben ser distinguidos cuidadosamente entre sí. Estas aplicaciones de la palabra no cambian el significado, pero se relacionan al tema en diferentes maneras. (1) La purificación en la que los discípulos

participaron cuando Jesús les lavó los pies representa la separación del mundo y su dedicación a Dios, que es una posibilidad que Dios les ofrece a las personas pecaminosas, y por su iniciativa. Esto no carece de las protecciones inherentes en la responsabilidad moral, tal como lo indica el que Judas no haya sido incluido en "los limpios", pero sí le apunta al aspecto objetivo. (2) Luego, la santificación y la limpieza son usadas para expresar la misma idea, como en el caso de 2 Timoteo 2:21, que reza: "Si alguno se limpia... será instrumento para honra, santificado, útil al Señor". (3) Finalmente, hay esas referencias que hablan de la necesidad que tienen los humanos de hacerse y de mantenerse puros. Hay una demanda constante de que los seres humanos se purifiquen a sí mismos, lo que obviamente significa que mantengan integridad moral, y este es el costo personal para ser perfeccionado en la santidad. Esta limpieza es "por fe". O sea, todo lo que es indicado por la fe —es decir, un nuevo centro de orientación moral, Dios y su voluntad, en contraste con la justicia propia— es limpieza. Esta fe es la apropiación de la limpieza mencionada arriba, y compromete a la persona a Cristo existencialmente.

6. El corazón limpio o puro es necesario. Algunas veces esta purificación es la tarea de los humanos: "Vosotros los de doble ánimo, purificad vuestros corazones", lo que significa un acto que produce la condición del amor que emana de un corazón sencillo. La condición de la pureza de corazón frecuentemente es mencionada, y generalmente con la connotación de "un suelo" o base de amor. O sea que sólo un corazón puro puede amar propiamente. El amor procede de un corazón puro. El amor describe el carácter de un corazón puro, en contraste a un corazón sucio.

7. El énfasis de que el *corazón* debe ser puro es significativo. La pureza es una cualidad de "corazones". Brevemente puede ser dicho que significa que toda la persona está en integridad moral. La pureza del cuerpo o de la mente es el acto de traer para integrar todas las partes de la personalidad, y que cada parte derive pureza de esta orientación central. La obediencia a la verdad constituye la pureza. Un corazón limpio es aquel cuyo propósito más profundo ha sido centrado en Cristo. Se necesita señalar que el cuerpo nunca es considerado sucio o malo. La pureza, de acuerdo al Nuevo Testamento, no es la prerrogativa de aquellos que se retiran de las tareas seculares, o del sexo. Todo lo contrario, es precisamente la base de una vida que se vive hasta lo sumo en servicio a Cristo.

8. La pureza o limpieza es una relación moral con Dios y el ser humano, no una cualidad en la substancia del alma. En la comunión hay limpieza, y ambas dependen de andar en la luz. No es algo independiente que pueda mantener su carácter aparte de esta relación. La limpieza es mantenida "de momento en momento", tal como la comunión es mantenida por la obediencia. No es pasiva

sino dinámica. No es abstracta sino en relación moral. No puede ser otorgada sino sólo apropiada. En ningún punto es la limpieza concebida como un estado aparte de la obediencia y del amor. Sería incorrecto decir: "Soy limpiado", y suponer que esto podía ser profesado aparte de una obediencia activa y de una comunión continua con Dios. En vez de eso, uno podría decir: "La sangre de Jesucristo continúa limpiándome", si esta clase de testimonio estuviese en orden.

9. Aunque nada se dice directamente en el Nuevo Testamento acerca de que el Espíritu Santo limpie el corazón, no está fuera de lugar decir que la limpieza es mantenida mediante la presencia residente del Espíritu Santo, puesto que el Espíritu Santo es la presencia de Dios en el corazón. Reiteremos: un corazón limpio es un corazón sencillo, lo cual es amor, lo cual es comunión, y el cual es guardado y nutrido por el Espíritu Santo. La impureza es una violación de la integridad moral, lo cual contrista al Espíritu Santo, y rompe la comunión, y cambia el amor en lujuria, lo cual es la esencia de la duplicidad, o de la mente dividida o pecado.

En el contexto de la pertinencia moral y de la santidad, la pureza no puede ser "algo" o "alguna cosa" sub-racional o impersonal que le ocurra a la substancia del alma. Debe siempre ser una relación moral correcta que dé nacimiento al amor, en el cual la obediencia es el gozo del corazón y la verdad es su atmósfera. La purificación no es algo estático sino una relación que continúa. Entonces la purificación o limpieza se encuentra a sí misma relacionada con todo lo que se ha postulado acerca de "moral", y de acuerdo a ello. No hay nada en el uso del término que sugiera cosa alguna que no sea una relación completamente moral. Describe la integridad moral y está descrita por la integridad. Es una cualidad de la persona. Su característica fundamental es la sencillez del corazón. La limpieza es violada sólo por la duplicidad y lo engañoso.

Lo que es más, es obvio que la purificación (o la pureza) no es una cualidad aislada, o de un solo valor. Pertenece a otros elementos de la gracia y de la personalidad. Describe la santificación tanto como describe la justificación. Y explica por qué murió Jesús. Es equiparada con el amor, y depende de andar en la luz, y de la confesión del pecado. En otras palabras, lo que involucra es prácticamente indistinguible de estos otros asuntos. Este punto es de un significado muy grande, tal como se verá después.

## Notas Bibliográficas

1   Derivada o proveniente del culto. N. del t.

2   Thomas Cook, *New Testament Holiness* (Londres: The Epworth Press, 14ta. edición, 1950), p. 43.

3   Traducción de "single heart", la expresión inglesa empleada por Wesley. N. del t.

4    *Works*, VII, 297).

5    *Ibid*., p. 299.

6    *Works*, V, 298.

# CAPÍTULO 14

# La Perfección Cristiana

Uno de los términos wesleyanos más distintivos es la palabra *perfección*. Es una palabra que ha sido interpretada en diversas maneras, y como consecuencia de ello, erróneamente entendida con mucha frecuencia. Aunque *perfección* es una palabra bíblica, las palabras del idioma español que se usan para traducir las diversas voces griegas que connotan la idea, tienden a obscurecer la rica connotación del uso bíblico. En los días de Wesley, como en los nuestros, la palabra "perfección" fue una fuente de problemas. El término en particular incluye la implicación de absolutismo. Empero, cualquier teología que intente ser bíblica (particularmente una teología que haga referencia a Juan Wesley), debe llegar a cierta comprensión válida en cuanto a cómo relacionar la perfección bíblica a la teología. En este capítulo se intentará, primero, examinar el uso que Wesley hizo del término. Después seguirá un breve repaso histórico de la comprensión (y mala comprensión) que las iglesias han tenido de la perfección. Luego, un repaso bíblico de todas las ocasiones de su uso en el Nuevo Testamento, y finalmente algunas conclusiones basadas en este estudio cerrarán el capítulo.

## WESLEY Y LA PERFECCIÓN CRISTIANA

En la tensión entre la teología/lógica y la vida/experiencia yacen los problemas que causan una considerable diferencia de opinión, tal como podría esperarse, y que le causaron a Wesley la clase de problemas que hacen difícil encontrar en él "la contestación" que es "wesleyana". Sin embargo, si estamos dispuestos a ser verdaderamente wesleyanos, no demandaremos respuestas que estén más allá de lo "dado" en las Escrituras y en la vida. Si el principio anterior que hemos bosquejado hasta este punto en esta obra es correcto, y si la interpretación de Wesley y de las Escrituras ha sido consistente, debería haber una directiva en esta área también.

El principio por el cual se ha de entender la doctrina de Wesley es el amor a Dios y al ser humano, en el sentido bíblico del amor. El amor es la dinámica de la teología y de la experiencia. El amor, estructurado por la santidad, liga todo lo que sabemos del ser humano. El amor es el fin de la ley. Es la meta de cada paso en la gracia, y la norma de la vida cristiana en este mundo.

Con esta comprensión como fondo, intentaremos sugerir un camino a través de la pantanosa área de conflicto que es el significado de *perfección*, y del significado de la crisis y del proceso en la vida cristiana. Estas dos áreas están relacionadas integralmente. La perfección ha sido interpretada en términos de crisis o de proceso de acuerdo a todo el antecedente de presuposiciones que han sido traídas al tema. Algunos equiparan la santificación completamente con el síndrome crisis/perfección. Otros, con un concepto completamente diferente de posibilidad, relacionan el proceso y la perfección, ya sea distinguiendo entre la santificación y la perfección de tal modo que preserven la crisis en relación a la santificación, o equiparando la santificación y la perfección y menospreciando la crisis como una categoría teológica viable, haciendo que todo el progreso sea gradual y natural. Aquí está uno de los puntos en los que un tipo "mágico" de supernaturalismo, un supernaturalismo bíblico, y algunas interpretaciones del naturalismo cruzan espadas.

Nosotros podemos decir que Wesley nos da poca ayuda para resolver el problema absolutamente, porque casos igualmente buenos pudieran ser aducidos, y lo son, en favor de cualquiera de estas dos opciones, y de otras. Pero, ¿fracasó Wesley en este punto tan completamente como lo indicaría un juicio tan somero? ¿No fue fiel él al espíritu de toda su aproximación, en este punto como en todos los demás? Donde las Escrituras hablaron inequívocamente, él habló. Donde no lo hicieron, Wesley buscó contestaciones que se relacionaran a la manera en la que la gracia de Dios interacciona con la experiencia humana, conforme él cuidadosamente recopiló los casos bajo su administración y conocimiento personal.

Probablemente Wesley sea un poco culpable del dilema. En los casos en los que Wesley identificó la santificación cabal y la perfección cristiana, es donde tuvo la mayor dificultad. Todo el consejo *práctico* que dio debilita su propia posición en este punto. O sea que cuando relacionó la perfección a la situación humana, el "absoluto" de la santificación ya no era "perfecto". En esta identificación, el aspecto de crecimiento de la vida pendía vaga y ambiguamente (si bien esencial y persistentemente) en la orilla de la santidad cristiana, como detrás de ella pero no relacionado a ella. Empero la convicción más profunda de Wesley era que el ser humano podía ser salvado del pecado aquí en esta tierra, y vivir en la atmósfera de amor a Dios y al ser humano. Sin embargo, cuando la relación de la gracia a la vida era lo de importancia suprema en su mente, parecía que cuando menos lógicamente, una reinterpretación de la santidad era demandada, la cual también involucraba una redefinición de la santificación.

Bueno, aquí estamos. No nos atrevemos a ser más dogmáticos, teológicamente, que lo que Wesley fue, si deseamos quedarnos en su suelo básico. Y lo deseamos. Ambas, la santificación y la perfección, requerirán un examen bíblico un poco después en este estudio. Esto debe ser hecho, en cualquier caso. Muy pocas veces acudimos a las Escrituras, como un niño que pide al Autor que nos ayude a encontrar el significado. Sin embargo, esto es algo jubiloso. Entonces, los complejos problemas de lo que la crisis de la vida cristiana total puede ser y lograr, y cómo el proceso cabe en el esquema total, seguirán naturalmente.

El tratamiento clásico del tema es, desde luego, el resumen que Juan Wesley mismo hizo de sus posiciones, que se fueron desarrollando, en *La perfección cristiana*, obra que debe ser estudiada cuidadosamente. En ella uno puede discernir la fuente de la propia comprensión que Wesley tenía de la perfección cristiana, formulada por su propia experiencia y las de otros, como la del obispo Taylor, expresada en su famosa obra *Holy Living and Dying* [*Vida y Muerte Santas*], y Tomás de Kempis en su obra *Christians' Pattern* [*El Modelo para los Cristianos*], y de Richard Law, *Christian Perfection* [Perfección Cristiana]y *Serious Call* [*Un Serio Llamado*]. Wesley concluyó que la renovación de la imagen de Dios, que había sido perdida, con lo cual significaba "amor a Dios y al ser humano" (como ya hemos observado antes), expresada como semejanza a Cristo, es el resumen de la definición suya de la perfección cristiana. Pero los siguientes pasajes, tomados de su *Perfección Cristiana*, revelan algunos de los problemas que él tuvo al explicar lo que quería decir.

P. ¿Cómo podremos evitar el colocar la perfección cristiana demasiado alta o demasiado baja?

R. Limitándola a la Biblia, y colocándola tan alta como ésta lo hace. No es ni más alta ni más baja que esto: El amor puro a Dios y al ser humano; amar a Dios de todo nuestro corazón y de toda nuestra alma, y a nuestro prójimo como a nosotros mismos. Es el amor gobernando el corazón y la vida, destilándose en nuestro carácter, palabras y acciones.

P. Admitiendo que alguno alcanzara esto, ¿le aconsejaría usted que hablara de ello?

R. Al principio, tal vez le sería difícil contenerse; el fuego ardería de tal manera dentro de él que le impulsaría como un torrente el deseo de declarar la amorosa bondad del Señor. Pero después puede hacerlo, teniendo la precaución de no hablar de ello a los que no conocen a Dios (porque probablemente sólo lograría provocarlos a disentir y a blasfemar); con otros tampoco debe tocar este punto sin una razón particular, sin algún objetivo para el bien de ellos. Y entonces debe tener cuidado de evitar toda apariencia de jactancia, hablando con profunda humildad y reverencia, dando toda la gloria a Dios. (*Works* [Obras], XI, 397)

P. ¿Pero qué obras hace el que es perfecto en amor que sobrepasen las obras de los creyentes comunes?

R. Tal vez ninguna; pues quizá Dios por circunstancias externas lo haya así dispuesto. Tal vez no haga mucho exteriormente, aun cuando su deseo sea hacer todo cuanto pueda para Dios. Quizá ni siquiera hable mucho, ni haga muchas obras, como nuestro Señor mismo ni habló mucho, ni hizo tan grandes obras como hicieron algunos de sus apóstoles (Jn 14:12). Pero, ¿entonces, qué? Que eso no prueba que no tenga mayor gracia, y que por ello Dios mida la palabra externa. Oíd lo que Cristo dice: "De cierto os digo, que esta viuda pobre echó más que todos". De cierto, este ser humano con sus pocas y mal pronunciadas palabras, ha dicho más que todos ellos. Esta mujer pobre que ha dado un vaso de agua fría, ha hecho más que todos ellos. ¡Oh, cesad de juzgar "según las apariencias", y aprended a juzgar "con justo juicio"! (*Ibid.*, p. 400)

"Pero, él no llena mi ideal de un cristiano perfecto". Tal vez nadie lo ha llenado ni lo llenará. Porque puede ser que vuestro ideal se extienda más allá de las exigencias bíblicas. Puede ser que incluya más de lo que la Biblia enseña, o al menos algo que ella no enseña. La perfección de las Escrituras es el amor puro llenando el corazón, y gobernando todas las palabras y acciones. Si vuestra idea incluye más o algo ajeno a esto, no es bíblica; y por consiguiente, no os debéis maravillar que un cristiano bíblicamente perfecto no la pueda llenar.

Temo que muchos tropiezan contra esta piedra. Incluyen tantos ingredientes como les place, no conforme a las Escrituras, mas según la opinión que ellos se han formado acerca de cómo debe ser un cristiano perfecto; y entonces niegan que lo sea cualquiera que no llena esa idea imaginaria.

Debemos, por lo tanto, empeñarnos en mantener siempre ante nuestra vista la sencilla enseñanza bíblica. El amor puro reinando solo en el corazón y en la vida, esto es el todo de la perfección bíblica. (*Ibid.*, p. 401)

A todos aquellos que querían "prueba" de "un hombre perfecto", Wesley les contestó: "Hay muchas razones por las que debería haber pocos, si es que los hay, ejemplos indisputables. ¡Qué inconveniencias le traería tal cosa a la persona misma, que quedaría como un blanco al que todos le dispararan!". (*Ibid.*, p. 391)

## LA PERFECCIÓN CRISTIANA Y LA IGLESIA

Es necesario tener presente que la santificación y la perfección son doctrinas que le pertenecen a toda la iglesia. La contribución de Wesley al pensamiento cristiano no yace en haber originado estos términos, ni en haberlos usado ampliamente. Él, eclesiástico autoconsciente y concienzudo que era, hubiese repudiado cualquier sospecha (y lo hizo) de ser autor de alguna novedad en la teología, y definitivamente la *perfección cristiana no es novedad alguna*.

La contribución de Wesley radicó en su capacidad de ligar las manos de la doctrina y de la vida —en cerrar el abismo entre el pensamiento y el acto. En las aberraciones sobre la perfección en la experiencia de la iglesia en la historia, debe ser observado que, en todas ellas, una característica de la perspectiva equivocada fue y es una fragmentación, o división de la vida en compartimientos. La posición de Wesley fue que mientras más seriamente es considerada la perfección, más es derrumbada esta "seccionalización" de la vida, y más es la vida unificada y fortalecida.

Esta división de la vida en "compartimentos" ocurre cuando cualquier parte de la persona —sus relaciones sociales, sus prácticas comerciales o de negocios, sus actividades religiosas, o su vida moral— se vuelven segmentos autónomos de la personalidad, dedicado cada uno de ellos a un "dios" diferente, y dictando cada uno sus propias reglas y fijando sus propias metas. El estudio tiene conflicto con la devoción. Los intereses sexuales chocan con la vida espiritual. El hacer trampa en los negocios es justificado sobre bases muy diferentes a las que se permitirían para las relaciones del hogar. Cada segmento de la vida compleja de un ser humano es gobernado por un código moral diferente, y cada uno juzga su área de autoridad como su propia premisa privada. Esta fue la clase de vida cristiana que Wesley creyó que traicionaba la promesa bíblica relativa al amor, a la plenitud y a la santidad. La santidad es un amor que unifica toda la vida interior y las normas externas de la actividad. Cristo debe ser Señor de todo, o no debe ser profesado como Señor en forma alguna.

El avivamiento wesleyano fue esencialmente un avivamiento de perfección subjetiva o experimentada. Wesley había buscado la perfección seriamente, dada la influencia seria que los pietistas ejercieron sobre él. Cuando sucedió que su corazón "ardió extrañamente", creyó que había recuperado una verdad perdida u olvidada, que era la propiedad debida de la iglesia universal. Los grupos carismáticos también buscan la perfección, pero en manera tan mística e individualizada que es perdido todo contacto vital con la Escritura, y la historia y la vida cristiana. Wesley se levanta en la tradición mística, puesto que recalcó la experiencia personal de gracia. Pero no podemos ir más lejos en nuestra afirmación de que Wesley fue un místico. Sus pies estaban sólidamente plantados en relaciones sociales, y era un enemigo declarado de lo erótico en la vida, en la predicación, en el testimonio, en canto o en emoción religiosa. La perfección, para él, había de ser definida racional, bíblica, ética y socialmente.

# PERFECCIÓN CRISTIANA VERSUS PERFECCIONISMO

Se acostumbra clasificar todas las posiciones teológicas que recalcan el aspecto subjetivo de la gracia bajo el nombre de "perfeccionismo". Pero hay una diferencia teológica muy real e importante, así como una diferencia práctica entre la perfección que puede ser llamada cristiana y aquella que podemos denominar perfeccionismo. Esta diferencia tal vez no sea indicada en las definiciones del diccionario, pero las connotaciones inherentes pueden ser utilizadas "por un decreto arbitrario", para que sirvan para distinguir dos maneras muy diferentes de aproximación a la enseñanza cristiana sobre el particular. Los principales problemas que emanan de cualquier uso teológico o religioso del término "perfección" ocurren porque esta distinción no es reconocida ni tomada en cuenta.

*Perfeccionismo* será usado como un término que describe una aproximación típicamente filosófica al razonamiento. Siempre que la perfección es entendida en un sentido absoluto —un punto más allá del cual ya no puede haber desarrollo posterior— puede ser llamada perfeccionismo. Los escritores del Nuevo Testamento no sabían cosa alguna de esta clase de razonamiento. Los escritores bíblicos uniformemente se refieren al ser humano tanto como a la naturaleza usando términos personales y dinámicos. Hasta la perfección de Dios llamada "soberanía" no lo inmoviliza. Él no es la víctima de su propia naturaleza. Lo absoluto de Dios no le roba su flexibilidad ni su capacidad de relacionarse con personas a quienes Él mismo ha dotado con una libertad genuina, aunque limitada.

La comprensión adecuada del elemento dinámico en la "perfección bíblica", es esencial para una hermenéutica sana y para una teología que aspire a tener justificación alguna de ser llamada bíblica.

Tal como es cierto con otros términos teológicos básicos que caracterizan la teología wesleyana (o cualquier otra teología si de eso se trata), la perfección considerada sola no logra hacerle justicia a su significado evangélico. No es un término abstracto que tenga una posición o lugar teológico independiente. Es una faceta de la verdad mayor que la teología cristiana intenta racionalizar sistemáticamente, y que debe ser considerada en conexión con la totalidad.

## HISTORIA DE LA PERFECCIÓN

La perfección como una meta religiosa tiene una larga y noble historia, particularmente en la tradición judeo-cristiana, y ha caracterizado a ambos segmentos, el ortodoxo y el heterodoxo, de esta postura religiosa.

Los judíos creían en una sociedad perfecta que estaba por venir. Sería creada por el Dios perfecto y sería gobernada por un Mesías perfecto. En ella no habría "pecadores", sólo personas justas. El concepto cristiano primitivo fue más específico. La justicia, o santidad, era ser semejante a Cristo. La santidad era un equilibrio correcto entre la fe y la conducta —"la mente de Cristo". El Espíritu llenaría a cada persona y la guiaría. Por ende la pregunta: "¿Recibisteis el Espíritu Santo cuando creísteis?" El amor sería la ley de la nueva sociedad. La liberación del pecado y el triunfo sobre éste, así como la unión con Dios en un compañerismo personal, eran logros que se esperaban. Estas posibilidades eran realizables ahora. Esto era la enseñanza apostólica.

El gnosticismo (o pensamiento gnóstico incipiente) introdujo un nuevo elemento en la enseñanza canónica, y se volvió la fuente de las mayores herejías en la iglesia cristiana. El error básico emanó de las filosofías helenistas que enseñaban un dualismo cosmológico, que concebía la realidad como dos clases contradictorias de ser: la materia (la sombra), y lo real (el espíritu), y estas dos cosas no podían mezclarse porque la materia era esencialmente mala, y el espíritu esencialmente bueno. De modo que la salvación no era la liberación del pecado sino la liberación de la materia. Un corolario del dualismo fue el concepto de *gnosis*, que equiparaba el conocimiento con la bondad, y a la ignorancia con el mal. Por ende, la declaración de Sócrates de que "el conocimiento es virtud", podía ser hecha parte de la búsqueda cristiana (sub-apostólica) de la perfección. El resultado fue que el conocimiento fue valorado más que la virtud, y la religión llegó a ser una filosofía. La humanidad fue dividida en tres clases: La gente "de carne" (*sarx*), o sea los incrédulos (esas personas incapaces de vida encima del nivel animal); la gente "con alma" (*psyche*), o sea los creyentes (aquellos que no eran capaces del verdadero conocimiento pero que eran crédulos, o capaces de tener fe, y que eran superiores a la clase inferior); y la gente espiritual (*pneuma*), o sea aquellos que tenían conocimiento perfecto (los aristócratas intelectuales que eran salvados por *gnosis*). La anticipación de este problema es vista en el fondo de algunas de las epístolas del Nuevo Testamento, especialmente Corintios y Colosenses. (Teniendo esta idea presente, léase 1 Co 2:3-4.)

La religión como filosofía en general, y el gnosticismo como una filosofía en particular, fueron consistentemente rechazados por la iglesia cristiana, pero la sombra del gnosticismo prevaleció sobre la historia subsecuente de la iglesia en diversas maneras. La insidiosa idea de una aristocracia espiritual inherente en los niveles supuestamente más altos de un logro espiritual, era un componente del gnosticismo. No es un concepto bíblico.

Pero la forma más objetiva de la herejía emanó de su perspectiva o visión dualista del mundo. Dominar el cuerpo y hasta destruirlo en pro o para el bien de la santidad, fue la idea subyacente en las prácticas ascéticas que brotaron en la iglesia post-apostólica. Harnack está muy en lo correcto al decir que el movimiento monástico fue "la búsqueda organizada más grande de la perfección en la historia". Puesto que el cuerpo y sus funciones participaban del pecado, el escapar del cuerpo se volvió un anhelo religioso. Esto era, en efecto, el reverso del concepto positivo neotestamentario de la perfección como amor que brota o sale al paso, y el resultado fue que prevaleció un concepto negativo de una destrucción gradual del "cuerpo de pecado", que había sido identificado como el cuerpo humano. El ideal de la santidad cambió, de compañerismo, a un individualismo auto-céntrico. Es imposible exagerar la importancia de este movimiento al tratar de comprender nuestros propios problemas.

## EL PERFECCIONISMO Y EL SUBJETIVISMO

Debido al proceso descrito, la santidad bíblica saltó al perfeccionismo. Taciano predicó que la renunciación era la esencia de la santidad, y necesaria para ella, pero su idea era renunciar literalmente a *todo*, lo bueno y lo malo, el dinero, el hogar, los amigos, todo. Se formaron grupos de personas que se reunían para buscar la perfección mediante la práctica metódica de la disciplina, lo cual incluía el auto-control más rígido posible. A su debido tiempo, Montano principió a recalcar *la vida llena del Espíritu* y separada, en la que se concedía el mayor énfasis a la experiencia mística. En vez de la disciplina como el medio para la santidad, la experiencia extática se volvió el medio y la prueba de la santidad. Taciano abogaba por la conformidad externa. Montano pedía el no conformismo. Ambos representaban el peligro de la pérdida de la verdadera identidad personal y de la integridad espiritual y moral.

En el corazón de tres herejías mayores yacen tres conceptos de la santidad. Si el conocimiento es virtud, la filosofía es la salvación; esa es la primera de ellas. Si la materia es mala, la autodisciplina, y hasta la mutilación, guía a la perfección; esa es la segunda. Y la tercera declaró: Si la experiencia personal de Cristo es el corazón de la religión del Nuevo Testamento, la experiencia de éxtasis, estimulada por el Espíritu, mística y emotiva, es la santidad. Los tres elementos, el conocimiento, la autodisciplina y la experiencia personal se encuentran en el Nuevo Testamento en alguna forma, pero en un equilibro saludable. Sin embargo, en la iglesia desde entonces, la exageración de uno o más de ellos ha abochornado el buen sentido, y ha producido problemas mayores en la iglesia.

La reacción entre los métodos objetivo y subjetivo para alcanzar la perfección, en la forma de sacerdotalismo y misticismo, explica gran parte del desarrollo teológico en la Edad Media. El énfasis que los reformadores le dieron a la gracia y a la fe fue una reacción a ambas aproximaciones, pero no fueron una protección suficiente de la importancia de la justicia interior y de la santidad personal, y al no lograr esto, abrieron la puerta otra vez a otros extremos, que también fueron reacciones, en los modos carismáticos y místicos de la experiencia religiosa.

Tal vez este antecedente breve sea suficiente como una preparación para una discusión significativa relativa al "perfeccionismo". Estamos distinguiendo entre *perfección y perfeccionismo*. La comprensión popular de estos términos nos basta para principiar la crítica. El perfeccionismo es caracterizado por un absolutismo filosófico; o sea, que sugiere una perfección estática dentro de la cual ya no puede haber desarrollo posterior. Cuando esta idea se incorpora en el contexto de la vida religiosa, las imperfecciones obvias, y lo cambiable de la vida humana, dan lugar a problemas difíciles y algunas veces de muy mal sabor. En cada caso en que la perfección sea "separada" de un contexto bíblico sólido, y sin embargo sea presentada como una búsqueda imperativa o deseable para los seres humanos, el resultado es la distorsión de la idea en alguna manera. Sea que la naturaleza humana tenga que ser violada para conformarse a una norma imposible, o que la integridad moral tenga que ser sacrificada, o ambas. La justicia propia, el orgullo, el antinomianismo, y la pérdida de la sensibilidad moral yacen en estas aberraciones.

## TEORIAS CONTEMPORÁNEAS DE PERFECCIÓN EVANGÉLICA

La perfección evangélica, definida como hemos procurado hacerlo en este estudio bíblico, se yergue en un contraste más profundo al perfeccionismo. La perfección bíblica sabe muy poco del absolutismo filosófico. Fundamentalmente es integridad moral, y está en armonía con el estado probatorio humano. Yace en el contexto de la responsabilidad moral, y procede en la vida humana conforme la capacidad moral crece o decrece. Nunca sacrifica la consciencia moral y racional en las aras de estados emotivos irracionales. Ya se ha dicho claramente que esto no equivale a hacer una concesión al pecado que emane del relativismo ético o humanista. Es más bien un énfasis de la integridad moral definida por el amor.

El perfeccionismo, por el otro lado, es cierta clase de pacto intelectual, moralista o emotivo, con la verdad, pero que queda corto en lo que toca a la integridad personal moral. Puede ser hallado en cualquier lugar, hasta en círculos teológicos de los que generalmente se pensaría que están libres de cualquier mancha de subjetivismo. Los errores clásicos se exhiben vestidos en formas muy diferentes. La negación vehemente de la perfección puede encubrir, inadvertidamente, una creencia en el perfeccionismo, como veremos.

El perfeccionismo yace en cualquier visión o posición en cuanto a la redención que pase por alto, en forma alguna, el elemento personal moral. Hay varias formas de ello y cada una está relacionada directamente con una de las teorías, que ya han sido discutidas, de la relación de lo sobrenatural a la naturaleza en la vida humana.

1. El error más obvio se encuentra en esa práctica religiosa que tiende a rendir, o abdicar, la distinción clara entre el Espíritu divino y el espíritu humano. Desde esta perspectiva, el ser lleno con el Espíritu significa que *la voluntad del Espíritu se funde con la voluntad humana*. Por lo tanto, todo aquello que la persona desee es el deseo correcto. Todo y cada impulso es un impulso dirigido por el Espíritu. El perfeccionismo aprueba el rendimiento, o el rendirse al impulso ciego. Uno no necesita, y lo que es más, ni siquiera debe cuestionar las impresiones, sino que más bien debe apresurarse a obedecerlas. Hay una esclavitud ciega a compulsiones emotivas pasajeras, y una lealtad irracional a ellas, aunque puedan conducir a acciones absurdas, y hasta inmorales. Bajo esta forma de pensar, es considerado que examinar la validez de tales impulsos equivale a "apagar el Espíritu". Se concede gran importancia a acciones antisociales, contrarias a lo convencional, y hasta erráticas, todas ellas en pro de la "libertad" religiosa. Esta manera de pensar es apoyada por uno de los conceptos descritos en la "interacción divino-humana" rechazados por Wesley.

2. Un concepto *materialista* de valores espirituales ocasiona otra forma de perfeccionismo. Lo perfecto es definido en términos de *libertad de males naturales*. Esta es una forma muy sutil de culto al ambiente. Le resta importancia a los males morales al suponer que un ambiente santificado puede santificar a personas. Si una persona es salva, dice esta posición, no puede haber más enfermedad, o pobreza o necesidad de ninguna clase. La presencia de estos elementos significa que esa persona no es salva. Esta posición puede ser llevada a tales extremos que el cuidado ordinario del cuerpo humano, la responsabilidad que tenemos por nuestra familia, y definitivamente la mejoría de la mente humana y las disciplinas morales, se vuelven elementos tratados con negligencia o hasta repudiados. Esta forma de lógica lleva a esta conclusión: Si uno es santo no debe necesitar apoyos humanos mundanos, ni debería dejar que la preocupación por ellos sea un estorbo para él.

3. El perfeccionismo puede también expresarse en el *moralismo* que afirma que *la conformidad externa a la ley es de primera importancia*. Cada acto humano debe ser regulado por la ley. La ley se vuelve tan completa e intrincada que proscribe muy cuidadosamente estilos y colores de la indumentaria de hombres y mujeres, así como posibilidades de recreación, y cada aspecto diminuto de la vida personal y corporal del cristiano. La santidad es medida de acuerdo a qué tan bien la persona se conforma a estas normas. El hecho de que un espíritu muy desagradable y áspero pueda acompañar esta conformidad, o cumplimiento, no

se ve como un argumento contra tal posición. El hecho es que se asegura que la severidad es necesaria para mantener tal conformidad, y finalmente llega a ser considerada como una señal y una seguridad de la perfección y de la santidad. Cuando los seres humanos se apropian de la tarea del Espíritu Santo de mantener a nuestro prójimo puro, la tarea es demasiado grande, y la fuerza supedita a la persuasión, y se convierte en una virtud.

4. Una comprensión errónea de la entera santificación podría conducir al perfeccionismo, aunque no creemos que tal cosa sea inevitable, o que sea parte de la naturaleza del asunto que así suceda. Si en la mente del creyente se deja la impresión de que "algo" es literal y físicamente extirpado de él, "algo" que desea aquellas cosas que no debe desear, o si llega a entender que ya no tiene responsabilidad personal de sus propios móviles, el resultado es el perfeccionismo. Si su "experiencia" no es relacionada cuidadosamente a cada uno de los aspectos de la vida diaria, y si la *idea* de la santidad no es traducida a la vida *práctica* de santidad, el perfeccionismo está demasiado cerca. Si la norma del juicio moral para la conciencia personal demanda menos después de la experiencia religiosa que lo que demandaba antes, y si uno se permite y excusa en uno mismo acciones y actitudes que no puede permitir en otros, o de las cuales no puede defenderse ante el tribunal de la buena conciencia, la acusación de perfeccionismo es inevitable y justa.

Cuando no hay pruebas racionales por las cuales uno pueda juzgar sus propios *móviles*, la conclusión es que la conducta es determinada solamente sobre la base del deseo personal. Los excesos inmorales y las autojustificaciones de todas clases de conducta contraria a la ética que ocurren algunas veces, no pintan un cuadro atractivo. La convicción del teólogo de santidad es, sin embargo, que estas aberraciones perfeccionistas están diametralmente opuestas al contenido positivo de lo que la perfección cristiana o bíblica significa, que es el amor.

5. Pero hay otra forma menos obvia del perfeccionismo que necesita ser señalada. Esta participa de un dualismo tanto como cualquiera de las posiciones antes descritas. *Hace una separación entre la perfección ideal de la posición legal, y la posibilidad práctica de la perfeccionabilidad humana.* No puede relacionar realidades espirituales a las capacidades de la naturaleza humana. Enseña que el carácter puede ser trasladado de una persona a otra —en este caso, el carácter de Cristo al nuestro. Redefine, y luego esconde, el pecado humano detrás de la sentencia legal de absolución, y supone que los humanos pueden continuar en pecado, y empero profesar la justicia propia de Cristo como si fuese de ellos. El dualismo entre lo real y lo ficticio es una seria preocupación para todos aquellos que toman seriamente la integridad moral.

Esta clase de perfeccionismo afirma que el alma está eternamente segura, pese a cualquier involucramiento en el pecado, puesto que la condición legal del ser humano ha cambiado en la mente de Dios por causa de Cristo. Lo que en efecto hace es abrogar la ley y la obligación moral en lo que toca a la soteriología. Aunque generalmente esta posición también estimula una buena vida moral, no la considera necesaria para la salvación.

En esta manera, la salvación termina el estado probatorio. Para asegurar "una perspectiva seria del pecado", incluye toda posible divergencia de la perfección en su concepto del pecado. De acuerdo a esta perspectiva, la voluntad es totalmente impotente. Como consecuencia, la salvación es no moral, puesto que el Espíritu Santo activa la voluntad del ser humano, y en el curso de la redención "remueve" la consecuencia del pecado, del ser humano, de modo que sus actos pecaminosos ya no portan el juicio contra el pecado.

Los corolarios siguen más o menos lógicamente. Si Dios hace cosa alguna, la hace perfectamente. No hay lugar para el desarrollo o progreso en la obra de Dios, puesto que sólo Él puede hacer una obra perfecta. Puesto que los seres humanos no son perfectos, incurren la ira de Dios. La justicia de Cristo substituye a la del ser humano, y por lo tanto la ley es abrogada. Claro que esto conduce al antinomianismo, lógicamente si no en la práctica. El relajamiento de la conciencia relativo a las consecuencias del pecado personal tiende a rebajar el tono moral y la decisión ética.

Desde esta posición, ninguna pertinencia humana puede modificar lo que Dios hace por nosotros. Podemos continuar pecando (aunque no debemos hacerlo), pero la promesa de Dios de salvarnos no puede ser alterada, ya que "Dios no puede negarse". Estamos eternamente seguros. Por lo tanto nuestros pecados ya no son culpables. Escribiendo en *Christianity Today* [Cristianismo Hoy] el señor Manning Pattillo dice:

> Si tenemos fe en Jesucristo, Dios acepta la justicia de Cristo como si fuese nuestra; o, expresándolo en otra manera, nosotros participamos en la justicia de Cristo por fe en Él. Si creemos en Él, Él comparte su justicia con nosotros, y nosotros podemos ofrecerla a Dios en vez de nuestra propia justicia.[1]

El perfeccionismo no puede ser postulado más claramente.

Sabemos que estos seres humanos, y otros, son demasiado responsables como para enseñar un antinomianismo sin barreras, pero también mantenemos que inherente en esa posición hay un antinomianismo que la avergüenza. El perfeccionismo yace en el corazón de su lógica en el grado en que afirma que aquello que está ausente de carácter moral en los seres humanos, es compensado completa y absolutamente en el carácter moral de otro. Por lo tanto, lo que el pecador hace es contado, en los libros, como santidad personal perfecta, porque es la santidad perfecta de Cristo.

Ambos, el subjetivista y el objetivista, caen en la trampa del perfeccionismo porque ninguno de los dos grupos ha equilibrado los dos aspectos cuidadosamente de acuerdo a la norma bíblica. Al tratar con negligencia uno o el otro, la verdadera dimensión moral se ha perdido. Ninguno de los dos grupos realmente necesita la Biblia como una Regla objetiva para la vida y la fe cristiana. El segundo grupo está seguro y no necesita ley. El primero ha trocado "la dirección del Espíritu Santo" por las Escrituras. En ambos casos, la Biblia es leída principalmente como una fuente de información escatológica. Por lo tanto, ninguno de los dos grupos está sujeto a la ley moral. Ambos encuentran que el guardar la ley, o cualquier otra cosa que pueda ser substituto de ello, es un concomitante automático de la gracia, o una reinterpretación de la conducta a la luz de la gracia. Ninguno de los dos tiene sentido verdadero alguno de obligación personal a Dios o a los humanos, porque la redención es percibida en términos de privilegio y libertad, y no de responsabilidad moral.

6. Hay algunas variaciones erráticas del perfeccionismo que es necesario siquiera mencionar. El *monasticismo* con su énfasis ascético, dondequiera que se encuentra, sigue el dualismo gnóstico. Conforme uno tiene la capacidad de negar el impulso humano y de erradicarlo, el espíritu es hecho más libre para seguir en busca de la santidad, la cual es su condición natural. Cualquier teología que conciba la posibilidad de ser inmaculados o sin pecado en el espíritu, y que esto sea concomitante con pecaminosidad en la carne, participa del perfeccionismo gnóstico.

Un énfasis extremado que se da a la sanidad, y a la libertad de la necesidad económica cuando la persona está "en gracia", es (también) perfeccionismo, como lo es además la tendencia a retirarse del mundo a fin de mantenerse puro. Es un perfeccionismo que estimula una falta de sensibilidad a las situaciones sociales, e impide que la lengua haga confesiones de fracaso, y de haber obrado mal, pidiendo perdón por ello.

El perfeccionismo substituye una demostración externa y amoral por la gracia interior. Puede ser una filantropía fanática, o moralismo, tal como el que se expresa en una preocupación excesiva acerca del vestido y los adornos, y por su demanda en una vida austera. Con vehemencia anhela la persecución que atribuye a "las normas" que uno tiene. O tal vez sea una obsesión con despliegues y experiencias emocionales, tales como gritos de alabanza, lenguas, visiones, y trances de éxtasis que se vuelven substitutos de la peregrinación menos espectacular y tranquila del amor en la vida cotidiana.

Uno puede cuestionar cualquier cosa que sea presentada como "una eviden-cia" de gracia que pueda ser substituida mediante el esfuerzo humano. *Todo aquello en lo que el "perfeccionismo" insiste puede ser duplicado por otros medios. Nada que la "perfección cristiana" es puede ser falsificado.*

El perfeccionismo, o no reconoce pecado en nada que uno hace, o considera pecado todo lo que uno hace y lo esconde detrás de la obediencia sustitutoria de Cristo. Cualquiera de los dos extremos menosprecia la seriedad moral del peca-do, y es un perfeccionismo práctico. El orgullo espiritual es la esencia del perfec-cionismo en cada una de ambas clases. Una se gloría en su impecabilidad y su justicia personal; la otra se gloría en su humildad y su pecado. Ambas son igualmente repulsivas y repugnantes a lo que la perfección cristiana enseña.

En breves palabras, el perfeccionismo es no moral, y concibe la redención en términos no históricos. La perfección cristiana, por otro lado, es moral hasta su médula, y entiende que la santidad es absolutamente pertinente a cada área de la vida, y no antitética a las posibilidades en la naturaleza humana que tiene su centro en Cristo.

John Fletcher nos advierte:

> Eviten todos los extremos. Si bien por un lado ustedes deben mantenerse alejados de la fantasía farisaica que menosprecia a Cristo, y que hace el pretendido mérito de una obediencia imperfecta la causa procuradora de la vida eterna, vean por el otro lado que no se confíen en el error antino-miano, el cual, bajo el pretexto de exaltar a Cristo, habla con desdén de la obediencia, y "cancela la ley a través de una fe que *no* obra por el amor"... Muchas voces superficiales o charlatanas en la experiencia cristiana hablan de una *salvación completada* en Cristo... al mismo tiempo que saben bien poco de sí mismas y menos de Cristo.[2]

Tal vez una caracterización de la perfección cristiana que sea un resultado de lo que destilemos de diversas fuentes sea suficiente en este punto, dado que a continuación seguirá un estudio bíblico del término. La perfección cristiana, o amor perfecto, representa una medida cabal de obligación personal a toda la vo-luntad de Dios, más que la aceptación de un "nivel" o estado cristiano sin al mismo tiempo considerar la responsabilidad concomitante o conmensurada. Representa la "obediencia que emana del corazón", más que una abrogación de la ley. Requiere la integridad moral más alta posible, y la más elevada responsa-bilidad racional, más que un embotamiento de la conciencia, o una reinterpreta-ción del pecado, o un rendimiento al impulso ciego o un individualismo irresponsable.

La perfección cristiana es algo del corazón, y Juan Wesley la llamó "el amor perfecto". Prefirió ese término, pero se vio forzado a usar otros en muchas oca-siones porque los enemigos del reformador inglés torcían el significado de esa designación favorita de él. En vez de pasar por alto el elemento moral, la perfección cristiana es moral hasta la médula. Lejos de abrogar la ley, la perfección cristiana significa obediencia cabal a la ley. En vez de ser una referencia a la excelencia del ser, descansa plenamente en Dios, y le ama con todo el corazón, mente, alma y fuerza. Desea agradar a Dios en todas las cosas. Este deseo resulta en un cumplimiento sincero de todo lo que se entiende como la voluntad de Dios. Se mantiene firme en medio de la duda, la ignorancia y la oscuridad, y en esas condiciones sigue adelante pidiendo más luz y dirección. La aceptación de la disciplina y la búsqueda humilde de la verdad son la atmósfera de la perfección cristiana.

Todo lo contrario a que la perfección cristiana esté en peligro de caer en el perfeccionismo, es la protección contra éste. Todo lo que hay en la perfección cristiana se yergue en absoluta contradicción al perfeccionismo.

## REPASO BÍBLICO DE LA "PERFECCIÓN"

Hay dos consideraciones que son necesarias para un razonamiento claro sobre el asunto de la perfección. La primera es recordar que la enseñanza bíblica sobre la perfección no tiene la carga de la filosofía helenista. Su relación a la experiencia moral (tal como es definida en el capítulo "El Significado de lo *Moral*") la caracteriza, e impide la introducción de una abstracción filosófica a un estudio serio de ella. La segunda consideración es la observación de que, en un estudio bíblico, pronto se vuelve muy claro que la connotación de la palabra "perfecto" en español[3] tiende a obscurecer los diversos significados cuidadosamente distinguidos y delineados mediante el uso de diferentes términos griegos. Además, la substitución legítima que los traductores han hecho, cuando han usado en su idioma otra palabra o palabras más apropiadas para el mismo término griego, tiende a impedir que el lector, que sólo lee la traducción en su propio idioma, capte los sesgos originales de significado.

En este breve examen y análisis de todas las ocasiones pertinentes del uso del término perfección, le concederemos importancia decisiva a las implicaciones del contexto. Frecuentemente el contexto arroja luz sobre la manera especial y peculiar en la que el autor "moldea" cierta palabra para satisfacer cierta necesidad de significado. La dogmática teológica debe emanar de los significados del texto, y no predeterminarlos.

Hay varias palabras griegas que generalmente son traducidas "perfecto" o "perfección".

*Akribós* es traducida "perfectamente" en la versión Reina-Valera (revisión de 1995). Tiene el significado de diligencia, exactitud, y no se refiere a verdades redentoras. Apolos fue instruido "más exactamente" (Hch 18:26, RV, BJ) en el

284 / UNA TEOLOGÍA DEL AMOR

camino, y este uso es típico de todos los ejemplos (Lc 1:3; Hch 23:15; 23:20; 1 Ts 5:2).

*Artios*, que significa "capacitado" o "calificado", es el término que Pablo usa en 2 Timoteo 3:17 para describir la meta hacia la cual "el hombre de Dios" ha de avanzar, y que es parcialmente posible mediante una actitud correcta sobre el uso de las Santas Escrituras. La palabra obviamente se refiere a la capacidad personal y al entrenamiento de la mente, y no a la salvación. "La Escritura" ha sido dada "a fin de que el hombre de Dios sea perfecto, enteramente preparado para toda buena obra".

*Pleróo*, "completo" o "completadas" se encuentra sólo en Apocalipsis 3:2 ("llenas", BJ). Las obras de la iglesia en Sardis no habían sido encontradas *pepleroména*, o "que llenaran los requisitos" (*The Amplified Version* [*Versión Amplificada*].

*Katartízo* significa el estar ajustado apropiadamente, o para caber con comodidad. En 1 Corintios 1:10 y en 2 Corintios 13:11, la palabra es usada en una forma especialmente apta, si se considera el problema especial de la iglesia. Pablo principia exhortando a los feligreses a que estén "perfectamente unidos", y termina con la misma exhortación, "perfeccionaos", con lo cual quiere decir que esta relación entre ellos basada en amor, y de amor, era la virtud que necesitaban, y de la que carecían.

Pedro usa la palabra en la misma forma (1 P 5:10), en su bendición final: "Mas el Dios de toda gracia... después que hayáis padecido un poco de tiempo, ...os perfeccione, afirme, fortalezca y establezca". El anhelo que Pablo tenía en cuanto a la iglesia en Tesalónica era poder visitarlos otra vez para enfocar mejor esos aspectos acerca de su fe que pudiesen ser imperfectos, o estar desequilibrados (1 Ts 3:10-13). Una bendición en la Epístola a los Hebreos (13: 20-21) usa la misma palabra: "El Dios de paz... os haga aptos en toda obra buena", con la misma connotación. Hay otra forma de la misma palabra, *katartismón*, que es usada en Efesios 4:11-12, que reza: "El mismo constituyó a unos apóstoles; a otros, profetas... a fin de perfeccionar a los santos", con el significado de proveer un equipo cabal en el sentido espiritual para la tarea del cristiano en el mundo en el cual debe dar su testimonio.

El resto de las palabras neotestamentarias que se traducen con *perfección*, son las de la familia de *téleios* (derivado de *télos*). Son *teleióo, teleíos, teleíosis*, y *teleiotés*.

*Télos* significa ya sea "madurez" o "característica y acto de estar completado". Generalmente es traducido "fin", y significa la madurez de tiempo, circunstancias o carácter.

*Téleios* y sus formas relacionadas llevan el significado básico de *télos*, pero sin ninguna de las ideas filosóficas que éste es capaz de portar.

*Téleios* es aquello que ha llegado a estar completo de acuerdo con un fin que se intentaba. Cuando se usa acerca de personas, tiene que ver con el desarrollo físico, maduración ética, y bondad real que no se relaciona a la madurez.

Esto es lo que B. F. Westcott dice de este término:

> En los libros del Nuevo Testamento, el adjetivo es usado para describir aquello que ha llegado a la perfección más alta en la esfera de lo que es contemplado, en contraste con aquello que es parcial (1 Co 13:19), o imperfecto (Stg 1:4), o provisional (Stg 1:25), o incompleto (Ro 12:2; Stg 1:17; 1 Jn 4:18), y especialmente de cristianos que han alcanzado el cabal crecimiento en contraste con aquellos que son inmaduros o que no se han desarrollado (Ef 4:13; Col 1:28; 4:12), ya sea generalmente (Mt 5:48; 19:21 1 Co 2:6; Fil 3:15; Stg 3:2), o en algún aspecto particular (1 Co 14:20).[4]

Jesús usó este término para indicar "perfectos" (*téleios*) en el Sermón del Monte (Mt 5:48). Allí el Señor dijo que sus discípulos habían de ser (tiempo futuro) perfectos así como el Padre celestial es perfecto. Este raro versículo ha trastornado a lectores serios debido a sus connotaciones aparentemente imposibles. Sin embargo, cuando se busca el significado de *perfectos* en relación al contexto inmediato, gran parte del problema desaparece.

En primer lugar, debe notarse que el futuro griego frecuentemente es un mandato o exhortación, y así es traducido en algunas versiones ("Sed, pues, vosotros perfectos", RV; BJ). Esto le inyecta una cualidad moral a la exhortación. El tono general de todo el pasaje da énfasis a las actitudes correctas como las que son aceptables ante Dios, más que sencillamente la conducta correcta. Es una característica de calidad, no un grado de logro. Dios ama y cuida a todos los seres humanos, buenos y malos. Nuestro amor debe ser tan imparcial como Dios ha demostrado ser.

En el contexto inmediato, lo que se está manejando es una buena voluntad imparcial. El amor cristiano ha de ser tan inclusivo, como "no selectivo", en su espíritu. La disposición de favorecer sólo a aquellos que pueden retornar favores, y menospreciar a quienes no pueden contribuir a nuestro prestigio, no es el camino cristiano. El punto de la exhortación es que "vuestro *Padre* que está en los cielos" manifiesta su amor paternal hacia toda la humanidad, y de esa manera provee la pauta de móvil y conducta correctos para el cristiano, el hijo de ese Padre.

Este versículo no puede ser divorciado de la sección precedente (vv. 43-47), en la que se describe el significado de esta perfección, o sea, el extender nuestro amor y buena voluntad hacia los que nos persiguen: "*para que seáis hijos de vuestro Padre* que está en los cielos". Así como un padre ama al *hijo* bueno y al malo, así nosotros hemos de extender nuestra buena voluntad a todos. El énfasis es sobre Dios como *Padre*, y en los humanos como *hijos* de Dios. Conforme su paternidad nos es revelada, ha de ser la pauta de nuestra filiación. Y esa pauta es el amor —una nueva dimensión para relaciones humanas que Jesús vino a revelarnos y hacerla normativa para los cristianos. El pensamiento de Wesley fue moldeado y vitalizado por este concepto del amor como la norma para la vida cristiana.

Nosotros no tenemos la libertad de llevar la palabra "perfecto" a un libro de filosofía para definirla basándonos en el juicio humano, y luego regresar con ella para producir caos en la exégesis y teología bíblicas. *El comentario yace en el contexto*. No está por demás el mencionar lo que Lucas escribe en el pasaje paralelo: "Sed, pues *misericordiosos*, como también vuestro Padre es misericordioso", y las implicaciones éticas son entonces claras. La perfección y la misericordia se complementan y dan significado mutuamente.

En Mateo 19:16-21 leemos de un hombre joven que preguntó cuál era el camino a la vida eterna. La contestación no pasó por alto los Diez Mandamientos, sino que se adentró en ellos y fue más allá de ellos al espíritu de la ley. "Si quieres ser perfecto, anda, vende lo que tienes, y dalo a los pobres... y ven y sígueme". Lo que Jesús dijo es que el guardar los mandamientos es el camino hacia la vida. Obedecerlos no era erróneo, ni el nuevo camino había de menospreciar el factor de la obediencia. Pero el guardar los mandamientos significaba un compromiso muy práctico de la vida, que podía cambiar la observancia de la ley y hacerla la "perfección" evangélica. En este pasaje la perfección es definida como obediencia activa a Cristo, una cualidad de vida moral que tenía que ser añadida a una obediencia externa que ya era perfecta a la ley. Era una bondad personalizada y vivible, un espíritu detrás del acto.

El contexto bíblico libra a la palabra *perfecto* de ser una abstracción. Pablo juega con la idea en la palabra, y le añade significado a ella en la carta a los Corintios, al contrastarla con *népios* (que no es *infantil* sino *pueril*). Refiriéndose a los vanos corintios que presumían de ser espirituales (con lo cual querían decir que eran maduros religiosamente, seres adultos, "individuos que han llegado a la edad"), Pablo escribió: "Yo... no pude hablaros como a espirituales, sino como a carnales, como a *niños* en Cristo" (1 Co 3:1). El significado de este pasaje es aparente cuando es visto a la luz de 1 Corintios 2:6, donde Pablo escribió: "Hablamos sabiduría entre los que han alcanzado madurez", pero "no pude hablaros como a espirituales". Aquí *espiritual* es equiparado a madurez, o maduración, y *carnal* a la condición de ser niños ("personas débiles", DHH) en aquellos que ya pasaron los años de la infancia.

Hay un punto más hecho por el Apóstol y que se pierde en nuestra traducción, y es su uso del término *népios*. Es un término para "niño", usado por Pablo, que siempre se refiere a la inmadurez y a la deficiencia moral. Tenía una *connotación desagradable*. Describe la figura de una persona que ha llegado a la edad madura pero cuyo cuerpo y cuya mente han dejado de desarrollarse. Pablo en efecto dice: "¿No son vuestras rencillas una demostración de vuestra puerilidad esencial?" El dardo del Apóstol encontró su blanco perfectamente.

En 1 Corintios 13 Pablo alude otra vez a esto mismo al decir: "Cuando yo era un *népios*, hablaba, y entendía, y razonaba como un niño malcriado. Pero cuando llegué a ser un adulto, hice a un lado las cosas infantiles". El crecimiento normal no cura esta clase de desarrollo atrofiado.

Una vez más Pablo proyecta la figura muy adentro del pensamiento de los corintios en 14:20. La versión Reina-Valera (95) es ambigua en su traducción, como lo es la versión del Rey Santiago. "Hermanos, no seáis niños en el modo de pensar, sino sed niños en la malicia, pero maduros en el modo de pensar". Pablo no intenta enseñar aquí un dualismo. Más bien traza un contraste entre la *manera de entender* ("juicio", BJ) de un niño y la de un adulto. El verbo griego que se traduce "sed niños" podría igualmente rezar: "estáis siendo pueriles" (*nepiádzete*), y esto a su vez sería un contraste a la verdadera condición infantil indicada por el uso de *paidía* en el primer contraste. Luego esa condición de ser niños, que siempre va asociada al espíritu de estar dispuestos a ser enseñados, es contrastada con la puerilidad que, en el caso de los corintios, era una "pasión de exagerar la importancia de hablar en lenguas, realmente algo así como una ostentación infantil. El producto del deseo de 'lucirse' como haría un niño precoz".[5] De esta manera Pablo prosigue sin detenerse o desviarse al punto central de toda la correspondencia con los corintios, el cual es, el compañerismo es la atmósfera que define a "la iglesia de Dios", y que el espíritu divisivo es una señal, no de mera inmadurez de la juventud, sino de irresponsabilidad moral —y aún de algo peor.

Pablo usa el mismo contraste para demostrar el mismo punto en Efesios 4:13-14. En este pasaje, "el varón perfecto" (*téleion*), que es "la medida de la estatura de la plenitud de Cristo" a la cual todos llegamos en "la unidad de la fe", es contrastado con "niños [*népios*] fluctuantes, llevados por doquiera de todo viento de doctrina".

Una vez más, en la Epístola a los Hebreos (5:11-14) encontramos este significativo contraste, con la misma profunda reprimenda: "Os habéis hechos tardos para oír. Porque debiendo ser ya maestros, después de tanto tiempo, tenéis necesidad de que se os vuelva a enseñar... y habéis llegado a ser tales que tenéis necesidad de leche, y no de alimento sólido. Y todo aquel que participa de la leche es inexperto... porque es niño [*népios*]; pero el alimento sólido es para los que han alcanzado madurez [*teleíon*, perfectos], para los que por el uso tienen los sentidos ejercitados en el discernimiento del bien y del mal".

En todas estas ocasiones el perfecto es responsable, fidedigno, tranquilo y con decoro, y generalmente se porta como una persona de carácter. El contraste no es con un niño que está creciendo normalmente, sino con uno cuyo desarrollo ha sido atrofiado, que se porta como un bebé. Es un niño que se niega a crecer, que se esconde detrás de la falda de su madre, que pide la botella de leche cuando debería estar comiendo alimento sólido. La psicología llama a este desarrollo atrofiado con diversos nombres: infantilismo, fijación materna, esquizofrenia, etc. Si esto es puesto en el contexto de la capacidad moral del ser humano, se vuelve un desafío tremendamente trastornador a la irresponsabilidad espiritual. Esta infancia prolongada no es la clase que uno deja atrás al crecer. No es las demostraciones de falta de madurez que excusamos como parte de la juventud atractiva y exuberante. La puerilidad o infancia prolongada, cuya antítesis es *perfecto*, es patética y reprensible. Ha de ser "quitada"; y su retorno debe ser impedido mediante la diligencia y la madurez espiritual.

Pero, al mismo tiempo, la madurez o perfección de la que se habla no es inconsistente con la inmadurez de la juventud normal. Dicho en breve, es la integridad moral, cualquiera sea la edad que tenga el que la posea.

Un examen adicional del uso que Pablo hace de la palabra *téleios*, o sus cognadas, añade facetas instructivas al significado de la palabra. La exhortación que el Apóstol hace en Romanos 12:1-2 es con el propósito de que sus lectores comprueben ("lleguen a conocer", DHH), "cual sea la buena voluntad de Dios, agradable y *perfecta*". En este caso es la voluntad de Dios lo que es perfecto, y claramente se refiere al plan y propósito de Dios para el creyente en esta vida. El ser humano ha de "presentar" (aoristo) su propia persona, él mismo, y ser "transformado" (tiempo presente, lo que indica una aplicación larga y fiel a la tarea de renovación de la mente) para comprobar, o probar por la experiencia, que la voluntad de Dios es completamente deseable —perfecta. El que lo haga, descubrirá que la voluntad de Dios satisface la más profunda expectativa del corazón humano. El camino a ese descubrimiento de esa voluntad es haciendo que Dios sea el centro de nuestra vida, en afecto y obediencia.

En Efesios 4:12-13, Pablo alude al "cuerpo de Cristo", o sea la iglesia, que ha madurado cabalmente. Esta madurez es el fin al que Pablo exhorta. Su contenido es la unidad, y el deseo de ayudarnos mutuamente, de parte de sus componentes. Dios le da a cada ser humano una medida de gracia (4:7), y pone a algunos en lugares de dirección (4:11), "a fin de *perfeccionar* a los santos... para la edificación del cuerpo de Cristo, hasta que todos lleguemos a la unidad de la fe y del conocimiento del Hijo de Dios, a un varón *perfecto* [no varones], a la medida de la estatura de la plenitud de Cristo; *para que ya no seamos niños fluctuantes* [*népioi*]" (4:12-14).

"Perfeccionar" (v. 12) es la traducción de *katartídzo*, y significa "zurcir, tejer estrechamente, unir completamente", y se refiere a la relación de los "santos", o santificados, los unos con los otros, y de todos ellos juntos como una expresión adecuada de Cristo, a quien ellos están representando en el mundo. El "varón perfecto" del versículo 13 está en singular y no se refiere a individuos como tales, ni es el tejido estrecho la obra de un momento, sino la meta hacia la cual Pablo quería traer a los que estaban en la iglesia en su responsabilidad como la iglesia.

Una vez más, la definición se nos da claramente en el contexto, por medio del contraste de que "ya no seamos niños", e indica la madurez que crece "en todo en aquel que es la cabeza, esto es, Cristo" (4:15). La aplicación personal va en dirección del compañerismo en el seno de la iglesia. *Esto es la santidad en su dimensión interpersonal.* El "varón perfecto" es hecho al "zurcir" a los santos juntos en una unidad de compañerismo (Jn 17).

En Filipenses 3 el Apóstol nos da una sugestión útil en cuanto al significado de la perfección, a pesar del uso aparentemente ambiguo de la palabra, o tal vez debido a ello. En este capítulo tenemos un ejemplo excelente de cuán libre era Pablo de la esclavitud a significados inflexibles de palabras en su uso del lenguaje. Aquí usa dos veces palabras derivadas de *téleios*. En el versículo 12 niega tener la perfección, y en el versículo 15 se ubica a sí mismo entre los que ya son perfectos. En el primer caso, Pablo alude a la resurrección del cuerpo, o redención futura de todas las cosas. En la segunda referencia, Pablo significa la madurez espiritual personal. En ninguno de los dos casos está Pablo hablando de asuntos soteriológicos.

En esta iglesia, como en tantas de las iglesias primitivas sobre las que influyeron las filosofías griegas que las rodeaban, los filipenses estaban propensos a confundir la inmortalidad con la resurrección. Los griegos enseñaban que el alma era inmortal; y los filipenses, ahora que eran salvos, daban por sentado que ahora vivían en la seguridad de la beatitud eterna. Había un falso tipo de perfeccionismo prevalente, falso pues lo hacía razonar que ya no había necesidad alguna de responsabilidad ética o de desarrollo espiritual. Pablo rechazó tal perfeccionismo vigorosamente. Todos los intereses personales eran secundarios, y debían estar listos a separarse de ellos. Que podamos ganar a Cristo, y conocer "el poder de su resurrección", es "el premio de la soberana vocación". El énfasis cristiano no es meramente una existencia sin fin, sino el ser conformados a la muerte de Cristo, y de esa manera llegar a la resurrección a través de Él. Pablo todavía no había entrado en esa perfección de la resurrección, ni podría hacerlo en esta vida, pero seguía hacia la meta. Y esto es lo que *sienten* todos los que son maduros.

El uso de *téleios*, en 1 Corintios 2:6, indica algo completado, en cierto sentido igual a lo que se indica en el pasaje de Filipenses. Sin embargo, a la luz de toda la discusión, el decir: "Hablamos sabiduría entre los que han alcanzado madurez ("los perfectos, BJ")", podría significar, tal como la versión Reina-Valera lo expresa, una persona madura, o que ha crecido cabalmente. Esto nos ayudaría a entender el pasaje en Filipenses, e indicaría que Pablo entendía que la madurez, o maduración, era ambas cosas, una posesión y una búsqueda. Uno puede no sólo llegar a ser maduro, sino también debe continuar madurando. Es correcto decir: "Es una persona madura", pero la madurez se vuelve senilidad en el momento en que cesa de progresar. No hay un punto en el cual se alcance una madurez que sea algo así como un estado o nivel. *La madurez es una relación dinámica con un ambiente que está cambiando.* Es o significa actuar responsablemente respecto a circunstancias cambiantes y desafiantes. Cuando el cambio termina, la muerte principia.

Una vez más, en Colosenses 1:15 y 4:12, el uso que Pablo hace del término da buena evidencia de su significado. La realización cabal de la voluntad de Dios en la vida de cada una de esas personas bajo el ministerio del Apóstol, era la meta para la cual Pablo y Epafras trabajaban, predicaban, advertían, enseñaban y oraban. Uno no puede concluir que esta madurez es punto menos que (algo) espiritual y moral, pero parece del todo claro, a la luz del contexto y sentido de este pasaje, que Pablo no significa ninguna experiencia específica y por sí sola, sino a una vida cristiana protegida y disciplinada, y que esto es lo que él quiere comunicar. Su meta es un carácter cristiano sólido.

El escritor a los Hebreos hace frecuente uso de las diversas formas de *téleio*s con la idea general de consumación, o de traer algo a la perfección —una idea que es céntrica en el mensaje de toda la epístola. En Hebreos se encuentran todas las formas de esta palabra que aparecen en el Nuevo Testamento. Y de las diversas aplicaciones en el Nuevo Testamento, un significado general sobresale: El que es perfecto ha llegado a las metas que se habían puesto delante de él, tales como la madurez, el desarrollo, el privilegio, el conocimiento. En la epístola a los Hebreos, lo parcial ha sido hecho completo, lo imperfecto ha sido hecho perfecto, el niño subdesarrollado ha sido traído a la madurez. Cristo viene o llega a la perfección a través del sufrimiento y la obediencia (He 2:10; 5:8-9). Los sacrificios por el pecado, transitorios y provisionales, son hechos perfectos en Cristo (c. 9). Se les advierte a las personas a que sigan adelante hacia la perfección (6:1), o "que sean portados hacia" (H. O. Wiley), y el capítulo 11 es una magnífica lista de aquellos que hicieron tal cosa. Cristo es quien trae o lleva a los seres humanos a la perfección. La perfección es una búsqueda sin los obstáculos del viejo pacto, los viejos sacrificios, y el viejo sacerdocio. En Cristo el camino es abierto hacia la perfección a la que el Antiguo Testamento apuntaba.

El uso más sobresaliente del término es en relación a Cristo, uso en el cual una medida grande de aplicación permisible es sugerida, así como un indicio en cuanto a la cristología apropiada. "Por eso, Dios, por medio del sufrimiento, tenía que hacer perfecto a Jesucristo, el Salvador de ellos" (2:10, DHH). Como hombre, Jesucristo fue traído a la perfección mediante un desarrollo normal. Al participar absolutamente en la experiencia de la humanidad, aun hasta de la muerte y el temor de ella, Él conquistó la muerte y el temor. Como el "Dios-hombre", Él, a través del sufrimiento y de la muerte, perfeccionó la salvación, y hace "perfectos" a los suyos. Entonces, todo lo que Cristo había sido y fue, mediante su participación de toda nuestra experiencia, es una promesa de su capacidad de fortalecernos en todas nuestras necesidades humanas.

Santiago usa la palabra para referirse al resultado final de la disciplina espiritual. En 1:3-4 escribe que el desarrollo de la paciencia es "por la prueba de vuestra fe", y que éstas juntas pueden (subjuntivo) hacerlos "perfectos, sin que les falte cosa alguna". Aquí la meta de la perfección es la paciencia; y los medios para ella la prueba de la fe. En 1:17 y 25, es el don de Dios ("dádiva") lo que es designado perfecto, y la apropiación de ello de parte del ser humano es contingente en su fidelidad. En 3:2 Santiago nos da una definición de la persona perfecta: es aquella que no ofende mediante sus palabras. Y todo el capítulo es una disertación sobre los pecados de la lengua. La persona perfecta es aquella verdaderamente sabia, quien revela esa virtud en la "buena conducta, con la humildad que su sabiduría le da" (3:13, DHH). De modo que la perfección es relacionada a asuntos éticos y emana de una relación correcta con Dios.

El apóstol Juan atrae el amor a la órbita de la perfección en 1 Juan 4:15-21. Al morar en Dios, y al morar Dios en nosotros, el amor ha sido perfeccionado, y a aquellos cuyo amor no ha sido perfeccionado, tal cosa les es revelada mediante el tormento interior del temor del juicio. En otras palabras, la perfección en este pasaje es relacionada a la cualidad del amor, la cual a su vez refleja una relación apropiada con Dios. Si no hay estorbos al amor —si no hay un mal espíritu o antagonismo u orgullo encubierto— el amor es perfecto y el temor del juicio de Dios ha terminado completamente. El elemento práctico es el amor para los "hermanos". El amor a Dios es reflejado (como si fuera en un espejo) en el amor a otros. Aquí está un buen ejemplo de lo relacionado de la perfección al amor, y el amor a Dios es definido en términos de amor a la humanidad.

*Epitéleo*, o "ponerlo en práctica", es usado dos veces. Pablo exhorta a los corintios (2 Co 7:1) a "perfeccionar la santidad en el temor de Dios", con lo cual significa el poner la santidad en la práctica —en la vida cotidiana. En este caso *perfeccionando* no está en el tiempo aoristo, como uno habría esperado, sino en el tiempo presente griego, lo cual indica una actitud acostumbrada, diaria, de vida que se principió en el pasado y que continúa hasta el presente. A los gálatas Pablo les había hecho la pregunta: "¿Habiendo comenzado por el Espíritu, ahora vais a acabar por la carne?" (3:3). Este es otro caso en el cual "acabar" ("perfeccionarse", NVI), como verbo, está en el tiempo presente, lo que indica la utilización o aplicación de un principio, no la terminación de la acción. ¿Puede la vida espiritual, pregunta Pablo en otras palabras, ser traída a la madurez por medios no espirituales?

Deberíamos notar que algunos de los mismos pasajes que recalcan el verbo *teleióo*, "perfeccionar", o "completar", siguen la misma pauta general de significado. Jesús les dijo a los fariseos que, después de tres días, Él sería "hecho perfecto" (Lc 13:32), lo que significa que su ministerio terrestre quedaría completo o terminado. En Juan 17:23, Jesús ora pidiendo que los discípulos "sean perfectos en unidad" ("en la unidad", NVI; "perfectamente uno", DHH), lo cual significa obviamente un compañerismo íntimamente unido. La fuerza de Pablo había sido hecha perfecta, en su debilidad, o llevada a la cumbre de su eficiencia, mediante el poder de Cristo que descansaba en él (2 Co 12:9). En Hebreos 2:10 leemos que Cristo, como el capitán de nuestra salvación, fue hecho "perfecto... por medio de los padecimientos". "Habiendo sido hecho perfecto" (5:9), Él llegó a ser el Autor de la salvación. Esto no significa que el sufrimiento causa excelencia moral, sino que en su sufrimiento, Jesús se identificó a sí mismo en el respecto final con la humanidad.

Uno o dos pasajes adicionales de Hebreos exhiben la perfección del nuevo pacto por sobre la del viejo. El sacrificio anual no podía hacer perfectos "a los que se acercan" (10:1); pero "por medio del ofrecimiento del cuerpo de Jesucristo" (10:10), Dios ha perfeccionado de una vez por todas a aquellos que están siendo santificados (10:14). "Perfeccionado" está en el tiempo perfecto, o sea que es una acción completada en el pasado y que continúa ininterrumpida en el presente; "para siempre", o perpetuamente, continuamente; y "santificados", que es un participio presente, en realidad hacen que la frase sea: "La ofrenda que Jesús hizo de sí mismo, una vez [en contraste al sacrificio animal frecuentemente repetido, pero que no tenía efecto], siempre es efectivo para traer a la perfección a aquellos que están siendo santificados".

1 Juan 2:5 dice que el perfeccionamiento o maduración del amor de Dios dentro de nosotros es probado mediante nuestro cumplimiento de la palabra de Dios. (Véase también 1 Jn 4:12). *Teleiótes*, usado dos veces, nos imparte ayuda en nuestra búsqueda de significados específicos. En Colosenses 3:14, Pablo dice,

entre otras instrucciones prácticas a los creyentes: "Y sobre todas estas cosas vestíos de amor, que es el vínculo perfecto" ("de la perfecta unión", DHH). El verbo traducido "vestíos" es añadido como una extensión del verbo principal del pasaje. La naturaleza de esta perfección es definida exactamente por la cohesión en el corazón, o sea, el amor. Y una vez más, el compañerismo interpersonal de los creyentes como el cuerpo de Cristo es aquí recalcado, y el amor es presentado como el ingrediente importante de "la perfección".

"Dejando ya los rudimentos de... Cristo, vamos adelante a la perfección" (He 6:1). Una referencia amplia al contexto demuestra que el escritor aquí está imponiendo sobre sus lectores la absoluta necesidad de que sea completado aquello que había sido principiado en ellos por la gracia. La meta es la perfección; el camino a ella, un continuo, fiel, decidido "seguir adelante", paso tras paso. Una paráfrasis reciente lo escribe así: "Avanzando continuamente hacia la terminación y perfección de aquello que pertenece a la madurez espiritual". Los hebreos estaban en peligro de retornar a las exterioridades de la religión judía. Necesitaban avanzar en la vida espiritual que la fe cristiana representa y a la cual llama.

En este caso, "seguir adelante" no es un aoristo, sino un subjuntivo presente, lo cual indica, no un paso momentáneo, sino "un movimiento hacia adelante", hacia la meta, condicionado por su propia aplicación o diligencia a la tarea. El no seguir adelante es tan serio que resulta en la apostasía, y la obligación de hacerlo es urgente. El escritor afirma que el fruto es esperado por quien planta y cultiva el suelo (6:7), y el fracaso en este punto resulta en la destrucción, "al ser quemada" la tierra, lo cual es el fin normal de yerbas inútiles. La madurez espiritual, la responsabilidad, el servicio, las "cosas mejores... que pertenecen a la salvación" (6:9), son algunos de los elementos de la meta. Esta exhortación a seguir adelante a la perfección o madurez, y la advertencia en contra del peligro de perder la gracia redentora de Dios, es una de las amonestaciones más solemnes en contra de la pereza espiritual que se pueda encontrar en las Escrituras.

## OBSERVACIONES RELATIVAS A LA PERFECCIÓN

1. *La perfección es teleológica.* La declaración inicial de que la perfección evangélica es muy diferente de la perfección filosófica, se ha comprobado. La perfección nunca es absoluta en un sentido abstracto, sino siempre en relación con un fin que es apropiado en cualquier caso particular, o sea, respecto a una norma particular. Pero es igualmente cierto decir que el fin como una meta está en armonía con la naturaleza y la posibilidad de aquello que es traído a la perfección, o que es hecho perfecto. La perfección es algo que así *debe ser*, en cualquier situación en particular, y que *puede llegar a ser* así bajo la gracia. Aquello que, en

el ser humano, ha de ser considerado bajo el término perfección, fue dotado con la capacidad para la perfección, y debe proceder hacia esa meta si uno no ha de repudiar la gracia dada con ese fin. Esto sencillamente significa que la perfección evangélica no sólo es consistente con el estado probatorio humano, sino que es esencial a éste, en el sentido que marca la meta de la probación, o estado de prueba. Delbert Rose, en su estudio analítico de un dirigente reciente del movimiento de santidad, el pastor Joseph H. Smith, tuvo esto que decir de lo que ese pensador era y de lo que enseñaba.

> [Smith] se esforzaba por exponer con claridad lo que en su opinión era, y lo que no era, la *naturaleza* de la santidad cristiana, o perfección cristiana prometida en las Escrituras... *"Es una aceptación perfecta de la adaptación, y una adaptación a la prueba, que está involucrada en las imperfecciones de nuestro destino... Es 'el fortalecimiento con potencia por su Espíritu en el hombre interior', a fin de que uno pueda triunfar sobre todos los estorbos terrenos o físicos".* Es una perfección limitada a *"aquello que la cristiandad contempla para el ser humano mientras que está en la tierra y en el cuerpo".*[6]

> Sería tan correcto decir que un cristiano está obligado a venir a la perfección con los recursos que tiene a la mano, como el decir que un niño está obligado a llegar a ser un adulto. Ambas obligaciones están inherentes en la vida. Esta perfección es una dimensión diferente a aquella de duración temporal. Es profundidad, relativa a la capacidad espiritual en cualquier tiempo dado. Siempre que un ministro o maestro cristiano hable de la perfección, hará bien en presentar el asunto con claridad, no sea que justificadamente se le acuse de carecer de lógica al hacérsele la pregunta: "¿Cómo puede ser relativa la perfección?" Wesley habla con sabiduría sobre ese particular:

> Caminad en todas las buenas obras para las cuales fuisteis creados en Cristo Jesús. Y "dejando ya los rudimentos de la doctrina de Cristo, vamos adelante a la perfección; no echando otra vez el fundamento del arrepentimiento de obras muertas, de la fe en Dios", seguid a la perfección. Desde luego, y cuando hayáis obtenido una medida de amor perfecto, cuando Dios haya circuncidado vuestro corazón, y os haya capacitado para amarle con todo vuestro corazón y toda vuestra alma, no penséis en descansar allí. Eso es imposible. No podéis quedaros detenidos; debéis ascender o caer; subir más o descender a un sitio más bajo. Por lo tanto, la voz de Dios a los hijos de Israel, a los hijos de Dios es: "Adelante". "Olvidando ciertamente lo que queda atrás, y extendiéndome a lo que está delante, prosigo a la meta, al premio del supremo llamamiento de Dios en Cristo Jesús". (*Works* [Obras] VII, 202)

2. La perfección es, en la Biblia, un requisito absoluto, en el sentido de que la condición cristiana, el estado cristiano, implica que uno está en la búsqueda de ella. Este es el fin al que la redención conduce. La palabra sale frecuentemente de la pluma de Pablo. No puede ser pasada por alto en cualquier énfasis bíblico serio sobre la vida cristiana. La meta de cualquier empresa es la perfección. Y sus

metas no se han fijado de acuerdo a los fracasos de aquellos que tratan de correr en los juegos, o de lograr excelencia en algún aspecto de la vida.

3. La perfección tiene dos aspectos. Tal como H. Orton Wiley indica en su obra *La Epístola a los Hebreos*, perfección tiene un significado legal tanto como uno espiritual. Espiritualmente tiene que ver con madurar mediante la experiencia. Esta es la búsqueda. Pero la madurez espiritual no está limitada a meros programas. Tiene también sus aspectos legales. Hay un punto dentro del proceso de crecimiento en el cual uno se vuelve un adulto legal, con todos los derechos y responsabilidades de la ciudadanía. La perfección cristiana es entrar en un pacto con Dios, o sea el haber llegado a la mayoría o condición de adulto espiritual. Wiley cita las siguientes palabras de una obra de Andrew Murray:

> El ser humano que ha crecido cabalmente, el que es maduro y perfecto, no llega a serlo como en la naturaleza con el paso de los años, sino que consiste en la totalidad del corazón con la que el creyente se entrega a sí mismo para ser todo de Dios. Es el corazón perfecto lo que hace al ser humano perfecto... Hay efectivamente una madurez y una ternura que viene con la experiencia de los años. Pero aun un cristiano joven puede ser de los perfectos... con un corazón totalmente sediento por una verdad más profunda y más espiritual que tiene que enseñar, y una voluntad que finalmente ha roto con el pecado (*Holiest of All* [*Lo más santo de todo*]).[7]

4. Esto nos lleva a la observación más explícita de que hay un significado absoluto y relativo de la perfección evangélica. Esto significa que la *cualidad* de la integridad es capaz de una sinceridad sin mezcla de la cual la profundidad y la expresión en la vida son *relativas a la capacidad*. *Absolutamente* tiene referencia a una relación con Dios que es plenamente satisfactoria; esto es, que ha llegado a la condición de integridad que se requiere relativamente. Es una cualidad moral absoluta que debe ser adaptada fiel y laboriosamente a condiciones de vida. Es protegida de las incursiones destructivas del orgullo, la autocomplacencia, y el perfeccionismo mediante la demanda viviente de que las implicaciones de esta actitud de corazón sean expresadas y "vividas" en el taller diario de la vida — tanto hacia Dios como hacia el prójimo. Una semilla perfecta que no germina y crece, pierde su derecho de ser semilla.

> ¿Cuál es entonces la perfección de la que el ser humano es capaz en tanto que mora en un cuerpo corruptible? Es el cumplimiento de ese amable mandato: "Dame, hijo mío, tu corazón". Es el "amar al Señor su Dios con todo su corazón, toda su alma, y toda su mente". Esto es la suma de la perfección cristiana, y se resume en esa sola palabra: amor. La primera rama de ella es el amar a Dios. Y aquel que ama a Dios ama también a su hermano, puesto que esta rama está inseparablemente conectada con la segunda: "Amarás a tu prójimo como a ti mismo". Amarás a toda persona como a tu propia alma, como Cristo nos amó. "De estos mandamientos descansan toda la ley y los profetas": Estos contienen el todo de la perfección cristiana. (*Works* [*Obras*], VI, 413)

5. El doctor Wiley, en su obra antes citada, dice que "la perfección cristiana no va más allá de la necesidad de la expiación... La sangre expiatoria sostiene un estado de limpieza en el alma de aquel que camina en la luz".[8] Lo que es más, la perfección cristiana no excluye crecimiento posterior y no debe ser interpretada como grado alguno particular de madurez. Wesley escribe:

> No hay perfección de grados, como se dice a veces; no hay perfección que no admita un aumento continuo. Así que por mucho que una persona haya alcanzado, o en qué grado alto sea perfecto, todavía tiene necesidad de "crecer en la gracia" y de avanzar diariamente en el conocimiento y amor a Dios su Salvador. (*Works* [Obras], VI, 5-6)

6. Esto nos lleva a la observación de que, de acuerdo al contenido de significado suplido en los pasajes bíblicos, la perfección en las Escrituras jamás indica nada anormal, absurdo, imposible o deshumanizado. El ser perfecto no significa estancamiento, o apetitos físicos distorsionados, o sicología malsana, o ninguna de las fantásticas aberraciones que han imaginado alguno de los críticos superficiales de la fe cristiana. Cualquier pretensión de tener perfección impecable, o de estar exento de la enfermedad, y de la necesidad económica, o de tener acceso directo e infalible con Dios, sea mediante intuiciones "directas", o mediante un menosprecio amoral de medios (tales como la iglesia y las Escrituras), nada de esto ha de ser equiparado a la perfección cristiana, ni asociado con ella. Wesley tiene algo que decir sobre este particular:

> ¿No es razonable, entonces, que, conforme tengamos oportunidad, deberíamos hacer bien a todos; no sólo a los amigos, sino a los enemigos; no sólo a los que lo merezcan, sino igualmente a los malos y a los ingratos? ¿No es justo que toda nuestra vida sea una continua obra de amor?...
>
> Pues bien, esta es la suma de nuestra predicación y de nuestras vidas, de lo cual nuestros enemigos son los jueces. Si, por lo tanto, vosotros concedéis que es razonable amar a Dios, amar a la humanidad, y hacer bien a todos, no podéis sino conceder que la religión que predicamos y vivimos es aceptable a la más elevada razón. (*Works* [Obras] VIII, 9)

7. La perfección evangélica no tiene significado bíblicamente separado de una comprensión de esta pertinencia a "esta vida". Ninguna exégesis puede encontrar base o justificación bíblica alguna para posponer la enseñanza bíblica de la perfección a otra vida. Sus términos, o las normas que la determinan, tienen que ver con los poderes, las relaciones, y las provisiones de gracia que se encuentran o tienen en "este mundo presente".

La posición de Wesley en cuanto a este asunto es tan básica a todo su mensaje que cualquier página (de sus escritos) da evidencia de su "religión de esta vida". Esto no indica en el menor grado una falta de perspectiva en relación a la vida siguiente. Pero fue precisamente el hecho de que el cristianismo de su día tendía a menospreciar las implicaciones de vivir cristianamente ahora, lo que precipitó, por así decirlo, a Wesley a delinear la santidad como amor —amor práctico, y verdadero, en esta vida y en este día. "Muchos piensan en ser felices con Dios en el cielo", escribió Wesley, "pero el ser felices en Dios en la tierra nunca entró a sus mentes".[9]

8. La perfección, como ha sido recalcado, tiene una connotación moral, y por ende no se relaciona (en ninguna manera) a una vida que esté exenta de lo humano en todas sus ramificaciones, debilidades, ignorancia, juicios deficientes, tentaciones y disciplinas. Entonces, es significativa, en relación a nuestras comunicaciones con personas —ambos Dios y el ser humano— aquí. Es precisamente en estas relaciones que involucran todos los poderes y necesidades humanos de los que somos herederos, que la perfección tiene significado.

> ¿En qué sentido, entonces, son los cristianos perfectos?... Debería asentarse la premisa de que hay diversas etapas en la vida cristiana como en la vida natural; algunos de los hijos de Dios son sólo bebés recién nacidos; otros han llegado a más madurez. Y de acuerdo a San Juan, en su Primera Epístola (2:12, etc.), les aplica diversas designaciones a los que él llama "hijitos", a los que él considera "jóvenes", y a otros a quienes llama "padres". "Os escribo a vosotros, hijitos, porque vuestros pecados os han sido perdonados". Porque hasta este punto vosotros habéis llegado, que siendo "justificados gratuitamente", vosotros tenéis "paz con Dios por medio de Jesucristo". "Os escribo a vosotros, jóvenes, porque habéis vencido al maligno"; o, como añade después, "porque sois fuertes, y la palabra de Dios permanece en vosotros".
>
> Vosotros habéis apagado los dardos fieros del maligno, las dudas y temores con los que trastornaba vuestra primera paz; y el testimonio de Dios, de que vuestros pecados son perdonados, ahora reside en vuestro corazón. "Os escribo a vosotros, padres, porque habéis conocido al que es desde el principio". Habéis conocido a ambos, el Padre y el Hijo, y el Espíritu de Cristo, en vuestra alma más íntima. Vosotros sois "varones perfectos", pues habéis crecido hasta "la medida de la estatura de la plenitud de Cristo".
>
> Es principalmente de éstos que yo hablo en la parte final de este discurso: Pues sólo estos son cristianos perfectos. Pero aun los bebés en Cristo son en tal sentido perfectos, o nacidos de Dios (una expresión tomada también con diversos sentidos), puesto que, en primer lugar, no cometen pecado. Si alguien duda de este privilegio de los hijos de Dios, el asunto no ha decidirse mediante razonamientos abstractos, que podrían prolongarse hasta ser interminables, y dejar el punto exactamente tal como estaba antes. Ni se ha de decidir el asunto por la experiencia de esta persona o de la otra. Algunos pueden suponer que no cometen pecado, cuando sí lo hacen; pero esto no demuestra ningún lado del argumento. (*Works* [Obras], VI, 6)

9. Es necesario notar *explícitamente* la distinción clara que todas estas observaciones hacen —la cual es hecha *implícitamente* en las Escrituras, entre la perfección bíblica y el perfeccionismo. Por falta de una erudición cuidadosa, y en

algunos casos por la falta de lo que sería honestidad básica, aquellos que toman seriamente el mandato bíblico relativo a la perfección, han sido clasificados junto a los que son perfeccionistas —cuando en realidad las posiciones son muy diferentes. Lo que es más, el perfeccionismo es una posición *contradictoria en cada punto* a la enseñanza bíblica de la perfección.

10. La característica más importante del significado bíblico de la perfección es su naturaleza positiva. La perfección no es, principalmente, la ausencia de todo lo que es menos que perfecto, sino la presencia del amor con todo el significado dinámico del amor. La perfección cristiana no aísla del compañerismo normal e intrincado de los seres humanos; al contrario, puede sólo ser "perfeccionada" *en* ellos. En cada caso, el contenido bíblico de la perfección es definido en términos de comunicación y comunión. Nada destruye la "perfección" más rápida y decisivamente que una ruptura del compañerismo con Dios y/o con el ser humano. Pero en este contexto extremadamente humano, toda la exquisita variedad y posibilidad de crecimiento y de profundización dentro del individuo, y del compañerismo del cuerpo, se vuelve posible y en armonía con la perfección evangélica. Wesley escribió:

> En el año de 1764, después de un repaso de todo el asunto, escribí la suma de lo que yo había observado en las siguientes breves proposiciones:
>
> "(1) Hay tal cosa como la perfección; pues es mencionada una y otra vez en las Escrituras.
>
> "(2) No ocurre tan temprano como la justificación, pues a personas justificadas se les da el mandato de 'seguir hacia la perfección' (He 6:1).
>
> "(3) No ocurre tan tarde como la muerte, pues San Pablo habla de seres vivientes que eran perfectos (Fil 3:15).
>
> "(4) No es absoluta. La perfección absoluta le pertenece, no al hombre ni a los ángeles, sino a Dios solamente.
>
> "(5) No hace al ser humano infalible. Nadie es infalible en tanto que permanece en el cuerpo.
>
> "(6) ¿Es impecable? No vale la pena discutir por un término. Es 'salvación del pecado'.
>
> "(7) Es 'amor perfecto' (1 Jn 4:18). Esto es la esencia de ella; sus propiedades, o frutos inseparables, son: regocijarse siempre, orar sin cesar, y en todo dar gracias (1 Ts 5:16, etc.).
>
> "(8) Puede mejorarse. Es tan distante de permanecer en un punto indivisible, del cual todo crecimiento es imposible, que quien ha sido perfeccionado en amor puede crecer en la gracia más rápidamente que lo que podía crecer antes.
>
> "(9) Puede perderse; de lo cual tenemos muchos casos. Pero no estábamos cabalmente convencidos de esto sino hasta hace cinco o seis años.
>
> "(10) Es constantemente precedida y seguida por una obra gradual".
> (*Works* [Obras], XI, 441-42)

• • •

P. ¿Es el amor el cumplimiento de esta ley [la ley de Cristo]?

R. Indudablemente que lo es. Toda la ley bajo la cual estamos ahora es cumplida por el amor (Ro 13:9, 10). La fe que obra o que es animada por el amor, es todo lo que Dios requiere del ser humano. Él ha substituido (no sinceridad, sino) amor, en el recinto de la perfección angélica.

P. ¿En qué manera es "el amor el fin del mandamiento"? (1 Ti 1:5).

R. Es el fin de cada uno de los mandamientos de Dios. Es el punto al que apunta el todo y cada parte de la institución cristiana. El cimiento es la fe, que purifica el corazón; el fin, el amor, que preserva una buena conciencia.

P. ¿Qué amor es este?

R. Es amar al Señor nuestro Dios con todo nuestro corazón, alma y fuerzas; y es amar a nuestro prójimo, a todo ser humano, como nos amamos a nosotros mismos, como amamos a nuestra propia alma. (*Ibid.*, pp. 415-16)

11. Al notar el uso bíblico del término perfección, y al asomarnos a la multiplicidad de referencias que Wesley hizo de él, podríamos estar justificados al concluir que no es enteramente correcto equiparar la plenitud de la santificación con la perfección cristiana. Cuando menos el hacer tal cosa suscita la clase de pregunta que podría ser resuelta igualmente bien en cualquiera de dos maneras opuestas e inexactas.

*a.* Lo definido, lo específico de la "segunda crisis" podría llevar ambas, las santificación y la perfección cristiana, hacia un estado incambiable, en el cual el proceso no tendría pertinencia o defensa.

*b.* O el proceso de la perfección podría robarle a la santificación de lo decisivo de su crisis.

Wesley no estaba dispuesto a rendir ninguna de las dos, ni la dinámica de la perfección ni lo decisivo de la santificación cabal o entera. B. T. Roberts, un escritor de santidad del siglo XIX, que tuvo mucha influencia, al estudiar este asunto sugirió, en su obra intitulada *Holiness Teachings* [Enseñanzas de la Santidad], que la perfección dinámica de la que habla el Nuevo Testamento, y la perfección cristiana como término teológico, debería ser distinguida cuidadosamente. Esto es lo que dijo:

En ningún lugar de la Biblia leemos de alguien que haya sido hecho perfecto por la fe. Leemos de personas que fueron "justificadas por fe" (Ro 5:1; 9:30; Gá 3:24), que fueron "santificadas por fe" (Hch 15:9; 26:18), pero ni una sola vez leemos de una persona que haya sido hecha perfecta por la fe; otro elemento muy distinto entra en el proceso de hacer perfectos a los santos... La perfección que el evangelio demanda de los santos puede ser lograda por fidelidad al hacer toda la voluntad de Dios y por la paciencia al sufrirla. Un carácter simétrico, bien equilibrado, que no puede ser refutado, no se obtiene en un momento. No debemos confundir la perfección que el evangelio requiere con el amor perfecto o la entera santificación. Las Escrituras no usan estos términos como sinónimos.[10]

Para resumir, la lectura e interpretación cuidadosas del Nuevo Testamento revelarán un equilibrio magnífico entre la perfección de amor que habla de cualidad, y que puede apropiadamente ser relacionado a la entera santificación, y el proceso perfeccionador que principia en el cristiano más tierno, y que continúa, o debe continuar, hasta el fin de la vida. El confundir éstos conduce a problemas innecesarios y serios.

La perfección es integridad en cada punto a lo largo de la línea de maduración. Es el proceso mediante el cual el carácter cristiano se madura, como una fruta. Principia en el génesis de la vida cristiana, y continúa en tanto que la integridad es esencial al amor.

## *Notas Bibliográficas*

1   Manning Pattillo, "Good News to a Harassed World," *Christianity Today,* 10 de noviembre de 1958.

2   John Fletcher, *Checks to Antinomianism* (Kansas City: Beacon Hill Press, compendio, 1948), p. 22.

3   Y en inglés, idioma en que fue escrita originalmente esta obra. N. del t.

4   B. F. Westcott, *The Epistles to the Hebrews* (Grand Rapids, Michigan: Wm. B. Eerdmans Publishing Co., s.f.), p. 64.

5   William Barclay, *Letters to the Corinthians* (Filadelfia: Westminster Press, 1956), p. 146.

6   Delbert Rose, "The Theology of Experience." Manuscrito sin publicar.

7   H. Orton Wiley, *The Epistle to the Hebrews* (Kansas City: Beacon Hill Press, 1959), p. 205.

8   *Ibid.,* p. 209.

9   *Works,* VII, 267.

10  B. T. Roberts, *Holiness Teachings* (North Chili, N.Y.: "Earnest Christian" Publishing House, 1893), pp. 211-12.

# CAPÍTULO 15

# Santificación: La Sustancia

> La perfección cristiana no implica (como parece que algunos han imaginado) el quedar exentos de la ignorancia, o de cometer errores, o de debilidades, o de tentaciones. Realmente, es sólo otro término para designar la santidad. Son dos nombres para lo mismo. Por ende, todo aquel que es santo, es, en el sentido de las Escrituras, perfecto. Empero, podemos observar que aun en este respecto no hay tampoco perfección absoluta en la tierra. No hay perfección en grados, o gradual, como a veces es llamada; ninguna que no admita un aumento continuo. De modo que por mucho que un hombre haya alcanzado, o en qué grado sea perfecto, todavía tiene necesidad de "crecer en gracia", y de avanzar cada día en el conocimiento y amor de Dios su Salvador. (*Works* [Obras], VI, 5-6)

Esta cita bien puede servir para conectar el capítulo sobre la santificación con la cadena de asuntos bajo discusión. La santificación en su sentido religioso tiene tanta relación a todos los términos similares que es muy difícil, si no enteramente imposible, no deslizarse del uno al otro, tal como Wesley hizo en el pasaje antes citado. Wesley prefería otros términos, y es como intentar escapar de la fuerza de la gravedad separar o abstraer cualquier término religioso o teológico de la médula de su pensamiento, que es *el amor a Dios y al prójimo*. Cuando él discutía el tema de la santidad, era muy cuidadoso en distinguir entre lo que él llamaba la *substancia* y la *circunstancia* de la verdad. La substancia tenía que ver con el contenido de la verdad; la circunstancia con los medios para ese fin. La substancia debe ser bíblica, la circunstancia relacionada a la apropiación humana de la gracia (lo cual no podía merecer o recibir la misma autoridad que la substancia).

Para Wesley, la santificación no unía igualmente en su definición a estos dos aspectos: Uno era la Palabra de Dios; el otro, era "la manera en que les pasaba a los metodistas". Cuando los seguidores de Wesley tácitamente identificaron la santificación con cierta metodología ordenada de apropiación humana, se separaban (y se separan) radicalmente de su mentor. Creemos que, por el bien de la claridad y de la erudición, debemos buscar un énfasis wesleyano más correcto. Es cierto que él usó frecuentemente "santificación" y "santidad", pero sólo como *un término entre muchos*. Wesley no era cautivo de un término. Era demasiado conservador como para acuñar términos sencillamente para ser diferente o espectacular. Pero había tanta vida en el poder transformador del AMOR, y refulgía en tantos gloriosos colores en tantas diferentes áreas de la existencia humana, que ningún término podía jamás incluirlos a todos. Ni tampoco podía ser absolutamente descrito con muchas palabras. Wesley adaptó términos apropiados a cada situación, como los cristianos vibrantes siempre han hecho. Esta vida divina inyectaba una variedad caleidoscópica de una maravilla nueva y creadora en vidas que de otra manera eran monótonas y derrotadas. Sencillamente demandaba una terminología dinámica entonces, como siempre lo ha hecho.

## REDUCCIONISMO EN TERMINOLOGÍA

Tal vez antes de entrar de lleno en los estudios bíblicos y wesleyanos, deberíamos decir algo sobre el problema que se encuentra en el uso de los términos que estamos considerando.

1. Al paso de los años desde Wesley, un par de términos, "santidad" y "santificación", han sufrido una extraña metamorfosis. Ha cambiado de su rica connotación, en las Escrituras y en el uso que Wesley hace de ellas, a un significado muy limitado; además, se puso en estas dos palabras la responsabilidad total de la mayor parte del significado existencial y bíblico de la plena salvación. En algunos círculos, el dejar de usar la palabra "santificación" en la conversación, la predicación y el testimonio, y usar en vez de ello otros términos bíblicos y wesleyanos, es una claudicación. En mi juventud, la palabra era nuestra "cruz", y había mérito en dar testimonio usándola, sea que la entendiéramos o no. Cuando todos los sesgos ricos de una vida plena y llena del Espíritu tienen que ser comunicados a través del embudo de una o dos palabras, es inevitable que, primero, haya una restricción de la comunicación de la vida, y finalmente, un debilitamiento de la vida misma. La maravilla del AMOR es limitada severamente por un vocabulario paupérrimo. Las palabras tienen importancia sobre el significado. Elimínese la forma policroma y poética de expresar lo inexpresable, y lo menos que podemos decir es que la comunicación sufre.

2. Tal vez el reduccionismo más serio sea el limitar aun ese par de términos a un solo aspecto del significado total y bíblico, o sea, una segunda experiencia de gracia. Sería útil mencionar aquí la experiencia que Wesley tuvo al principio en este respecto. Él y sus predicadores estaban distinguiendo o identificando la segunda experiencia como "santificación", para *distinguirla* de la justificación. Sus oyentes les contestaron entonces que en el Nuevo Testamento todos los creyen-

tes cristianos eran llamados santos, o santificados. Wesley admitió que así era, de modo que él y sus predicadores decidieron sencillamente añadir el término "entera" para distinguir entre los dos aspectos de la santificación en la vida del cristiano.[1] El término no se deriva del Nuevo Testamento, pero fue escogido porque se prestaba perfectamente.

3. El efecto más serio de este angostamiento progresivo del concepto es que la connotación anémica, "abstracta", de lo que otrora fuera una palabra vibrante, dramática y dinámica, se atrincheró en sí misma y se volvió el único significado de cada ocasión en que el término aparece en las Escrituras. Hay quienes afirman que ningún pasaje de la Biblia que no use las palabras "santificación" o "santidad" puede ser considerado un pasaje de santidad. Lo peor de todo es que, de esta manera, la voz de la Palabra es silenciada.

4. El paso final en el proceso de abstracción es el de levantar la santificación completamente aparte de su conexión con la justificación, de *hecho* tanto como en pensamiento, así que el gran debate llega a ser: ¿Quién *es* un cristiano —sólo el santificado (con lo que se quiere decir el que ha recibido una segunda obra de gracia)— o podrá ser salvo el que es "sólo justificado"? Todo rastro de la relación personal esencial tan básico e inherente al significado de la palabra ha desaparecido ya, y sólo quedan las cáscaras de la metodología para perseguir y desilusionar al pobre ser humano hambriento.

La "santificación" no puede erguirse sola en la teología. No puede ser levantada de todo el sistema de doctrinas teológicas para ser separada de todas ellas. Las relaciones que entrelazan a todas las doctrinas cristianas entre sí son integrales a la vida y al significado de cada una de ellas. El levantar la fe, el amor, la purificación, la justificación, la santificación, la crisis, o el proceso (y todas las demás) del bloque, o complejo, es "abstraer" esa doctrina en particular, y lo que resulta es que la doctrina es entonces llamada abstracta. Equivale a quitarle el corazón a un ser humano y esperar encontrar en ese corazón todo lo que una persona es. El corazón no es la persona, y el ser humano no puede vivir por largo tiempo sin que ese fantástico e intrigante órgano esté conectado vitalmente a él. El ser humano *tiene* un corazón; el corazón no es el ser humano.

En el curso de la historia la santificación ha sido encubierta, o empañada, por muchas malas interpretaciones. Nos aventuramos a sugerir que la deformación peculiar que ocurre cuando cualquier cosa es separada de su relación con todo lo que la rodea, ocurre en la teología en conexión con esta palabra. Separada de su ambiente natural, otros apoyos extraños a su propia naturaleza y significado han sido parchados aquí y allá con el resultado de que el significado original ha cedido el paso a un significado casi diametralmente opuesto. Cuando la "santificación" es sacada de su contexto bíblico y combinada con otros términos que también han sido sacados de su contexto, algunas veces el resultado obtenido ha sido el de algo que tiene una apariencia artificial y que no parece tener una aplicación útil a la vida. Por ejemplo, algunas veces es vinculada con ciertos estados emotivos, o expresiones doctrinales, maneras de vestir, reglas morales, y hasta idiosincrasias personales. Esto puede suceder cuando la construcción de alguna doctrina bíblica se hace al agrupar cierto número de versículos en los que aparece la palabra que se está tratando de definir, y aparte del contexto, los versículos son relacionados entre sí en un sistema cuasilógico. Usando este método casi se puede "probar" cualquier cosa.

Cuando se trunca la relación entre la justificación y la santificación, y la justificación es deslizada debajo de la santificación en una manera parecida a cuando debajo de un piso de lujo se construye una vivienda mediocre en el sótano de un edificio, o cuando ambas palabras se usan para denotar la diferencia entre cristianos de primera y de segunda clase, se pierde algo esencial del significado de ambos términos.

Permítasenos sugerir que al buscar el significado bíblico de la *palabra* santificación, todavía no estamos ni hemos llegado al corazón mismo de la verdad wesleyana o bíblica. El corazón de ésta es, de acuerdo a Wesley, el amor a Dios y al prójimo, con todas las ramificaciones y relaciones del amor. Pero *sí estamos* en el corazón del *problema* tal como existe en la mente de hombres y mujeres serios que tratan de imponer el significado artificialmente limitado de la palabra a la Biblia, y que después de hacer eso, tratan, sinceramente, de hacer que la vida se conforme a una doctrina que limita la experiencia cristiana a un moralismo artificial de una palabra separada de su contexto, y después llamada un término bíblico.

La tarea que tenemos por delante en este capítulo es recapturar el significado bíblico, y demostrar su íntima relación a toda la teología y la vida. *Esto no debilita al mensaje de santidad.* Más bien, coloca al amor donde corresponde: en el centro mismo de la teología y de la vida. Debemos mantener presente también lo que ya se ha mencionado, que la clase de amor mencionado aquí no puede ser divorciado de la santidad. El amor y la santidad no son dos realidades que deben equilibrarse mutuamente, en una situación tal en que el extremo más pesado es realmente el de la santidad. El amor y la santidad no están meramente relacionados, o concomitantes. Son dos lados de lo mismo. Así que el mensaje de la santidad, vitalizado por la Palabra de Dios, se viste una vez más con el poder del Espíritu. Es la Palabra de Dios, no meramente las palabras de los seres humanos. Es amor, compañerismo, gozo, paz, poder, servicio, discipulado, vida y todo lo demás que está involucrado en la gracia de Dios.

# SANTIFICACIÓN, LA SUSTANCIA

El título de este capítulo es "Santificación: La Sustancia". Esto reconoce una distinción wesleyana entre lo que es *esencial teológicamente* en el uso de esta palabra, y la circunstancia (el siguiente capítulo), que se refiere a la variada apropiación humana de la gracia de Dios. La "substancia" debe revisar la manera en que Wesley usa el término, así como hacer un estudio bíblico de su contenido.

La teología de santidad de Wesley es distintiva en un punto particular: la pertinencia moral de la santificación para esta vida. Esta convicción le da color a cada aspecto de su teología, y se vuelve la base de toda la gama de su énfasis. Esto no es realmente una separación básica de la corriente tradicional de la enseñanza cristiana, sino más bien un esfuerzo de unir sus diversos elementos en un todo sistemático. En el wesleyanismo, la santificación es ambas, imputación e infusión. Tiene en sí misma elementos de crisis y de proceso. Es ambas cosas, una separación y una unificación, una purificación y un discipulado. Es objetiva y subjetiva. Es una teología y una experiencia personal, es teoría y es vida. Y sin embargo, es una unidad de experiencia y una experiencia unificadora.

Unir estas contradicciones aparentes en un solo sistema racional origina problemas lógicos. Si bien las contradicciones son resueltas en situaciones vivenciales, porque la vida es más rica que la lógica, en las expresiones doctrinales y en las disertaciones teológicas es inevitable que la tensión surja entre la vida y la lógica. Algunas personas inevitablemente prefieren cierta aproximación en vez de la otra, y entonces ocurren diferencias aparentes de posición teológica.

Hay dos razones principales de las diferencias de punto de vista entre los wesleyanos. Una emana de la naturaleza misma del énfasis wesleyano. Es primordialmente una vida más que una doctrina formal, por lo cual ha sido expresado en el lenguaje no científico y más bien poético de la religión y la devoción. Hay un volumen enorme de literatura escrito desde esta aproximación, y a muchas personas siempre les ha parecido que la aproximación más crítica y objetiva es irreverente y hasta impía.

La otra razón emana del hecho ya notado de que hay dos movimientos enteramente distintos en la doctrina wesleyana dentro de la estructura total de esta tradición. Nadie expresó esto mejor que el mismo Wesley. En una de las primeras ediciones inglesas de *A Plain Account of Christian Perfection* [Una clara explicación de la perfección cristiana], Wesley distingue muy cuidadosamente entre la "substancia" y la "circunstancia" de su enseñanza. Una afirmación, escribió, en la que "todos estamos de acuerdo", es "la salvación de todo pecado, propiamente llamado, por el amor a Dios y al prójimo que llena nuestro corazón".

> Algunos dicen: "Esto no puede obtenerse sino hasta que hayamos sido refinados por el fuego del purgatorio". Otros afirman: "No, sino que lo

lograremos en cuanto el alma se separe del cuerpo". Pero otros contestan: "Puede lograrse antes de morir: un momento después es demasiado tarde". ¿Es así o no? Todos estamos de acuerdo en que *podemos ser salvos de todo pecado antes de la muerte; o sea, de todos los deseos y actuaciones pecaminosos.* Esto, pues, aclara la substancia (las cursivas son de la autora).[2]

La "circunstancia" tiene que ver con la manera en que el cambio ocurre. ¿Es gradual o instantáneo? Wesley dijo: "Es ambos". Al predicarlo, ¿deben recalcarse ambos aspectos? Él contestó:

> Seguramente que debemos insistir en el cambio gradual, y hacerlo vehemente y continuamente. ¿Acaso no hay razones por las que debamos insistir en el cambio instantáneo?... La experiencia constante demuestra que mientras más vehementemente esperan (los cristianos) esto, más rápida y constantemente continúa la obra gradual de Dios en sus almas... en tanto que los efectos contrarios se observan cuando esta expectación cesa. Son salvados por esperanza... destrúyase esta esperanza y la salvación se detiene, o más bien dicho, disminuye diariamente, y por lo tanto, todo aquel que quiera acelerar el cambio gradual en los creyentes debe insistir intensamente en lo instantáneo.[3]

La "substancia", en el razonamiento de Wesley, era escritural, y él no perdió oportunidad para demostrar en qué se basaba para creerlo. La "circunstancia" era asunto enteramente diferente, asunto que recibió un tratamiento muy diferente de parte de Wesley. Puesto que tenía que ver con la apropiación subjetiva de gracia en la experiencia, la única fuente de información sobre el particular era la experiencia. En cuanto a esto, Wesley nunca fue dogmático. Apeló "constantemente a la experiencia". El hecho es que Wesley conservó meticulosamente los casos de cientos de personas cuya experiencia religiosa él examinó a través de los años, lo cual le proveyó un fondo de información que le dio, tanto una pauta significativa general, como variaciones significativas también de la pauta. Esto le permitió dar un sano consejo a todo el que lo necesitara. (Un estudio de sus cartas hará esto patente). Al hacer esto, Wesley se anticipó a los métodos de la erudición moderna, particularmente en el campo de la investigación sicológica.

Wesley, como un "médico" de notable competencia, aunada a su habilidad como sicólogo, tuvo éxito en "ver a través" de la masa de datos humanos, a fin de encontrar los hechos significativos en cualquier situación. Frecuentemente, él antagonizó con los doctores locales al indicar la naturaleza aparente de la relación entre síntoma y causa, que ellos consideraban absoluta. Wesley estableció sanos principios teológicos porque pudo distinguir entre los factores importantes y los superficiales en la experiencia religiosa, y porque también pudo ver la diferencia entre la doctrina misma, y una experiencia de lo que esa doctrina enseña.

Su conclusión de que: "Así les sucede a los metodistas", no era un dogmatismo teológico. Wesley nunca confundió estos dos niveles de verdad. La doctrina bíblica era una cosa; la apropiación de la gracia que él predicaba era otra. Su profundo interés era relacionar la primera a la segunda en una realidad espiritual e interioridad profundas, pero él sabía la diferencia entre la verdad eterna y la casi infinita variedad en cuanto a cómo es recibida por seres humanos sujetos a todas las complejidades y debilidades e ignorancia que son la herencia común de todos los humanos.

Sin embargo, en el curso del tiempo, aquellos que han seguido la teología de Wesley, al mismo tiempo que han estado de acuerdo con el asunto central, o sea la "substancia", han tendido a dividirse en cuanto al punto recién discutido. Muchos son wesleyanos en la misma manera en que él era, o sea, en que recalcan la profunda obligación moral de los creyentes hacia Dios, y en que siguen adelante hacia la consagración completa a Dios que el amor perfecto sugiere. Otros recalcan la pauta sicológica de la experiencia, y dicen que ésta representa el corazón de la doctrina. Los primeros generalmente tienden a usar un lenguaje más bíblico, y a evitar términos estereotipados. Los segundos han normalizado algunas de las expresiones sicológicas, y razonan que la pérdida de éstas constituye una negación de todo lo que la teología wesleyana representa. En este movimiento de retroceso, el síndrome sicológico toma precedencia sobre la relación profundamente personal con Cristo que resulta en la semejanza a Cristo. La "experiencia" es el aspirante al trono que sólo Cristo debería ocupar.

## WESLEY Y LA SANTIFICACIÓN

Un viaje rápido a través de algunos de los trabajos de Wesley servirá para caracterizar su posición.

> Por la justificación somos salvados de la culpa del pecado, y restaurados al favor de Dios; por la santificación somos salvados del poder y de la raíz del pecado, y restaurados a la imagen de Dios. Toda la experiencia, como también la Escritura, muestra que esta salvación es ambas, instantánea y gradual. Principia el momento en que somos justificados, en el santo, humilde, gentil y paciente amor a Dios y al prójimo. Va en aumento gradualmente desde ese momento, como un grano de mostaza, el cual, al principio es la más pequeña de todas las semillas, pero que después se vuelve un árbol con grandes ramas; hasta que, en otro instante, el corazón es purificado de todo pecado, y lleno con amor puro a Dios y al prójimo. Pero aun ese amor aumenta más y más, hasta que "crezcamos en todo en aquel que es la cabeza, esto es, Cristo"; y hasta que "lleguemos a la medida de la estatura de la plenitud de Cristo". (Works [Obras], VII, 507)

> Cuando nacemos de nuevo, en ese momento principia nuestra santificación, nuestra santidad interior y exterior; y de allí en adelante debemos gradualmente crecer "en todo en aquel que es la cabeza". Esta expresión del Apóstol ilustra admirablemente... la analogía entre las cosas naturales y las cosas espirituales. Un niño nace de una mujer en un

momento, o cuando menos en un corto tiempo. Después, crece gradual y lentamente, hasta que alcanza la estatura de un adulto. En manera análoga, el hijo de Dios nace de Dios en un momento breve, o en un tiempo breve. Pero es en forma gradual que de allí en adelante crece hasta alcanzar la medida de la plenitud o estatura cabal de Cristo. Así que la misma relación que existe entre nuestro nacimiento natural y nuestro crecimiento natural, existe entre nuestro nuevo nacimiento y nuestra santificación. (*Works* [Obras], VI, 74-75)

El meollo y énfasis principal de la religión de Wesley yacían en la relación personal establecida entre Dios y el ser humano. La justificación es la puerta abierta del corazón de Dios recibiendo a los humanos pecaminosos al compañerismo con Él. La fe, el arrepentimiento, y la alegre obediencia, son la respuesta del ser humano a esa invitación que Dios le extiende. En círculos evangélicos la expresión bíblica "en Cristo" describe teológicamente tal relación. La santificación está relacionada con esto, pero se refiere a otra fase de la experiencia cristiana. Wesley fue generalmente muy cuidadoso para distinguir clara y precisamente entre la justificación y la santificación. Este estudio no nos permite hacer sino una alusión pasajera a la justificación, pero no recalcar que tal relación, y tal diferencia de ella, estaban claramente en la mente de Wesley, tanto como en la teología protestante, podría minar y torcer, si no destruir el significado cabal de la santificación.

Wesley estaba muy al tanto de que había un peligro de recalcar a tal grado la diferencia entre la justificación y la santificación que la relación profundamente espiritual (entre ambas) quedaba perdida. En esta manera, la justificación tendía a ser reducida para dejar lugar para la santificación. El hecho es que una justificación privada de su potencia no puede conducir en forma alguna a la entera santificación.

P. "¿Representamos nosotros generalmente el estado justificado tan grande y feliz como es?

R. "Probablemente no. Un creyente, caminando en la luz, es inefablemente grande y feliz.

P. "¿No deberíamos entonces tener cuidado en no menospreciar la justificación a fin de exaltar el estado de la entera santificación?

R. "Indudablemente deberíamos tener cuidado de ello, pues uno podría hacer tal cosa sin darse cuenta.

P. "¿Cómo lo podremos evitar en efecto?

R. "Cuando vayamos a hablar de la entera santificación, describamos primero las bendiciones de un estado justificado, tan intensamente como podamos". (*Works* [Obras], VIII, 298)

El concepto que Wesley tenía de la justificación es un desafío tanto para los calvinistas como para los arminianos, y "le asesta un golpe" (como él decía con frecuencia) a la debilidad en ambas. Su elevado concepto de la justificación hace imperativo que todo cristiano considere la santificación igualmente importante.

> Ahora bien, la Palabra de Dios declara llanamente que aun aquellos que son justificados, los que han nacido de nuevo en el sentido más bajo, no "perseveran en pecado"; ni pueden seguir "viviendo en él" (Ro 6:1-2); que están "plantados juntamente con él en la semejanza de su muerte" (v. 5); que su "viejo hombre fue crucificado juntamente con él", y que el cuerpo de pecado fue destruido para que de allí en adelante ya no sirvan más al pecado; que, estando muertos juntamente con Cristo, están libres del pecado (vv. 6-7); que están "muertos al pecado, pero vivos para Dios" (v. 11); que el pecado ya "no se enseñorea de ellos", que ya "no están bajo la ley sino bajo la gracia"; y que, "libertados del pecado... (son) siervos de la justicia" (vv. 14, 18). (*Works* [Obras], VI, 6-7)

> P. 22. "Si les enseñamos a los creyentes a meditar continuamente en su pecado innato, ¿no es esto una manera segura de que se olviden de que fueron limpios de sus pecados pasados?

> R. "Hemos encontrado por experiencia que así es; y también a veces resulta en hacerlos menospreciarla como si fuera de poco valor; en vez de lo cual (aunque todavía hay dones más grandes después), deberían ver cuán inefablemente grande y glorioso es". (*Works* [Obras], VIII, 298)

El concepto que Wesley tiene de la justificación es muy alto, tan alto así que algunos podrían pensar que la está confundiendo con la santificación. PERO ESTE PRECISAMENTE ES EL ASUNTO. Wesley insistió en que la santificación empezaba en la justificación, ya que no sólo es Cristo *por* nosotros, sino que Él está *en* nosotros. Esto levanta todo el esquema de la redención a un nuevo nivel de significado. Algo principia en la justificación que no tiene límite. Le da entrada al nuevo cristiano a una relación con Cristo que implica un estilo de vida. Abre nuevas profundidades y nuevos horizontes de significado, y nuevos niveles de relación personal con nuestro Señor. El cristiano que se acaba de convertir no es un ciudadano del cielo de segunda clase, sino un verdadero miembro de Cristo. La justificación y la santificación no son dos *clases* de gracia, sino dos *dimensiones* de la experiencia del amor y la gracia de Dios.

## USTED EN CRISTO Y CRISTO EN USTED

La distinción absoluta entre los que están "en Cristo" y los que no están, es la característica distintiva del cristiano: que el Espíritu Santo mora en él, a lo que a veces se alude diciendo que Cristo mora en el corazón. Esta no es una distinción entre el "creyente" y el "santificado". Tal diferencia no se encuentra en expresiones bíblicas tales como: "Vosotros no vivís según la carne, sino según el Espíritu, *si es que el Espíritu de Dios mora en vosotros. Y si alguno no tiene el Espíritu de Cristo, no es de él*" (Ro 8:9-11). La prueba de estar en Cristo es: *Cristo en vosotros.*

"Si el Espíritu de aquel que levantó de los muertos a Jesús mora en vosotros, el que levantó de los muertos a Cristo Jesús vivificará también vuestros cuerpos mortales por su Espíritu que mora en vosotros" (Ro 8:11). (También deben estudiarse Gálatas 2:20; Efesios 3:14-19; 1 Juan 3:23-24; 4:4, 12-13, 15-16 y muchos más sobre el tema.)

En este breve repaso, y un estudio más extenso lograría un efecto mucho más intenso, empieza a surgir el glorioso hecho de que la justificación es sencillamente la puerta hacia un compañerismo personal con Dios a través de Cristo, un compañerismo tal que no se puede hacer de él algo "abstracto" en la vida cotidiana, al separarlo de toda la estructura de una relación viviente con Dios. Escuchemos la explicación que Wesley le da a este asunto, lo cual le añade una dimensión viviente al estudio de la santificación. Notemos sus cuidadosas distinciones:

> [La justificación] no es el efectivamente ser hecho justo y recto. Esto es la santificación, la cual es, de hecho, en cierto grado, el fruto inmediato de naturaleza diferente. Una implica lo que Dios hace para nosotros a través de su Hijo; la otra, lo que obra en nosotros por su Espíritu. De modo que, aunque se pueden encontrar algunos casos raros en los que el término *justificado*, o *justificación* es usado en manera tan amplia que incluye también la *santificación*, ambos términos son, sin embargo, suficientemente distintos en el uso que hacen de ellos San Pablo y otros escritores inspirados. (*Works* [Obras], V, 56)
>
> P. 7. "¿Es cada persona, en cuanto cree, una nueva criatura, santificada, pura de corazón? ¿Tiene entonces un nuevo corazón? ¿Mora Cristo allí? Y, ¿es él templo del Espíritu Santo?
>
> R. "Todas esas verdades pueden afirmarse de cada creyente, en un sentido verdadero. Por lo tanto, no contradigamos a los que lo afirman. ¿Por qué hemos de discutir por palabras?" (*Works* [Obras], VIII, 291)
>
> En cuanto el Espíritu Santo le da testimonio de su perdón o justificación, esa persona es salva. Ama a Dios y a toda la humanidad. Tiene la mente que estaba en Cristo, y poder para andar como Él anduvo. Desde ese momento en adelante (a menos que naufrague en la fe), la salvación gradualmente aumenta en su alma, pues `así es el reino de Dios, como cuando un hombre echa semilla en la tierra... porque de suyo lleva fruto la tierra, primero hierba, luego espiga, después grano lleno en la espiga'". (*Works* [Obras], VIII, 48)
>
> (Véase también el sermón de Wesley sobre la venida de Cristo, *Works* [Obras], VI, 275.)
>
> P. ¿Cuándo principia la santificación interior?
>
> R. En el momento en que un ser humano es justificado. (Sin embargo, el pecado permanece en él; sí, la semilla del pecado, hasta que es santificado enteramente). Desde ese tiempo en adelante un creyente gradualmente muere al pecado, y crece en gracia. (*Works* [Obras], XI, 387)

> Yo creo que [el nuevo nacimiento] es algo interno; un cambio de maldad interior a bondad interior; un cambio completo de nuestra naturaleza más íntima, de la imagen del diablo (con la que nacimos) a la imagen de Dios, un cambio del amor a la criatura al amor al Creador; de lo terrenal y sensual, a los afectos santos y celestiales —en una palabra, un cambio de la disposición del espíritu de las tinieblas a la de los ángeles de Dios en el cielo". (*Works* [Obras], I, 225)

En su ensayo intitulado "The First Fruits of the Spirit" [Los Primeros Frutos del Espíritu],[4] Wesley habla claramente de la naturaleza radical del cambio en la vida cristiana: (1) El cristiano mora en Cristo y Cristo en él; (2) Ha sido unido al Señor en un Espíritu; 3) Ha sido injertado en el Señor; (4) Los cristianos están unidos, como miembros con la cabeza; (5) En lo que toca a Gálatas 5:16-19, donde Pablo escribe: "Andad en el Espíritu, y no satisfagáis los deseos de la carne", inmediatamente añade: "Porque el deseo de la carne es contra el Espíritu, y el del Espíritu es contra la carne; y éstos se oponen entre sí, para que... no hagáis lo que quisiereis", Wesley añade:

> De modo que las palabras literalmente no se traducen, "para que no *podáis* hacer lo que quisiereis"; como si la carne venciera al Espíritu, una traducción que no sólo no tendría nada que ver con el texto original del Apóstol, sino que al mismo tiempo cancelaría todo su argumento; o sea, que declararía exactamente lo opuesto a lo que él está demostrando. (*Works* [Obras], V, 88)

Wesley continúa diciendo:

> (6) "Los que son de Cristo han crucificado la carne con sus pasiones y deseos". (7) Aunque sienten la raíz de amargura en ellos mismos, se les da "poder de lo alto para sujetarla continuamente bajo sus pies". (8) "Caminan en el Espíritu" en corazón y vida. (9) Aman a Dios y a su prójimo. (10) Los frutos genuinos del Espíritu Santo se echan de ver en su vida porque "están llenos del Espíritu Santo". (11) Lo que es más, los que están en Cristo, (a) no están bajo condenación por sus pecados pasados; (b) ni por sus pecados presentes; (c) ni por su pecado innato (a pesar de que permanece en ellos, y están cada día más al tanto de ello, pero no ceden a sus incitaciones); (d) por los pecados (que emanan) de sus flaquezas; o (e) por cualquier cosa que no está en sus manos evitar. (Cf. *Works* [Obras], V, 88-93)

Estos pasajes son sólo unas cuantas muestras del pensamiento de Wesley, escogidas en su mayoría de esas obras que él designó como las que especialmente expresaban las verdades cristianas esenciales. Lo hemos hecho con el fin de:

1. Indicar la alta norma que Wesley tenía de la justificación;
2. Mostrar la relación esencial y estrecha entre la justificación y la santificación, y la de ambas con el amor y la perfección cristiana;
3. Demostrar el cuidado extremo, casi tedioso, con el que Wesley manejaba asuntos que era fácil confundir;

4. Revelar la aproximación positiva a la entera santificación. (Wesley nunca empujaba a las personas, sino que siempre las guiaba. No condenaba a los seres humanos por el "pecado innato", sino que más bien los alentaba en su lucha interior, a confiar en Dios y a acercarse a Quien tanto los amaba).
5. Dar énfasis a la hermenéutica wesleyana, el amor. La apelación de Dios al ser humano no es hecha por el temor sino por el amor: Dios nos invita a ser siervos de Él en el mundo.
6. Señalar la dirección hacia una estructura de pensamiento en la cual tanto la crisis como el proceso tengan significado, y finalmente poner el cimiento para el significado de "segunda bendición".

Esto es un resumen de la manera en que Wesley entendía los términos santidad y santificación. Si estamos buscando definiciones y declaraciones agudas, claras y dogmáticas de Wesley, tal vez salgamos desilusionados. Pero si escuchamos bien lo que él tiene que decir, oiremos en sus palabras el fuerte pulso de la dinámica del amor en lo que dice en cuanto a la vida cristiana, y sentiremos la urgencia de la invitación de Dios a tener un encuentro personal con Él.

• • •

Pasamos ahora a un repaso de la enseñanza bíblica en cuanto al uso de los términos santificación y santidad. Particularmente hacemos énfasis en su uso en el Nuevo Testamento. El examen de cada ocasión donde se encuentran esos términos es indispensable para las conclusiones que son vitales en este estudio. Jamás se puede acusar a Wesley de haber escogido arbitrariamente ciertos pasajes, o de haber rechazado otros, ni de haber sacado algunos de ellos de su contexto a fin de probar cierto punto teológico.

## LA SANTIFICACIÓN EN EL ANTIGUO TESTAMENTO

Dicho en forma breve, en el Antiguo Testamento la santificación era el medio por el cual ciertos objetos, individuos y toda una nación fueron hechos santos. El pecado los había separado de Dios. Dios era santo, apartado, refulgente, inaccesible, temible. Él se erguía en terrible juicio contra los pecados de los seres humanos. La separación entre Dios y el ser humano era completa. Los humanos estaban separados de la vida de Dios. Pero Dios proveyó una manera de restaurar el compañerismo mutuo. Se requirieron siglos de educación divina para forjar conceptos con palabras que pudieran ser usadas, y que fueran usadas para expresar el significado moral de la redención que haría posible la comunicación entre Dios y los seres humanos.

Al principio, una separación física de lo común (del resto de las cosas o personas), separación lograda por reglas rígidas, fue la manera en que los objetos, los días, las personas y una nación se volvieron santos. Ciertos actos ritualistas les permitieron a las personas entrar en la presencia de Dios, y ser aceptados por Él. Sin embargo, el ritual nunca estuvo completamente separado de consideraciones morales y éticas.

Bajo la ley, se dio importancia a la obediencia. La perfección entonces fue definida en términos de conducta física y ética. La pureza (o limpieza) consistía en una separación total de cosas prohibidas, así como en una dedicación total a Dios y a su servicio. Esto era la santificación. Esto no equivale a decir que el significado moral estaba ausente, pues en realidad siempre estaba en el fondo, pero es un hecho que la observancia ceremonial era lo que recibía más prominencia y énfasis.

Los profetas recalcaron una actitud correcta, lo que era considerado de más importancia que los actos ritualistas sin el espíritu recto. "La obediencia", proclamó el profeta Samuel, "es mejor que el sacrificio". La perfección era asunto de motivaciones, de la intención. Job fue declarado "perfecto" porque su integridad ante Dios permaneció intacta. Se atrevió a confiar en Dios en la hora más oscura de la ira aparente de Dios contra él. El verdadero ayuno no consiste en meramente privarnos de alimentos, enseñó Isaías, sino en darle esos alimentos y vestidos al hambriento. La santificación llegó entonces a incluir la obediencia personal y obligaciones sociales, que eran consideraciones éticas importantes.

George A. Turner condensa la enseñanza del Antiguo Testamento diciendo que, esencialmente, era un concepto religioso, la idea central del cual era la separación de lo impuro, y la devoción a Dios. La santidad era esa semejanza a Dios que Él esperaba de su pueblo. Era una virtud derivada, no natural. La condición de su existencia era la obediencia, y por ende podía perderse. Turner añade: "La santidad es equivalente a la piedad; la piedad es similar a la bondad; el ser humano puede llegar a ser como Dios; por ende, la santidad que se requiere del ser humano es esencialmente piedad o bondad".[5]

## EL USO DE LA SANTIFICACIÓN EN EL NUEVO TESTAMENTO

Un estudio general del contexto precederá a un análisis más crítico, y la conclusión. El amplio uso de términos indica el rico contenido de significado.

1. *Significados ceremoniales y principalmente impersonales* se hallan en pasajes tales como Mateo 23, donde Jesús dice que el templo y el altar santifican lo que está en ellos; 1 Corintios 7, donde dice que el matrimonio es hecho santo y los

hijos legítimos por la fidelidad del cónyuge creyente; y 1 Timoteo 4, donde leemos que las carnes comidas con acciones de gracias son por ello mismo hechas santas.

2. *El propósito central del ministerio y la muerte de Jesús fue para la santificación de la iglesia.* Todos los demás elementos en la redención están relacionados a ello por cuanto son elementos que apoyan el propósito céntrico. Por ejemplo, el perdón es para hacer la santificación posible, y no debe considerarse como un fin en sí mismo. En Efesios 5:25-26, Pablo declara que Cristo se dio a sí mismo por la iglesia a fin de "santificarla, habiéndola purificado en el lavamiento del agua por la palabra". Las formas del griego no son expresadas cabalmente en nuestra traducción. Por muy burda que parezca, la frase griega realmente reza así: "Cristo amó [aoristo] la asamblea y se dio [aoristo] a sí mismo por ella, a fin de que pudiera santificarla [el subjuntivo indica propósito y posibilidad], habiéndola ya limpiado por el lavado de agua por la palabra [participio aoristo]". Cualquiera que haya sido la costumbre específica a la que esta figura de dicción alude, la preparación de la iglesia como una desposada es aquí la idea general y fundamental, y la idoneidad perfecta de la novia es la meta. El ser o estar sin "mancha ni arruga", es un paralelo de "santa y sin mancha [sin culpa]" en la relación negativa-positiva, y muestra la connotación moral que Pablo quiso darle.

Dos énfasis principales sobresalen de este pasaje: (1) era un grupo corporal, un compañerismo, el objeto del interés de Cristo. La idea de la unidad de la iglesia es el tema central en Efesios. (2) Fue por la santificación de este cuerpo que Cristo se dio a sí mismo. El vio más allá del individuo hacia el cuerpo total de creyentes. Esto no disminuye la importancia del individuo, pero sí muestra el contexto en el que un individuo experimenta aquello que Cristo proveyó con su muerte.

En Hebreos 13:12 la misma idea es expresada como la culminación de toda la epístola. Así como las ofrendas anuales del Antiguo Testamento, presentadas en el templo, tenían el propósito de santificar al pueblo en anticipación de la venida del Mesías, ahora, una vez por todas, "Jesús, para santificar al pueblo mediante su propia sangre, padeció fuera de la puerta". El propósito central de la cruz fue santificar al *pueblo*, lo cual hace resaltar o da énfasis al todo, no al individuo aparte del grupo. Estos dos pasajes echan mano del significado de la santificación mucho más de lo que generalmente se incluye en ellos. En realidad toda la gama de beneficios de la redención pertenecen al término santificación, sea como características concomitantes, o como detalles específicos en la totalidad.

Estos pasajes arrojan luz sobre la oración de Jesús en Juan 17. La oración en general es en favor del núcleo de creyentes, y *de todos los otros que creerían en Él por la palabra de ellos*, a fin de que fueran puestos juntos en unión a Cristo y entre sí, y todos ellos juntos con Dios, para que su testimonio glorificara a Cristo en la tierra. Lo que los capacitaría para ello es una unidad total y completa, lo cual es reiterado varias veces en la oración. La unidad espiritual es su característica. El testimonio eficaz es la meta: "para que el mundo crea". El Señor Jesús no tenía una sola queja que expresar de aquellos por quienes estaba orando. No habían fracasado ni le habían desilusionado. Se puede decir todo lo contrario. Su elogio de ellos no es limitado. Él no estaba orando por ellos para pedir que fuese corregido algo malo que ellos tuvieran, *o cuando menos el pasaje no lo dice*, sino más bien Jesús oraba con una postura de respeto por la tremenda responsabilidad que les estaba dejando, y en la que Él estaba pensando.

La santificación de sí mismo, en el versículo 19, era una ratificación personal de la santificación recibida por Él del Padre en preparación para su ministerio redentor. "¿Al que el Padre santificó y envió al mundo, vosotros decís: Tú blasfemas?", preguntó Jesús (Jn 10:36). En Juan 17:18 leemos que Jesús dijo: "Como tú me enviaste al mundo, así yo les he enviado al mundo"; y este comentario, interpuesto entre los versículos 17 y 19, relaciona la santificación a la comisión divina mencionada. Su parte de la tarea ha quedado terminada. Ahora comisiona a sus discípulos a llevar adelante la parte que les toca. *El Padre, quien le santificó a Él para esta tarea, oye ahora la rogativa de santificar a los seguidores de Él para la tarea de ellos, o hacerlos que sean de Él, y apartarlos y ungirlos para su tarea.* Jesucristo, en el pasaje antes citado (Jn 10:36), redarguyó a los judíos, en una de las porciones más solemnes del Nuevo Testamento, por haber ellos dicho que Él, *santificado por Dios*, era un blasfemo. Las obras de Jesucristo deberían haberlos convencido. Ahora, en el capítulo 17, la tarea de convencer al mundo se pone en las manos de aquellos a quienes Jesús dejó. El sacrificio de sí mismo en la cruz fue la consumación de su preparación en bien de ellos. Hombres así preparados, debían ahora volverse ingenieros espirituales para Cristo: "Las obras que yo hago, él las hará también; y aun mayores hará, porque yo voy al Padre" (Jn 14:12). Es completamente imposible encontrar en este pasaje la idea de que el mundo sería convencido del amor de Dios por creyentes que, todo lo que pueden decir de sí mismos, en cuanto a ser como Cristo, es que tienen una posición secreta a los ojos de Dios. Es precisamente tal presunción, que no viene acompañada por la evidencia concreta de idoneidad moral, lo que ha estorbado la fe del mundo. Regresando a los discípulos, el compañerismo al que la santificación les dio entrada tenía una estructura espiritual y moral.

Parece no haber una demanda exegética de que el significado de la santificación cambie de versículo en versículo, o sea, que signifique algo cuando se refiere a Jesús, y algo diferente cuando se aplica a los discípulos. Es precisamente la analogía transmitida del uno al otro lo que le da impacto al pasaje. En vez de imponerle un significado formal a la palabra, y requerir que el pasaje se conforme a ello, la exégesis bíblica debe informarse por el significado y énfasis en el texto. La palabra adquiere un significado rico si permitimos tal aproximación. Notemos los paralelos:

a. *Para que sean uno... como nosotros* (v. 11). Esto se repite en los versículos 21 y 22.

b. Como tú, (eres) *en mí y yo en ti...* que... ellos sean en... nosotros (v. 21).

c. *No son del mundo... tampoco yo soy del mundo.* Esto se repite (vv. 14 y 16).

d. *Como tú me enviaste al mundo...* yo los he enviado al mundo (v. 18).

e. *Yo me santifico a mí mismo...* para que ellos sean santificados (v. 19)

f. *La gloria que me diste...* les he dado (v. 22).

g. *Yo en ellos...* y tú en mí (v. 23).

h. *Como... a mí me has amado...* Tú *los has amado* (v. 23).

i. Tu amor para mí... *esté en ellos, y yo en ellos* (v. 26). En ningún caso se expresa o se implica un contraste entre lo que eran y lo que debían ser, moralmente, o entre sí mismo y ellos respecto a la integridad moral. En cada caso la comparación es positiva y dinámica.

Todo esto le da un significado concreto a la palabra santificación, tal como Jesús intentó que fuera en este pasaje. Es obvio que el significado es más que ceremonial. Los discípulos ya pertenecían a una nación "santa". Nada podía añadirse a esta característica. Ya se habían separado a sí mismos de este mundo, para Dios. La oración de Jesús no pedía que ellos fueran quitados del mundo, sino que fuesen guardados del mal, puesto que estaban en el mundo. La oración no fue sólo por los discípulos, sino por todos los que creerían en Cristo a través de la palabra de ellos. El propósito claramente enunciado de la contestación de la oración, "para que el mundo crea", elimina la posibilidad de que Jesús estuviese orando por una experiencia supra-terrenal.

Así que algo del significado de la santificación puede derivarse del análisis de este pasaje:

a. Lo que la santificación significó para Jesús es lo que debe significar para nosotros.

b. Incluía una comisión ordenada por Dios —personas escogidas, personas preparadas para un propósito específico. Dios santifica. Es objetivo.

c. Incluía también, de parte de los que son santificados, una respuesta de dedicación personal a Dios y a su voluntad. Hay un aspecto subjetivo.

d. Esta dedicación es una palabra muy fuerte, muy lejos del significado popular y vulgar que ha llegado a adquirir. Incluye una entrega enteramente auténtica, verdadera, del yo a Dios, de tal manera que ya no queda un solo propósito contrario en el corazón del creyente. Es una unión moral. Este pasaje es particularmente fuerte en cuanto a este punto.

e. Así como Cristo era uno con Dios en relación moral, y en la unicidad de amor y propósito, asimismo nuestra unión con Cristo, y de los unos con los otros, constituye la integridad moral que estructura la santificación.

f. Como con Cristo así fue con nosotros, la santificación era más que un acto simbólico de ordenación ejecutado por Dios, o la felicidad interna del compañerismo. Era también una expresión externa que siempre debe completar y equilibrar el significado del amor. Para existir, el amor debe expresarse en obediencia a Dios. Su naturaleza esencial demanda esto absolutamente. La santificación significa vida que fluye hacia afuera, y nunca significa meramente un lago de satisfacción. Jesús había dicho que la venida del Espíritu sería como un cauce de agua viviente que fluye hacia afuera (Jn 7:38).

Finalmente, el significado de la palabra santificación se deriva de los elementos *paralelos* en este capítulo, no de alguna diferencia entre la experiencia de Cristo y la nuestra que la teología importe del exterior, e introduzca en la interpretación. Si se insiste en que "purificar, o hacer puros", que es una frase teológica añadida, sea incluida en el significado de *santificación* aquí, pero que tal elemento sea eliminado del significado del término cuando se le aplica a Cristo, pero añadido cuando se aplica a los seres humanos, necesitamos aclarar que esta idea exhibe equivocadamente un concepto de pureza que el contexto no permite.

*Este pasaje es una definición de la pureza.* El texto le da significado existencial y concreto a la purificación. Lo que la pureza haya significado para Cristo, debe significar también para nosotros, lo que quiere decir un corazón con un solo propósito, y eso es precisamente lo que la santificación significa como una experiencia subjetiva. Los aspectos objetivo y subjetivo de la santificación no son dos elementos, sino más bien lo mismo visto desde diferentes lados. Lo ceremonial, simbolizado en el Antiguo Testamento, fue personalizado en Cristo, en quien somos santificados. Si estamos "en Cristo", la renovación moral es tan necesaria como la rectitud moral es en Cristo.

La santificación es *en verdad*, no en falsedad. En la atmósfera de la verdad cada ídolo es derribado, y cada área de la personalidad es centrada en Cristo. Este compañerismo moral es pureza. En este compañerismo *hay*, o *está* la limpieza del pecado. Juan 17 no permite, ni desde el punto de vista de la gramática o del sentido común, el concepto de una imputación formal de la santificación, como algo meramente "de posición". Ninguna interpretación impersonal o amoral puede hacerle justicia a la intención de Jesús en esta oración suya. La pertinencia moral está grabada en cada una de sus frases. La santificación no es abstracta ni imposible, sino existencial y éticamente pertinente. No es una búsqueda interminable de la pureza, sino una relación en la cual la pureza es experimentada. Es una relación lograda por la obra mediadora de Jesús, pero contingente en la respuesta humana (tal como lo indican los tiempos de los verbos griegos).

Juan 17, notablemente, corre paralelo al pasaje de Efesios. (1) Jesús estaba pensando en un cuerpo de creyentes unificado espiritualmente, (2) que le traería gloria a Él. (3) Él murió para santificarlos a *ellos*. Todos los otros elementos de la redención estaban incluidos, pero eran incidentales a este propósito principal. (4) La santificación era *en la palabra y en verdad*. Es obvio que esta "palabra" no era primordialmente las Escrituras, sino algo que se encontraba en un compañerismo íntimo con el Verbo viviente, quien es Él mismo la Verdad. (5) La comisión venía acompañada por una capacidad o idoneidad moral, pues la unidad de espíritu indicada en ambos pasajes (Juan y Efesios) es moral de principio a fin.

En pro de la claridad cabe advertir que en Juan 17 Jesús no indicó la manera en que la santificación ocurriría. Él no la identificó con la venida del Espíritu Santo; lo que es más, ni siquiera menciona al Espíritu Santo en su oración. Aunque la teología es dada a relacionarlas, es digno de atención notar que *en lo que toca a cualquier pasaje bíblico específico*, la experiencia pentecostal no es descrita como una contestación a la oración de Jesús en Juan 17. Empero Juan sí identifica, o hace sinónimos, el acto de Jesús de soplar sobre ellos (20:22) con la venida del Espíritu Santo. El hecho es que la santificación, como tal, nunca es directamente identificada con la venida del Espíritu el día de Pentecostés. Esto no significa que estos tres elementos *no* estén relacionados, pero sí significa que *sobre la fuerza de los pasajes citados* no pueda hacerse tal identificación. La gran verdad abrumadora e inclusiva parece ser que la santificación, tal como es presentada en Juan 17, incluye todo lo que Jesús fue, todo lo que hizo por nosotros, y que el propósito de ella (la santificación) es perfeccionar a una iglesia para la tarea a la que ha sido comisionada. Necesitamos continuar enfocando estas verdades centrales, independientemente de cómo las añadamos a otras verdades en una teología sistemática.

Además, Pablo enseña en sus cartas a los corintios que la fuente de la santificación es o está, *en Cristo*. Los ideales que ambos, griegos y hebreos, trataron en vano de alcanzar, se encontraban en Cristo: sabiduría, justicia o rectitud, santificación y redención (1 Co 1:30). Esto no sugiere o implica que los elementos de la propiciación sean solamente estas cuatro gracias, y en ese orden cronológico, sino más bien el pasaje es un resumen de las virtudes que los seres humanos buscan en la filosofía y en la religión, y que no pueden encontrar en sí mismos, pero que son provistas en Cristo y por Él. En el capítulo 6 de la misma epístola, Pablo hace un contraste entre lo que los cristianos corintios eran ahora y lo que habían sido bajo el paganismo, para demostrar cuán inexcusables eran su espíritu y sus acciones divisivas. Les recordó: "Y esto erais algunos; mas ya habéis sido lavados, ya habéis sido santificados, ya habéis sido justificados en el nombre del Señor Jesús, y por el Espíritu de nuestro Dios" (v. 11). Todo lo que tenían y disfrutaban en cuanto a vida espiritual lo habían recibido de Cristo y en Cristo. El problema teológico de Corintios, que ya es suficientemente difícil, pues Pablo los llama al mismo tiempo santificados y carnales, se complica aún más si uno limita el significado de la santificación aquí a una "segunda obra de gracia" (1 Co 1:2 y 3:1-4).

3. *El plan que Dios hizo, desde antes de la creación*, para la redención del ser humano, era "mediante la *santificación por el Espíritu* y la creencia en la verdad", en marcado contraste al progreso del pecado (injusticia) debido al rechazo de la verdad (2 Ts 2:13). Pedro echa mano de la misma expresión inusitada: "Elegidos... en *santificación del Espíritu*, para obedecer y ser rociados con la sangre de Jesucristo" (1 P 1:2). En ambos casos la referencia es precisamente al plan divino de redención, que era la santificación por el ministerio del Espíritu, por un lado, y la respuesta ética del pueblo, en obediencia y relaciones correctas a la verdad por el otro.

"Santificación del espíritu" incluía y *conducía* a la obediencia y a la sangre rociada. Este pasaje no nos dice que fuese condicionada por estas dos últimas. También es permisible, y probablemente más correcto, traducir "el espíritu" para denotar el espíritu del creyente, puesto que el contexto permite tal interpretación.[6] Esto coloca el método divino de salvación, o sea la creencia en la verdad y el amor a ella, en contraste absoluto con todo lo que se opone a la verdad. La santificación aquí es relacionada directamente a la verdad en cualquiera de los dos casos, y *esto precisamente es el punto*, y el significado más amplio de la santificación. Todo aquello que incluye el proceso redentor total es la debida interpretación de estos pasajes.

4. *Todos los creyentes en el Nuevo Testamento son llamados santos*, o santificados, haciendo caso omiso de su madurez espiritual, y de cualquier otra calificación. Ejemplos de esto los encontramos en 1 Corintios 1:2; 2 Corintios 1:1 y 13:13; Efesios 1:1 y muchos más. En lo que toca a la declaración expresa de las Escrituras, ninguna referencia se hace jamás a los creyentes no santificados, distinguidos de los creyentes santificados. Todos los creyentes son santificados en cierta forma. Esto es lo que Wesley enseñó.

5. *Los gentiles habían de ser incluidos*, por un arreglo divino previo, *entre los santificados*, tal como se indica en Hechos 20:32; 26:18 y Romanos 15:16. Este es el tema que se discute en cada uno de esos pasajes. La herencia de los santificados fue universalizada para que incluyera a los que estaban fuera de la nación

judía. Esto se refiere a la promesa dada a Israel como la nación santa, pero hace que ambos, Israel y su santificación, sean un asunto espiritual en el que otros podían participar, además de los judíos. En todos estos pasajes, la fuerza principal del argumento está en la universalización de la redención divina de la humanidad. En dos pasajes se recalca la comisión divina y personal de Pablo a los gentiles, en cumplimiento de la cual él entrega el mensaje del amor y la misericordia de Dios. Un pasaje habla de la herencia entre los santificados como un don de la gracia de Dios. Otro recalca que esta herencia es recibida por fe en Dios. El tercer pasaje declara que esta santificación ocurre en el Espíritu Santo. En todos ellos los elementos centrales son, el estar incluidos en el favor y el compañerismo de Dios, y el ser el recipiente de su gracia redentora.

Esto no es algo que los gentiles buscan, sino algo que reciben. La santificación es recibida sólo por el ministerio del Espíritu Santo. Empero, la actitud adecuada de parte del recipiente es necesaria para su apropiación personal. Ninguno de estos pasajes particulares dicen algo específico acerca del aspecto subjetivo de la santificación. La santificación en estos pasajes en particular "debería interpretarse en su sentido más amplio, o sea, como que se aplica a todos los 'santos' como los que han sido apartados para Dios".[7]

6. De las *dos oraciones por la santificación* que tenemos en el Nuevo Testamento, ambas son peticiones en pro de otros y no en pro de la persona que hace la oración (Jn 17:17ss y 1 Ts 5:23). Ambas fueron oraciones en pro de un grupo corpóreo. Ambas pedían que *Dios* santificara a esos grupos, o cuerpos, de personas, y ambas fueron oraciones en pro de grupos que previamente habían sido altamente elogiados en valores espirituales, y declarados irreprensibles en estas dimensiones. En conexión con la iglesia en Tesalónica, parece improbable que la referencia a la fe incompleta pudiera significar cosa alguna excepto la falta de madurez.

a. La oración de Jesús en Juan 17 ya ha sido discutida, en cuya ocasión se indicó el significado contextual de la santificación.

b. La oración de Pablo en 1 Tesalonicenses 5:23 es el pasaje del cual derivamos la expresión "entera santificación" o "por completo", y el único pasaje donde aun nuestra traducción da idea alguna de *parcial* o *completa*, como modificaciones en grados de santificación. El análisis textual a continuación no es un rechazo del uso teológico de la frase "entera santificación" (lo cual es un *concepto* profundamente arraigado en las Escrituras cuando es correctamente entendido), sino más bien un examen del pasaje mismo, para ver en qué forma contribuye al significado de la palabra santificación.

La palabra "entera", cuando califica a la santificación, y tal como los teólogos de santidad la usan, ha causado algunos problemas. Algunos han dado la impresión de que están diciendo que es la santificación que ha sido completada, dando la idea de que se ha alcanzado el fin, y de que todo lo que la santificación significa (en su sentido general) se ha logrado. Por implicación, esto dice que ya no queda en la vida ningún aspecto de proceso más allá de esto. Esto cancelaría la oración anterior en la epístola (3:12-13), que dice que un aumento continuo y una abundancia en el amor resultarían en "que sean afirmados vuestros corazones, irreprensibles en santidad". Esto es lo que Pablo pide, como si fuera el *establecimiento*, o afirmación en la santidad lo que los tesalonicenses necesitaban.

También sería difícil que la naturaleza completada de la santificación concordara con la exhortación a los corintios (2 Co 7:1): "Limpiémonos de toda contaminación de carne y de espíritu, perfeccionando [continuamente] la santidad [tiempo presente]", lo cual, como ya hemos visto, habla del proceso de madurar. Se trata de que la persona cambie en relación a la santidad más que de que se reciban diversos grados o cantidades de santificación. La santificación, o santidad, como tal, nunca parece ser un asunto que pueda ser descrito en términos de grados. Nunca se menciona de alguien que tenga una pequeña santificación, o más de ella, o toda ella. Cuando menos, este pasaje no permite tal interpretación.

1 Tesalonicenses 5:23 difícilmente puede ser entendido aparte del cuarto capítulo, que es una exhortación doble. Ambos resultan del tercer capítulo, de que la santidad pueda ser establecida o afirmada por medio de un aumento en amor. Primero, los tesalonicenses habían de abundar "más y más", y conducirse de tal manera que "agradara a Dios". La santidad no es estática. Ellos habían de "abundar más y más" (4:9-10) en amor los unos por los otros. Pero puesto que Pablo declara que no necesitaba escribir tocante a este último asunto, puesto que ya excedían en ello (v. 10), y Dios mismo les había enseñado en ese particular (v. 9), la elaboración del "camino de santidad" del cual Pablo habló en los versículos 3-8, debe ser muy interesante para nosotros. Es la filosofía bíblica de la santidad.

Hay un número de elementos mencionados e implicados en esta filosofía:

(1) *La santidad tiene que ver con los asuntos prácticos de la vida.* El "camino" ("conduciros") es la cualidad diaria de conducta. Lo que Pablo pide de los tesalonicenses no es que mejoren en su comprensión de la doctrina. El hecho de que *la* habían aceptado de todo corazón es mencionado previamente varias veces. Empero, *había* algunos puntos en su *conducta* que ameritaban atención.

(2) *La santidad y la impureza moral eran (y son) antitéticas.* Lo que es más, la limpieza moral es definida como santidad, y la impureza es la ausencia de integridad moral, o de santidad. Puesto que los tesalonicenses habían sido formados en la cultura griega, algunos de los cristianos en Tesalónica habían introducido

en la religión cristiana la idea de que, o bien los pecados físicos eran necesarios para una vida plena, y por lo tanto no eran pecado, o que el cuerpo no participaba ni podía participar de la santidad espiritual. La conclusión de tal razonamiento fue que los pecados físicos no eran estorbo alguno para la gracia. Esta herejía gnóstica (o pre-gnóstica) fue la plaga, la maldición de los líderes cristianos de la alborada de la iglesia. La santidad como una efusión de gracia no era necesaria para prevenir los pecados sexuales de acuerdo a este pasaje (o cualquier otro pasaje), pero estos pecados son señalados como absolutamente antagónicos al camino, o la "conducta" (4:2) cristiana. Tenían que ser rechazados por cualquier cristiano, y por todos los cristianos. Una vida cristiana coherente incluía en sí misma la participación de todo el ser humano. El dualismo griego quedaba rechazado.

(3) *La santidad es la voluntad de Dios.* A esto son llamados los humanos. El llamado del evangelio no es meramente al perdón sino a la santidad. El Espíritu Santo es dado a los cristianos para hacer que la santidad sea posible. El rehusarnos a andar "como Él anduvo", es despreciar a Dios, quien ha dado el Espíritu Santo. No hay alternativa aceptable al llamado de Dios a la santidad. La impureza es una rebelión moral contra Dios. Ahora bien, Pablo es al mismo tiempo insistente y paciente sobre este particular. Algunos de ellos (los cristianos tesalonicenses) *eran* santificados pero ignorantes, y estaban participando en actividades impuras. Pablo estaba dando instrucciones sobre ello, y para él, *conocer* la verdad los constituía absolutamente responsables de cualquier pecado posterior. El Apóstol podía excusar la ignorancia, pero no el rechazo deliberado de la verdad conocida. Más aún, dijo que rechazarlo a él era lo mismo que rechazar a Dios con todas las serias consecuencias que ello traería. El llamado, en esta carta, no es abstracto, sino a una armonía práctica (o ética) en la santidad, que es precisamente la pureza. Y la pureza significa traer cada facultad del cuerpo en sujeción a la voluntad de Dios y al propósito divino para los humanos.

Ahora, cuando llegamos a 1 Tesalonicenses 5:23, donde Pablo ora otra vez, es necesario tener este fondo de comprensión. La oración tiene dos propósitos, dos peticiones. Una por la santificación, la otra por la preservación en integridad moral. Pablo pide que cada uno de ellos (los cristianos tesalonicenses) sea santificado, y que la entera personalidad de cada uno se mantenga inviolada en esta relación sagrada.

7. *Esta relación implica una obligación humana.* Se nos pide que santifiquemos a Dios en nuestros corazones como "el Señor" (1 P 3:15). Esto recalca la demanda de que un cristiano no sólo se vuelva un creyente, sino que él también muy conscientemente haga que Cristo sea en efecto Señor. El *Salvador* debe volverse *Señor* para él, y esto es posible solamente cuando lo hacemos que sea, a

nivel personal, mediante una ratificación consciente del señorío de Cristo. Un servicio eficaz, o "buenas obras", son posibles sólo cuando uno "se purga" de todo eso que es indigno y que atrapa al cristiano, y que Pablo menciona detalladamente en 2 Timoteo 2. Usando la analogía de los utensilios de oro y de plata en una casa, el cristiano que así se limpie a sí mismo será apartado como "instrumento para honra, santificado, útil al Señor, y dispuesto para toda buena obra" (v. 21). En esta figura del lenguaje se contrasta al "Señor" con el ayudante de cocina o con cualquiera de los criados domésticos. Es para el uso especial que Dios quiera hacer de nosotros, que nos hemos de dedicar a Él, en contraste con cualquier otra devoción. Sólo uno que se ha limpiado (o purgado) a sí mismo, o sea, que ha eliminado todas las demás lealtades, es "candidato" para ser santificado, o (como lo fue en el caso de Jesús), comisionado para el servicio de Dios. Una vez más en este caso, la figura ceremonial se vuelve útil para nosotros conforme vemos que el significado espiritual surge, y la profunda pertinencia moral sobresale.

Los corintios (2 Co 7:1) fueron exhortados a "perfeccionar", o traer a la madurez, "la santidad en el temor de Dios" al limpiarse a sí mismos "de toda contaminación de carne y del espíritu". A la luz de las promesas detalladas en 1 Corintios 6, la limpieza (aoristo) del yo era el mínimo moral requerido en las vidas de los creyentes para traer a su plenitud (tiempo presente, acción continua) "la santidad en el temor de Dios". Los tesalonicenses fueron amonestados a abundar más y más en amor, a fin de que el Señor estableciera o "afirmara" sus corazones "irreprensibles en santidad" (1 Ts 3:12-13). En Romanos 6, Pablo indica que un yo o ser entregado a Dios en obediencia, conduce a la justicia y tiene como su fruto la santificación. No quiere decir en sentido alguno que la santidad sea lograda por esfuerzos personales, sino por uno considerarse muerto al pecado y vivo para Dios, y por la actitud resuelta de rendirse a Dios mediante una vida de obediencia de corazón. El fruto de esto es la santidad y la vida eterna.

8. *La santidad es una cualidad de vida —su teología o propósito*. Algo similar a una *definición un poco más amplia de la santidad* es lo que se nos da en Efesios 1:4, donde Pablo nos marca la norma o *patrón del propósito de Dios* para la creación de los seres humanos, y que es, "que fuésemos santos y sin mancha delante de él [Dios], en amor". La austeridad abstracta de "santos" se personaliza en lo inmaculado del amor. Estos se modifican el uno al otro. La abstracción filosófica que frecuentemente oscurece el significado evangélico se disuelve en las palabras "delante de él". Esto quita toda la definición y todo el juicio de nuestras manos, y los pone en las manos de Dios. "Sin mancha" es también un término existencial. El lenguaje del perfeccionismo sería "sin faltas", pero "sin mancha" es una

expresión moral y cabalmente cristiana. No tenemos aquí una norma imposible y supra-histórica. Es pertinente *sólo* para esta vida en que estamos a prueba. *Sin mancha*, cuando es unido con *amor*, no es cierto código de conducta o de excelencia que pueda medirse; es un espíritu, una *cualidad* de devoción que "es perfecta" en cada etapa de su desarrollo. La santidad y el amor proceden juntos. La santidad es profundizada por el amor. El amor es la esencia misma de la santidad. Ninguno de los dos es estático o sencillamente un asunto "de posición", pero algo tan obligado a ensancharse como la personalidad en la cual mora.

Que la iglesia sea santa y sin mancha: he aquí el propósito redentor de Cristo (Ef 5:27). Leemos casi lo mismo en Colosenses 1:22, "para presentaros santos y sin mancha e irreprensibles delante de él". Eso es lo que Pablo pide en su oración por los tesalonicenses, que "sean guardados irreprensibles" (1 Ts 5:23). Este es un pensamiento frecuentemente repetido en las Escrituras. Pedro, a la mitad de un pasaje de varias exhortaciones a la conducta cristiana debida, al principio de su Primera Epístola, exclama: "Como aquel que os llamó es santo, sed también vosotros santos en toda vuestra manera de vivir" (1:15-16). Esta no es una idea abstracta y mística de santidad. Pedro no es un hombre dado a especulaciones. Aquí se habla de un contraste con su antigua vida impía. La obediencia y la sobriedad cristiana deben caracterizar su conducta, en armonía con su fe y su esperanza. Es un error teologizar el concepto "santo" en la discusión de Pedro, aparte de la muy específica área de la experiencia humana que califica el significado. El contexto hace del *amor* la prueba de la santidad.

Este ha sido un estudio de las palabras teniendo en cuanta el contexto, pero no hemos hecho el intento siquiera de analizar las palabras más críticamente. Empero, un estudio de las palabras mismas confirmaría los conceptos a que hemos llegado.

Un hecho muy interesante empieza a surgir con claridad conforme estas palabras son estudiadas en el contexto inmediato, y es este: que no suscitan preguntas en cuanto al número de las obras de gracias, o "niveles" de gracia, o la sucesión cronológica de "bendiciones", la medida relativa de pecado permisible en cualquier etapa del camino, la clasificación del nivel o grado del cristiano mediante cierto examen de sus reacciones sicológicas, o cualquier otro asunto similar. La obligación moral, personal y práctica a Dios empuja todas estas preocupaciones marginales a su lugar debido, el fondo. *El imperativo moral sobresale claramente en cada punto.*

Toda la gama de la enseñanza bíblica sobre la santificación se centra en un interés primordial: las relaciones prácticas del ser humano con Dios y con sus semejantes. La santificación presupone que Dios ha tomado la iniciativa al ofrecer la salvación y hacer la provisión para ella. No había nada que el ser humano pudiera hacer por sí mismo para congraciarse con Dios. La santificación tiene que ver con cada aspecto de la responsabilidad con Dios a la luz de la iniciativa, la provisión y la invitación de Dios. La santificación es la contestación de Dios a la abstracción y al antinomianismo en cuanto a la salvación. En el sentido más cabal, circunscribe toda la medida de la responsabilidad humana. Es la única palabra que encierra en sí todo aquello por lo que un ser humano es responsable ante Dios, ante sí mismo y ante otros. La religión no es algo teórico, abstracto, y que pueda distribuirse en compartimientos. Al contrario, invade toda la vida, y confronta cada momento de responsabilidad.

De modo que la palabra santificación es más rica en su significado que lo que cualquier término teológico permite. No es una palabra académica, ni filosófica, en el sentido de ser abstracta o "de libros". Es intensamente práctica y religiosa. *Básicamente significa la separación del pecado, a una devoción total a Dios. Su atmósfera es el amor. Su vida es el servicio, o una expresión del amor.*

Notemos sus usos complejos en el Nuevo Testamento. La santificación es algunas veces el epítome de todo el plan de salvación; en otras ocasiones parte de éste. Es para la iglesia como un grupo corpóreo: Cristo murió para santificar a la iglesia. Algunas veces la santificación es considerada el único fin de la redención, (que haya) un pueblo santo. En otras ocasiones la santificación es el método de hacer que los cristianos sean moralmente íntegros. Frecuentemente es una faceta en el método, pero cuando aparece detallada en esta manera, no hay uniformidad en la clasificación. Algunas veces es un rango o estado que se confiere; otras, es una vida que ha de desarrollarse y perfeccionarse. Los humanos nunca *logran* la santificación. Siempre es dada por Dios, si bien los humanos deben apropiarse de ella, y "vivirla" meticulosamente. Se requiere integridad moral para mantenerla: "limpiémonos", así como un crecimiento y profundización del amor, a fin de progresar *en* ella. Es objetiva y subjetiva. Es un rango y es una vida. Es algo dado y es un proceso. Es la antítesis del pecado, y sin embargo, se adapta perfectamente a la naturaleza humana con toda su imperfección y propensión a errar.

Mediante un análisis cuidadoso del uso de esta palabra contra su contexto, descubrimos que muy pocos, o ninguno, de los problemas racionales que se han mencionado se suscitan por el uso bíblico de "santificación". En cada caso, excepto donde obviamente tiene un significado no teológico (como por ejemplo en la expresión, un matrimonio santo), se le ha dado a la palabra original un significado moral específico, un significado que causa una diferencia en la vida práctica de uno. Es, diciéndolo en otra manera, una relación espiritual. Va hacia el *interior* y hace presión sobre la conciencia, y requiere una respuesta moral. Las exhortaciones relacionadas al uso de santificación tienen que ver con las obligaciones morales que uno tiene hacia Dios. Las exhortaciones nunca son impersonales, esto es, no son a buscar una experiencia sicológica como tal, o una creencia teológica formal. Las exhortaciones son personales hasta la médula. Las obligaciones que uno tiene con Dios en la santificación son obligaciones morales y por ende requieren una respuesta moral decisiva e inclusiva.

De modo que, entonces, la santificación es una relación correcta entre personas, que son Dios y el prójimo. Dentro de la relación hay eventos significativos en el lado de Dios y el lado del ser humano que inician y preservan la relación. La santificación relaciona la provisión divina de la salvación a la personalidad humana del ser humano. Es todo el proceso por el cual lo abstracto y teórico se vuelve realidad y vital. En particular, la santificación incluye cada paso dado hacia Dios y su voluntad de parte nuestra, y la aprobación y renovación interior, de parte de Dios. La santificación es necesitada para protegernos del antinomianismo, que inevitablemente surge cuando la responsabilidad humana es menospreciada, o cuando la gracia es restringida en cualquier manera de modo que significa sólo un acto *de Dios*. También la necesitamos para mantener la estructura de integridad moral en el mundo de Dios. La salvación no es una manera diferente de ver el pecado de parte de Dios, sino una actitud diferente hacia el pecado de parte del ser humano. Las distinciones morales son retenidas y fortalecidas más que debilitadas. La santificación no es sólo una posesión presente sino una búsqueda, y ambas cosas deben mantenerse relacionadas, distinguidas y en equilibrio perfecto.

## OBSERVACIONES EN CUANTO A LA SANTIFICACIÓN

1. Santificación es la única palabra que, por contraste, explica más adecuadamente lo "terrible" de la muerte de Cristo. Sólo en ella puede mantenerse una perspectiva correcta hacia el propósito redentor de Dios. No puede decirse meramente que Cristo murió para proveer el perdón del pecado, o solamente por nuestra justificación. Nada menos que nuestra santificación es suficiente para comprender el misterio de la muerte de Cristo en la cruz. "Jesús... padeció fuera de la puerta, para santificar al pueblo mediante su propia sangre". "Cristo amó a la iglesia, y se entregó a sí mismo por ella, para santificarla, habiéndola purificado". El entender erróneamente la santificación, o el menospreciarla o verla en una forma no bíblica, equivale a irnos a la deriva, alejándonos de la afirmación central de la fe cristiana. La justificación no agota el significado de la expiación.

2. El interés de Jesús en nuestra santificación es adicionalmente hecho patente por las palabras de su oración que se nos dan en Juan 17. No es baladí afirmar que en esta oración se nos manifiestan las revelaciones más profundas y urgentes del propósito de Jesús. Pisamos un suelo santo. Todo el propósito del sacrificio

de Jesús es que el mundo pueda creer en Él, pero lo que es aún más, que el mundo pudiera creer que Dios lo amaba. Detrás de cada frase de esa oración refulge el propósito final: efectuar la unión de Dios y el ser humano en un compañerismo purificador. La confianza del mundo en nosotros (inspirada por la unidad que tenemos entre nosotros) debe conducir hacia el amor de Cristo, lo cual a su vez nos lleva a Dios. Allí hay suficiente teología para asombrar la mejor mente. De aquí el progreso de pensamiento. Jesús había de santificarse a sí mismo a fin de que los discípulos pudieran ser santificados, para que la resultante unidad con Dios y el prójimo convenciera al mundo del amor de Dios en Cristo. La majestad y los alcances de este propósito nos abisman en la humildad más profunda, y requieren de nosotros la más profunda obediencia. No hay lugar, a la luz de Juan 17, para una perspectiva superficial, trivial de la vida cristiana, o para excusa alguna de que Dios posea un ápice menos que el total de nuestra vida, o que no sea nuestro absoluto Señor. Cierto que los creyentes son adentrados individualmente en la santificación, pero ésta no es un individualismo o un aislacionismo aristocrático. La santificación nunca es una virtud que pueda desplegarse como una aureola, o como un vestido de distinción. Nunca termina en uno mismo. La santificación es un compañerismo en el cual la conciencia individual se da profunda cuenta de su responsabilidad de glorificar a Cristo, Aquél en cuyo compañerismo está la santificación.

3. La tercera observación resulta de estas dos anteriores. La santificación tiene una dimensión doble. (1) Está relacionada a Dios y a la provisión de gracia que Él nos ofrece por medio de la expiación. Parece claramente representar el revés de la situación en la que los seres humanos se encuentran a causa del pecado. Es, en Cristo, todo lo que los sacrificios del Antiguo Testamento tipificaron en cuanto a la expiación por el pecado. Es la restauración que Dios hace de su presencia y su compañerismo con el ser humano. (2) Pero en la santificación también hay, por necesidad moral, el requisito de que el compañerismo sea moral, que la unidad sea real, no ficticia. En la redención Dios ofrece la salvación a todos los humanos, pero todo (lo que Él ofrece) debe ser apropiado mediante la medida más cabal de respuesta moral, de parte del ser humano. La naturaleza profundamente personal de la santificación significa la naturaleza profundamente espiritual de la relación. El compañerismo es imposible aparte de una entrega del ser, de parte de cada persona. Esta entrega no puede ser forzada; tiene que hacerse voluntaria y alegremente. El don de Dios no puede ser recibido hasta que los humanos se sometan a los términos o condiciones del compañerismo. Todos los beneficios de la gracia son apropiados *por fe* en Dios, y apropiados sólo en la medida en que la fe se apropie.

328 / UNA TEOLOGÍA DEL AMOR

4. No hay nada en cuanto a la relación con Dios a la que la santificación se refiere que sea ganado, o logrado, por nuestras obras o acciones. Sería más veraz decir que los pasos hacia ella incluyen una eliminación de estorbos mortales; y los pasos dentro de ella, incluyen el cumplimiento progresivo de las implicaciones de ello en todas las relaciones de la vida. La santificación misma parece ser una relación con Dios que se nos hace accesible, y en la cual somos recibidos cuando Dios nos adopta en su familia. *No es propiamente un estado, sino una relación viviente y vital con Dios.* La crisis y el proceso se refieren a nuestro lado de este pacto. Es una crisis en la vida cuando hacemos nuestra consagración y Dios nos acepta. Dentro de este compañerismo sagrado, nos desarrollamos y crecemos de acuerdo a las leyes de la vida espiritual. La entrega total y personal a Cristo, la crucifixión con Cristo, y la morada del Espíritu Santo son, por su propia naturaleza, sucesos abruptos y culminantes. Tal vez se requiera algún tiempo para alinear nuestro yo central a la voluntad de Dios, pero cuando se hace, propiamente, ha ocurrido una crisis, aunque no tiene que ser del tipo de un momento en el reloj. Es un acto crucial y formativo, y tiene repercusiones en toda la vida. Pero no es la santificación lo que es experimentado de nuevo, o más profundamente. Es más bien el hecho de que nos conformamos a nosotros mismos a las obligaciones morales inherentes al compañerismo divino.

5. Si estamos observando debidamente las implicaciones de la santificación, una declaración aún más específica debe ser hecha. En todas las relaciones de Dios con nosotros, en todos sus tratos, en todos los requisitos que Él nos hace, Él obra en pro de la integridad moral. Diciéndolo de otra manera, nosotros debemos responder al nuevo clima moral como cristianos. No hay una "tierra de nadie" neutral en la experiencia moral. No tenemos la libertad para no estar comprometidos, pues el compromiso es el acto necesario de personas morales. Participar en la relación santificada con Dios, tal como el Nuevo Testamento usa el término "santo", es estar obligados a comprometernos activamente con Cristo como *nuestro* Señor. Cristo *es* Señor, y ha sido así constituido por Dios, independientemente de que nosotros reconozcamos tal realidad. Nosotros no lo hacemos Señor; meramente entramos en el reino del que Él es Señor. Básicamente esta es la "ley del país". No hay alternativa cristiana a una ratificación personal de su señorío, y este señorío significa que nosotros capitulamos en reconocimiento de ello, en hecho y en verdad. Parece correcto interpretar Romanos 12:1-2 en esta luz. Esta "consagración" (a la que Pablo nos invita) es *racional*. Y con este término el Apóstol no denota sencillamente una idea aceptable, sino la conclusión a la que la manera correcta de pensar nos conduce. Otra manera de decirlo es que en la comunidad cristiana Cristo es Señor, y puesto que somos personas no autómatas, nuestra aceptación activa y personal

de tal hecho es requerida. El no darla equivale en cierto sentido a desafiar tal señorío. Este señorío no depende de que nosotros lo aceptemos; es un hecho que debe motivar nuestra relación con Cristo, o excluirnos del reino.

La exhortación de Pablo en Romanos 12:1-2, a que los "hermanos" presenten sus cuerpos como sacrificios vivientes a Dios, no es entonces un "piso" adicional a la justificación, ni una alternativa cristiana a niveles más altos o más bajos de la gracia, ni tampoco un lujo del que disfrutan los creyentes que están excesivamente consagrados, y que casi pertenecen en el segmento de los fanáticos. Es más bien el punto teológico de todo su argumento. *La presentación de todo el cuerpo no es el máximo logro cristiano, sino la consagración cristiana mínima.* Conforme la Epístola a los Romanos procede, se ve que el todo de la vida cristiana, con todos sus problemas y vicisitudes, yace más allá de este punto en particular.

La santificación principia en la justificación y procede a través de toda la experiencia cristiana. Cada etapa en el camino está relacionada a cada una de las demás. El wesleyanismo enseña, porque cree que bíblicamente es más defendible, que *la gracia es una unidad de autodádiva divina.* Los calvinistas hablan de dos clases de gracia, la gracia común y la gracia salvadora (o términos comparables). La gracia común no guía ni puede guiar a la gracia salvadora. Ambas son discretas. El wesleyanismo no ve evidencia alguna de esta separación o división en la enseñanza de la Biblia. La gracia de Dios guía al arrepentimiento, a la fe y a la salvación cuando son debidamente recibidos. *Pero el wesleyanismo tiende a olvidar su premisa básica cuando él también distingue en forma demasiado abrupta entre gracia "salvadora" y gracia "santificadora", como si se tratara de dos clases de gracia.* Tal perspectiva da lugar a problemas lógicos e imposibles de resolver. Tal postura no puede evitar la pregunta: ¿Cuándo, entonces, es uno salvo? ¿Puede uno ser justificado y no ser salvo? Además, si la santificación principia con la justificación, y uno es salvo en esta relación, ¿cómo puede decirse que se requiera otra clase de santificación para *verdaderamente* salvar el alma? En realidad Pablo nunca se permitió caer en esta trampa lógica. El Apóstol no reconoció niveles legítimos de gracia. Él *sí* reconoció el hecho de que no todos los cristianos se habían apropiado de la gracia que les era disponible, ni habían contestado en obediencia como los cristianos deben hacer. Él sabía que hay antagonismos espirituales profundos en el corazón que ponen en peligro la posición del cristiano, y que, hasta que éste ha hecho la consagración profunda y completa, y a menos que la conserve intacta, el peligro de la deserción es inminente. *Hay una continuidad de gracia,* y de obligación moral, de los seres humanos que están en gracia, que la santificación preserva, y no viola.

6. Un estudio del Nuevo Testamento no muestra con claridad que la santifi-cación es una *clase* diferente de gracia de las otras provisiones redentoras. Noso-tros deberíamos razonar que todos los beneficios de la expiación provistos por la sangre de Cristo son apropiados por nosotros de acuerdo a nuestra habilidad si-cológica, en vez de creer que haya limitaciones inherentes de la aplicación a eta-pas de la experiencia, de parte de Dios.

Cada oferta de gracia que Dios hace al ser humano debe ser reciprocada por la medida más cabal posible de un ajuste moral nuevo del ser humano, de parte de éste. El significado último de la redención es la restauración del compañeris-mo con Dios que puede sólo consistir en la santidad. En el compañerismo hay purificación, escribe Juan, y ambos dependen en caminar en la luz. La provisión de gracia en la salvación es una unidad, no niveles de gracia. Pero la apropiación de esta gracia que se requiere del ser humano es conforme a la habilidad que éste tenga de hacer decisiones morales. Desde la primera leve ola de convicción por el pecado, hasta el último suspiro en la tierra, la obligación moral funciona en la personalidad humana. Tal vez haya correctamente identificados sólo dos mo-mentos cruciales, pero no porque Dios haya estructurado la salvación de esa manera, sino porque Él ha estructurado al ser humano como criatura moral.

El primer acto verdaderamente moral es un reconocimiento del pecado y una súplica de perdón, un retorno de todo el ser hacia Dios. El todo de la gracia de Dios es disponible en ese mismo momento porque Dios se nos está dando a *sí mismo*. No hay nada de Él que no nos dé, pero correctamente se puede decir que la apropiación de la gracia en ese momento puede ser experimentada en diversas maneras por cada ser humano. Algunos son débiles, y han estado esclavizados a diversos vicios, y necesitan una gran cantidad de ayuda divina. Otros parecen entrar en posesión de una medida mucho mayor de vida espiritual. Ambos de-ben aceptar la responsabilidad de estar a prueba.

Debe siempre considerarse posible que la comprensión espiritual de algunas personas sea tan grande, en ese momento, para hacer la entrega humana total que la experiencia moral requiere, y para que la segunda clase distintiva de ac-ción sea efectuada. Así lo creyó Wesley, aunque no supo de casos para ilustrarlo. En cualquier caso, la naturaleza profundamente natural de la entera consagra-ción generalmente es realizada más lenta y dolorosamente. En otras palabras, los beneficios de la gracia, y nuestro propio lugar en el reino, como embajadores efectivamente comisionados, no resultan automáticamente de la justificación. La gracia y la fe son asuntos personales, y por ende intensamente morales, y requie-ren la medida más cabal de respuesta que podamos dar en cualquier momento dado.

7. El tratamiento que la predicación hace a esta gracia debe estar en armonía con el tratamiento del Nuevo Testamento. La verdad central parece yacer en la necesidad de un ajuste moral profundo a Dios que logre la integración de todo el ser humano. El Nuevo Testamento no hace la distinción entre niveles legítimos de vida espiritual. Sólo un sendero es correcto, y es el de andar en la luz. No se nos ha dejado para que meramente estemos cómodos "en Cristo", o "en el Espíritu", sino que se insiste en que *caminemos en el Espíritu*, con todos los profundos cambios involucrados en mantener este "camino" o "conducta".

No habrá duda alguna en la mente de alguien en cuanto al "estado de gracia" en que él o ella pueda estar, si insistimos en una contestación. No habrá una interrupción en el compañerismo causado por la insistencia en "contar las bendiciones"; no habrá barreras no bíblicas suscitadas por la metodología cuando la medida cabal de responsabilidad a Dios y a nosotros mismos sea presentada. El baluarte disimulado de la justicia propia necesita ser sacado a luz aun en las personas más fortificadas teológicamente. El urgir la "santificación" como tal sobre los seres humanos, frecuentemente es algo demasiado abstracto. Tal vez oscurezca el asunto concreto moral que el Nuevo Testamento siempre pone por alto.

El hablar de estados de gracia, y particularmente de santificación como un estado de gracia en el cual uno descansa, y que puede distinguirse de la justificación, no es algo bíblico. Parece que lo más sabio es no usar ese término excepto bajo algunas condiciones especiales. El peligro es que uno llegue a limitar la santificación a una posesión, y a olvidar que también es una búsqueda. Lo que fue hecho en un momento dado necesita una dependencia continua en la misericordia de Dios. Wesley usó este término con cuidado para que no fuese que implicase una visión estática de la santificación. Sobre este particular él escribió: "A cada hora y en cada momento nosotros agradamos o desagradamos a Dios, *de acuerdo a nuestras obras*, de acuerdo al todo de nuestras disposiciones internas y conducta externa".[8] Juan Fletcher habló acaloradamente sobre este punto. Escribió:

> El señor Wesley tiene muchas personas en sus sociedades que profesan haber sido justificadas o santificadas en un momento; pero en vez de confiar en el Dios viviente, confían de tal manera en lo que fue hecho en ese momento, al grado que se les olvida "tomar su cruz diariamente y velar con oración y perseverancia". Las consecuencias son deplorables.[9]

"Tal vez ustedes objeten a la frase 'en cada momento'", dijo Fletcher, aludiendo a la declaración de Wesley, y luego añadió: "Pero si no sucede en *cada momento*, no sucede *nunca*".

En otra ocasión y en otro contexto, Fletcher dijo:

> Para evitar que sus seguidores caigan en el antinomianismo, él [Wesley] les instruye que no hablen de un estado justificado o santificado tan

descuidadamente como algunos, incluyendo arminianos, lo hacen; lo cual tiende a guiar equivocadamente a las personas, y hacerlas que relajen su atención cuidadosa a sus obras internas y externas, o sea, a la totalidad de sus disposiciones interiores y conducta exterior.[10]

Una predicadora, maestra y escritora de santidad de una época posterior, cuya interpretación del wesleyanismo recibió amplia aceptación, se refirió al mismo punto con estas palabras:

No estamos predicando un *estado*, sino un *camino*. La calzada de santidad no es un *sitio*, sino un *camino*. La santificación no es un objeto o cosa que obtengamos o recojamos en cierta etapa de nuestra experiencia, y para que la poseamos de allí en adelante, sino que es una vida que ha de ser vivida día tras día, y hora tras hora.[11]

Un escritor de santidad de días recientes, al analizar la posición de Wesley, piensa que la palabra erradicación, cuando se usa en esta conexión, es débil porque permite una perspectiva de la santidad como "estado en vez de una búsqueda". Escribió: "El énfasis sobre las crisis y las victorias espirituales frecuentemente hacen de la religión un estado de gracia, más que una cualidad de vivir por la gracia".[12]

De modo que, en el Nuevo Testamento, la distinción entre crisis y proceso, y el equilibrio entre ambos, son conservados debidamente al grado de que los problemas lógicos que se originan en relaciones inadecuadas nunca se suscitan. La predicación jamás debe violar tal delicado equilibrio.

8. Esto deja el problema del tiempo. ¿Cuándo debe uno entrar en este compañerismo purificador con Dios? Sorprendentemente, este asunto no es presentado directamente en el Nuevo Testamento, excepto por implicación. Es significativo que nadie hace la pregunta y nadie la contesta. Cuyo significado es comprendido cuando se tiene presente la naturaleza absolutamente moral del requisito. En el Nuevo Testamento no se ofrece comodidad alguna, excepto para el creyente cuya conformidad a la voluntad de Dios es ni un ápice menos que total, en cualquier momento dado. No nos queda sitio donde escondernos, tales como el método, el tiempo, la secuencia, diferentes niveles de gracia, etc. No hay ni un indicio de una norma doble para los cristianos —o para *cualquier* clase de personas en general. Nada menos se permite en la vida de un cristiano recién convertido, en lo que toca a responsabilidad moral, que lo que se permite en la vida de un cristiano maduro y más perfecto. Tal vez el primero no tenga la misma habilidad o comprensión espiritual, pero *debe* usar toda la que tenga. No es la madurez lo que hace posible el compañerismo, sino las decisiones responsables. El asunto no es el tiempo. La rectitud moral no tiene nada que ver con el tiempo. La decisión siempre es, ahora.

## *Notas Bibliográficas*

1   *Works*, XI, 338, donde alude a una conferencia de predicadores, el 16 de junio de 1747.

2   John Wesley, *A Plain Account of Christian Perfection* (Kansas City: Beacon Hill Press, 1950), p. 3.

3   *Ibid.*

4   *Works*, V, 87-97.

5   George Allen Turner, *The More Excellent Way* (Winona Lake, Indiana: Light and Life Press, 1952), p. 31.

6   W. R. Nicoll, *The Expositor's Greek Testament.*

7   Charles W. Carter y Ralph Earle, *The Acts of the Apostles*, "Evangelical Commentary on the Bible" (Grand Rapids, Michigan: Zondervan Publishing House, 1959), p. 312.

8   *Works*, VIII, 338.

9   Fletcher, *Checks*, p. 61.

10  *Ibid.*, p. 26.

11  Hannah Whitall Smith, *The Christian's Secret of a Happy Life* (Westwood, N.J.: Fleming H. Revell Co., 1968), p. 130.

12  Turner, *op. cit.*, pp. 249, 256.

# $\mathcal{C}$ APÍTULO 16

# Santificación: La Circunstancia

Todas las avenidas de investigación que hemos seguido nos conducen al punto que ahora consideramos. La *substancia* de la doctrina que ha de permitirnos confrontar el crisol de la vida, debe ajustar sus abstracciones a la corriente dinámica de la vida. La teología wesleyana postula: (1) que la santificación es una experiencia para "esta vida"; (2) que es una relación con Dios lógicamente distinta, y de una dimensión muy diferente en lo moral, de "la justificación", (3) que viene después de la regeneración, (4) que es orientada tanto hacia la crisis como hacia la vida, y (5) que, en un sentido correcto, puede ser llamada una "segunda crisis".

La doctrina en la vida puede verse como una varilla recta dentro de un frasco lleno de agua: doblada, oscilante en el seno del líquido, y en perspectivas cambiantes. Wesley sabía que la sencillez lógica de la teología siempre sufre una alteración cuando se enfrenta a la complejidad de la vida humana. Él no podía ser tan dogmático en cuanto a las reacciones de la psique humana a la gracia, como lo era en cuanto a la misma gracia. El wesleyanismo ha estado convencido de que es propio, en cierto sentido, hablar de una segunda crisis al referirnos a la santificación. ¿Hay una razón justificable para esta "circunstancia" de la santificación? El resumen que hacemos a continuación de los seis elementos previamente discutidos, se relaciona a la contestación que sugerimos a tal pregunta.

## 1. Lo moral

El análisis de la palabra *moral*, palabra que estructura la "santidad", muestra que (1) lo "moral" se relaciona a esta vida y debe hacerlo; (2) la vida moral procede sobre la base de puntos de crisis-decisión; (3) la experiencia moral no es estática sino tan vital y dinámica como la misma vida; (4) la responsabilidad moral es respetada y dada por sentada en todos los pasos en la redención, y (5) todo lo que el Espíritu Santo es y hace es el subsuelo de la vida y la teología de la fe cristiana.

## 2. El ministerio del Espíritu Santo

El ministerio del Espíritu Santo es hecho posible por la integridad moral, con todo lo que se implica por autoconocimiento (o consciencia) moral de las personas, y trabaja (el ministerio) en pro de ella. Por ese ministerio, términos tales como la fe, la purificación, la perfección y la santificación, son relacionados en una realidad espiritual dinámica. *La fe* es una experiencia moral, y relaciona la gracia a la vida. La verdad bíblica es expresada en el lenguaje de la experiencia moral, y apela a la conciencia en términos de responsabilidad moral. *La purificación* se refiere al proceso de traer a la persona total, a todo el ser, a una unidad en cuanto al señorío de Cristo. *Él* es hecho el verdadero centro. La purificación es la integridad moral de la que Cristo es el factor integrador.

## 3. Pureza

Es el amor a Dios sin amalgama alguna, que brota del corazón que sólo tiene un propósito. *El pecado*, por otro lado, es la ausencia de esta integridad, o desintegración, debida a que se tiene un centro moralmente destructor para el amor de uno. El pecado es antagonismo hacia Dios, y amor exagerado hacia uno mismo. *La perfección* es parecida a la purificación por cuanto es el lado positivo del cual la purificación es el negativo. Es la descripción de la vida que emana de un corazón integrado. No es algo terminado y estático, sino algo en que crecemos en madurez moral. *La santificación* es todo el programa de procedimiento redentor, estructurado por pasos decisivos, bajo la dirección del Espíritu Santo, y en su presencia inmediata.

## 4. Sicología

La personalidad humana, tal como es comprendida por la sicología bíblica y verificada por la experiencia personal, es moral hasta su médula. Es una unidad, no un dualismo sin solución de carne y espíritu, y actúa como una unidad sencilla. La gracia no destruye esa unidad sino que la crea y fortalece, no para que sea una unidad autosuficiente y autónoma, sino como una verdadera integración moral que incluye primordialmente a Dios, y a otras personas necesariamente. Pero la personalidad no es estática. Crece, hace clasificaciones y elimina, logra nuevas perspectivas, se ensancha, madura, descarta y se profundiza. La vida necesita disciplina; la inmadurez necesita dar paso a la edad adulta; la puerilidad debe transformarse en responsabilidad; la ignorancia debe ser conquistada, y la pequeñez ha de dar lugar a un corazón grande. La pequeñez no puede quedar contenta consigo misma sino que debe dar lugar a una visión creciente y a una comprensión, un amor y una conmiseración cada día mayores. El provincialismo espiritual y cultural necesita la terapia del amor que nos hace crecer. Y el efecto moldeador de un gran amor e interés propio deben ensancharse hasta llegar a ser un interés en otros, sin perder su propia identidad e integridad. Sólo un yo fuerte es capaz de confrontar las demandas de un gran amor.

## 5. Exhortaciones bíblicas

La enseñanza bíblica da énfasis a las demandas morales que Dios le hace al ser humano. El pecador se ha de arrepentir y creer, y el creyente ha de obedecer y limpiarse a sí mismo, tomar su cruz y caminar en el Espíritu. Ha de despojarse del hombre viejo, y vestirse del nuevo; su amor ha de aumentar y él ha de madurar en santidad. Ha de presentarse a Dios como un sacrificio viviente, y no tener más alto concepto de sí mismo que el que debe tener. Ha de orar sin cesar, ser transformado por la renovación de su entendimiento, y ser renovado en el molde de la mente de Cristo, su Señor. Ha de hacer a un lado la mentira, así como toda una legión de otras cosas demasiado numerosas para mencionarse aquí.

## 6. La experiencia cristiana

No sólo hay que considerar los elementos morales arriba mencionados, sino que también la experiencia humana práctica añade su voz a las preguntas que tenemos por delante.

La experiencia cristiana proporciona amplia evidencia de una experiencia después de la conversión, la cual, llámesele como se le llame, o aunque no se le llame de cierta manera, ha abierto las puertas a todo un mundo nuevo de vitalidad espiritual. Ese sentimiento de insuficiencia, ocasionado por un interés mórbido en uno mismo, y esa inestabilidad crónica que hace a la persona "ir de allá para acá", han sido reemplazados por una vida fresca y vigorosa, gracias a la presencia, de la que uno está consciente, del Espíritu Santo. Ese tono espiritual desvanecido se ha recuperado, y se ha vuelto vibrante, constante y ferviente. El deber ha sido reemplazado por la dinámica del amor, la incapacidad moral por una victoria que no puede explicarse por forma alguna de la fuerza de la voluntad, y la vacilación infantil se ha vuelto una firmeza santa. Pies que antes se arrastraban, han adquirido alas, y la mirada monótona se volvió refulgente.

Hay una abundante tradición teológica en testimonio de esta verdad. Es un fenómeno reconocido universalmente en la vida cristiana. En vez de causar un aumento de orgullo espiritual, esta nueva vitalidad es su antítesis, y produce un espíritu como el de Cristo, y una ternura y fuerza como las del Maestro. Ministerios que antes eran mediocres vuelven a la vida, y frecuentemente todo esto resulta en un despertamiento de interés espiritual.

Cuando se le pide que explique este enorme cambio, el creyente a quien le ha sucedido casi siempre recordará un período de creciente tensión espiritual, debida al fracaso en aquellas áreas de la vida que son más significativas, y que frecuentemente están en relación con el servicio y el testimonio cristianos de uno. La persona se acuerda también de haber estado consciente con nueva fuerza de una rebeldía interior a cumplir cierto servicio que representaba la voluntad de Dios. Luego vino "un momento" de la más profunda obediencia personal a Dios, que incluyó un golpe doloroso al orgullo y a la independencia egoísta, y después, una entrega nueva e inagotablemente profunda del yo a Dios.

Algunas veces esta experiencia es asociada con un llamado al ministerio público, o con una clarificación de las responsabilidades cotidianas de la vida diaria, las que ahora se ven como un ministerio; en otras ocasiones este momento viene cuando se hace una decisión deliberada, y se escoge el menos deseado entre dos estilos posibles de vida. Pero venga cuando viniere, este encuentro espiritual siempre confirma y fortalece la fe en Dios, y obra "el descanso de la fe". Ideales abstractos se vuelven acción, acciones específicas bajo la dirección compulsiva del Espíritu Santo. La experiencia siempre es una crisis de obediencia, no respecto a cierta ley exterior, sino respecto a esa entrega más profunda de uno mismo. Asuntos muy pequeños afectan el nervio céntrico del corazón, asuntos que en sí mismos parecen triviales.

El resultado no es siempre un gran éxito visible, pero sí es generalmente el fin de un conflicto interior agotador, que resulta en la fuerza, nueva también, de un propósito unificado. Ahora se tiene un "corazón limpio", sin las fuerzas contrarias que dañan el servicio. Es el principio de un amor inefable a Dios y a los demás seres humanos, que eleva la vida a un nuevo nivel. Trae estabilidad, visión, propósito, celo, humildad, y una devoción a Cristo como jamás se había experimentado, aun estando situados en un panorama de circunstancias excepcionalmente difíciles.

Todas estas líneas convergen en un solo punto, y presentan un problema. ¿Cómo puede todo esto ser explicado razonablemente, sin dañar y torcer en el proceso la vitalidad de ello al hacerlo que se vuelva un formalismo rígido, o sin perder su verdad mediante una protección inadecuada de sus verdades básicas? Hay cuando menos cinco elementos que deben ser preservados: (1) La relación personal y moral; (2) la crisis implícita en lo moral; (3) la distinción entre las clases *antes de*, y *después de*, en lo que toca a la experiencia espiritual, la cual es la afirmación del testimonio; (4) la infinita capacidad para cambio en la psique humana —su capacidad de errar, su imperfección y su debilidad, que siempre deben permanecer menos que una perfección filosófica; y (5) la parte que el Espíritu Santo desempeña a cada momento del contacto del alma con la gracia.

# PUNTOS DE VISTA ANTITÉTICOS DE LA SANTIFICACIÓN

El protestantismo ha ofrecido dos teorías principales de la santificación, extremadas y totalmente antitéticas. Una ha tratado con negligencia el carácter esencial moral de la redención. Esta solución hace una de estas dos afirmaciones: (a) para ser libre del pecado, el creyente tiene que esperar al momento de la muerte, la que libra al alma del cuerpo, lo que hace que la muerte sea lo que nos salva del pecado; o (b) el "cuerpo del pecado" es reemplazado gradualmente durante esta vida por el "nuevo hombre" de santidad. El mal es empujado hacia fuera, y reemplazado por el bien. La persona logra la santificación por medio del crecimiento. El protestantismo se encuentra entonces en la situación bochornosa de señalar el momento en que la santificación así vista pueda ser considerada completa, puesto que la muerte pone fin a cualquier cambio y no tiene poder de redimir.

La otra posición, que también es extrema, tiende también a pasar por alto la importante dimensión moral de la redención, y recalca el elemento de crisis de la experiencia, casi hasta el grado de excluir cualquier reconocimiento de la falibilidad de la psique humana. Se dice que, en una experiencia de crisis, el ser humano es liberado de estar expuesto a la tentación al mal, y que la santidad perfecta y un carácter maduro son recibidos instantáneamente. La primera recalca el proceso sin la crisis moral. La otra coloca la perfección *en* la persona humana, en el sentido de que la capacidad de pecar virtualmente ha terminado. Este punto de vista recalca excesivamente la crisis, sin una razón adecuada para el proceso en la vida espiritual. Ninguna de las dos perspectivas se apega enteramente a la realidad, pero tiende a presentar con indebida sencillez un problema sumamente complejo y profundamente arraigado. Ambas son variedades del perfeccionismo.

El wesleyanismo intenta hacer justicia a cualquier verdad que pudiera haber en los dos sistemas de pensamiento teológico aludidos, al postular ambos, crisis y proceso, sin recalcar exageradamente ninguno de los dos, pero relacionándolos, sin embargo, en forma harto significativa. En esta posición mediadora, los términos "segunda" y "crisis" no han sido siempre satisfactoriamente explicados, ni relacionados al elemento de proceso. Trataremos ahora de dar tal explicación.

La causa principal de los problemas en esta área es que los aspectos teológicos y sicológicos de la santidad no han sido distinguidos entre sí, y la consecuencia ha sido que familias, o grupos enteros de términos que son apropiados sólo para uno (de esos aspectos) han sido usados en una forma no crítica. El resultado ha sido la confusión.

## ¿VALORES DE CANTIDAD O VALORES DE CALIDAD?

Es necesario hacer la distinción fundamental entre los elementos morales y todos los demás. Lo *moral* no es un concepto de tiempo y espacio, sino un concepto de cualidad. Los términos apropiados para medir valores cuantitativos son inadecuados para los valores morales. Las cualidades morales y espirituales no tienen dimensiones lineales, ni poseen tampoco la clase de realidad que pueda ser medida por las reglas que afectan los objetos materiales. En lo que toca a la esencia de lo *moral*, no hay pasado ni futuro, ni secuencia matemática alguna. El concepto trasciende el espacio y el tiempo, tal como los trasciende el concepto *persona*.

Las categorías *moral*, *espiritual* y *persona* yacen en una dimensión diferente de la de los objetos materiales. Tienen que ver con cualidad, no cantidad. Si las personas estuviesen absolutamente ligadas y limitadas a la matriz tiempo-espacio, ni siquiera podrían hablar de lo *moral*, mucho menos entenderlo. Sólo aquello que está racionalmente libre de un determinismo absoluto, puede atribuirle valores cualitativos a cualquier cosa. De la trayectoria de planetas y estrellas no se puede decir que sea "buena" o "mala". Los automóviles y la televisión no son ni buenos ni malos. Sólo criaturas inteligentes están sujetas a juicios cualitativos axiológicos; en efecto, no pueden escapar de ellos.

Ahora bien, esto no significa que lo *moral* no tenga relación al *continuum* tiempo-espacio, o que su naturaleza no pueda ser conocida por personas que están consciente del tiempo, y que piensan racionalmente en forma de series una tras otra. Lo que es más, tienen que hacerlo así. La pertinencia de lo *moral* consiste precisamente en su afinidad con las personas, y con todas las relaciones de las personas. Le da significado a la vida a través de personas. Pero lo anterior sí significa, por otro lado, que las mediciones absolutamente apropiadas para objetos o "cosas", no son adecuadas para medir valores morales. La santidad no puede ser pesada o contada. En este sentido, las matemáticas de la doctrina de santidad, o sea, lo primero y lo segundo, causan confusión cuando no usamos precauciones en cuanto a su significado. Dado que pensamos (más o menos) lógicamente, es necesario estructurar eventos de acuerdo a: antes, ahora, y después. Entramos en una experiencia moral *ahora*. Hubo un *antes* en cuanto a ello, y hay un futuro por delante. Pero la cuenta es en relación a nosotros. No describe el carácter de la verdad moral, de la cual ni la más pequeña parte puede ser cambiada o eliminada.

La obediencia a la ley, como tal, es lineal o temporal, cronológica y hasta matemática. "He hecho esto, y lo otro. Ahora estoy haciendo esto, y haré el resto cuando llegue el tiempo". Más o menos fue lo que dijo el joven rico: "Todo esto [el Decálogo] lo he guardado desde mi juventud. ¿Qué más me falta?" La vida religiosa para él estaba todavía en ese mundo en que las mediciones de tiempo y de espacio podían tabular sus valores. La religión nunca había entrado, en su caso, a la dimensión moral, donde la cualidad transforma la cantidad en valores espirituales. Las preguntas básicas suscitadas por las afirmaciones de santidad de "primera" y "segunda" yacen en una comprensión errónea del uso de estos términos. Si *segunda* representa meramente una relación temporal a *primera*, y la relación en serie es excesivamente recalcada, la verdad moral pierde su impacto y su poder.

La verdad moral siempre es pertinente porque siempre está estructurada por la verdad. Ninguna verdad moral ha de ser aceptada ahora y descartada después, o reemplazada por una verdad más alta, a fin de que uno pueda pasar de los elementos menos permanentes a los más permanentes, y por ende, hacia una perfección final después de cierto tiempo, perfección que es cualitativamente diferente. Esta idea tiene cierto parentesco con la estratificación gnóstica en los primeros siglos, de creyentes somáticos, con alma, y espirituales. Esta vista permite que sea muy fácil el desarrollo de una aristocracia espiritual, y puede resultar en una independencia gradual de los medios comunes de gracia, y hasta de las Escrituras, cuando se permite que esta filosofía eche sus raíces en la vida del cristiano. Algunos andan en busca de "verdades superiores" más allá de la Biblia, y hallan emancipación del "rebaño" común en ciertos estados emotivos, tales como el misticismo, o en "experiencias" más allá de los confines de lo físico, y hacia ciencias seudomentales que se disfrazan como religión.

Lo que estamos tratando de decir aquí es que todas las demandas de la vida moral son siempre *veraces* en cualquier lugar porque tienen que ver con la verdad. Hasta los primeros endebles pasos en el mundo moral son asuntos permanentes, y deben ser dados cuidadosamente, porque sobre ellos pesará todo el peso de cualquier crecimiento espiritual que se desarrolle. Ninguna verdad apropiada para crisis pasadas puede ser descartada en favor de la verdad subsecuente. No hay primeros pasos morales que jamás pasen de moda. Esto significa que la Biblia siempre es pertinente a todas las personas, en cualquier situación. Nosotros no vivimos una etapa moral, y después graduamos a otra etapa, dando por hecho que las etapas pasadas ya no tienen más aplicación a nosotros, pues han sido sucedidas por otras verdades más altas o más profundas. Los principios de integridad moral estructuran *todas* las "etapas" del desarrollo humano en la gracia.

Es muy significativo que la Biblia nunca mecaniza la verdad. Nosotros no podemos estratificar la experiencia religiosa mediante designaciones matemáticas, cuando menos no podemos hacerlo basados en la autoridad de la exégesis bíblica. Ninguna primera obra de gracia es "retirada" en favor de una segunda obra. Esto no significa que la apropiación de los beneficios de la expiación no tenga una estructura sicológica, o que los escritores bíblicos no hayan estado al tanto de esta necesidad; pero sí significa que la Biblia no nos permite dejar de ver el asunto central, moral, y que podría perderse como resultado de un indebido énfasis en la metodología. Esta es precisamente la diferencia entre la letra y el espíritu, una distinción que no nos permite descartar la "primera" en favor de la "segunda", sino que coloca ambas en una relación moral permanente.

Dicho de otra forma, Romanos 7 no es cancelado o *superado* por Romanos 8, ni es la santificación superior a la justificación, ni el arrepentimiento es relegado por la fe, ni la fe pasa de moda por el testimonio del Espíritu. Juan 3:16 no es exclusivamente para los pecadores, y para que sea descartado por los cristianos maduros y santificados, como algo fuera de lugar. La acción de "creer" que inicia el principio de la vida eterna (una cualidad de vida, no su longitud) en Cristo, debe continuar como una actitud permanente de vida. La verdad de que "todo lo que el hombre sembrare, eso también segará", no está limitada a los pecadores, sino que sigue siendo una verdad para la persona más santa de la tierra.

Ni tampoco esto significa que la "teoría concurrente" de Romanos 7 y 8, tal como algunos la interpretan, sea correcta. Esta teoría postula que el conflicto en Romanos 7, y la paz en Romanos 8, siempre es la realidad para todos los cristianos, al mismo tiempo y en la misma manera, y que el conflicto o guerra entre la carne humana y el Espíritu de Dios es normal para todos los cristianos. El pecado, de acuerdo a esta posición, es inherente en la carne, y por lo tanto siempre tendrá que ofrecer una protesta al ministerio del Espíritu; vista la situación así, el hecho de que hay conflicto es la seguridad implícita de que la persona es cristiana. Pero lo que sí parece ser cierto es que la autojusticia descrita en Romanos 7 es siempre condenable dondequiera que aparezca, por muchas "experiencias" que la persona haya tenido, así como que la justicia es recibida siempre mediante una fe vital en Cristo, y por medio de andar en el Espíritu, como se describe en Romanos 8. El capítulo 7 se yergue como un guardia y una advertencia a todos aquellos que han compartido la victoria del capítulo 8.

Dicho de otra manera, una actitud pasiva y complaciente no parece embonar bien con la enseñanza bíblica. Uno no sale de Romanos 7 y entra a Romanos 8 para que la puerta se cierre y el asunto se olvide, *excepto en tanto uno continúe caminando* en el Espíritu, y en la "novedad" del espíritu de vida en Cristo Jesús. La verdad de Romanos 7 alcanza hasta Romanos 8, y sirve para advertirnos en contra del letargo y del descuido, y con esta advertencia estructura, negativamente, la experiencia moral. Los creyentes santificados no han crecido "tanto" que hayan dejado atrás la necesidad de la penetrante verdad espiritual de Romanos 7. Al contrario, éste es lectura "devocional" necesaria para todos los cristianos.

¿Qué tiene que ver todo esto con la teología de la santidad y sus dos obras de gracia? Básicamente, significa que la verdadera experiencia moral no es agotada en la experiencia de la gracia justificadora, ni completada por ella. La santificación no es meramente una adición matemática que se necesita para "redondear" lo que constituye la verdadera vida espiritual. Hay tres elementos en la experiencia moral que continúan:

## 1. El arrepentimiento

El arrepentimiento debe ser una actitud permanente de la vida hacia el pecado, no el trastorno emocional de un momento. Al arrepentirnos, adoptamos el punto de vista que Dios tiene en cuanto al pecado, nuestro pecado. Esto no es solamente el pecado pasado, sino el pecado siempre y en cualquier lugar. Aborrecer el pecado ha de ser un elemento permanente de nuestra vida cristiana. Jamás nos graduamos de ello. *Todo el peso de la vida moral se levanta sobre ello.* Cuando ocurre un relajamiento en esta área, toda la estructura personal moral se derrumba desde adentro. No hay obra de gracia subsecuente cronológicamente que pueda tener significado alguno aparte de la integridad de una actitud arrepentida que nunca termina. Esto aumenta la humildad y la sensibilidad espiritual, así como nuestra certidumbre de que descansamos cada momento en Cristo, nuestro Salvador.

## 2. La fe

La fe es también una actitud permanente de vida. El arrepentimiento es negativo; la fe es positiva. La fe es una nueva dirección de amor, y es tan estable como el arrepentimiento que protege en contra de un centro indebido de los afectos. Estos dos elementos de la vida moral no son sencillamente los primeros pasos en una serie. Son las piedras que forman el cimiento sobre el cual se levanta todo lo que uno edifica en la vida. El hecho es que este complejo arrepentimiento-fe es la atmósfera en la que se desarrollan todos los demás elementos de la gracia. Estos son los elementos esenciales para la integridad moral siempre, en cualquier punto en el tiempo, y posiblemente lo sean en la eternidad. Decir que su comienzo es "una primera obra de gracia" es una concesión a la lógica y a la experiencia humana, pero no debe derivarse excesivamente de tal frase, más allá de la necesidad semántica inmediata.

## 3. La responsabilidad

Pero el arrepentimiento y la fe no son todo lo que la experiencia moral constituye. Hay en ésta también una *responsabilidad como personas* que uno contrae inmediatamente. El Nuevo Testamento no enseña en sitio alguno que haya un lapso de tiempo entre el momento en que se cree y el momento en que se empieza a obedecer. Esto no significa que, si se deja de reconocer esta secuencia temporal, los dos movimientos de la experiencia moral se confunden, o se razona que el uno esté automáticamente incluido en el otro. Precisamente esto *no* es el caso. La justificación involucra al individuo en responsabilidad. La fe no es enteramente fe sino hasta que es también obediencia. Lo forense tiene una dimensión existencial que es la personalización de cualquier elemento abstracto en la redención. La santificación es esta dimensión personal y ella, por necesidad, principia en la justificación. En ella está el poder que está implícito en la nueva vida en Cristo. Jesús no murió una vez para justificarnos, y luego murió otra vez para santificarnos. Cuando Él vino para "salvarnos de nuestros pecados", y para "santificar al pueblo", no se trata de dos diferentes eventos, o de dos diferentes propósitos por los cuales murió, sino de dos aspectos de lo mismo. La justificación abrió la puerta a la rectitud moral, que es lo que santificación significa. El perdón es realmente incidental al verdadero propósito de la redención, que es, la santificación de la iglesia, y su misión en el mundo.

De modo que, entonces, la santificación principia en el arrepentimiento y en el acto de creer, pero recibe un nuevo significado moral, y se adentra en la experiencia moral, mediante la entrega profundamente personal de la persona justificada a Dios. Todo el potencial de la santificación está presente en la relación que nos brinda la justificación.

## ¿POR QUÉ DOS MOMENTOS?

Hay un profundo significado en el hecho de que la vida cristiana sea estructurada en más de "un momento". El hecho de que sea un número *específico*, en vez de que se nos deje pensar en lo indefinido de "muchas bendiciones", es también muy significativo en la manera wesleyana de pensar. Debe concederse que el número, dos, no se deriva directamente de las Escrituras. Pero esto es de lo que se trata: El significado de "segundo" no yace en la secuencia matemática de las bendiciones. Lo que es llamado "segunda" apunta hacia una *clase* diferente de paso en el proceso de la redención, una relación "de profundidad", por falta de mejor término. Tal vez Dios podía haber planeado otra manera de emancipar a los seres humanos de la esclavitud del pecado. El que no lo haya hecho de otra manera es un testimonio del hecho de que Dios está interesado en involucrar a todo el ser humano en una interacción responsable con Él mismo. Lo que el ser humano *debe* hacer en su respuesta a la gracia, y para entrar en la relación profundamente personal a la que Dios lo invita, eso Dios *no* hará, y, lo que es más, no *puede* hacer, y al mismo tiempo mantener al ser humano en una integridad moral responsable. Lo que Dios *requiere* es un sorprendente comentario sobre lo que el ser humano *es* por la gracia de Dios.

"Dos" sencillamente apunta a la dimensión moral-espiritual de la gracia. La salvación no es meramente "un acto de Dios para nosotros", que nos exime de cualquier obligación posterior. Ni tampoco es, por el otro lado, una acumulación de mérito de nuestra parte, mediante la adición a nuestro fondo de actos virtuosos. La salvación ocurre en el encuentro de Dios con el ser humano, en el cual toda la naturaleza responsable del ser humano es traída en relación o enfocada sobre la tarea de la orientación total (de él) a la persona de Dios y su voluntad. El perdón es lanzarnos en una nueva órbita. El segundo "momento" es una corrección crucial a la mitad de la trayectoria que "sella" la brújula hacia la Estrella de la Mañana. Desde luego que no podemos derivar más significados de esta analogía, pero cuando menos indica las relaciones fundamentales de "las etapas en el camino".

Si tratamos "una" y "dos" sencillamente como una secuencia matemática, perderemos de vista por completo el énfasis bíblico sobre la salvación. Pero cuando los consideramos como dos clases relacionadas de respuesta humana en experiencia moral —privilegio y responsabilidad— evitamos los errores de considerar la gracia no históricamente, o sea, sin relacionarla a la experiencia humana actual. "Uno", "dos" es una guía a las clases de ajustes personales a Dios que las Escrituras enseñan, y que la psique humana experimenta y entiende. En estas dos clases de respuesta a Dios yacen todos los momentos de crisis, mayores y menores, así como los procesos en gracia que caracterizan toda experiencia cristiana responsable.

## LA ENTERA SANTIFICACIÓN Y "LA CIRCUNSTANCIA"

Dicho lo anterior, la frase o el término "entera santificación" puede tener el significado moral debido en este contexto, siempre y cuando sea entendido. La pregunta: "¿Qué es lo que es entera?" debe ser contestada cuidadosamente. No es la santificación lo que es entera, si con ello se quiere decir que todas las implicaciones de la santificación son completamente realizadas y terminadas. Hablar de esta manera es no captar el punto de lo que es la santificación (véase el capítulo XV).

Si la santificación es básicamente pureza de corazón, y si ésta es esa clase de amor a Dios con todo el corazón, o un corazón integrado, estamos hablando de una relación dinámica, no un estado estático e impersonal. La substancia del alma no es capaz, ya sea de santidad, o de la no santidad, pero la persona es santa o no lo es, con respecto a su relación moral con Dios. Si ama a Dios con todo su ser, es santa; si no lo ama así, es no santa. Este amor con el corazón no es una medida cuantitativa, o una expresión perfecta del amor, sino la cualidad o plenitud del amor.

"Entera", en relación a la santificación, aparece sólo una vez en la Biblia ("por completo" en algunas versiones castellanas, 1 Ts 5:23). Pero en este caso no califica a la santificación, sino a aquello a lo que la santificación se refiere, que es la iglesia en Tesalónica. Toda la persona necesita ser atraída a la órbita de esta clase de respuesta moral a Dios. Pablo dice muy claramente en el capítulo 4 de la misma epístola que ninguna inmoralidad es consistente con la santidad, que uno no puede ser santo, o dedicado a Dios con esa clase de amor que emana de un corazón unido, en tanto que no haya traído todo su ser —espíritu, alma y cuerpo— a la unión moral santa de sí mismo con Dios. Esto es sencillamente otra manera de decir que la santidad es para *esta* vida con todas sus relaciones, y que quien se niegue a traerse completamente adentro de la órbita de la gracia, desprecia y rechaza al Espíritu Santo, quien no puede tolerar la falsedad.

En un sentido muy hondo, esta inducción de todo el ser humano al mundo de la gracia es un acto enteramente moral. Es deliberado, voluntario, decisivo, y frecuentemente difícil. Ningún cristiano responsable está satisfecho hasta que tal cosa ha sido hecha. Definitivamente necesitará dirección divina en cuanto a cómo hacerlo. Pero no puede decirse verazmente que esto sea una "verdad más elevada" que la experiencia de la conversión; sencillamente es una verdad más inclusiva, en efecto, una verdad completamente inclusiva, que es anticipada en la conversión.

En relación a la designación "primera" y "segunda", parece que la verdad es que el significado de las dos experiencias no es un valor o adición de cantidad. No se trata de un nivel más elevado que le dé al nivel "de abajo" un rango inferior.

Tampoco puede ser sencillamente un estado emotivo o sicológico a través del cual uno pasa. El segundo no es una corrección del primero, ni un acto que complete una obra de gracia parcialmente realizada. Definitivamente no es una estratificación de una elite espiritual, que los eleva del nivel de la multitud, algo así como "los influyentes celestiales". La pregunta: "¿Cómo sabe usted cuál de las muchas experiencias religiosas es la segunda?", no es ni ociosa ni capciosa. Es una pregunta moralmente pertinente. Requiere una norma de juicio que sea racional y "medible". Es debidamente criticable. *Una* y *dos* son experiencias morales paralelas e interpenetrantes en relación a una respuesta humana a Dios. Generalmente están separadas en tiempo, pero por su naturaleza espiritual básica no tienen que estarlo. Realmente son las dos mitades de una esfera, o dos elementos en una substancia. Juntas constituyen una verdadera experiencia moral que es imposible sin ambas. *Segunda* está implícita en *primera* y completada por ella. La Biblia no sabe nada de un lugar entre *primera* y *segunda* que pueda considerarse "normal". Solamente nos habla del peligro de que la persona deje de implementar en su vida el rendimiento, general y específico, que la fe salvadora le hizo a la gracia. El privilegio y la responsabilidad son dos lados de la misma moneda. La justificación y la santificación son verdades paralelas, ambas muy personales, cada una de las cuales describe un aspecto de la relación de Dios y el ser humano, pero separables sólo teológica mas no vivencialmente.

El que haya un lapso de tiempo entre los dos elementos, sencillamente es un testimonio de la debilidad moral y de la constitución sicológica de la humanidad. Las Escrituras dan por sentado el que la experiencia moral es un algo posible para esta vida. El corazón humano puede y debe ser integrado, aquí mismo, en esta vida. La esquizofrenia espiritual es sanada por el ministerio del Espíritu Santo que trae plenitud y satisfacción a la persona despedazada. Es precisamente esta integración moral lo que es la santidad, o perfección en amor. Es una cualidad, no cantidad, y el todo del desarrollo de la vida debe llevarse a cabo paciente, dolorosa, humilde, deliberada y gozosamente en esta atmósfera moral.

Debe recordarse que la integridad moral no es meramente la autorrealización como tal, sino la integración del yo con Dios, y por ende, una realización del ser verdadero de uno. Esto es, una restauración del compañerismo santificador del Espíritu Santo. Nadie se santifica a sí mismo, sino es *santificado por el Espíritu Santo*, quien en esta atmósfera moral es capacitado para guiar a los seres humanos a las alturas, profundidades, longitudes y anchuras del amor de Dios que implica el crecimiento en la gracia.

El énfasis, pues, en la experiencia de la segunda crisis, no yace en la sucesión temporal implicada por *uno* y *dos*. Tampoco está en la limitación de las experiencias religiosas de la vida a dos. No es ninguna crisis como un punto final. No es una experiencia como un estado emotivo o sicológico. No deja la contestación a la pregunta de si uno ha tenido una o dos experiencias de crisis, a las pruebas irracionales o no morales. Siempre debe haber una prueba objetiva y práctica de la validez de la experiencia. Esta prueba está inherente en la experiencia moral misma.

El énfasis que el wesleyanismo le da a la experiencia es una de sus características distintivas, y lo debemos entender en esta discusión relativa a los puntos de crisis en la experiencia religiosa. En la manera más general, significa que la gracia de Dios opera en la contextura misma de la vida de los seres humanos. No se trata de que meramente hayamos sido salvados "en los libros", sino también "en nuestros corazones", y no sólo en "el corazón", sino en la totalidad de la vida a la que alude "el corazón".

## LA EXPERIENCIA

Aun a riesgo de que se nos acuse de repetir, debemos relacionar los términos *experiencia* y *crisis* al asunto que estamos discutiendo.

Cuando el wesleyano habla de *experiencia*, hay quienes dan por sentado que él está basando la autoridad religiosa en la experiencia personal, o que intenta limitar su fe religiosa a cierto estado sicológico, cierta emoción, o algún momento específico y precioso. Los críticos consideran todo esto intolerable, pues aparece completamente subjetivo, no fidedigno, y niega los aspectos objetivos de la gracia de Dios. Tal crítica le yerra completamente al verdadero punto de la intención de la teología wesleyana. El wesleyanismo siempre presupone la prioridad y la objetividad de la propiciación de Cristo. Es una teología de gracia, pero gracia como una cualidad personal y moral en Dios, no meramente como algo causal y amoral. La gracia de Dios no compele; capacita. Y la capacitación ubica el escenario de la redención, el sitio donde sucede, exactamente en el centro de todo lo que es el ser humano.

Con *experiencia* los wesleyanos queremos decir que *toda la persona* es arrebatada en lo que incluye la fe salvadora. La propiciación no sólo hace algo por el ser humano, sino que también hace demandas sobre toda su naturaleza responsable. Es una transformación interior por la "renovación del entendimiento". Las Escrituras imponen sobre nosotros este concepto de incluir toda la vida. La vida eterna es contingente en la actividad continua y continuada de creer. La fe nunca es sencillamente un acto intelectual, sino una revolución de entregas y consagraciones interiores que cambia la pauta de toda la vida. El estado, la condición de ser cristiano es contingente en la obediencia que emana del corazón. En breve, el llamado bíblico no es a que uno *inicie* actos de fe, de amor y de obediencia en relación a Dios, o a que estas cosas sean añadidas a la personalidad aparte de la voluntad humana, sino a que la dirección de todo el amor y la motivación de la vida, que ya están activos en la dirección errónea, se den la vuelta, y que estas personas pasen de servirse y amarse a sí mismas a servir y amar a Dios. El mero acto de convertirse a Cristo involucra a los seres humanos hasta la médula de su ser. Las mismas facultades y capacidades que antes se usaron para el servicio del pecado, ahora se utilizan para servir a Dios. Esto es la *experiencia* en el concepto wesleyano, y creemos que también lo es en el concepto bíblico.

# LA CRISIS Y LA SEGUNDA CRISIS

La *experiencia* suscita el problema de otros términos teológicos: experiencia de *crisis* y *segunda crisis*, que son igualmente importantes en la teología wesleyana. *Experiencia*, tal como se definió anteriormente, parecería limitar la vida cristiana a un asunto de crecimiento o proceso. Precisamente para evitar esta limitación, los wesleyanos recalcamos la *crisis*, lo cual inyecta ese elemento decisivo en la vida que es necesario para la cualidad moral. Los seres humanos no *crecen hasta llegar* a ser cristianos, ni es el progreso *en* la gracia cristiana realizado aparte de puntos específicos de decisión moral.

La segunda crisis, ya discutida, se enfoca más claramente. Si bien no es un término bíblico, *segunda* es usado para dar énfasis a un punto en la vida cristiana que las Escrituras recalcan especialmente, punto o momento en que toda la personalidad es unida en amor total a Dios, y en que el corazón dividido es hecho uno bajo el señorío de Cristo, y los móviles dobles son limpiados. Aquí encuentran su definición los términos *limpieza* (los medios) y *pureza* (el fin). El punto de integración moral se alcanza gracias a que el Espíritu Santo nos aguijonea y nos guía. Ningún ser humano se puede conocer a sí mismo tal como es aparte del ministerio del Espíritu Santo, quien descubre áreas escondidas de orgullo y de voluntad propia y de falsedad. El compele al cristiano a un sitio de decisión moral en cuanto a sí mismo y en cuanto a Cristo. Aunque todos los cristianos "tienen" el Espíritu Santo, hay un sentido correcto y único en el que se puede decir que una persona es "llena" del Espíritu Santo sólo cuando esa persona ha llegado al punto de una entrega completa. En declaraciones como ésta, cualquier concepto corporal del yo o del Espíritu debe evitarse vigorosamente. Se trata meramente de relaciones personales, no de "invasiones" de la personalidad.

*Primera* crisis y *segunda* crisis son mucho más que distinciones numéricas. *Primera* no está limitada en ningún sentido a fin de hacer lugar para *segunda*. Más correctamente, *primera* es (o marca) la entrada de la persona a toda la provisión de la gracia de Dios. Provisionalmente, es hecho todo lo que Dios puede hacer *por nosotros*. Nada es reservado arbitrariamente. Pero se requiere una respuesta de los seres humanos, y en esta respuesta humana, *segunda* halla su definición. El principio de ello debe ocurrir en relación al perdón, porque cada interacción con Dios es un evento *moral*. El requisito más pequeño de Dios al ser humano en cualquier punto de la redención es la medida más alta posible de obediencia de la que él es capaz. Pero *segunda* tiene un significado específico en cuanto a ese punto en el que la entrega humana es tan inteligentemente completa que el Espíritu Santo no es estorbado o impedido en ningún nivel consciente. El Espíritu Santo que mora, mantiene la purificación (o el corazón unificado) en tanto que la persona camina en la luz de sus demandas morales.

A fin de clarificar esta discusión, hay que decir algo más en cuanto a *crisis*. Como se ha dicho previamente, *crisis* es un término moral, no una palabra relacionada a un reloj marcador. Esto quiere decir que lo que se recalca no es tanto el valor que la palabra tenga en cuanto a tiempo, sino la dirección cambiada en la vida lo que es de importancia capital. Tanto Juan Wesley como Juan Fletcher, así como los escritores de santidad que vinieron después, reconocieron que en los casos de algunos creyentes, los "aniversarios espirituales", o momentos sicológicos definidos en la experiencia, no eran recalcados, y hasta eran completamente desconocidos, o vagos. Definitivamente no se puede imponer una pauta de experiencia sobre todas las personas en este particular. Si bien es deseable tener un "aniversario", el asunto más importante, y el que imparte la única seguridad verdadera, es la dirección cambiada de vida, que es en sí misma una crisis, y la consecuencia de una crisis.

## RESUMEN

*¿Qué es entonces "entera"?* Es la persona total en decisión moral y unidad espiritual con Dios. La santificación no está sujeta a los términos descriptivos *inicial* o *entera*. Estas características o calificaciones son maneras humanas de distinguir el progreso espiritual del ser humano, y son expresiones legítimas sólo cuando así son entendidas.

*¿Qué es la "segunda experiencia"?* Es el acto de completar o de autenticar la experiencia moral: el privilegio enfrentado por una entrega responsable a Cristo. No es algo que termine asunto alguno, sino lo que hace posible la continuación. No es la meta, el límite, la cumbre, sino el principio de la vida. El énfasis en *segunda* no es el de un número arbitrario, sino que significa que nada menos que todo lo que ella representa es aceptable en un contexto moral.

*¿Qué es libertad del pecado?* Es la unión moral con Dios. Es el compañerismo que cancela la esencia del pecado, que es la separación de Dios. No es "*algo*", o "*alguna cosa*", sino un confiar de momento en momento en los méritos de Cristo, lo cual se logra al continuar *andando* por la fe.

*¿Qué es la perfección?* Es amar a Dios con *todo el corazón*, cualquiera que sea el nivel relativo de habilidad o capacidad de la persona en cada momento. La perfección tiene un elemento dinámico cuando se relaciona así con el amor. Debe continuar y crecer, o dejar de ser. Su naturaleza misma es el crecimiento y la madurez.

*¿Es la perfección cristiana un estado?* No en ningún sentido impersonal o meramente legal. Es una relación personal que debe ser nutrida y profundizada. Esto nos lleva a la pregunta final.

*¿Qué es proceso?* Es una *vida* de amor a Dios. Debe presuponer todo lo que se ha dicho hasta este punto. La santificación es la vida de santidad que principia en el nuevo nacimiento, y que nunca termina. Dentro de ella están los momentos cruciales de crisis que la experiencia moral demanda. La santificación no es estática. No es una meta sino un camino. No es el fin de los problemas sino su principio. No es la terminación de la probación sino la atmósfera en la que la probación tiene significado.

El Dr. Ralph Earle lo expresa de la siguiente manera:

> Hay demasiados que han "cruzado el Jordán", y logrado una rápida conquista de Jericó, símbolo del pecado "que previamente les asediaba", y han fracasado en cuanto a continuar la ocupación de Canaán. La primera ola de victoria ha sido reemplazada por la derrota.
>
> El error yace parcialmente en la manera en que la santidad es presentada frecuentemente. Se da la impresión de que si uno se consagra completamente a Cristo, todos sus problemas quedan resueltos para siempre. Los creyentes se inclinan a tratar la entera santificación como una meta, en vez de verla como *un punto muy significativo del camino de uno hacia el cielo* [cursivas son nuestras].
>
> La verdad es que la santidad debe ser la búsqueda de toda una vida, tanto como una posesión presente... Si nosotros buscáramos la santidad de corazón y de vida tan persistente y perseverantemente como el perro de caza persigue a la zorra, nunca seríamos derrotados [refiriéndonos a He 12:14]... El uso del tiempo presente en Hebreos 6:1 sugiere que debe haber un proceso de santificación constante y creciente de nuestras vidas que debería continuar hasta nuestra muerte.[1]

Wesley enseñó este proceso de santificación. "Nuestra perfección", escribió él, "no es como la de un árbol, que florece por la savia que deriva de sus propias raíces, sino... como la de una rama, la cual, al estar unida al tronco, lleva fruto; pero, separada de él, se marchita y se seca".[2]

En otra ocasión Wesley dijo que es sólo merced al poder de Cristo, descansando a cada momento sobre nosotros, que "somos capacitados para continuar en la vida espiritual, y sin ese poder, muy a pesar de toda nuestra santidad presente, seríamos diablos al siguiente momento".[3]

El 16 de noviembre de 1789, Juan Wesley le escribió a la señora Pawson, desde Londres, acerca de la perfección cristiana:

> Usted hace bien insistir con intensidad en que aquellos que ya disfrutan de ella no pueden en manera alguna quedarse en el mismo lugar. A menos que sigan velando y orando y *aspirando por niveles más altos de santidad* [cursivas son mías], no puedo comprender cómo lograrán, ya no digamos ir adelante, sino aun cómo podrán conservar lo que han recibido. (*Letters* [Cartas], VIII, 184)

Ya hemos citado lo que Tomás Cook dijo a este respecto. No enseñamos un *estado de pureza*, escribió Cook, sino una *condición mantenida de pureza*, una salvación de momento en momento. "La sangre de Jesucristo... nos limpia de todo pecado, *todo el tiempo*, al limpiarnos cada momento, cada *ahora*".

Si la santidad es el amor a Dios de todo corazón, *debe* ser moralmente estructurada, y tan dinámica como la vida, y tan pertinente a nuestras personalidades cambiantes como la sangre que corre por nuestro sistema circulatorio, y que está renovándose continuamente. La santidad es la vida sana en Dios.

## LA IMPORTANCIA DE UN NOMBRE

La necesidad de dar un nombre a los objetos, y a las emociones, a las creencias, y a todos esos asuntos sobre los cuales es importante comunicarnos, tiene igual importancia en la experiencia religiosa y en la teología. El problema en cuanto a las realidades morales que no comparten las realidades corporales es esa tendencia de trasladar la realidad de la experiencia a la palabra-símbolo que la representa. Este proceso ha sido llamado "escolasticismo de santidad".

Esta clase de rigidez de expresión es particularmente deplorable si se aplica a la interpretación espiritual y dinámica de una fe bíblica. El usar términos vitales para definir, y por ende, limitar, conceptos teológicos, y el tratar después, casi por la fuerza, de "inyectar vida" en esas estrechas categorías, es nada menos que trágico.

Aparentemente Wesley se enfrentó al mismo problema, y nos dejó algunas instrucciones sobre este punto. Cuando se le preguntó en cuanto al uso del término *santificación*, él contestó que "el término *santificado* es comúnmente aplicado por San Pablo a todos los justificados... por este término santificado el Apóstol rara vez, si acaso alguna vez, quiere decir la salvación de todo pecado".[4]

Siguiendo a Wesley, el término preferido por los teólogos de santidad para denotar la experiencia de crisis, el que más les interesa, es amor perfecto, o perfección cristiana. Wesley estaba al tanto del peligro (implícito) aun en esos términos, de pensar en *perfecto* en una manera filosófica, así que él recalcó la plenitud del amor de uno a Dios, el corazón unificado, como lo que describía lo que él quería decir con tal término. Los otros términos usados por los teólogos de santidad deben ser entendidos a la luz de esta preferencia. J. A. Wood, en su libro *El amor perfecto*, escribió: "Almas santificadas se inclinan a nombrar la bendición guiándose por sus sensaciones principales, en armonía con su experiencia emotiva".[5] Luego procede a citar algunos de esos términos, así como la razón para cada uno de ellos: el descanso de la fe, reposar en Dios, la plenitud de Dios, la santidad, el amor perfecto, el bautismo del Espíritu Santo, la entera santificación, y la perfección cristiana.

Daniel Steele, quien fue un vocero del movimiento estadounidense de santidad, dijo lo siguiente en cuanto a la terminología:

> Wesley estudió una gran variedad de términos y frases expresivas de esta experiencia, (y en esto fue) un buen ejemplo para todos los que quieran enseñarla. Yo he contado hasta 26, pero "el bautismo de (o con) el Espíritu", y "la plenitud del Espíritu", no son frases que Wesley use, probablemente porque hay una plenitud emotiva de naturaleza temporal, que no llega hasta la mera raíz de la naturaleza moral. Ni tampoco usó "recibiendo el Espíritu Santo", porque, en el sentido de la entera santificación, la frase no es bíblica y no es enteramente correcta, puesto que todos recibieron el Espíritu Santo cuando fueron justificados.[6]

Probablemente la razón por la que es tan difícil precisar la "segunda experiencia" de Wesley en sus escritos se deba a que él evitó tan sistemáticamente todas las expresiones estereotipadas.

En realidad, amar a Dios con todo el corazón, la mente, el alma y las fuerzas, y amar al prójimo como a uno mismo, son la llave para entender la posición wesleyana o de santidad. Esta definición debe siempre tomar precedencia en cualquier discusión. Cuando se le hizo la objeción que tal amor era imposible, Wesley dio la siguiente contestación, y su contestación nos ayuda a entender su terminología:

> P. ¿Qué es la perfección cristiana?
>
> R. Es el amar a Dios con todo nuestro corazón, mente y fuerza. Esto indica que nada de mal genio, nada contrario al amor, queda en el alma; y que todos los pensamientos, palabras y acciones, son gobernados por amor puro...
>
> P. ¿Puede del amor puro proceder equivocación alguna?
>
> R. Contesto: 1. Que muchos errores pueden ser compatibles con el amor puro; 2. Que algunos pueden accidentalmente manar de él: Quiero decir que el amor mismo puede inclinarnos a equivocaciones...
>
> P. ¿Cómo podremos evitar el colocar la perfección cristiana demasiado alta o demasiado baja?
>
> R. Limitándola a la Biblia, y colocándola tan alta como ésta lo hace. No es ni más alta ni más baja que esto... Es el amor gobernando el corazón y la vida, destilándose en nuestro carácter, palabras y acciones...
>
> La perfección cristiana es pureza de intención, dedicación de toda la vida a Dios. Es darle a Dios todo nuestro corazón, es decir, el permitir que Él gobierne nuestra vida. Es, además, dedicar no sólo una parte, sino toda nuestra alma, cuerpo y bienes a Dios...[7]

Hanna Whitall Smith evitó con deliberado cuidado los términos teológicos formales. Ella prefería usar "la vida escondida con Cristo en Dios". Upham la llamaba "la vida interior", mientras que A. B. Earle, el evangelista bautista, se refería a ella como "el descanso de la fe". "La vida más profunda" es un término conocido y usado en nuestro tiempo; otros cristianos prefieren usar la expresión "salvación cabal", pues en su opinión expresa mejor lo que quieren decir.

George Allen Turner es muy atinado al decir:

> Hay mucha oposición que resulta de la falta de una nomenclatura satisfactoria. No hay ninguna frase o término bíblico, o de otra forma, que exprese toda la doctrina, sin parcialidad o ambigüedad. El énfasis central que Wesley le dio a la doctrina, de amor a Dios y al prójimo, nunca ha sido superado. Aun el amor perfecto es sólo una expresión parcial de su contenido, puesto que hace a un lado la categoría de la santidad... El peligro básico en la pauta wesleyana no es un error fundamental dentro de sí misma, sino que es un peligro inherente en cualquier pauta, el de substituir la letra por el espíritu... Inevitablemente las formas que el nuevo espíritu tomó, se volvieron una vez más estereotipadas y dogmáticas.[8]

En su obra intitulada *Half Hours with St. Paul* [*Medias Horas con San Pablo*], el teólogo Daniel Steele defiende su tesis de que debemos testificar de esta gracia, pero en las maneras cuidadosas, modestas y juiciosas que el Señor Jesús y Pablo demostraron. El resto del libro se dedica a un estudio sistemático de las diversas y ricas expresiones paulinas.

La decisión en cuanto al uso de términos debe ser hecha a la luz de la evidencia precedente, y, más especialmente, a la luz del significado bíblico de cada término, en su contexto. Se verá que la santificación principia con la justificación y la paralela. Hay puntos de crisis dentro de ella, pero no termina en ningún momento en esta vida, o, probablemente en la venidera. Cualquiera que sea el significado de los momentos de crisis (y *son* significativos), el aspecto del proceso debe también ser tomado en consideración. Muy pocos maestros de la santidad objetarían a esta posición.

Si uno pudiera aceptar o permitir una expresión bastante general, con el propósito de erigir una señal, la frase "una experiencia más allá de la conversión" sería una designación útil. Lo que es más, yo meramente estoy tomando prestada la expresión de un sobresaliente predicador de santidad contemporáneo. El término indica que los creyentes están involucrados. Dice por implicación que se llegó a cierta clase de punto de crisis. Su propósito es llevar la idea de que, en el progreso de la vida cristiana, se pasó un punto notable que es digno de mención, y el cual intensificó la realidad de la fe cristiana. Fue ambas cosas, una parte de la vida cristiana y un adelanto en ella. Si pudiéramos identificar este punto como lo hace el Nuevo Testamento, en funciones del contenido moral actual, ¡cuánto más significado impartiría nuestra predicación!

Jesús habló de amar a Dios con todo el corazón, la mente, el alma y las fuerzas. Pidió de sus discípulos, y pide de nosotros, ser mayordomos responsables. Exhortó a los humanos a que se negaran a sí mismos, a tomar su cruz, y a seguirle. Nadie se atreve a negar la dificultad de estos pasos. Hacerlo demanda una revolución completa en la personalidad humana. Y no se trata de algo que podamos relegar a la vida futura. Si no se adapta a esta vida con sus demandas, oportunidades y responsabilidades, ¿a qué vida se adapta? Tampoco podemos, o puede uno que tome su Biblia en serio, escapar de las demandas personales que esto hace sobre el creyente individual. Más específicamente, esta clase de vida cristiana no es algo a lo que podamos entrar aparte de una consagración radical a ella. Lo que es más, cumplir todo lo que ello significa, aun inadecuadamente, es imposible aparte de la gracia de Dios. Pero cada cristiano sabe que la gracia está disponible para todo aquel que cruce la puerta angosta, y por ella entre a una vida profundamente consagrada. Y sin embargo, todas estas cosas son el *contenido* de lo que los creyentes de santidad han llegado a llamar la santificación.

La terminología de Pablo también es flexible. La justicia "por la fe" es el epítome de los requisitos de Dios para el ser humano, y en este contexto la fe es la palabra básica, en contraste con cualquier otro esfuerzo de lograr estar "bien" con Dios. El amor, para Pablo, era el cumplimiento de toda la ley, y expresaba la profunda intimidad o interioridad de la vida cristiana (Ro 13:8-10). "Consideraos muertos al pecado, pero vivos para Dios en Cristo Jesús", es lo que Pablo les dijo a los creyentes romanos; y la obediencia "de corazón" mencionada en el capítulo 6 es el sendero a la justicia, la santidad y la vida eterna. "La ley del Espíritu de vida en Cristo Jesús me ha librado de la ley del pecado y de la muerte" (Ro 8:2), difícilmente puede ser menos de lo que se ha interpretado teológicamente que es la santidad.

El testimonio de Pablo: "Ya no vivo yo, mas vive Cristo en mí; y lo que ahora vivo en la carne, lo vivo en la fe del Hijo de Dios" (Gá 2:20), es una manera existencial y eficaz de decir lo que a veces se expresa en forma prosaica e ineficaz: "Soy santificado". Es interesante notar, en este punto, que ningún escritor del Nuevo Testamento dio un testimonio personal de su relación con Dios echando mano, o usando, tal término. Pablo, quien da su testimonio frecuentemente, y cuyas epístolas son particularmente la estructura de la doctrina de santidad, nunca testificó ser santificado *mediante el uso de esa palabra*. Lo más que se acercó a ello fue cuando le recordó a la iglesia en Tesalónica cómo se había comportado entre ellos ("cuán santa, justa e irreprensiblemente nos comportamos con vosotros los creyentes"; 1 Ts 2:10), pero aun en este caso la palabra traducida santa no es la misma en el griego de la que procede el término *santificación*.

Debemos repetir aquí que en el Nuevo Testamento no aparece exhortación alguna a "buscar la santificación", como tal. Lo que sí encontramos son exhortaciones a "despojarnos del viejo hombre", y a "vestirnos del hombre nuevo"; a "limpiarnos de toda contaminación de carne y de espíritu", y a buscar la mente que estaba en Cristo Jesús. Pablo exhortó a los corintios a que trajeran cada pensamiento a sujeción a la obediencia a Cristo. Y el escritor de Hebreos exhortó: "Despojémonos de todo peso y del pecado que nos asedia, y corramos con paciencia la carrera que tenemos por delante". La rogativa más vehemente de Pablo es que los creyentes presenten sus cuerpos "en sacrificio vivo, santo, agradable a Dios" (Ro 12:1). Hay suficientes exhortaciones positivas.

Estos son sólo unos cuantos de los muchos sinónimos que el Nuevo Testamento usa para describir la crisis y la vida continua de santidad, y arrojan la luz que necesitamos sobre el asunto. Ninguno de ellos puede ser tratado con negligencia, ni ninguno puede ser aislado de los demás, con el resultado de pretender que uno, cualquiera que sea, presente toda la verdad. Cualquier aproximación estereotipada o monótona es evitada por la frescura y la pertinencia del alcance de la presentación bíblica.

Se hace la objeción de que la santificación es la palabra clave, y de que hay que requerirla. Con esto quedamos de acuerdo, siempre y cuando se conserve todo el significado de la santificación. El limitarla a una sola experiencia de crisis es traicionar el genio de la enseñanza del Nuevo Testamento. Su significado cubre cada aspecto de la experiencia de redención.

Además, si alguien insiste en que, de acuerdo al diccionario, hay dos significados, ni más ni menos que dos, presentes en la santificación, y en que ambos *deben* ser respetados y experimentados, nosotros también estamos de acuerdo. Se dice que esos dos significados son la dedicación, o la separación, y el hecho de purificar o hacer puro. Pero, tal como hemos visto, ambos no son dos cosas o elementos diferentes, sino dos aspectos de lo mismo. La separación, en el Nuevo Testamento, *es* pureza o rectitud moral. El amor es definido por la pureza, y el amor purifica. Pero ninguno de los dos es estático o autosostenido. *El amor fluye de sí mismo interminablemente.*

La santidad de Dios no es meramente uno de sus atributos entre otros. No se trata de que Él *tenga* santidad. Ni tampoco de que la santidad sea una cualidad que se presente separada de la justicia y del amor, o en contraste con ellos. Dios *es* santo. La santidad es la naturaleza de Dios, en la cual todos los elementos de su ser existen en equilibrio y relación perfectos. Es la luz blanca que es la suma de todos los colores del espectro. Se sostiene por sí misma porque no es un asunto secundario o no personal. La santidad es personal, puesto que sólo lo que es personal está sujeto a tal designación. Siendo personal, no es tanto un estado o condición sino una vitalidad —una vida. La salud es la condición de una persona cuyo cuerpo está funcionando correctamente, pero en este caso el estado es sencillamente un juicio acerca de una relación. No tiene existencia de ninguna otra manera. Así es en el caso del carácter de Dios. La santidad, en Dios, es mucho más que libertad del pecado. Hay algo fundamentalmente erróneo acerca de este último concepto, pues implica una norma a la que Dios tiene que conformarse a fin de merecer la designación de santo. En vez de esto, la santidad es una cualidad positiva. Es una salud moral radiante —*la integridad perfecta.* Es la mismísima vida de Dios expresándose a sí misma en todas sus relaciones.

La santidad en los humanos es análoga. No es *algo* impartido desde el exterior, tal como la gracia superádita de la teología católica. No es sencillamente la presencia añadida del Espíritu Santo que origina un dualismo moral en la personalidad humana. No es un cambio en la substancia del alma —un concepto no moral e irracional. La santidad es muchísimo más que cierta postura o posición judicial imputada. Es la salud moral en la misma manera en que un cuerpo físico es saludable, por cuanto la salud no es una cantidad que pueda ser "medida" o contada, o añadida, sino más bien una relación correcta de todas las partes del cuerpo. Pero la santidad en el ser humano no es autoexistente, como lo es la de Dios, puesto que la experiencia moral no es completada con los recursos residentes de la personalidad humana.

Uno de los puntos focales de integración moral es Dios mismo, de modo que la salud espiritual es absolutamente dependiente de una relación correcta con Dios. Y, puesto que esto es personal, tiene que ser mutua. Si Dios no está dispuesto a aceptarnos, nuestros esfuerzos son infructíferos; pero es igualmente cierto que si Dios nos encuentra indiferentes, reacios o tercos, no puede existir esa situación en la que "santidad" sería el término apropiado. Una congenialidad mutua constituye la santidad. Esta es, en esencia, una cualidad de relación. La cantidad siempre es un producto de esto, y depende completamente de asuntos secundarios y temporales que se resuelven partiendo desde el centro.

La santidad es *integración moral,* lo que en el ser humano requiere que Dios sea el centro verdadero de la vida moral. El pecado es básicamente la descentralización de esta integración. La muerte es, sencillamente, la ausencia del poder cohesivo de vida. Los elementos se derrumban. La muerte espiritual es la descentralización moral. Aquí, alienación y separación son términos adecuados. La vida moral no puede existir verdaderamente mientras que Dios esté separado de nosotros. La redención restaura la posibilidad de un restablecimiento de la unión moral. Pero *no puede* ser un asunto unilateral. Dios no puede imputar integridad moral exteriormente a aquellos que no tengan una unión espiritual con Él. La justicia imputada es un concepto limitado, y no puede portar el peso que tan frecuentemente se pone sobre ella.

La reconciliación es la sanidad de la separación moral, y requiere que la unión sea moralmente mutua. La santidad debe ser iniciada por Dios, pero no puede ser una experiencia completada hasta que una respuesta adecuada proceda de los seres humanos. La santidad no es una relación otorgada, sino una relación moral mutua, y una participación viviente en esa relación. Por lo tanto, cada requisito de la gracia es hecho en favor de la integridad moral. No se hace nada por nosotros que la integridad moral demanda que nosotros hagamos. La santidad es sanidad moral, la precisa antítesis del perfeccionismo. Es, por la necesidad más profunda, cristocéntrica, y la negación misma del egocentrismo. Habla de la relación de toda la persona con Dios y los demás seres humanos, no meramente de una relación jurídica, o intelectual, o emotiva o moralista. Es dinámica, es "un camino" más que un estado; una vida, no una bondad estática.

Así que, en este sentido, la santificación es primordialmente el *proceso* de redención. Es proceso porque es moral y personal, y no sencillamente legal. Pero en el proceso hay puntos de crisis, sin los cuales, lo *moral* se degenera hasta llegar a ser un naturalismo no-moral.

## MI CONTROVERSIA CON CRISTO

La "última palabra" es intensamente personal. En realidad ya la he dicho en este libro, una y otra vez, en diversas maneras. Pero la autora necesita presentarla muy en alto otra vez.

En mi corazón hay una profunda rebeldía —una "queja"— contra los críticos de la religión cristiana. Se dice que para ser cristiano se requiere aceptar la inhibición de la vida, y de vitalidad, y de creatividad. Pero la fe cristiana no es una negación de la vida. En vez de eso, todo lo que encontramos en la Biblia sugiere que Dios está tratando de librarnos del pecado y del fracaso, y de ideales falsos, y de techos bajos, y de la pequeñez y del individualismo. Dios quiere que nosotros, *en esta vida*, vivamos cabal y creativamente. El ser buenos no es sencillamente *no hacer algunas cosas*, sino el expresar, con nuestra vida, la dinámica del propósito de Dios para los humanos.

*Esa es la razón por la cual un corazón puro es tan esencial.* Sin él, la vida cristiana es un sofocamiento de los impulsos de la vida, y la gracia sería un enemigo de la personalidad normal. Hay un deseo básico de expresión de uno mismo sin el cual una personalidad saludable es imposible. Un deseo impuro es muerte. Dios no suprime el deseo, sino que limpia el corazón de móviles dobles.

*Hay* una cruz en la vida cristiana, pero la cruz no es un fin del yo, sino un fin del pecado que encadena al yo y que impide el camino a la bondad. La cruz siempre está al *principio de la vida*. La totalidad de la verdadera vida está más allá de ella.

En vez de que Cristo estorbe nuestro desarrollo personal, Él requiere que pongamos toda nuestra personalidad a trabajar. Esto le arroja una nueva luz a nuestra fe cristiana. No es una retirada, sino una obligación moral a avanzar.

*Yo tengo una controversia con Cristo*, pues Él no me deja descansar. En su presencia, no puedo relajar y descansar en mi "fe" en Él en una manera floja que embote la sensibilidad moral. Él no está dispuesto a que yo me conforme con menos de lo mejor que puedo ser o hacer, y ni siquiera con lo mejor de ayer, sino lo mejor *hoy*. Cuando he terminado una tarea, Él me confronta con una tarea mayor —una que siempre es demasiado grande para mí. Cuando soy egoísta, me reprende hasta que me duele. Cuando soy insensible, tiene una manera de picar mi conciencia hasta que despierta y funciona. Cuando lloro, y pido un poco de cielo como mi ambiente en mi viaje hacia el cielo, Él me muestra el infierno en que otros seres humanos viven. No ha llegado el tiempo para el cielo.

*La pureza no es un fin en sí misma*. La pureza permite que la personalidad viva en completa expresión de amor a Dios y al prójimo. Es el poder de una devoción de un corazón integrado, y necesita ser mantenida intacta mediante un compañerismo diario con Dios.

## *Notas Bibliográficas*

1   *Herald of Holiness*, editorial del 6 de agosto de 1958

2   *Works*, XI, 380.

3   *Wesley's Standard Sermons*, II, 393.

4   Wesley, *Plain Account*, p. 11.

5   J. A. Wood, *Perfect Love* (Chicago: The Christian Witness Co., 1904), p. 125.

6   Daniel Steele, *Steele's Answers* (Chicago: Christian Witness Co., 1912).

7   Wesley, *Plain Account*, pp. 15, 18.

8   Turner, *op. cit.*, p. 261.

# Bibliografía

## A. OBRAS DE JUAN Y CARLOS WESLEY

*Collection of Hymns for the Use of People Called Methodists, A*. Londres: Thomas Cordeux, 1821.

*Earnest Appeal to Men of Reason and Religion, An*, and, *A Farther Appeal*. 14°ed. Londres: Wesleyan Conference Office, s.f.

*Explanatory Notes upon the New Testament*. Nueva York: Eaton and Mains, s.f.

*Letters of the Rev. John Wesley, The*. Edited by John Telford. Londres: The Epworth Press, 1931, 8 tomos.

*Plain Account of Christian Perfection, A*. Kansas City: Beacon Hill Press, 1950.

*Una clara explicación de la perfección cristiana*. Kansas City: Casa Nazarena de Publicaciones, 1979.

*Poetical Works of John and Charles Wesley, The*. Editado por G. Osborn. Londres: Wesleyan Methodist Conference Office, 1868. 14 tomos.

*Wesley's Standard Sermons*. Editado por Edward H. Sugden. Londres: Epworth Press, 1921, 2 tomos.

*Sermones de Wesley*. Kansas City, Missouri: Casa Nazarena de Publicaciones, s.f., 2 tomos.

*Works of John Wesley, The*. Kansas City: Nazarene Publishing House, s.f.; y Grand Rapids, Michigan: Zondervan Publishing House, 1958, ediciones contemporáneas.

## B. OBRAS GENERALES

Barclay, William. *Letters to the Corinthians*. Filadelfia: Westminster Press, 1956.

_____ *More New Testament Words*. Filadelfia: Westminster Press, 1958.

Barnes, Albert. *Notes, Explanatory and Practical, on the Acts of the Apostles and the Epistle to the Romans*. Londres: George Routledge and Sons, 1866.

Bonhoeffer, Dietrich. *The Cost of Discipleship*. Nueva York: The Macmillan Co., 1963.

_____ *Letters and Papers from Prison*. Londres: SCM Press, 1967.

Brataan, Carl. *History and Hermeneutics, New Directions in Theology Today*. Filadelfia: Westminster Press, 1966.

Buber, Martin. *I and Thou*. Edinburgh: T. and T. Clark, 1937.

Calvin, John. *Institutes of the Christian Religion*. Filadelfia: Presbyterian Board of Christian Education, 1936, 2 tomos.

Carter, Charles W., y Earle, Ralph. *The Acts of the Apostles, Evangelical Commentary on the Bible*. Grand Rapids, Michigan: Zondervan Publishing House, 1959.

Cave, Sydney. *The Christian Estimate of Man*. Londres: Gerald Duckworth and Co., Ltd., 1949.

Cook, Thomas. *New Testament Holiness*. 14° edición. Londres: The Epworth Press, 1950.

Deschner, John. *Wesley's Christology*. Dallas, Texas: Southern Methodist University Press, 1969.

Dolbey, James R. *I, Too, Am Man*. Waco, Texas: Word Books, 1969.

Ebeling Gerhard. *The Problem of Historicity*. Filadelfia: Fortress Press, 1967.

Ferré, Nels F. S. *Evil and the Christian Faith*. Nueva York: Harper and Brothers, Publishers, 1947.

Filson, Floyd. *One Lord, One Faith*. Filadelfia: The Westminster Press, 1943.

Fletcher, John. *Checks to Antinomianism*. Kansas City: Beacon Hill Press, compendio, 1948.

_____ *The Works of the Reverend John Fletcher*. Nueva York: Methodist Episcopal Conference Office, 1836. 4 tomos.

_____ *The Works of John Fletcher*. Londres: New Chapel, City Road, 1802.

Hill, Wesley. *John Wesley Among the Physicians*. Londres: Epworth Press, s.f.

Jacob, Edmond. *Theology of the Old Testament*. Nueva York: Harper and Row, 1958.

Kierkegaarde, Soren. *Purity of Heart Is to Will One Thing*. Nueva York y Londres: Harper and Brothers, 1938.

Knight, George A. F. *A Christian Theology of the Old Testament*. Londres: SCM Press, 1959.

Kuhn, William. *Environmental Man*. Nueva York: Harper and Row, 1969.

Morgan, G. Campbell. *The Epistle of Paul the Apostle to the Romans*. Londres: Hodder and Soughton, 1909.

_____ *The Teaching of Christ*. Nueva York: Fleming H. Revell Co., 1913.

Murray, Andrew. *Holiest of All*. Nueva York: Fleming H. Revell Co., 1894.

Nygren, Anders. *Agape and Eros*. Filadelfia: The Westminster Press, 1953.

Ramsey, Paul. *Fabricated Man*. New Haven, Connecticut: Yale University Press, 1970.

Rees, Paul. *Don't Sleep Through the Revolution*. Waco, Texas: Word Books, 1969.

Roberts, B. T. *Holiness Teachings*. North Chili, Nueva York: "Earnest Christian" Publishing House, 1893.

Sangster, W. E. *Why Jesus Never Wrote a Book*. Londres: Epworth Press, 1952.

Sareno, Jacques. *The Meaning of the Body*. Filadelfia: The Westminster Press, 1966.

Smith, Hannah Whitall. *The Christian's Secret of a Happy Life*. Reprint. Westwood, N.J.: Fleming H. Revell Co., 1968. [Hay una versión en español, bajo el título de *El Secreto de la Vida Cristiana Feliz*, publicada por la Casa Nazarena de Publicaciones de Kansas City, Missouri, E.U.A., en 1951.]

Steele, Daniel. *Steele's Answers*. Chicago: Christian Witness Co., 1912.

Stewart, James. *A Man in Christ*. Londres: Hodder and Stoughton, 1954.

Taylor, Jeremy. *The Rule and Exercises of Holy Living*, y, *The Rule and Exercises of Holy Dying*. Cleveland: World Publishing Co., 1956 y 1952.

Tresmontant, Claude. *A Study of Hebrew Thought*. Nueva York: Desclee Co., 1960.

Turner, George Allen. *The More Excellent Way*. Winona Lake, Indiana: Light and Life Press, 1952.

Westcott, B. F. *The Epistle to the Hebrews*. Grand Rapids, Michigan: Wm. B. Eerdmans Publishing Co., s.f.

White, William Luther. *The Image of Man in C. S. Lewis*. Nashville: Abingdon Press, 1969.

Whitehead, Alfred North. *Adventures of Ideas*. Nueva York: The Macmillan Co., 1933.

Wiley, H. Orton. *The Epistle to the Hebrews*. Kansas City: Beacon Hill Press, 1959. [Hay una versión en español, bajo el título de *La Epístola a los Hebreos*, publicada por la Casa Nazarena de Publicaciones de Kansas City, Missouri, E.U.A.]

_____ *Christian Theology*. Kansas City: Beacon Hill Press, 1952. 3 tomos.

Williams, Daniel Day. *The Spirit and the Forms of Love*. Nueva York: Harper and Row, 1968.

Williams Roger J. *You Are Extraordinary*. Nueva York: Random House, Inc., 1967.

Wood, J. A. *Perfect Love*. Chicago: The Christian Witness Co., 1904. [Hay una versión en español, bajo el título de *Amor Perfecto*, publicada por la Casa Nazarena de Publicaciones de Kansas City, Missouri, E.U.A.]

## C. ARTÍCULOS

Culbertson, Paul. "The Dynamics of Sanctification". Obra inédita leída en la Conferencia Teológica Nazarena, en diciembre de 1969.

Earle, Ralph. Editorial especial, *Herald of Holiness*, 6 de agosto de 1958.

Graham, Billy. "My Answer". *Nashville Banner*, 24 de julio de 1968.

Harris, Sydney. "Strictly Personal —Psychiatric Flaw". *Nashville Banner*, 30 de julio de 1968. Derechos reservados, 1968, por Prentice Hall Syndicate.

Hyatt, J. Phillip. "The Old Testament View Of Man". *Religion in Life*, otoño de 1945.

Ingles, Wesley J. "Hollow Words". *Christianity Today*, 27 de octubre de 1958.

Pattillo, Manning. "Good New to a Harassed World". *Christianity Today*, 10 de noviembre de 1958.

Rose, Delbert E. "The Theology of Experience". Manuscrito inédito.

Squire, Cyril J. "Lythograph of Wesley". Bristol, England: New Room, New Chapel.

Stewart, James. "A First Century Heresy". *Scottish Journal of Theology*, 11/71.

Wiley, H. Orton. "Psychology". Apuntes de una conferencia inédita, s.f.

## D. LÉXICOS

Davidson, B. *The Analytical Hebrew and Chaldee Lexicon*. Londres: Samuel Bagster and Sons, s.f.

Gesenius. *A Hebrew and English Lexicon of the Old Testament*. Boston: Houghton Mifflin and Co., 1893.

Moulton, James Hope, y Milligan, George. *The Vocabulary of the Greek New Testament*. Grand Rapids, Michigan: William B. Eerdmans Publishing Co., 1949.

Nicoll, W. Robertson. *The Expositor's Greek Testament*. Grand Rapids, Michigan: Wm. B. Eerdmans Publishing Co., s.f.

Richardson, Alan. *A Theological Word Book of the Bible*. Nueva York: The Macmillan Co., 1951.

Thayer, Joseph Henry. *A Greek-English Lexicon of the New Testament*. Nueva York: American Book Co., 1886.

www.ingramcontent.com/pod-product-compliance
Lightning Source LLC
Chambersburg PA
CBHW022002090426
42741CB00007B/855